Antología de escritoras españolas de la Edad Media y el Siglo de Oro

Antología de escritoras españolas de la Edad Media y el Siglo de Oro ofrece una selección de obras literarias de ocho escritoras medievales, renacentistas y barrocas. Cada capítulo presenta una extensa introducción sobre la autora y su obra. Esta antología contribuye a mejorar el conocimiento de los estudiantes sobre la lengua, la literatura y la cultura españolas, al igual que ofrece una lectura desde la perspectiva de género de estas escritoras.

Acompañada de textos originales modernizados al castellano actual, notas aclaratorias, actividades y una extensa y actualizada bibliografía, *Antología de escritoras españolas de la Edad Media y el Siglo de Oro* muestra la evolución de voces femeninas a lo largo de estos siglos. Las actividades sugeridas para cada capítulo ayudan a exponer y a reflexionar sobre la relevancia cultural que en la actualidad tienen los argumentos que estas mujeres proponen en sus trabajos.

Esta antología será de gran utilidad para estudiantes de literatura y cultura españolas de niveles de grado y graduado e, igualmente, para los estudiantes hispanohablantes de literatura comparada y de estudios de género.

Luzmila Camacho Platero es Assistant Professor de español y estudios comparados de la Universidad Estatal de Ohio en Marion.

Antología de escritoras españolas de la Edad Media y el Siglo de Oro

Luzmila Camacho Platero

Spanish List Advisor: Javier Muñoz-Basols

LONDON AND NEW YORK

First published 2020
by Routledge
2 Park Square, Milton Park, Abingdon, Oxon OX14 4RN

and by Routledge
52 Vanderbilt Avenue, New York, NY 10017

Routledge is an imprint of the Taylor & Francis Group, an informa business

© 2020 Luzmila Camacho Platero

The right of Luzmila Camacho Platero to be identified as author of this work has been asserted by her in accordance with sections 77 and 78 of the Copyright, Designs and Patents Act 1988.

All rights reserved. No part of this book may be reprinted or reproduced or utilised in any form or by any electronic, mechanical, or other means, now known or hereafter invented, including photocopying and recording, or in any information storage or retrieval system, without permission in writing from the publishers.

Trademark notice: Product or corporate names may be trademarks or registered trademarks, and are used only for identification and explanation without intent to infringe.

British Library Cataloguing-in-Publication Data
A catalogue record for this book is available from the British Library

Library of Congress Cataloging-in-Publication Data
A catalog record for this book has been requested

ISBN: 978-0-8153-5876-3 (hbk)
ISBN: 978-0-8153-5877-0 (pbk)
ISBN: 978-1-351-10903-1 (ebk)

Typeset in Times New Roman
by Apex CoVantage, LLC

Para mi Mercedes y mi Fernando por todo lo que me han dado.

Para Yana y Lorenzo por creer en mí, por su paciencia y generosidad.

Índice

Lista de fotos viii
Agradecimientos ix
Abreviaciones x

Introducción 1

1 Leonor López de Córdoba: *Las memorias* 15

2 Constanza de Castilla: "Oración de la vida y pasión de Jesús" 34

3 Teresa de Cartagena: *Admiración de las obras de Dios* 60

4 Florencia Pinar: "¡Ay! que hay quien más no vive," "De estas aves su nación" y "El amor ha tales mañas" 86

5 Feliciana Enríquez de Guzmán: *Las Gracias mohosas* 98

6 María de Zayas y Sotomayor: *Amar sólo por vencer* 127

7 Catalina de Erauso: *Vida y sucesos de la monja alférez* 168

8 Ana Caro Mallén de Torres: *Amor, agravio y mujer* 206

Índice temático 261

Fotos

2.1	Sepulcro de Constanza de Castilla (Museo Arqueológico Nacional de España)	35
5.1	*Las Gracias mohosas* (Teatro del Velador)	108
7.1	Catalina de Erauso (Juan van der Hamen de la Fundación Kutxa)	173
8.1	*Valor, agravio y mujer* (Compañía de teatro El Repertorio Español)	216

Agradecimientos

Me gustaría acordarme aquí de Meme, Nando, Kalina y Katerina por sus palabras de aliento a lo largo de estos años y, también, de Álvaro, Adriana y Nicolás por haberme hecho reír, aunque ellos no lo supieran, en los momentos difíciles. Este libro no habría sido posible sin el apoyo, los sabios comentarios y las correcciones de mi querida profesora Alicia Colombí y de Monserrat Mochón Castro. Imprescindible ha sido también la ayuda de Rebecca Mason, quien me ha asistido en la modernización de los textos y ha trabajado conmigo en la preparación final del manuscrito. Mi agradecimiento a la Biblioteca Nacional de España, a Kutxa Fundazioa, al Museo Arqueológico Nacional de España, a la Consejería de Cultura y Patrimonio Histórico de la Junta de Andalucía, a la compañía de teatro neoyorkina, El Repertorio Español, a Coca-Cola Critical Difference for Women Research Grant, al Departamento de Español y Portugués de Universidad Estatal de Ohio y, en especial, a mis compañeros del campus de Marion (OH).

Abreviaciones

Diccionario de Autoridades – DA
Diccionario de la Real Academia de España – RAE
Diccionario de María Moliner – Moliner
Diccionario de Mitología Griega y Romana de Pierre Grimal – Pierre Grimal
Nuevo Tesoro Lexicográfico de la Lengua Española – NTLLE
Tesoro de la Lengua Castellana de Sebastián de Covarrubias Orozco – Covarrubias

Introducción

La mujer de la Edad Media española y de los siglos posteriores participó en la construcción de la sociedad de manera activa y algunas se atrevieron a escribir su visión del mundo y sus experiencias como mujeres. Hombre y mujer colaboraron en el progreso de la sociedad. Ambos trabajaron en el castillo, en el taller, en el servicio doméstico y en el campo, y ambos tuvieron ansias de saber. No obstante, históricamente, no se ha reconocido el compromiso de la mujer con la sociedad de su época, ni se ha valorado su contribución en la economía, en la política, en las artes, en la filosofía y en la religión. Todo ello ha contribuido a que la mujer, al contrario que el hombre, haya pasado de manera desapercibida por la historia.

Las expectativas que nuestra sociedad tiene del hombre y la mujer se han ido construyendo a lo largo de la historia y los dos han tenido que cumplir con los papeles genéricos que la sociedad les ha adjudicado. La diferencia radica, sin embargo, en que el hombre se ha beneficiado del papel que se le ha asignado, adquiriendo poder político, económico y social, mientras que la mujer ha sido silenciada y apartada del ámbito público. Ian Maclean en *The Renaissance Notion of Woman* realiza un estudio sobre la idea aristotélica de la mujer y su influencia en las sociedades cristianas. Como se explica en su trabajo, el filósofo griego define a la mujer como "animal accasionatum" (8) y la distingue del hombre por medio de dicotomías opuestas. Así, si al hombre lo considera un ser activo, formado y perfecto, a la mujer la considera un ser pasivo, inacabado e imperfecto. La falta de perfección de la mujer es lo que la lleva a desear al hombre y a encontrar en la fornicación la única cura para calmar la ansiedad que le produce el saberse imperfecta. Esta imperfección, según Aristóteles, hace de ella un ser inestable que necesita estar sujeto al hombre. Hombre y mujer tienen, por consiguiente, en base a lo que el filósofo consideraba su naturaleza, cualidades y funciones diferentes: el mando y la elocuencia son las de él, mientras que la obediencia y el silencio son las de ella. Este concepto aristotélico de la mujer caló en la Europa del siglo XIII. San Alberto Magno y Santo Tomás de Aquino fueron sus principales impulsores y adaptaron esta teoría a los valores cristianos de la castidad, la humildad, el silencio, la lealtad, la sumisión y la obediencia. Valores estos propios del sexo femenino, que han formado la identidad de la mujer cristiana a través de la historia y que, hoy en día, aunque en diferente grado, continúan teniendo validez. Es en el Génesis 3:16 donde se establecen las consecuencias que tendrían para la mujer la debilidad de Eva y el papel que ésta tuvo en la caída del hombre: "A la mujer le dijo: multiplicaré en gran manera tus dolores y tus preñeces; con dolor darás a luz los hijos; y a tu marido será tu deseo, y él se enseñoreará de ti." Para los Padres de la Iglesia, Eva representaba la sensualidad, la incitación a la lujuria, la debilidad y la inconstancia:

> Eve has weaker powers of reason than Adam, so less may be expected from her, but on the other hand, she alone is deceived, and it is she who becomes, in Tertullian's phrase,

the door of the devil (*janua diaboli*). It is for this reason (the association of temptation and seduction with women's speech) that the female sex is prohibited from speaking in church.

(Maclean 15)

Los valores sobre los que se construyó la identidad femenina explican la indecisión de la mujer a la hora de escribir a lo largo de su historia. La mujer que se atrevía a romper con las expectativas genéricas que se tenían de ella se exponía, como mínimo, a ser criticada por sus superiores (todos hombres) o a ser investigada: "Writing was viewed as a more serious infraction than speaking because of its obvious public dimensions – manuscripts were circulated – and because writing was considered a task appropriate only to the male gender" (Surtz 5). Los Padres de la Iglesia son muy claros al respecto. En la carta a los Corintios, San Pablo insiste en la subordinación de la mujer al hombre y prohíbe tajantemente que ésta haga uso de la palabra: "vuestras mujeres callen en las congregaciones; porque no les es permitido hablar, sino que estén sujetas, como la ley también lo dice. Y si quieren aprender algo, pregunten en casa a sus maridos; porque es indecoroso que una mujer hable en la congregación" (versión de Reina Valera 1960, 1 Corintios 14.34–35). Para Surtz, el cristianismo creó la oposición entre Eva y la Virgen María para callar a la mujer. Así, a Eva se la ha presentado como la mujer que fue portavoz del diablo y que llevó al hombre a la perdición; y a María como ejemplo de obediencia y sumisión que da sentido a la existencia de la mujer: "While the traditional justification for female silence is the notion that Eve's words led Adam to sin, the Virgin Mary, that is, the anti-Eve, was also used as a model for cultivating the virtue of silence" (5). Las mujeres de estos siglos escribieron, por tanto, siendo conscientes de que sus textos, al igual que ellas, iban a ser silenciados y encerrados. A este problema se refiere Monserrat Cabre i Pairet cuando habla de la invisibilidad de la obra escrita por mujeres en "La ciencia de las mujeres en la Edad Media, reflexiones sobre la autoría femenina":

> Las bibliotecas monásticas en particular pueden ofrecernos muchas sorpresas, porque sabemos que los monasterios fueron en la Edad Media, un lugar especialmente propicio a la producción de conocimientos por parte de y entre mujeres. Unos conocimientos que, en los casos en que su producción estaba únicamente destinada a las mujeres de esa comunidad, no tuvieron visibilidad social ni historiográfica hasta que la comunidad despareció [. . .]

(66)

Cristina Segura Graíño se refiere al problema de la visibilidad de la producción femenina en los siguientes términos:

> La permanencia en estos ámbitos materiales privados tenía como consecuencia la reclusión en ámbitos privados mentales. La cultura, el pensamiento, las construcciones ideológicas suponían una relación con lo público a lo que las mujeres honradas no debían y no podían acceder, la reclusión era, por tanto, absoluta, material y espiritualmente.

("La voz del silencio" 58)

Escribir era un acto transgresor y la mujer lo sabía. Aquellas intelectuales que deseaban transmitir sus vivencias, su forma de entender el mundo, su pensamiento, sus inquietudes o sus conocimientos, ya fueran teológicos, científicos, históricos, políticos, etc., tuvieron que hacerlo con humildad. Escribir era, por tanto, un acto de indisciplina genérica y la mujer que se rebelaba contra las pautas de comportamiento que el hombre le había impuesto era considerada subversiva. El poder patriarcal supo entender que controlar el cuerpo y la mente de la mujer era imprescindible para impedir que ésta alterara el sistema social que le estaba permitiendo al hombre mantener el poder político y económico.

Situación de la mujer en la sociedad medieval cristiana

La situación de la mujer no ha sido la misma a lo largo de toda la Edad Media. María del Carmen Pallares en "Grandes señoras de los siglos IX y X" explica que en el ámbito económico, político y religioso la mujer tuvo un papel relativamente más activo en la Alta Edad Media que en la Baja debido a que la institución matrimonial todavía no estaba regulada y a que la sociedad aún se regía bajo leyes hispanovisigodas (424). El papel de la mujer fue disminuyendo conforme el cristianismo adquirió mayor influencia en la vida política y cultural de la Península y se fue expandiendo la idea de que las mujeres tenían "mentes inestables [y] eran el sexo débil" (435). De esta forma, poco a poco pero con paso firme, se fue reduciendo la presencia de la mujer en la esfera pública. Los mecanismos que se pusieron en marcha para controlar la movilidad social de la mujer y eliminar su capacidad de adquirir poder fueron múltiples, y, como veremos, la maquinaria que el patriarcado desarrolló funcionó principalmente en tres planos: el legislativo, el religioso y el educativo.

En la sociedad cristiana el estado de casada se consideraba el estado natural de la mujer. La institución matrimonial ha ido evolucionando y adaptándose a las circunstancias sociales y políticas de cada periodo histórico.[1] El matrimonio fue hasta el siglo XIII un acuerdo civil disoluble que se realizaba entre los cabezas de familia y en el que el amor no formaba parte de las negociaciones. El hecho de que fuera un acto civil que se podía disolver por medio del repudio, que se permitiera el concubinato y que su unión y desunión no fueran de mutuo acuerdo eran aspectos que la Iglesia quería cambiar.[2] A partir del siglo XIII, el matrimonio se declaró un sacramento indisoluble, según el cual la pareja estaba unida por medio de un contrato conyugal y por *caritas* (Pastor 446).[3] La obsesión de la Iglesia por controlar la sexualidad de los miembros de la sociedad llevó a esta institución religiosa a embarcarse en una campaña de promoción de la heterosexualidad que tuvo, entre otras consecuencias, la persecución de las relaciones ilícitas y la imposición de una serie de medidas que, como explica Pastor, "cobraba[n] la forma de un cierto terrorismo pues amenazaba a los que no cumplían las normas con tener hijos deformes, monstruosos, epilépticos, leprosos, etc." (446). En términos generales, tanto el hombre rico como el pobre consideraban la institución matrimonial una forma de organización social beneficiosa y práctica que, como señala Segura Graíño, por un lado, incrementaba el poder económico y político del noble y, por otro, le facilitaba la vida al campesino, ya que permitía que éste se deshiciera de una persona a la que mantener ("Las mujeres en la España medieval" 156–158).[4]

El papel que tenía la mujer perteneciente al estamento más alto de la élite social sufrió un retroceso a lo largo de la Edad Media. Un ejemplo que pone de manifiesto las virtudes que se admiraban de una princesa de mediados del siglo IX lo encontramos en una canción que celebra el matrimonio de Leodegundia, hija de Ordoño I de León, y de la que se alaban: ". . . el dominio de la palabra, oral y escrita . . . su modestia . . . y su mano ordenadora" (Vinyoles 483). Amancio Isla en "Reinas hispanas de la Alta Edad Media" documenta que la reina en el periodo visigodo era "una figura visible en la corte" sobre la que recaía la responsabilidad de mantener las alianzas con las familias aristocráticas, garantizar la sucesión al trono y cuidar del poder de los suyos (400). La función principal de la reina era la de ser "transmisora" de la herencia; es decir, era ella quien pasaba "el beneficio, el reino o feudo, el poder, o *autoritas*, y su ejercicio, o *potesta*" (Segura Graíño, "Las mujeres en la España medieval" 170). No obstante, fueron muchas las reinas que heredaron el trono, aunque pocas las que pudieron ejercer el poder.[5] Mari del Carmen Pallares demuestra que las leyes hispano-visigodas permitían que la mujer, al igual que el hombre, heredara. Esto hizo posible que ambos sexos entraran en la institución matrimonial como iguales y que la familia se caracterizara "por la estructura cognaticia, la bilinealidad de las transacciones y la horizontalidad de las relaciones y hace que se llegue a la alianza matrimonial en una situación de notable igualdad de condiciones" (424). Esta situación de igualdad con la que la mujer entraba en el contrato matrimonial refleja el concepto que se tenía de ella como entidad independiente al esposo que estaba habilitada para administrar su herencia, gestionar sus terrenos, resolver los problemas que surgían entre las personas que habitaban en sus tierras y fundar monasterios.

Como explica Segura Graíño, la situación de la mujer noble de la sociedad feudal fue distinta a la de su predecesora. Ésta vivía recluida, dedicada a la organización del castillo y vigilada para garantizar la legitimidad del linaje del hombre. Legalmente perdió su derecho a heredar y no se pudo beneficiar económicamente de la propiedad en la que, como veremos más adelante, ella invertía tiempo y esfuerzo para garantizar el crecimiento del patrimonio del esposo: "La separación de las mujeres de la propiedad de bienes respondía a la fuerza del patriarcado en el marco jurídico que subordinaba a las mujeres en una situación en la que era imposible vivir sin depender de un familiar masculino" ("Las mujeres en la España medieval" 165). En la sociedad urbana de la Baja Edad Media la mujer estaba más o menos recluida y controlada según el nivel social y económico de las familias. Las hijas y esposas de adinerados mercaderes y artesanos tenían una situación similar a la de la dama feudal. Estas mujeres no eran unos parásitos sociales, sino todo lo contrario; pues los padres les enseñaban su oficio y las ponían a trabajar en el taller. Esto no lo hacían porque fueran hombres más liberales que los señores feudales, sino por motivos pragmáticos y económicamente beneficiosos: por un lado, resultaba más fácil casar a una hija que pudiera trabajar en el taller del esposo y, por otro, fortalecía el negocio familiar unirlas a hombres de la misma profesión que el padre. Es decir, se trataban de matrimonios profesionalmente endogámicos. La vigilancia a la que estaba sometida era, por consiguiente, férrea ya que de ellas dependía no sólo el honor, sino también el bienestar económico de la familia —y de ellas mismas— ("Mujeres en el mundo urbano" 522). Las mujeres, por tanto, participaron activamente en el desarrollo y en la economía de la sociedad medieval. Segura Graíño insiste en el poco reconocimiento que el trabajo de estas mujeres ha recibido a lo largo la historia.[6] Según ella, se debió, principalmente, a que el hombre nunca consideró su participación laboral un trabajo sino una obligación familiar:

> La sociedad patriarcal establece que la mujer debe estar recluida en sus casas . . . a la atención de su familia y, por eso, no son remuneradas, ni son consideradas como un trabajo, ni tienen reconocimiento social. Pero no debe olvidarse que toda esta serie de tareas, cuando es una persona ajena a la familia la que las lleva a cabo, se convierten en trabajos que reciben una remuneración. Por tanto, su consideración económica depende de la vinculación familiar de la persona que ejecuta la tarea en sí misma. El ámbito familiar es el que establece la desvalorización económica de las actividades que las mujeres de la familia realizan en su seno.
>
> ("Mujeres en el mundo urbano" 519)

Las obligaciones de la mujer fuera cual fuese su condición social o lugar de residencia eran en lo esencial las mismas para todas: procrear, criar a sus hijos, organizar el funcionamiento del hogar y contribuir a la economía familiar, ya fuese ahorrando o trabajando. No obstante, según su estamento, estas obligaciones eran diferentes: La dama feudal gestionaba y administraba las tierras del señor feudal y, en ausencia de éste, recaudaba las rentas, reclutaba guerreros y, en ocasiones, se veía obligada a defender el castillo. A pesar de que con su trabajo "cuidaba" de la propiedad de su marido, ésta nunca fue considerada "señora feudal" (Segura Graíño, "Las mujeres en la España medieval" 166–67). Los campesinos, debido a la relación de vasallaje que tenían con el noble, vivían explotados. Éstos trabajaban las tierras del señor, combatían en las guerras en las que éste se involucraba y tenían que sortear "factores demográficos externos," como las pestes, las malas cosechas y la baja expectativa de vida (Pastor 466). En *Las Siete Partidas* de Alfonso X ya se especificaban las obligaciones que tenía el campesinado, siendo una de ellas la explotación continuada de la parcela de generación en generación:

> Tres sentidos principales tiene esa Ley LI: "el pueblo debe formar linajes," para "poblar la tierra," sus linajes deben nacer en ella. El pueblo, sus hombres y mujeres, son los que tienen que "poblar" en su lugar, quienes, diríamos en términos actuales, debían de proveer in situ las generaciones de reemplazo.
>
> (Pastor 451)[7]

La campesina, además de cumplir con sus obligaciones domésticas, también trabajaba en la parcela familiar y en el castillo del señor; en periodos de guerra, sin embargo, estas responsabilidades recaían exclusivamente sobre ella y sus hijos (Pastor 464–66; Segura Graíño, "Las mujeres en la España medieval" 169). La naturaleza bélica y la baja expectativa de vida de la sociedad medieval llevó al señor feudal a poner el contrato de la parcela a nombre de ambos miembros de la pareja. Esta maniobra fue eficaz tanto para el señor feudal como para la campesina, pues, por un lado, garantizó el cumplimiento del contrato y, por otro, colocó a la mujer en igualdad de condiciones jurídicas y fiscales que el hombre, haciéndola propietaria y heredera y, por tanto, responsable de explotar su pequeño terreno y de repartir la herencia entre sus descendientes (Pastor 468–72).[8]

El surgimiento del trabajo asalariado en la ciudad y en el campo supuso otra vía de ingresos para las familias campesinas. En los contratos de los jornaleros observamos similitudes entre la mujer de la Edad Media y la del siglo XXI. Así, se puede leer en los *Ordenamientos de Menestrales y Posturas de las Cortes de Valladolid* de 1351 que existía la desigualdad salarial entre hombres y mujeres y que éstas ganaban un 30 o 40 por ciento menos por el mismo trabajo realizado. A esto habría que añadir que, además de recibir una paga inferior, las mujeres también sufrían otro tipo de excesos, entre ellos los "abusos y castigos físicos . . . y sexuales" (Pastor 474–76). La demanda laboral de la nueva sociedad urbana en pleno desarrollo hizo de la ciudad un espacio de oportunidades muy atractivo para los hijos e hijas de los campesinos. A pesar de que el trabajo en las ciudades era igualmente agotador que el del campo, las mujeres trabajadoras que vivieron en la ciudad disfrutaron de mayor libertad de movimiento y no tuvieron las restricciones de la mujer noble o de la nueva burguesa.[9] De hecho, Segura Graíño explica que tener que trabajar para sobrevivir les permitió entablar relaciones sociales con otras mujeres y crear una red de apoyo que las ayudaba a resolver los problemas del día a día.[10] La vida de la mujer pobre de la ciudad era larga y fatigosa y, al igual que la mujer actual, además de cumplir con sus labores domésticas y de trabajar con su esposo, tuvo que encontrar empleo en oficios considerados exclusivamente femeninos para aumentar los ingresos de la familia.[11]

Al igual que las señoras de los castillos, las esposas de los ricos mercaderes se encargaban de organizar el buen funcionamiento de la casa y de administrar el patrimonio de la familia y el negocio del marido cuando éste viajaba. La burguesa conocía el oficio familiar y su trabajo resultó ser muy beneficioso para el mercader, pues éste encontró en ella una mano de obra gratuita y un "seguro *post mortem*" que, en caso de fallecer su esposo, garantizaba la supervivencia de la familia, pues mantenía la capacidad productiva del negocio y aseguraba que el primogénito heredara (Segura Graíño, "La sociedad urbana" 207). A pesar de que la mujer de la ciudad aprendió el negocio del padre y del marido, los gremios profesionales se negaron a certificar su conocimiento. De esta forma, se evitaba tener que reconocerla como un miembro productivo de la sociedad y tener que aceptarla como una profesional más de su oficio:[12] "Todas estas actividades laborales eran la base del desarrollo económico de la ciudad y las mujeres tenían una gran participación y corresponsabilidad en ellas. Pero esta situación ni era refrendada legalmente ni remunerada económicamente. Esta situación generaba unas importantes plusvalías y tranquilidad social [. . .]" (Segura Graíño, "La sociedad urbana" 200).

Como expone Segura Graíño, los obstáculos que se le pusieron a la mujer para limitar su crecimiento intelectual y movilidad social fueron muchos: El cristianismo la consideraba un ser lascivo, tentador y proclive al pecado; la institución matrimonial la confinó físicamente; y el sistema legal no la reconocía como un ser adulto. En la mayoría de los casos la consideraba responsable del delito de adulterio o violación y se negó a certificar sus conocimientos para impedir su independencia económica y tener que compartir con ella riqueza y poder. Pero, a pesar de la oposición que la mujer tuvo que lidiar durante estos siglos, quizás, lo que más daño le hiciera fue el convencimiento del hombre de que carecía de capacidad racional; es decir, que se la anulara como ser pensante. La Iglesia no se puede desvincular del desprestigio que sufrió el entendimiento femenino y la naturaleza de su persona. Para esta institución, a la mujer sólo había que educarla para que cumpliera con su función de esposa y madre y para impedir que dañara la institución matrimonial y alterara el orden social:

> El control de la educación de las niñas y de las jóvenes es fundamental para el mantenimiento del orden social, y no se puede prescindir de él, pues la buena educación de las mujeres es imprescindible para que el sistema funcione. Una niña/mujer maleducada, que no acepta y no cumple con sus obligaciones domésticas [. . .] es un peligro social.
> ("Las mujeres en la España medieval" 178)

A pesar de la limitada (o nula) formación que las mujeres recibieron, éstas adquirieron con el tiempo un saber que nunca se le ha llegado a reconocer, pero que sin el cual la sociedad no habría podido avanzar. Se trataba, dice Segura Graíño, de un conocimiento "empírico," o sea, de un saber que no se encontraba en libros pero que se había transmitido de generación en generación. Las mujeres sabían dar a luz, administrar la vivienda, curar, manipular alimentos, cocinar, tejer, cultivar; todo un conocimiento al que el hombre no le daba —y no le da— valor porque no lo consideró un saber "oficial," pero que fue fundamental para el bienestar de su familia, el desarrollo económico y el buen funcionamiento de la sociedad en la que vivió ("Las mujeres en la España medieval" 179–80). El único espacio donde la mujer podía recibir conocimiento "oficial" era en los conventos y monasterios. Éste fue un espacio exclusivamente femenino, donde ella se pudo dedicar a mantenerse intelectualmente activa y a expresar su religiosidad, su manera de entenderla y vivirla. Con respecto a la formación intelectual de las monjas, Surtz explica que hay que considerar una serie de factores a la hora de valorar su conocimiento: el periodo histórico y la región geográfica en la que estaba ubicado el monasterio; la transmisión oral de la cultura (esto significa que aunque era normal que muchas monjas no supieran escribir, no por ello eran ignorantes); y el que no todas las órdenes religiosas valoraban la formación intelectual de la mujer (4). El conocimiento de los textos teológicos, y no la capacidad de leer o escribir, era, por consiguiente, el parámetro que se empleaba para medir el nivel de alfabetización de las monjas (y los monjes) en la Edad Media: "Literacy simply meant possessing the skills necessary for producing texts. For women, however, actually writing or dictating texts meant overcoming severe psychological barriers to written expression" (5).

A partir del siglo XIII se empezó a desarrollar una sociedad urbana que valoraba más la cultura (Vinyoles 488). Las niñas además de aprender a realizar las labores domésticas, también aprendían a leer, escribir y hacer contabilidad, pues, como hemos visto, tarde o temprano, iban a tener que involucrarse en el negocio familiar. El desarrollo de la sociedad urbana favoreció la apertura de monasterios y conventos y algunos abrieron sus puertas a la población que no podía costearse la enseñanza a domicilio (Segura Graíño, "La sociedad urbana" 211–12; Ruiz Guerrero 34–36). En el siglo XIII, con la aparición de centros universitarios en la Península, la mujer sufrió una doble marginación, pues no sólo se le prohibió su presencia en la universidad, sino que también se desprestigió la enseñanza que se impartía en los monasterios. A finales de la Edad Media, encontramos a mujeres que se dedicaron exclusivamente a la enseñanza de niñas. Estefanía Carrós (1455–1511) formó a hijas de la aristocracia y transmitió ideas que Vinyoles considera "originales y sugerentes" como la de educar "para una libertad responsable" (491).

Ángela Muñoz y Segura Graíño llaman la atención sobre el impacto social y eclesiástico que tuvieron los monasterios femeninos en el siglo XIII. En ellos se inició una nueva línea de pensamiento que iba a favorecer el desarrollo intelectual de la mujer. Así, surgen órdenes religiosas como las de los franciscanos o las clarisas que "defendían la unión del alma con la divinidad sin necesidad que mediaran los clérigos" (Segura Graíño, "La sociedad urbana" 186). Esto es relevante porque, al establecerse la divinidad del alma (femenina), se hizo posible que las monjas pudieran interpretar los textos religiosos y expresar su cristiandad y su espiritualidad: "La Iglesia pretendía dar sólo una participación pasiva a las mujeres, pero éstas, mediante su religiosidad, tomaban una postura activa. Las mujeres aprovecharon la religiosidad para manifestar un pensamiento propio y diferente" (Segura Graíño, "Las mujeres en la España medieval" 182). La vida monástica permitió que estas mujeres se realizaran como seres pensantes. No debe sorprender, por tanto, que de estos espacios surgieran escritoras, tales como Teresa de Cartagena, Juana de la Cruz, María de Santo Domingo e Isabel de la Cruz (Muñoz 739).

La clausura no fue la única opción que la mujer tuvo para servir a Dios. En el siglo XII surgió una corriente europea denominada "el movimiento religioso femenino," el cual llegó a su máximo auge en el siglo XVI e inspiró a muchas mujeres a formar organizaciones femeninas tales como las beguinas, las beninas, las beatas, las seroras, las santeras, las luminarias, las emparedadas (Muñoz 734–35). Segura Graíño y Muñoz explican que estas agrupaciones laicas cristianas fueron muy diversas y que, aunque cada una de ellas se constituía de manera diferente, todas buscaban servir a Dios mediante la oración y la caridad, o sea, viviendo la cristiandad de una manera más cercana a la sociedad. Algunas de estas mujeres vivieron de su patrimonio y otras de su trabajo en talleres u hospitales, pero todas se dedicaron, de una forma u otra, a servir a los más necesitados y a los marginados sociales. También hubo mujeres que optaron por abandonar sus bienes para vivir de la mendicidad y otras, como las emparedadas, que prefirieron encerrarse entre las paredes de las iglesias o conventos para rezar por la salvación de las almas. En España las beninas y las beguinas convivían en casas privadas y no se quisieron sujetar a ninguna norma civil o eclesiástica, rechazaron el matrimonio, tomaron sólo el voto religioso de castidad y rechazaron los de obediencia y pobreza (Ortega López 299). Estas mujeres se negaron, pues, a depender económicamente del hombre y a supeditarse a las normas de la Iglesia para dedicarse a la espiritualidad y al servicio social:

> Las beguinas querían ser espirituales pero no religiosas, querían vivir entre mujeres pero no ser monjas ni canonesas, querían rezar y trabajar pero no en un monasterio [. . .] querían ser cristianas pero ni, tampoco, en la Iglesia constituida ni tampoco en la herejía [. . .] Para hacer viable en su mundo este deseo personal, inventaron la forma de vida beguina, una forma de vida exquisitamente política, que supo situarse más allá de la ley, no en contra de ella [. . .]
>
> (Rivera Garretas 752)

En 1493 el cardenal Cisneros (1436–1517), apoyado por la reina Isabel la Católica (1451–1504), inició una "reforma de las órdenes religiosas basada en la homogeneización de la diversidad bajo la imposición de un viejo precepto, la clausura" (Muñoz 740). En realidad ya en 1215 en el IV Concilio de Letrán se inició una campaña para intentar que todas las órdenes y organizaciones religiosas femeninas se gobernaran bajo la normativa impuesta por la Iglesia. La acción que tomó contra ellas el cardenal Cisneros es significativa porque nos indica que el mandato del Concilio de Letrán fue ineficaz y que la Iglesia consideraba la admiración que estas mujeres despertaban en la sociedad una amenaza para la institución y su estilo de vida una transgresión intolerable. A finales del siglo XV, el movimiento denominado la *Devotio Moderna*, inspirado en los ideales de estas órdenes religiosas y organizaciones laicas, sirvió para organizarlas en congregaciones eclesiásticas que se regían bajo las normas y la jerarquía de la Iglesia (Rivera Garretas 757).

La mujer en la España de los siglos XVI y XVII

Los primeros intentos de homogeneización de la península se iniciaron en el siglo XIII con la equiparación del sistema legislativo feudal al de los fueros de las ciudades. La corte de los Reyes Católicos, a caballo entre la Edad Media y el Renacimiento, estaba interesada en continuar este proceso de centralización, el cual tenía como objetivo final la creación de un Estado español. De hecho, con el matrimonio de estos monarcas en 1469 se puso en marcha esta ambiciosa empresa unificadora que requería, no sólo la reconquista de los territorios ocupados, sino también la unificación religiosa y lingüística. La primera se consiguió mediante la expulsión de los judíos el 31 de marzo de 1492 y la conversión forzosa de los moriscos el 14 de febrero de 1502 (y su posterior expulsión en 1610), y la segunda se comenzó a realizar con la publicación de la primera *Gramática de la lengua castellana* (1492) de Antonio de Nebrija, con la que se quería lograr el objetivo de hacer del castellano la lengua oficial del país.

La unificación religiosa fue un proceso doloroso que afectó al país social, cultural, intelectual y económicamente. La decisión de expulsar a la comunidad judía resultó ser una política desastrosa a todos los niveles. Económicamente, se desterró a una comunidad que había contribuido a lo largo de los siglos en la construcción y el desarrollo de la sociedad. Su expulsión supuso la pérdida de una élite importante que estaba introduciendo una cultura distinta, con espíritu renovador, que quería crear una sociedad dinámica, contraria al estatismo de la Edad Media, y que fomentaba la cultura del mérito frente a la cultura del linaje. La expulsión de los judíos significó, por tanto, la pérdida de una comunidad innovadora y emprendedora sobre la que descansaba una incipiente economía mercantilista y supuso que el país entrara en el siglo XVI con una clase burguesa muy debilitada. De hecho, se podría decir que la decisión de echar a la comunidad judía significó el inicio de la debacle de lo que todavía no era el Imperio español. En 1610, la expulsión de los moriscos, conocedores de técnicas agrícolas que se desconocían en otras regiones de la Península, llevó al empobrecimiento del otro sector económico: la agricultura.

La política de alianzas con cortes europeas mediante los matrimonios de los hijos de los Reyes Católicos acabó en fracaso tras el fallecimiento de Isabel y Fernando, ya que ninguno de los dos pudo evitar lo que más temían, que España fuera reinada por un monarca extranjero. Carlos I (1517–1556), hijo de Juana I de Castilla (1479–1555) y de Felipe de Borgoña (1478–1506), heredó el trono español tras la muerte repentina de su padre.[13] A mediados del siglo XVI, éste dejó un país en quiebra y sumergido en guerras. Su heredero, Felipe II (1556–1598) no supo sacarlo de los conflictos bélicos en los que lo había involucrado su padre. En el siglo XVII, la situación del país no cambió bajo los reinados de Felipe III (1598–1621), Felipe IV (1621–1665), Carlos II (1665–1700) y sus respectivos validos. Las epidemias, las malas cosechas y las hambrunas junto con las constantes guerras continuaron maltratando a la sociedad española y terminaron de hundir al país. Carlos II, al no tener descendencia, decidió, antes de morir, hacer a Felipe V de Borbón, nieto de Luis XIV de Francia, su heredero (1683–1746). Esta decisión desembocaría en una larga guerra de sucesión.

La ruina en la que estuvo sumergido el Imperio español durante estos dos siglos no afectó sin embargo la productividad artística, al contrario, ésta se encontraba en pleno auge. Las artes disfrutaban de una salud envidiable y funcionaban como herramienta propagandística de la monarquía y de la Iglesia y como válvula de escape para unos ciudadanos que, cuando entraban en el corral de comedias, asistían a las extravagantes procesiones religiosas o leían extraordinarias y rocambolescas novelas, se olvidaban de la miseria en la que vivían y de las desastrosas políticas de sus monarcas. Son los siglos de escritores y escritoras tales como Teresa de Cartagena, Santa Teresa de Jesús (1515–1582), fray Luis de León (1527–1591), San Juan de la Cruz (1542–1591), Miguel de Cervantes (1547–1616), Lope Félix de Vega Carpio (1562–1635), Luis de Góngora y Argote (1561–1627), Francisco Gómez de Quevedo Villegas (1580–1645), María Zayas Sotomayor (1590–¿1661?), Ana Caro Mallén (1590–1650), Pedro Calderón de la Barca (1600–1681), Juan Pérez de Montalbán (1602–1638), Leonor de la Cueva y Silva (¿?–1705) y Sor María Jesús de Agreda (1602–1665), por mencionar sólo a algunos de ellos.

En el Renacimiento hay interés por el saber y por el desarrollo intelectual. El Humanismo, movimiento que surgió en este periodo, consideraba el estudio fundamental para entender la complejidad del ser humano y defendía la objetividad y el raciocinio en oposición a los dogmas teológicos. En lo que se refirió al desarrollo intelectual de la mujer, este movimiento, sin embargo, se quedó corto. Como dice Segura Graíño, para la mujer con deseos de saber, el Humanismo resultó un "engaño" y una marcha atrás, pues fue incapaz de impedir que la ideología patriarcal y misógina frenara el desarrollo intelectual de la mujer prohibiendo su acceso a la universidad y desarticulando las órdenes religiosas que fomentaban su desarrollo intelectual:

> La implantación del Estado moderno conlleva una serie de dificultades y crisis que ocasionaron esta aparente tolerancia hacia el grupo femenino [. . .] Esta aparente permisividad era un engaño, pues precisamente los nuevos planteamientos sociales y políticos que caracterizaría a la Modernidad, conllevaban a un reforzamiento del sistema patriarcal que recluyó a las mujeres en sus casas, o en la clausura de sus conventos fortaleciendo la subordinación.
>
> ("La transición del Medievo a la Modernidad" 223)

No todos los conventos de mujeres eran un lugar de recogimiento. Muchos de ellos para poder subsistir se convirtieron en lugar de hospedaje para personas que iban de paso o en un espacio seguro para la mujer pobre y económicamente acomodada que estaba sola y carecía de protección masculina. Como explica Segura Graíño, hoy en día es muy difícil imaginar unos conventos como los de los siglos XVI y XVII pues eran: "[. . .] por un lado, lugares de vida religiosa, por otro, guarderías, internados de jóvenes adineradas, refugios para mujeres ancianas o viudas, incluso hostales." (Ortega López 300). Por otra parte, las monjas que tenían vocación literaria y artística vieron en sus conventos un lugar donde leer, escribir, montar representaciones teatrales en las que ellas mismas actuaban, o dar conciertos. El control que la Iglesia decidió ejercer sobre estos centros para que las religiosas vivieran dedicadas exclusivamente a la oración, supuso un cambio radical en la vida de unas mujeres que, hasta entonces, se habían regido bajo una normas creadas por y para ellas y que les habían permitido, en la medida de lo posible, practicar una religiosidad femenina y libre (Segura Graíño, "La transición del Medievo a la Modernidad" 240–44). En el siglo XVII, la propaganda católica y la campaña de homogeneización de la Iglesia para hacer de España un Estado católico dio sus frutos. El patriarcado y el catolicismo estaban ya consolidados social y culturalmente y sus valores estaban siendo transmitidos y protegidos por mujeres y creyentes: "La religiosidad española fue creciendo según avanzaba el siglo XVI y terminó ganándose la adhesión de las masas que, a menudo, se mostraban incluso más intolerantes que la propia jerarquía eclesiástica" (Ortega López 296–97). No obstante, la extravagancia del Barroco también estaba presente en la vida religiosa e hizo posible que, a pesar del ambiente contrarreformista, muchas monjas y mujeres religiosas, como las beatas, encontraran en los exagerados trances místicos y en las visiones una forma de entrar en el espacio público.

El concepto que se tenía de la mujer no había cambiado en estos siglos. Se la seguía considerando un ser intelectual y moralmente inferior que necesitaba vivir bajo la tutela masculina del padre, del esposo o del confesor.[14] Para Ortega López la propaganda que se llevaba a cabo en sermones o en obras literarias sobre la inmoralidad de la mujer hizo imposible que, a pesar de su admirable labor social, el hombre, y la sociedad en general, dejara de considerarla un ser de naturaleza pecaminosa. Como hemos visto, a lo largo de la historia, esposas, madres e hijas trabajaron para el bienestar de sus familias y para el desarrollo de la sociedad, y muchas mujeres religiosas vivieron en la pobreza y se dedicaron a rezar, a educar o a mejorar las condiciones de vida de los más necesitados. El hecho de que en la Castilla del siglo XVII hubiera más de doscientas mil monjas es, en parte, indicativo de que la labor que éstas realizaban inspiró a muchas mujeres a tener ese estilo de vida (303).

La campaña para impedir la producción intelectual femenina se seguía basando en las premisas de siempre: la inferioridad intelectual de la mujer y su condición de lujuriosa. En respuesta a estos ataques, en el siglo XV llegó a España la *querella de las mujeres*. Este movimiento en defensa de la mujer, nació en Europa en el siglo XIII y encontró eco entre las intelectuales españolas. Apunta Segura Graíño que la meta de estas escritoras no fue la de "rebatir los planteamientos misóginos, sino manifestar un pensamiento femenino, diferente del dominante, pero tan válido como aquél y con una tradición intelectual importante, que la sociedad profundamente masculina no reconocía" ("La transición del Medievo a la Modernidad" 236).[15] En los siglos XVI y XVII, la producción literaria femenina seguía siendo muy reducida en comparación con la del hombre, y, al igual que en la Edad Media, la mayoría de las escritoras provenían de los conventos o de la élite social que podía permitirse el lujo de comprar libros y cultivar bibliotecas. En estos dos siglos se fundaron escuelas para pobres y huérfanos. Aun así, la mayoría de la población seguía siendo analfabeta, pues trabajar y sobrevivir era la principal preocupación de la clase baja. El analfabetismo era aun más alto entre las mujeres, a las que se seguía considerando de una imbecilidad innata, por lo que su formación se creía totalmente innecesaria.[16] Mantener ignorante a la mujer tenía además un objetivo pragmático, ya que formaba parte de la estrategia del patriarcado para dominar a la mujer y para que ésta, dedicándose a su trabajo doméstico, facilitara el éxito del hombre: "[l]a incultura favorecía el sometimiento femenino que era lo que preconizaban los burgueses. El cumplimiento estricto de las tareas femeninas era lo que el Estado moderno necesitaba" (Segura Graíño, "La transición del Medievo a la Modernidad" 224).

Los cambios sociales y económicos que se produjeron en el Renacimiento hicieron que se mantuviera e, incluso, se reforzara la vigilancia sobre los miembros femeninos de la familia. La alta inmigración a las ciudades durante los siglos XVI y XVII incrementó la preocupación por el honor de la mujer y de su familia, justificó su encerramiento y que se fomentara el papel tradicional de madre y esposa (Segura Graíño, "La transición del Medievo a la Modernidad" 222). La sociedad preindustrial no obstante cambió la vida de la mujer en otros aspectos. Los muchos negocios que vendían comida y la llegada a las ciudades de una mano de obra barata en busca de empleo sirvieron para aliviar a la burguesa de sus responsabilidades domésticas. La mayoría de esta mano de obra femenina provenía de los orfanatos y de la clase pobre urbana y campesina. Las mujeres realizaban infinidad de trabajos: eran lavanderas, hilanderas, mesoneras, panaderas, cocineras, criadas, costureras, parteras, vendedoras ambulantes y algunas llegaron a poseer sus pequeños negocios (Ortega López 278–79). Esta mano de obra se toleró siempre y cuando no perjudicara al hombre. En el momento en que supuso una competencia para éste y redujo su beneficio económico, se la desplazó y se le ofrecieron los trabajos más ínfimos y peor remunerados; este fue el caso de las sanadoras, a las que se les prohibió atender a los enfermos (Ortega López 333–35).[17]

La explosión de la industria del teatro en estos siglos supuso para la mujer una bocanada de aire fresco, ya que le abrió las puertas a una profesión con la que se pudo ganar la vida y ser admirada. Como elabora Malveena McKendrick en *Theatre in Spain, 1490–1700*, el teatro se convirtió en estos dos siglos en el entretenimiento por antonomasia de las ciudades y de los pueblos, donde la llegada de las pequeñas compañías se recibía con gran expectación. A los dramaturgos y a los artistas se los admiraba, no sólo porque hicieron que el teatro se convirtiera en un motor importante de la economía de las ciudades y pueblos, sino también porque con su arte curaban el espíritu de una población hastiada de ver y vivir en la pobreza. La Iglesia sin embargo consideraba este arte contraproducente, pues, según ella, corrompía el alma y la mente, afeminaba al hombre y promovía la vagancia y el despilfarro (202). En 1596 se deja sin efecto la prohibición de las actrices y esto da pie a que surja el debate entre aquellos que disfrutaban y valoraban el trabajo de éstas en las tablas y los que las consideraban un peligro para el orden social. A pesar de las regulaciones a las que la mujer estaba sometida para poder ser actriz (debía estar casada, no podía representar papeles masculinos y tenía que vestir modestamente), la Iglesia seguía considerando problemática su presencia en el escenario porque las artistas se exhibían y hablaban en público (202–03). Este rechazo se acentuó aun más cuando Lope de Vega puso de moda al personaje de la mujer vestida de hombre. La popularidad de estas artistas y la fascinación que despertaban entre los espectadores, tanto hombres como mujeres, fueron extraordinarias y su éxito trajo al teatro beneficios económicos importantes. Cerrar el corral de comedias no fue tarea fácil; de hecho, no fue posible hasta el siglo XVIII.

Preguntas de debate.

1   ¿Qué aspectos de estos siglos han condicionado la situación de hoy en día de la mujer?
2   ¿Ha cambiado mucho el concepto de mujer?
3   ¿Encuentras paralelismos entre las sociedades del pasado y del presente?

12 *Introducción*

Notas

1. En el siglo X cuando los Reyes Cristianos todavía no habían empezado a extenderse por la Península, los matrimonios eran de carácter endogámico. Posteriormente, durante la Reconquista, pasaron a ser exogámicos para crear alianzas con *el otro*, ya fuera cristiano o musulmán. Conforme se fue adentrando en la Edad Media (siglos XI–XIV), se adelantó la edad de los matrimonios regios y se empezaron a realizar cuando los cónyuges eran aún niños con el objetivo de garantizar una paz más duradera (Isla 414–15).
2. Los repudios fueron más frecuentes en la aristocracia. En este caso, la esposa del noble volvía a la casa paterna y retenía "los bienes que había aportado a la familia" (Segura Graíño, "Las mujeres en la España medieval" 157).
3. *Caritas* es el sentimiento de afecto que se siente por otras personas. Se deseaba que hubiera este sentimiento entre los cónyuges, aunque a la mujer lo que realmente se le exigía era "débito conyugal" (446).
4. Entre los campesinos las uniones eran mucho más simples. La unión "de jura" requería el acuerdo de la pareja y de los testigos y las uniones de "pública fama" o "de maridos reconocidos" necesitaban ser aceptadas dentro de su comunidad (Pastor 448). Los "matrimonio de bendición" eran los preferidos por la élite social. En el siglo XII se dieron otras dos formas de uniones: el "matrimonio por rapto," uniones en las que los cónyuges se casaban sin el permiso paterno y, por consiguiente, estaban castigadas por la ley y la "barraganía" que fue la relación sexual entre mujer y clérigo, en este caso a la mujer involucrada se la expulsaba de la sociedad (Segura Graíño, "La sociedad urbana" 189).
5. Algunas reinas que ejercieron el poder fueron Toda Aznar (885–970), Urraca de León (1081–1126), Urraca de Castilla (1186–1220) y Teresa de Portugal (1080–1130). En la II *Partida* de Alfonso X, el Sabio, se articula la posibilidad de que la reina heredara *potestas* y *autoritas*.
6. "Las mujeres de clases inferiores fueron terriblemente trabajadoras, cumplían con todas sus obligaciones domésticas y reproductoras generalmente sin ayudas y, además, en la mayoría de los casos contribuían activamente al mantenimiento de la familia. Ayudaban a sus maridos, pequeños artesanos o tenderos, eran regatonas, hacían pequeños trabajos, eran criadas de los poderosos, etc." (Segura Graíño, "La sociedad urbana" 193).
7. *Las Siete Partidas*, Alfonso el Sabio, 1555, Part. II, t. XX, LI.
8. En los fueros de Galicia del siglo XIII, en el 75 por ciento de los contratos aparecen los nombres de los dos miembros de la pareja (Pastor 469).
9. Ver Segura Graíño, "Las mujeres en la España medieval" p. 161.
10. Conforme aumentó la población urbana, las fuentes, las plazas, los mercados, los baños pronto fueron considerados espacios públicos femeninos. En aquellos lugares a los que también acudía el hombre, como por ejemplo, el baño y la fuente, se establecieron horarios para compartirlos, aunque había otros, como el mercado, en el que hombre y mujer trabajaban juntos (Segura Graíño, "La sociedad urbana" 193; Segura Graíño, "Mujeres en el mundo urbano" 541).
11. Segura Graíño divide los trabajos realizados por las mujeres pobres en tres categorías: las hortelanas, que cuidaban el huerto de la casa; los oficios dedicados a la "fabricación de productos" de alimentación, textiles, etc.; y los "trabajos relacionados con el abastecimiento de la casa," es decir, la venta de productos básicos y los trabajos que se realizaban en casas, hostales, hospitales, etc. ("La sociedad urbana" 202–203).
12. La mujer no tenía "condición de vecino," como consecuencia, no podía ser "reconocida como sujeto laboral y, por ello, no podía integrarse en la organización gremial" (Segura Graíño, "Mujeres en el mundo urbano" 524) ni acceder a puestos públicos. Esta legislación facilitó la explotación laboral de la mujer, ya que le impedía practicar y vivir de su profesión y negociar sus condiciones laborales (Segura Graíño, "Mujeres en el mundo urbano" 524; Segura Graíño, "La sociedad urbana" 201).
13. Su reinado fue muy problemático: era un rey extranjero, repartió puestos de gobierno entre sus consejeros flamencos y vació las arcas españolas para financiar sus ambiciones en Europa. Durante la monarquía de Carlos I la unidad religiosa de los Reyes Católicos se vino al traste, pues al heredar el trono alemán se convirtió en monarca de dos religiones, la católica y la protestante. Esto demostró ser una empresa costosa, difícil e imposible y en 1555 tuvo que firmar el Tratado de la Paz de Augsburgo con el que se acordó que Alemania y España fueran dos reinos independientes. A pesar de que con Carlos I se inició la política de la contrarreforma, culturalmente su reinado fue aperturista y en España entraron corrientes filosóficas europeas como el erasmismo.

14 El confesor era figura fundamental en los conventos y monasterios femeninos, su función era establecer "... las directrices básicas de la existencia humana ..." y controlar "las conductas no concordes con estos principios" (Ortega López 298).
15 La reina Isabel de Castilla, conocedora de la *querella*, se rodeó de damas cultas como Beatriz Galindo (1465–1534), la Latina, Juana Contreras, Isabel de Vergara, Francisca de Nebrija. Estas mujeres, sin embargo, no presentaron una amenaza para el sistema ya que se limitaron a ser "receptoras de la cultura oficial" y a promover los valores de la misma (Segura Graíño, "La transición del Medievo a la Modernidad" 236–38).
16 Este concepto de persona imbécil que se tenía del sexo femenino hizo posible que a la mujer no se la considerara un sujeto jurídico. Esto significaba que no se la consideraba con la capacidad de conocer las leyes, por lo que no podía representarse ni defenderse a sí misma en un juicio, ni ser encarcelada por tener deudas (Ortega López 290).
17 Las sanadoras fue un oficio femenino del que la mujer se vio desplazado para dar paso a los médicos profesionales. Estas mujeres curaban y eran muy requeridas en la sociedad rural y en las clases pobres. En 1477 se creó en Castilla un tribunal para impedir que compitieran con los médicos universitarios y, posteriormente, a mediados del siglo XVI se creó un cuerpo oficial, los protomédicos examinadores, cuya función fue garantizar que la medicina se ejerciera según las normas establecidas y, a la vez, impedir que las sanadoras la practicaran: "La inquisición se convirtió en foro desacreditativo de muchas mujeres ya que sus prácticas de combinar remedios naturales con oraciones generaron recelos. Además se las consideraba más vulnerables a la seducción del demonio, y su potencialidad sexual siempre estaba presente" (Ortega López 333).

Obras citadas y lecturas recomendadas

Bellido, José Félix. *La condición femenina en la Edad Media*. El Almendro, 2010.

Cabre i Pairet, Monserrat. "La ciencia de las mujeres en la Edad Media. Reflexiones sobre la autoría femenina." *La voz del silencio II. Historia de las mujeres: Compromiso y método*, editado por Cristina Segura Graíño, Asociación Cultural Al-Mudayna, 1993, pp. 41–73.

Coehlo Nascimiento, María Filomena. "Casadas con Dios. Linajes femeninos y monacatos en los siglos XII y XIII." *Historia de las mujeres en España y América Latina. De la Prehistoria a la Edad Media*, dirigido por Isabel Morant, Cátedra, 2005, pp. 693–712.

Dronke, Peter. *Women Writers of the Middle Ages. A Critical Study of Texts from Perpetua to Margarite Porete*. Cambridge UP, 1984.

Garrido González, Elisa, editora. *Historia de las mujeres en España*. Editorial Síntesis, S.A. 1997.

———. "La construcción del patriarcado en la España Antigua." *Historia de las mujeres en España*, editado por Elisa Garrido González, Editorial Síntesis, S.A. 1997, pp. 67–114.

Garulo, Teresa. *Dīwān de las poetisas del al-Ándalus*. Hiperión, 1986.

Isla, Amancio. "Reinas hispanas de la Alta Edad Media." *Historia de las mujeres en España y América Latina. De la Prehistoria a la Edad Media*, dirigido por Isabel Morant, Cátedra, 2005, pp. 399–422.

López de la Plaza, Gloria. *Al-Ándalus. Mujeres, sociedad y religión*. Universidad de Málaga, 1992.

Mackay, Angus. "Apuntes para el estudio de la mujer en la Edad Media." *Árabes, judías y cristianas. Mujeres en la Europa Medieval*, editado por Celia del Moral, Universidad de Granada, 1993, pp. 15–34.

Maclean, Ian. *The Renaissance Notion of Woman*. Cambridge UP, 1980.

Marín, Manuela. "Mujeres y vida familiar en al-Ándalus." *Historia de las mujeres en España y América Latina. De la Prehistoria a la Edad Media*, dirigido por Isabel Morant, Cátedra, 2005, pp. 371–98.

Muñoz, Ángela. "Mujeres y religiones en las sociedades ibéricas: voces, espacios, ecos y confines (siglos XIIIXVI)." *Historia de las mujeres en España y América Latina. De la Prehistoria a la Edad Media*, dirigido por Isabel Morant, Cátedra, 2005, pp. 713–44.

Nelken, Margarita. *Las escritoras españolas*. Editorial Labor, S.A., 1930.

Ortega López, Margarita. "Las mujeres en la España Moderna." *Historia de las mujeres en España*, editado por Elisa Garrido González, Editorial Síntesis, S.A., 1997.

Pallares, María del Carmen. "Grandes señoras de los siglos IX y X." *Historia de las mujeres en España y América Latina. De la Prehistoria a la Edad Media*, dirigido por Isabel Morant, Cátedra, 2005, pp. 423–42.

Introducción

Pastor, Reyna. "Mujeres populares. Realidades y representaciones." *Historia de las mujeres en España y América Latina. De la Prehistoria a la Edad Media*, dirigido por Isabel Morant, Cátedra, 2005, pp. 445–78.

Rivera Garretas, Milagros. "Como leer en textos de mujeres medievales. Cuestiones de interpretación." *La voz del silencio II. Historia de las mujeres: Compromiso y método*, editado por Cristina Segura Graíño, Asociación Cultural Al-Mudayna, 1993, pp. 17–40.

———. *Nombrar el mundo en femenino. Pensamiento de las mujeres y teoría feminista*. Icaria, 1994.

———. "La querella de las mujeres: una interpretación desde la diferencia sexual." *Política y Cultura*, núm. 6, primavera, 1996, pp. 25–39.

———. "Las beguinas y las beatas, las trovadoras y las cátaras. El sentido libre del ser mujer." *Historia de las mujeres en España y América Latina. De la Prehistoria a la Edad Media*, dirigido por Isabel Morant, Cátedra, 2005, pp. 745–70.

Rubiera Mata, María Jesús. "Introducción." *Poesía femenina Hispanoárabe*. Editorial Castalia, 1989.

Ruiz-Almodóvar, Caridad. "La mujer en la legislación musulmana." *Árabes, judías y cristianas. Mujeres en la España Medieval*, editado por Celia del Moral, Universidad de Granada, 1993, pp. 63–76.

Ruiz Guerrero, Cristina. *Panorama de escritoras españolas*. Universidad de Cádiz, 1997.

Santos Paz, José Carlos. "Sexo y género en la obra de las escritoras medievales hasta el siglo XII." *De cultura, lenguas y tradiciones, Actas del II Simposio de Estudios Humanísticos, Ferrol, 14–16 de noviembre, 2006*, editado por Paz Romero Portilla y Miguel-Reyes García Hurtado, Universidad da Coruña, 2006, pp. 137–54.

Segura Graíño, Cristina. "Mujeres publicas/malas mujeres. Mujeres honradas/mujeres privadas." *Árabes, judías y cristianas. Mujeres en la Europa Medieval*, editado por Celia del Moral, Universidad de Granada, 1993, pp. 53–62.

———, editora. *La voz del silencio II. Historia de las mujeres: Compromiso y método*. Asociación Cultural Al-Mudayna, 1993.

———. "Las mujeres en la España medieval." *Historia de las mujeres de España*, editado por Elisa Garrido González, Editorial Síntesis, S.A., 1997, pp. 115–84.

———. "La sociedad urbana." *Historia de las mujeres de España*, editado por Elisa Garrido González, Editorial Síntesis, S.A. 1997, pp. 185–218.

———. "La transición del Medievo a la Modernidad." *Historia de las mujeres de España*, editado por Elisa Garrido González, Editorial Síntesis, S.A. 1997, pp. 219–48.

———. "Mujeres en el mundo urbano. Sociedad, instituciones y trabajo." *Historia de las mujeres en España y América Latina. De la Prehistoria a la Edad Media*, dirigido por Isabel Morant, Cátedra, 2005, pp. 517–46.

Serrano y Sanz, Manuel. *Apuntes para una biblioteca de autoras españolas desde el año 1401 al 1833*. Establecimiento Tip. Sucesores de Rivadeneyra, 1903.

Surtz, Ronald E. *Writing Women in Late Medieval and Early Modern Spain*. U of Pennsylvania P, 1995.

Vinyoles, Teresa. "Nacer y crecer en femenino: niñas y doncellas." *Historia de las mujeres en España y América Latina. De la Prehistoria a la Edad Media*, dirigido por Isabel Morant, Cátedra, 2005, pp. 479–500.

1 Leonor López de Córdoba

Contexto histórico

La sucesión al trono de Castilla, hizo de la segunda mitad del siglo XIV uno de los periodos más turbulentos de la historia de España: la guerra civil entre Pedro I, el Cruel, y Enrique II de Trastámara, hijos legítimo e ilegítimo, respectivamente, de Alfonso XI, tuvo como consecuencia inmediata el asesinato del monarca legítimo y el establecimiento de una nueva monarquía, los Trastámara.[1] Como resultado de este conflicto militar, la sociedad castellana quedó dividida entre perdedores y ganadores; es decir, entre los nobles que, por su lealtad a Pedro I, perdieron poder político, patrimonio y privilegios y los que se beneficiaron económica y políticamente de la victoria de Enrique II y que, por su fidelidad a éste, recibieron las propiedades confiscadas a los anteriores, convirtiéndose, así, en la nueva nobleza dominante. La familia de Leonor López de Córdoba (1362–1430) sufrió las consecuencias de esta división social por apoyar al monarca derrotado.[2] Los enfrentamientos bélicos entre ambos bandos llegarían a su fin en 1388 con la firma del Tratado de Bayona, en el que se acordó el matrimonio entre Enrique III de Trastámara, nieto de Enrique II y príncipe de Asturias, con Catalina de Lancaster, nieta del monarca asesinado (Arturo Firpo 26–27).

El género autobiográfico en la Edad Media

Las tres características que definen el género autobiográfico son la reflexión, la presencia de la primera persona en la narración y la superposición de autor-narrador-sujeto (Katheleen Amanda Curry 103). Firpo añade que la autora o el autor necesita realizar una "self-interpretation of life experience" (21) y, por su parte, Piedad Calderón considera la subjetividad uno de los principales elementos de este género, ya que "[l]o más importante no es la fidelidad de la narración autobiográfica a la realidad, sino la necesidad que tiene el autor de organizar su existencia, de recordar ciertos momentos y dar coherencia y significación a su vida" (464). La mayoría de los estudiosos coinciden con Price Zimmermann en que la presencia de la reflexión es también un aspecto fundamental del texto autobiográfico: "[t]hrough the process of reflection there emerges an interpretation of past experience which attempts to clarify the development of the self" (121). El énfasis de la cultura cristiana en el examen de conciencia y la meditación propiciaría el desarrollo de este elemento en la autobiografía.[3] Las vidas de santos y los manuales de confesión son considerados, por este motivo, el principal precedente del género autobiográfico. Reflexionar era (y es) un aspecto normal de la vida del cristiano y, como tal, se vio reflejado en las primeras autobiografías que surgieron en esta comunidad. No obstante, para Firpo, además de la reflexión del autor-narrador, deben existir otros elementos para que un texto pueda ser considerado autobiográfico. Para él es importante que el yo sea "el narrador y el tema de la narración," que lo que el narrador nos comunique no sea ficción y que haya distancia temporal con respecto al episodio de la vida que se presenta (20–21).

En la autobiografía de la Baja Edad Media, sin embargo, la introspección no era un aspecto esencial de las memorias. Como explica Curry, en una sociedad tan estructurada como la de ese periodo y en la que las personas vivían según las normas establecidas por el cristianismo y por su estamento, el individuo no tenía la necesidad de llevar a cabo una reflexión o un análisis de su conducta. En las *Memorias* de Leonor López de Córdoba, considerada por Reinaldo Ayerbe-Chaux la primera manifestación autobiográfica en España por la presencia del "point of view [and] the analysis of the past in relation to the present" (24), vemos cómo la autora-narradora-protagonista no considera necesario evaluar su comportamiento, pues su conducta y su forma de entender la maternidad, las relaciones familiares y sociales y la religión se ajustaban a los valores de su estamento, a la mentalidad y a los principios de su época (93). Firpo observa, sin embargo, que en las *Memorias*, el yo no es arquetípico ya que, a pesar de que la imagen que la autora crea de sí misma encaja con la de la noble medieval, en su texto se puede leer la compleja psicología de una mujer desahuciada que tuvo que superar los vaivenes, los retos y las trágicas situaciones que se le presentaron en la vida: "el yo [. . .] no se presenta como una entidad abstracta y ejemplar tal como ocurría en la típica autobiografía medieval, sino que adopta los signos de lo concreto (se trata de la vida de un personaje de una clase determinada, en un momento particular de la historia española)" (25).

Las *Memorias* de López de Córdoba nos interesa porque es el primer ejemplo de género autobiográfico escrito en castellano y dictado por una mujer que decidió no ocultar su identidad y porque es la historia de una noble castellana que, después de nueve años en prisión, tuvo que reinventarse para sobrevivir en una sociedad muy interesada en mantenerla en los márgenes de la misma por ser mujer y por haber pertenecido a una familia que se opuso a la nueva monarquía.[4]

La voz de mujer en las *Memorias* de Leonor López de Córdoba

López de Córdoba establece desde un principio los objetivos que persigue con sus *Memorias*: limpiar el honor de su padre; narrar desde su perspectiva los hechos que ocurrieron durante la guerra civil; hacer pública la historia de su familia y la suya; y reclamar justicia para ella tras haber sido despojada de sus seres queridos y de sus bienes. Ayerbe-Chaux, Juan Lovera y Curry, entre otros, sospechan que, quizás, la autora tuviera otro objetivo más ambicioso: ganarse el favor de Catalina de Lancaster,[5] nieta de Pedro I y reina consorte de Castilla, para recuperar su patrimonio y el lugar en la sociedad que le correspondía como hija de nobles.[6] La rebeldía que se oye en sus palabras nace del resentimiento acumulado durante los años que estuvo socialmente desplazada y de su deseo de "reincorporarse a su clase":

> Ella compuso su obra para sostener una imagen amenazada por una sociedad que le negaba el renombre y la posición que deberían haberle pertenecido. El mero hecho de que tuviera la audacia de reclamar su derecho a hablar demuestra que se consideró digna de ser recordada por la humanidad como dama noble e hija del Maestre Martín López.
> (Curry 96–97)

Las *Memorias* cubre un periodo específico de la vida de Leonor: desde su niñez hasta 1400, año en el que fue expulsada de la casa de su tía después de morir su hijo. El texto se puede dividir en cuatro partes:

En la introducción la autora está interesada en contextualizar históricamente su texto. Leonor se presenta a los lectores como testigo de los hechos que ocurrieron en un dramático momento de la historia de Castilla. Vemos que para darle validez a sus palabras, cree importante anunciar que dicta a un escribano y jura que todo lo que narra es verdad. Que considere necesario hacer referencia a la figura del escribano y al acto del juramento no es, ni mucho menos, casual, ya que con ello la autora equipara su texto a un "documento oficial" con el propósito de darle credibilidad a su historia (Lauzardo 5). Según Philippe Lejeune, el interés de Leonor es el de presentar sus *Memorias* como si fuera un "contrato" (citado en Louise Mirrer 13) entre ella y los lectores, un contrato con el que se compromete a contar la verdad. La veracidad de su historia también la refuerza ofreciendo de sí misma la imagen de una persona devota, víctima de agravios (como la Virgen) y compasiva. La idea de presentarse como una mujer ejemplarizante, además de ser una "una hábil táctica defensiva" (Curry 201), le ayudó a mejorar el concepto que los ganadores de la guerra habían creado de ella y a darle autoridad a su voz, la cual estaba desacreditada por ser la hija del Maestre Martín López de Córdoba.

Presentarse a sí misma como miembro de una de las mejores familias nobles de Castilla forma parte del proyecto personal de fortalecer su identidad y recuperar su espacio social: Como mujer medieval, Leonor era consciente de que el linaje y la riqueza eran los dos pilares fundamentales de la identidad del noble. En este sentido, ella fue una mujer de su tiempo y sabía que su identidad sólo la podía construir a través del género masculino. Para ella era importante, por tanto, elaborarla sobre la alcurnia, los títulos y la posesiones de los miembros masculinos de su familia y enorgullecerse de la valentía y honorabilidad de unos personajes que pertenecieron a la historia reciente de Castilla.

La parte que abarca desde los años en la corte de Pedro I hasta su encarcelamiento en las Atarazanas de Sevilla es su testimonio sobre los hechos —históricos— que acaecieron en su infancia: Perder a su familia y su posición en la sociedad tuvieron que ser una experiencia traumática para la niña que ella era. En estas páginas de sus *Memorias*, la narradora recuerda su vida privilegiada en la Corte, espacio en el que creció y se relacionó con las hijas de Pedro I, su matrimonio con Ruy Gutiérrez de Hinestrosa a la edad de siete años, el inicio del conflicto político, la decisión de su padre de mudar a su familia (hijo, hijas y esposos de éstas) y a la del rey a la ciudad fortificada de Carmona. También recuerda el asesinato de Pedro I, la ejecución de su padre y el encarcelamiento en 1371 de su familia en las Atarazanas de Sevilla. Durante los nueve años que estuvo en prisión, Leonor presenció la muerte de sus tres hermanas y hermano, de sus cuñados y de los caballeros que apoyaron a su padre. Estas fueron muertes ocasionadas por el hambre, las epidemias y el maltrato que sufrieron, siendo ella y su esposo los únicos supervivientes del encarcelamiento. Su dolor y, quizás, su orgullo le impidieron elaborar sobre este periodo de su vida; sin embargo, no deja de ser uno de los episodios más gráficos y emocionalmente intensos de sus *Memorias*.

La última parte comprende los años que vivió en casa de su tía: En 1379 y después de la muerte de Enrique II, Leonor y su esposo fueron puestos en libertad. Nuestra protagonista tenía ya diecisiete años de edad. La humillación de haber perdido sus bienes, de haber vivido en condiciones infrahumanas y, como ella dice, de haber sido tratados como "infieles," explica su fortaleza emocional y la ambiciosa personalidad que demostraría tener como adulta. Su tía materna, María García Carrillo, viuda de Gonzalo Fernández de Córdoba, noble partidario de Enrique II, la acogió en su casa y la protegió. Más adelante, su esposo se uniría a ella en 1386 después de haber intentado inútilmente recuperar su patrimonio. En 1396 su tía, presionada por su familia, se vio obligada a echarla a ella y a sus hijos de su casa en Aguilar (donde habían ido para escapar de una epidemia de peste) después de morir su hijo mayor, Fernández de Hinojosa, quien contrajo la peste por cuidar de un niño judío que Leonor adoptó en 1391.[7]

Los años en casa de su tía estuvieron marcados por continuas humillaciones. El conflicto familiar que produjo su llegada reproduce, en pequeña escala, la división social que existía en la Castilla de la postguerra. Sus primas siempre resintieron que su madre la protegiera y la ayudara a rehacer su vida y la percibieron como una amenaza y deshonra para su familia.[8] Como ella misma nos recuerda en su autobiografía, el esposo de su tía, Gonzalo Fernández de Córdoba, recibió de Enrique II el señorío de Aguilar, el cual había pertenecido al padre de su sobrina. Su tía, a pesar de la oposición de su familia, la mantuvo y nunca olvidó que, gracias a su cuñado, su esposo no fue ejecutado por Pedro I por participar en un levantamiento a favor Enrique II (Curry 34; Lovera 257). La gratitud y cariño que María García Carrillo le tenía a su sobrina quedaron demostrados durante los veinte años que Leonor estuvo vinculada a esta familia.

La estancia en esta casa, aunque marca un antes y un después en la vida de la autora, tampoco supuso la integración de Leonor en la sociedad castellana. Y es que, si en las Atarazanas fue maltratada y humillada por la monarquía Trastámara, en casa de su tía fue ofendida y marginada por unos parientes leales a la nueva dinastía. En varias ocasiones Leonor expresa sus sentimientos al respecto: "[. . .] mis primas nunca estaban bien conmigo, por el bien que me hacía su madre, y desde allí pasé tantas amarguras, que no se podían escribir." Igualmente trágicas son sus palabras cuando la echan de la casa de Aguilar con su hijo moribundo: "Y la muerte en la boca, lo mandaba sacar de ella, y yo estaba tan traspasada de pesar, que no podía hablar del corrimiento que aquellos señores me hacían." Es razonable asumir que después del último enfrentamiento con su familia y de haber sido puesta en la calle, necesitara dictar sus *Memorias* para explicar y defender sus actos y, sobre todo, las circunstancias que rodearon la muerte de su hijo. María del Mar Cortés Timoner percibe, además, en el texto de Leonor "la necesidad de justificarse moralmente por remordimiento o dudas que pudieran albergar en torno a algunas acciones que llev[ó] a cabo" (121).

Leonor no oculta la preocupación que tiene con su situación económica; de hecho, fue su obsesión después de ser puesta en libertad. Este es un aspecto central de sus *Memorias* que, incluso, queda reflejado en las oraciones y en su relación con la Virgen, a la que recurre no para que la ayude a superar sus debilidades espirituales, sino para que la asista en la reconstrucción de su patrimonio: "yo había ido treinta días a maitines [. . .] con aguas y con vientos descalza, y le rezaba [. . .] porque ella me diese casa, e me la dio casa, y casas [. . .] mejores que yo las merecía." La oración era un aspecto intrínseco de la Edad Media. Fue ésta una sociedad constantemente sumergida en guerras, en enfermedades y en la pobreza, y que encontró en los rezos una "solución" a la impotencia de superar estas adversidades. Las expectativas que nuestra protagonista tenía de la oración ilustran la mentalidad de la época. Leonor rezó y se inmoló en sus oraciones, y, en un acto de generosidad cristiana, adoptó y bautizó a un niño judío. Su devoción y compasión, sin embargo, no eran gratuitos, sino todo lo contrario. Nuestra protagonista esperaba ser recompensada por la Virgen, recompensa que recibiría años después: La Virgen la ayudó a superar el antagonismo del que fue víctima en casa de su tía, intercedió para que ésta le comprara un solar, la ayudó a construir sus casas e, incluso, le concedió el deseo de que muriera su hijo biológico para salvar al que adoptó. Rivera Garretas ve en la Virgen a la autoridad que aprueba "[. . .] unos proyectos y unas ambiciones que no cuadraban con los contenidos que su sociedad atribuía a lo femenino" (178), pero que, interesantemente, eran congruentes con el papel de cabeza de familia que Leonor asumió. La Virgen cumple dos funciones en el texto: Por un lado, es la "abogada" de nuestra protagonista. Como Lauzardo observa, tenerla como defensora reforzaba su imagen de mujer honesta y víctima de injusticias: "[l]a figura de la Virgen le da la razón, porque le hizo justicia cuando el resto del mundo se la negaba y también le da un motivo o pretexto justificado para escribir sus memorias y así reivindicar su honra y linajes ultrajados" (6). Y por otro, le ayuda a reconstruir su identidad y a presentarse en "el centro de su texto" (Rivera Garretas, *Textos y espacios de mujeres* 175) como protagonista y única persona capaz de rehacer el patrimonio familiar. En este sentido, Lauzardo señala que las *Memorias* tienen un carácter "apologético" ya que López de Córdoba selecciona los hechos históricos, los episodios de su vida y los personajes que mejor le ayudan a resaltar el papel que *ella* (énfasis mío) tuvo en momentos importantes de su vida (7).

Al igual que escritoras anteriores y posteriores a ella, vemos que Leonor creó su nueva identidad en relación al "otro." Ese "otro," en su caso, fue María. Ambas sufrieron solas en la vida y ambas sacrificaron a sus hijos. En este sentido, Rivera Garretas apunta que, paradójicamente, María en las *Memorias* es la "figura femenina que eclipsa del relato al marido y que desplaza el recuerdo del padre" (*Textos y espacios de mujeres* 177); dos personajes masculinos que, a pesar de serle indispensables en la reconstrucción de su identidad, López de Córdoba opta por apartar de la narración para asumir ella sola el protagonismo de su historia y construir su propia identidad sobre sus actos y no sobre los actos del padre. La atención que recibe su tía en las *Memorias*, aunque es mayor que la que reciben estos personajes masculinos, es igualmente reducida. López de Córdoba se limitó a darle el mérito que consideró justo para que no ensombreciera ni empequeñeciera su capacidad de negociación y el esfuerzo que invirtió en la reconstrucción de su patrimonio y linaje. Para ella era importante que se supiera que ella fue quien hizo frente al antagonismo de su familia, negoció su entrada en el convento de Guadalajara (donde se encontraba otra hermana de su madre), construyó sus casas, alcanzó un acuerdo con los monjes para edificar en su solar y sacó a su familia de Córdoba para escapar de la peste. Para Arauz Mercado, estamos ante una mujer medieval que se siente en la libertad de hablar y de crear "su propio discurso" y nos presenta "[. . .] las condiciones reales de vida de una mujer de finales del medievo, pero también, de su capacidad de actuación más allá de lo dictado por las leyes castellanas y las prácticas sociales" (163). Sus *Memorias* son, por tanto, una historia de empoderamiento de una mujer en una sociedad masculina que le negaba al sexo femenino movilidad social y poder político.

El terreno que su tía le compró en 1396 marcó, aunque ella no lo reconozca, el inicio de su recuperación económica y social. No obstante, ese mismo año tuvo lugar un acontecimiento que tampoco menciona en sus *Memorias*, pero que cambiaría el curso de su vida: Catalina de Lancaster y Enrique III visitaron Córdoba para reclamar el pago de las multas que se le impuso a la ciudad después del saqueo que sufrieron los judíos en 1391 (Curry 48–50). Puede ser que Leonor aprovechara esta visita de los reyes para solicitar una audiencia con la nieta de Pedro I, única autoridad que podía valorar positivamente el papel que su familia desempeñó en Castilla. Esto explicaría el título de una tienda de jabón (un importante y rentable negocio en aquella época) que recibió de los monarcas ese mismo año, quizás, como recompensa por los servicios que su padre y su suegro le prestaron al abuelo de la reina (Juan Félix Bellido Bello 278). Estos acontecimientos no se pueden desvincular de la presencia de Leonor en la Corte de Catalina de Lancaster diez años después, donde nuestra protagonista ocuparía el puesto de camarera mayor (asesora principal). Todo esto lleva a pensar a Ayerbe-Chaux, Juan Lovera, Marcelino V. Amusano y Curry que el encuentro entre Catalina y Leonor realmente tuvo lugar, con lo que se refuerza la teoría de que habría dictado su autobiografía después de la muerte de su hijo con la esperanza de entregársela a la reina.[9]

Al igual que todos los nobles que ocupaban altos cargos, su posición en la Corte le dio la oportunidad de adquirir riqueza y de participar en la política del reino. Durante este periodo,

Leonor frustró y enfadó al infante Fernando, cuñado de la reina, y a sus consejeros (Curry 56–70). En una carta en la que éste describe el estado del reino, se queja de Leonor, de su poder en la corte de Catalina y del soborno del que eran víctimas aquellos que querían despachar con la reina: "Otrosi, bien sabedes e oyeste decir como la dicha Leonor López ha cohechado e cohecha a quantos son en este reyno que alguna cosa han de librar con la dicha señora reina. (Curry 62). El enriquecimiento era una práctica aceptada entre los miembros de la Corte y de la nobleza y, como observa Curry, sus detractores criticaron su comportamiento de manera desproporcionada (62). La riqueza era un aspecto fundamental de la identidad de este estamento, ya que, además de ayudar a los nobles a mantener su patrimonio y a sus vasallos, se consideraba necesaria para luchar contra la tentación de enriquecerse por medio de la corrupción y la deslealtad. Con respecto a esto, Clara Estow observa que, sin embargo, por el mero hecho de ser mujer, con ella se empleó una doble vara de medir a la hora de juzgar su comportamiento y de acusarla de beneficiarse de su privilegiada relación con la reina: "neither her ascent to power would be of historical interest were it not for the fact that women were spared such notoriety" (23).

Siguiendo a Mary G. Mason, Rivera Garretas sostiene que la autobiografía ha permitido que las escritoras tengan voz, narren la historia tal y como la vivieron y se establezcan como "sujetas activas de su vida y de su texto" (*Textos y espacios de mujeres* 177). En otro de sus trabajos, "La historia de las mujeres y la conciencia feminista en Europa," la investigadora insiste en la misma idea: "escribir historia es, en Occidente, apropiarse para sí mismo una palabra con poder; una palabra que construye realidad en el pasado y está [. . .] dotada de un poder sólo superado por los dos discursos hegemónicos [. . .]: el discurso religioso y el discurso político" ("Historia de las mujeres" 129). Dentro de este mundo medieval de arquetipos y socialmente estático en el que se esperaba de los miembros de cada estamento y género un comportamiento determinado, llama la atención ver cómo López de Córdoba logró que su voz se oyera y cómo hizo realidad las metas que se marcó cuando fue puesta en libertad. En la introducción a las *Memorias*, Leonor se dirige a los lectores y sin vacilar anuncia que quiere publicar su vida para que sea leída; es decir, para informar al lector sobre su historia, sobre esa historia reciente de la Castilla de la que ella forma parte. Pero, como cualquier autobiógrafa, nuestra autora-narradora-protagonista narra su vida confiando en su memoria y basándose en su propia experiencia personal, de la que selecciona sólo esos acontecimientos y vivencias que "le devuelven prestigio personal y material a su linaje" (Piedad Calderón 465). Louise Mirrer considera a Leonor una transgresora que sin temor a ser criticada "locates herself and her *Memoirs* in the parameters of writing of male political, ecclesiastical, and literary authorities" (13). Y es que, cuando decide no disculparse por escribir y por la inferioridad intelectual de su sexo, López de Córdoba rechaza las expectativas que se tienen de ella dentro del canon literario y rompe con la arraigada retórica de la (falsa) humildad empleada por escritoras anteriores y posteriores a ella. Para Aurora Lauzardo su "estrategia" fue diferente a la de otras escritoras, pues optó por "[apoyarse] en la superioridad y el derecho que le confiere, por una parte, su linaje y, por otra, la bendición de la Virgen. Esta doble estrategia destaca la injusticia de su sufrimiento a la vez que la valida como sujeto de enunciación" (5).

Bellido Bello observa que la autobiografía de mujer se caracteriza por dos aspectos fundamentales. Por un lado, tiende a presentar el día a día y la intimidad de la protagonista revelando aspectos de la sociedad medieval desconocidos para los lectores contemporáneos. Es decir, el sujeto de la narración muestra una identidad más realista de su persona y "más reconocible [. . .] que contrasta con el modelo artificial e idealizado de la mujer" (232). Así, a nuestra protagonista la vemos arruinada, humillada, preocupada por el bienestar de sus hijos, asustada ante los estragos de la peste, rezando, paseando por las calles de Córdoba, entablando relaciones con miembros de la sociedad que pueden ayudarla, viajando y siendo agresiva cuando lo considera necesario. Por otro lado, Bellido Bello, siguiendo a Shirley Neuman, sostiene que las autobiógrafas también "esconden, y a veces ponen en evidencia, una clara polémica con el poder, en la que apoderarse de la escritura funciona como una especie de revancha" (232). Para él, el texto de López de Córdoba está marcado por un espíritu contestatario que, aunque sutil, impregna sus páginas. Desde ese espíritu, la autora se empeña en narrar unos acontecimientos desde su perspectiva, que es la de los perdedores, y en ofrecerles a los lectores ese lado desconocido de la historia, esa parte de la historia de Castilla que cronistas e historiadores prefieren ignorar. Las humillaciones sufridas y el orgullo de su linaje alimentan un espíritu resentido que, aunque no lo saca a relucir de manera evidente en sus palabras, resurge en varios episodios de su vida. Su amor propio está, así, en mayor o menor grado, presente en el texto, siendo después de la muerte de su hijo cuando percibimos con claridad la altivez de la noble: "Y como los de aquel lugar todos eran crianza, y hechura del señor mi padre, y aunque sabían que les pesaba a sus señores hicieron grande llanto conmigo como si fuera su señora."

A nuestra autora, crear el argumento de su vida le ofreció la posibilidad no sólo de desquitarse de las vergüenzas que tuvo que soportar, sino también de reivindicar y engrandecer su figura (y la del Maestre López de Córdoba) al presentarse como la mujer que se hizo justicia a sí misma ante la ausencia de la figura protectora del padre, del esposo y del monarca. Leonor, consciente de que por ser quien era, al escribir sus *Memorias* estaba siendo subversiva y se estaba exponiendo a que su texto y ella fueran desprestigiados, se negó a guardar silencio y a dejar a un lado la humildad que se esperaba de ella con el objetivo de impresionar a los monarcas, los únicos con el poder de compensarla por sus servicios a la Corona legítima. En la Edad Media, la mujer noble sólo podía incrementar sus bienes a través de la dote, el matrimonio y la herencia. López de Córdoba al ser huérfana carecía de estas tres vías; no obstante supo gestionar las pocas oportunidades que se le presentaron en la vida y consiguió lo impensable para una mujer de su época: restablecer el honor de su familia, reconstruir el patrimonio familiar y reivindicar la historia de su vida. Probablemente, nunca se imaginó que la redacción de sus *Memorias* y ese encuentro con la reina le fueran a abrir las puertas de la Corte y a brindarle la oportunidad de, como su padre, participar en la política castellana de principios del siglo XV. López de Córdoba se reinventó a través del linaje de su familia pero, sobre todo, a través de sus gestiones económicas y de su autobiografía. Sus *Memorias* cuestionan la tajante división entre la esfera pública y privada, pues la protagonista adquirió un poder y una movilidad social difícil de alcanzar para la mujer de la Edad Media. La noble cordobesa asumió un papel genéricamente masculino y demostró tener la habilidad de moverse dentro y fuera de los márgenes que le impuso su sociedad, de transgredir con maestría las expectativas que se tenían de ella y de proveer para su familia y para ella misma sin la figura del hombre. Sus *Memorias* ofrecen una imagen compleja de la sociedad y de la mujer de la Edad Media y, en cierta medida, cuestionan la rigidez de los papeles genéricos.

Nota sobre la modernización del texto

La modernización del texto parte de la edición de Arquero Cordero. Me he limitado a actualizar latinismos tales como la conjunción e, los verbos vedes, plugó o plugiese y la preposición dende. También he modernizado la puntuación y la posición de los pronombres que en el texto aparecen al final del verbo o precediéndolo para, de esta forma, mantener la uniformidad. En corchete se indican cambios, tales como el empleo de mayúsculas al cambiar los pronombre de posición o la inclusión de sujeto para facilitar la comprensión de la oración. También se indica con corchetes las partes del texto que no se incluyen en esta modernización.

Las *Memorias* de Leonor López de Córdoba[10]

Nació San Álvaro en Córdoba, año de 1360. Murió el rey don Pedro, año 1369. Murió el rey don Enrique II, año de 1379.

En el nombre de Dios padre y del Hijo y del Espíritu Santo, tres personas y un solo Dios verdadero en Trinidad, al cual sea dada Gloria al Padre y al Hijo y al Espíritu Santo, así como era en el comienzo, así es ahora y por el Siglo de los Siglos. Amén.

En el nombre del cual sobredicho señor y de la Virgen Santa María, su madre y señora y abogada de los pecadores, y a honra y ensalzamiento[11] de todos los ángeles y santos y santas de la corte del Cielo. Amén.

Por lo tanto,[12] sepan cuantos esta escritura vieren, como yo, doña Leonor López de Córdoba, hija de mi señor Maestre[13] don Martín López de Córdoba, y doña Sancha Carrillo, a quien de Dios Gloria y Paraíso, juro por esta significancia[14] de [. . .] en que yo adoro, como todo esto que aquí es escrito, es verdad que lo vi y pasó por mí, y lo escribo a honra y alabanza de mi señor Jesucristo y de la Virgen Santa María, su madre, que lo parió, porque todas las criaturas que estuvieren en tribulación[15] sean ciertas,[16] que yo espero en su misericordia, que si se encomiendan[17] de corazón a la Virgen Santa María, que ella las consolará y acorrerá,[18] como [me] consoló a mí; y porque quien lo oyere sepan la relación de todos mis hechos y milagros que la Virgen Santa María me mostró y es mi intención, que quede por memoria, lo mandé escribir así como ves.[19]

Y así que yo soy hija del dicho Maestre, que fue de Calatrava,[20] en el tiempo del señor rey don Pedro, y el dicho señor rey le hizo merced de darle la encomienda[21] de Alcántara y a la postre[22] de Calatrava; y el dicho Maestre mi padre era descendiente de la Casa de Aguilar, y sobrino de don Juan Manuel, hijo de una sobrina suya, hija de un hermano; y subió a tan gran estado, como se hallara en las Crónicas de España.

Y como dicho tengo, soy hija de doña Sancha Carrillo, sobrina e criada del señor rey don Alfonso, de muy esclarecida[23] memoria (que Dios dé Santo Paraíso), padre del dicho señor rey don Pedro. Y mi madre falleció muy temprano y así me casó mi padre de siete años con Ruy Gutiérrez de Hinestrosa, hijo de Juan Fernández de Hinestrosa, camarero mayor[24] del señor rey don Pedro y su canciller mayor[25] del sello de la puridad y mayordomo mayor de la reina doña Blanca, su mujer, el cual casó con doña María de Haro, señora de Haro y los Cameros.

Y a mi marido le quedaron muchos bienes de su padre y muchos lugares, y alcanzaba trecientos de a caballo suyos y cuarenta madejas de aljófar,[26] tan grueso como garbanzos, y quinientos moros e moras y dos mil marcos de plata de vajilla y las joyas, y preseas[27] de su casa, no las pudieran escribir en dos pliegos de papel y esto le cupo[28] del dicho su padre y madre porque otro hijo y heredero no tenían.

A mí me dio mi padre veinte mil doblas[29] en casamiento y residíamos en Carmona con las hijas del rey don Pedro, mi marido y yo y mis cuñados, maridos de mis hermanas y un hermano mío que se llamaba don Lope López de Córdoba Carrillo. [S]e llamaban mis cuñados Fernán Rodríguez de Aza e Villalobos y el otro Ruy García de Aza, el otro Lope Rodríguez de Aza, que eran hijos de Álvaro Rodríguez de Aza y de doña Constanza de Villalobos.

Y fue así que cuando el señor rey don Pedro quedó cercado en el castillo de Montiel de su hermano el señor rey don Enrique, mi padre bajó al Andalucía a llevar gente para socorrerlo; y llevándola, halló que era muerto a manos de su hermano; y vista esta desgracia tomó el camino para Carmona donde estaban las señoras infantas, hijas del señor rey don Pedro, y parientas[30] tan cercanas de mi marido, y mías por mi madre.

Y el señor rey don Enrique viéndose rey de Castilla se vino a Sevilla y puso cerco a Carmona, y como es villa tan fuerte, estuvo muchos meses cercada.[31] Y acaso habiendo salido mi padre fuera de ella[32] y sabiéndolo los del real rey, como era salido[33] de la dicha villa y que no quedaría tan buen cobro[34] en ella, se ofrecieron doce caballeros a escalar la villa,[35] y subidos a ella a la muralla, fueron presos y luego fue avisado mi padre de tal hecho y vino luego y por el atrevimiento les mandó cortar las cabezas.

Y el señor rey don Enrique visto este hecho, y que no podía por fuerzas de armas entrarle[36] a satisfacerse de este hecho, mandó al condestable[37] de Castilla tratase de medios[38] con mi padre, y los medios que mi padre trató fueron dos. El uno que las señoras infantas[39] las habían de poner libres a ellas y a sus tesoros en Inglaterra antes que él entregase la villa dicha al rey, y así fue hecho porque mandó a unos escuderos,[40] deudos[41] suyos, naturales de Córdoba y de su apellido, que fuesen con ellas y la demás gente que le pareció. El otro capítulo[42] fue que él y sus hijos y valedores[43] y los que habían asistido por su orden en aquella villa fuesen perdonados del rey y dados por leales a ellos y a sus haciendas y así se le dio firmado del dicho condestable en nombre del rey; y hecho este partido[44] entregó la villa al dicho condestable, en nombre del rey, y de allí fueron él y sus hijos y la demás gente a besar la mano del rey; y el señor rey don Enrique los mandó prender[45] y poner en las Atarazanas de Sevilla, y el dicho condestable visto que el señor rey don Enrique no le había cumplido la palabra que él había dado, en su nombre, al dicho Maestre, se salió de su Corte y nunca más volvió a ella.

Y el señor rey mandó que le cortasen la cabeza a mi padre en la plaza de San Francisco de Sevilla y que le fuesen confiscados sus bienes y los de su yerno, valedores y criados.

Y yéndole a cortar la cabeza encontró con Mosen Beltrán de Clequin, caballero francés, que fue el caballero que el rey don Pedro se había fiado de él, que lo ponía en salvo estando cercado en el castillo de Montiel, y no cumpliendo lo que le prometió, antes le entregó al rey don Enrique para que lo matase, y como encontró al Maestre le dijo: Señor Maestre, ¿no os decía yo que vuestras andanzas habían de parar en esto?[46] Y él le respondió: Más vale morir como leal, como yo lo he hecho, que no vivir como vos vivís, habiendo sido traidor.

Y estuvimos los demás que quedamos presos nueve años hasta que el señor rey don Enrique falleció. Y nuestros maridos tenían sesenta libras de hierro cada uno en los pies y mi hermano don Lope tenía una cadena encima de los hierros en que había setenta eslabones; él era niño de trece años, la más hermosa criatura que había en el mundo, y a mi marido en especial lo ponían en el aljibe[47] del hambre y teniendo seis o siete días que nunca comía, ni bebía, porque era primo de las señoras infantas, hijas del rey don Pedro.

En esto vino una pestilencia,[48] y murieron todos mis dos hermanos y mis cuñados y trece caballeros de la casa de mi padre; y Sancho Mines de Villendra, su camarero mayor, [me] decía a mí, y a mis hermanos: Hijos de mi señor: Rogad a Dios que os viva yo, que si yo os,[49] nunca moriréis pobres; y agradó[50] a Dios que murió el tercero día sin hablar. Y a todos los sacaban a desherrar[51] al desherradero como moros,[52] después de muertos.[53]

El triste de mi hermano don Lope pidió al alcaide[54] que nos tenía, que dijesen a Gonzalo Ruiz Bolante que nos hacía mucha caridad y mucha honra por amor de Dios: Señor alcaide, sea ahora vuestra merced que me tirase[55] estos hierros en antes que salga mi ánima[56] y que no me sacasen al desherradero.[57] [É]l [le dijo] como a moro: si en mí fuese, yo lo haría. Y en esto salió su ánima en mis manos,[58] que había él un año más que yo.[59] Y lo sacaron en una tabla al desherradero como a moro y lo enterraron con mis hermanos y con mis hermanas y con mis cuñados en San Francisco de Sevilla. [. . .]

Y no quedaron en la Atarazana de la casa de mi señor el Maestre, sino mi marido y yo. Y en esto murió el muy alto y muy esclarecido señor rey don Enrique de muy santa y esclarecida memoria, y mandó en su testamento que nos sacasen de la prisión y nos tornasen[60] todo lo nuestro.

Y yo quedé en casa de mi señora tía doña María García Carrillo y mi marido fue a demandar sus bienes, y los[61] que los[62] tenían lo preciaron poco,[63] porque no tenía estado, ni manera para poder demandarlos y los derechos ya sabéis como dependen a los lugares que han con que se demandar.[64] Así, se perdió mi marido y anduvo siete años por el mundo, como desventurado y nunca halló pariente, ni amigo que bien le hiciese, ni hubiese[65] piedad de él. Y a cabo de siete años, estando yo en casa de mi señora mi tía doña María García Carrillo, [le] dijeron a mi marido, que estaba en Badajoz con su tío Lope Fernández de Padilla en la guerra de Portugal, que yo estaba muy bien andante,[66] que me habían hecho mucho bien mis parientes.

Cabalgó encima de su mula, que valía muy pocos dineros, y lo que traía vestido no valía treinta maravedís,[67] y se entró por la puerta de mi señora mi tía. Yo como había sabido que mi marido andaba perdido por el mundo, traté[68] con mi señora tía, hermana de mi señora madre, que decían doña Theresa Fernández Carrillo (estaba en la orden de Guadalajara, que la hicieron mis bisabuelos, y dotaron precio para cuarenta ricas hembras de su linaje[69] que viniesen a aquella Orden). [L]e [e]nvié a demandar[70] les placiese[71] que yo fuese acogida en aquella Orden, pues por mis pecados mi marido y yo éramos perdidos.[72]

Y ella y toda la Orden lo alcanzaron en dicha,[73] porque mi señora madre se había criado en aquellos monasterios y de allí la sacó el rey don Pedro y la dio a mi padre que casase con ella, porque ella era hermana de Gonzalo Díaz Carrillo e de Diego Carrillo, hijos de don Juan Fernández Carrillo, de doña Sancha de Roxas, y porque estos mis tíos habían temor[74] del dicho señor don Pedro que había muerto y desherrado[75] muchos de este linaje y a mi abuelo le había derribado las casas y dado cuanto tenía a otros. Estos mis tíos se fueron de allí[76] a servir al rey don Enrique (cuando era conde) por este enojo; y nací en Calatayud en casa del señor rey, que fueron las señoras infantas, sus hijas, mis madrinas, y me trajeron[77] con ellas al alcázar de Segovia con mi señora madre que ahí murió y quedé yo de edad que nunca la conocí.

Y después que mi marido vino, como dicho es, fuese a casa de mi señora tía, que era en Córdoba junto a San Hipólito. Y a mí, y a mi marido me acogió allí en unas casas, junto a las suyas y viéndonos con poco descanso,[78] hice una oración a la Virgen Santa María de Belén treinta días. Cada noche rezaba trecientas Aves Marías de rodillas, para que pusiese el corazón[79] a mi señora,[80] que consintiese abrir un postigo[81] a sus casas. Y dos días antes que acabase la oración, demandé a la señora mi tía que me dejase abrir aquel postigo, porque no viniésemos por la calle a comer a su mesa, entre tantos caballeros que había en Córdoba, y su merced me respondió,[82] [que] le plácía y yo fui muy consolada. Y cuando otro día quise abrir el postigo, criadas suyas la habían vuelto su corazón,[83] que no lo hiciese, y fui tan desconsolada, que perdí la paciencia y la[84] que me hizo más contradicción[85] con la señora mi tía se murió en mis manos, comiéndose la lengua.[86]

Y otro día, que no quedaba más que un día de acabar mi oración, sábado, soñaba pasando por San Hipólito, tocando el alba.[87] Vi en la pared de los corrales un arco muy grande y muy alto, y que entraba yo por allí y cogía flores de la sierra y veía muy gran cielo, y en esto desperté y hube esperanza en la Virgen Santa María que me daría casa.

En esto vino un robo de la Judería[88] y tomé un niño huérfano que tenía, para que fuese instruido en la fe. [L]o [h]ice bautizar porque fuese instruido en la fe.

Y un día viniendo con mi señora tía de misa de San Hipólito, vi repartir[89] a los clérigos de San Hipólito, aquellos corrales, donde soñé yo que había el arco grande, y le supliqué a mi señora tía doña Mencía Carrillo, que fuese servida de comprar aquel sitio para mí, pues había diez y siete años que estaba en su compañía, y me las compró. Me las dio[90] con la condición, que señalaba, que se hiciese una capellanía[91] impuesta sobre las dichas casas por el alma del señor rey don Alfonso que hizo aquella iglesia al nombre de San Hipólito, porque nació él, a tal día, y tienen estos capellanes otras seis o siete capellanías de don González Fernández, marido de la dicha señora mi tía, y don Alfonso Fernández señor de Aguilar y del mariscal,[92] sus hijos.

Entonces hecha esta merced alcé los ojos a Dios y a la Virgen María, dándoles gracias por ello. Y de esto[93] llegó a mí un criado del Maestre mi señor e padre, que vive con Martín Fernández, alcaide de los donceles,[94] que allí estaba oyendo misa, y le envié a pedir con aquel criado suyo, para que como pariente[95] le diese las gracias a la señora, mi tía, de la merced que me había hecho, y a él le complació[96] mucho y así lo hizo con buena mesura[97] diciéndole que esta merced[98] recibía él por suya.

Y dándome la posesión abrí una puerta en el sitio[99] y lugar que había visto arco, que la Virgen María me mostró. Y a los abades[100] les pesó que me entregasen el dicho solar, porque yo era de grande linaje, y que mis hijos serían grandes, y que no había menester grandes caballeros cabe si.[101] Y yo lo tuve por buen proverbio y les dije esperaba en Dios que así sería y me concreté[102] con ellos, de tal manera, que abrí la puerta en aquel lugar donde yo quería.

Y tengo que por aquella caridad que hice en criar aquel huérfano en la fe de Jesucristo, Dios me ayudó a darme aquel comienzo de casa, y de antes de estos,[103] yo había ido treinta días a maitines[104] ante Santa María de la Amortecida, que es en la Orden de San Pablo de Córdoba, con aguas y con vientos descalza, y le rezaba sesenta y tres veces esta oración que se sigue con sesenta y seis Aves Marías, en reverencia de los sesenta y seis años que ella[105] vivió con amargura en este mundo, porque ella me diese casa, y me la dio casa, y casas, por su misericordia, mejores que yo las merecía, y comienza la oración: [. . .]

En este tiempo complació que [con] la ayuda de mi señora tía y de labor de mis manos hice en aquel local dos palacios[106] y una huerta y otras dos, o tres casas para servicio.

En este tiempo vino una pestilencia[107] muy cruel, y mi señora no quería salir de la ciudad y yo le demandé merced huir con mis hijuelos,[108] que no se me muriesen, y a ella no le agradó,[109] mas me dio licencia,[110] y yo me partí de Córdoba y me fui a Santaella con mis hijos. Y el huérfano que yo crié vivía en Santaella y me aposentó en su casa, y todos los vecinos de la villa se holgaron mucho de mi ida y me recibieron con mucho grasajo,[111] porque habían sido criados del señor mi padre, y así me dieron la mejor casa que había en el lugar, que era la de Fernando Alonso Mediabarba, y estando sin sospecha[112] entró mi señora tía con sus hijas y yo me aparté a una cuadra[113] pequeña.

Y sus hijas, mis primas, nunca estaban bien conmigo, por el bien que me hacía su madre, y desde[114] allí pasé tantas amarguras, que no se podían escribir. Y vino allí pestilencia y así se partió mi señora con su gente a Aguilar y me llevó consigo aunque asaz[115] para sus hijas, porque su madre me quería mucho y hacía grande cuenta de mí.[116]

Y yo había enviado aquel huérfano que crié a Écija. La noche que llegamos de Aguilar entró de Écija el mozo con dos landres[117] en la garganta y tres carboneros[118] en el rostro, con muy grande calentura. Y que estaba allí don Alfonso Fernández mi primo[119] y su mujer y toda su casa, y aunque todas ellas eran mis sobrinas y mis amigas, vinieron a mí en sabiendo que mi criado venía así, me dijeron: Vuestro criado[120] Alonso viene con pestilencia, y si don Alfonso Fernández lo ve, hará maravillas[121] estando con tal enfermedad. Y el dolor que a mi corazón llegó, bien lo podéis entender quien esta historia oyere, que yo venía corrida[122] y amarga.[123]

Y pensar que por mí había entrado tan gran dolencia en aquella casa, hice llamar un criado del señor mi padre el Maestre, que se llamaba Miguel de Santaella, y le rogué que llevase aquel mozo a su casa, y él cuitado[124] hubo miedo, y dijo: Señora, ¿cómo lo llevare con pestilencia, que me mate? Y le dije: Hijo, no querrá Dios. Y él con vergüenza de mí lo llevó. Todos murieron.

Y yo hacía una oración, que había oído, que hacía una monja ante un crucifijo. [. . .]

Y yo hube gran devoción en estas palabras, rezaba cada noche esta oración, rogando a Dios que me quisiese librar a mí y a mis hijos, y si alguno hubiese de llevar, llevase al mayor porque era muy doliente.[125]

Y agradó[126] a Dios que una noche no hallaba quien velase[127] aquel mozo doliente, porque habían muerto todos los que hasta entonces le habían velado. Y vino a mí aquel mi hijo, que le decían[128] Juan Fernández de Hinestrosa, como su abuelo, que era de edad de doce años y cuatro meses y me dijo: Señora, ¿no hay quién vele a Alonso esta noche? Y le dije: Veladlo vos por amor de Dios; y me respondió: Señora, ahora que han muerto otros, ¿queréis que me mate yo? Y le dije: Por la caridad que yo hago, Dios habrá piedad en mí; y mi hijo por no salir de mi mandamiento[129] lo fue a velar. Y por mis pecados aquella noche le dio pestilencia y otro día le enterré, y el enfermo vivió después, habiendo muerto todos los dichos.

Y doña Theresa, mujer de don Alfonso Fernández muy primo, hubo un gran enojo, porque moría mi hijo por tal ocasión en su casa.[130] Y la muerte en la boca, lo mandaba sacar de ella, y yo estaba tan traspasada[131] de pensar, que no podía hablar del corrimiento que aquellos señores me hacían. Y el triste de mi hijo decía: Decid a mi señora doña Theresa que no me haga echar que ahora saldrá mi ánima para el Cielo. Y aquella noche falleció y se enterró en Santa María de la Coronada, y no sabía porqué, y mandó que no lo soterrasen[132] dentro de la villa. Y así cuando lo llevaban a enterrar fui yo con él y cuando iba por la calle con mi hijo, las gentes salían dando alaridos, amancillados[133] de mí y decían: Salid señores, y veréis la más desventurada, desamparada y más maldita[134] mujer del mundo, con los gritos que los cielos traspasaban. Y como los de aquel lugar todos eran crianza[135] y hechura[136] del señor mi padre, y aunque sabían que les pesaba[137] a sus señores hicieron grande llanto conmigo como si fuera su señora.

Esta noche, como vine de soterrar a mi hijo,[138] luego me dijeron que me viniese a Córdoba y yo llegué a mi señora tía por ver si me lo mandaba ella. Ella me dijo: Sobrina, señora, no puedo dejar de hacerlo, que a mi nuera y a mis hijas he prometido porque son echas en uno,[139] y en tanto me han afligido[140] que os parta de mí,[141] que se lo hube otorgado, y esto no sé qué enojo hacéis a mi nuera doña Theresa que tan mala intención[142] os tiene. Y yo le dije con muchas lágrimas: Señora, Dios no me salve si merecí por qué. Y así me vine a mis casas a Córdoba.

Preguntas de comprensión.

1 A lo largo de su autobiografía Leonor nos habla sobre su padre y su madre. ¿Qué información nos ofrece de ellos?
2 ¿Qué información de la historia de Castilla nos ofrece la narradora?
3 ¿Dónde nació Leonor López de Córdoba?
4 ¿Qué ocurrió con la propiedad de su familia después de que Pedro I fuera ejecutado?
5 Contextualice la muerte de su hermano y de su hijo.
6 ¿Qué le pide Leonor a la Virgen en sus rezos?
7 Identifique los milagros que le concedió la Virgen.
8 ¿Por qué quiere abrir un postigo en la casa de su tía? ¿Qué aspectos de la personalidad de Leonor y de la cultura de la nobleza se reflejan en esta petición que le hace a su tía?

9 ¿Cómo trató Leonor a la criada que influyó en la decisión de su tía?
10 Identifique las situaciones en las que se siente ofendida y avasallada por sus parientes.
11 ¿Cuáles son los episodios más trágicos que aparecen en las *Memorias*?
12 ¿Con quién habló Leonor para negociar su ingreso en la Orden de Guadalajara? y ¿por qué al final no entró en ella?
13 ¿Cuántos años vivió en casa de su tía?
14 ¿En qué situaciones sale a relucir el orgullo de esta mujer noble?
15 Explique las razones por las que la familia de su tía la detesta y cuáles fueron los hechos que provocaron que sus parientes terminaran repudiándola.

Preguntas de debate.

1 Una de las características del género autobiográfico es la subjetividad y la cuidada selección de los acontecimientos que se narran y de los personajes que incluye la autora con el objetivo de favorecer su imagen. En base a esto, ¿cómo influye en la imagen de Leonor los episodios y personajes que aparecen en sus *Memorias*?
2 ¿Es Leonor testigo de todos los hechos que narra? ¿Se la puede considerar una narradora fidedigna?
3 ¿Por qué cree que introduce la autora el diálogo a la hora de narrar la ejecución de su padre el Maestre Martín López de Córdoba?
4 ¿En qué momentos de la autobiografía el lector puede percibir que consigue vengarse de todas las humillaciones sufridas?
5 ¿Por qué cree que narra sin pudor la muerte de la criada de la tía y la muerte de su hijo?
6 ¿Cómo se presenta la maternidad en este texto?
7 ¿Cómo se presentan los personajes masculinos?
8 ¿Por qué recurre la narradora-protagonista al personaje de la Virgen?
9 Considere la percepción que se tenía de los géneros en la sociedad de la Edad Media y responda las siguientes preguntas: ¿Cómo se podría explicar el comportamiento genérico de Leonor? ¿Cree que reta el concepto de los géneros con sus acciones y con su forma de narrarlas?
10 ¿Cómo describiría a esta mujer noble del siglo XV? ¿Cree que se puede comparar su posición social y sus dificultades a la hora de recuperar su lugar en la sociedad con la experiencia de la mujer del siglo XXI?
11 Lea el párrafo y conteste las siguientes preguntas: ¿Qué papel tenía la mujer en la Edad Media? Y ¿cómo se puede explicar la unión de dos familias (materna y paterna) que en principio eran enemigas?
   "Y ella y toda la Orden lo alcanzaron en dicha porque, mi señora madre se había criado en aquellos monasterios, y de allí la sacó el rey don Pedro, y la dio a mi padre que casase con ella, porque ella era hermana de Gonzalo Díaz Carrillo e de Diego Carrillo, hijos de don Juan Fernández Carrillo, de doña Sancha de Roxas, y porque estos mis tíos habían temor del dicho señor don Pedro que había muerto y desherrado muchos de este linaje, y a mi abuelo le había derribado las casas, y dado cuanto tenía a otros."
12 La muerte es un tema muy presente en esta autobiografía. Explique: ¿Cómo se relaciona la narradora con la muerte? ¿Cómo expresa su sentimiento de culpa o dolor? ¿Qué similitudes y diferencias hay en la narración de las muertes de su hermano y de su hijo? ¿Se transmiten las mismas emociones y preocupaciones?

Temas para escribir.

1. Escriba su propia autobiografía: Leonor López de Córdoba fue una mujer que supo moverse dentro de los valores culturales de su época y superar los obstáculos que su sociedad le presentó para rehacer su vida y mantener a su familia. Emplee la información sobre la Edad Media que se ofrece en la autobiografía de Leonor y en la bibliografía secundaria y piense en un estamento de la Edad Media al que quiera pertenecer. Escriba una autobiografía en la que usted, como mujer o como hombre, se vea en la necesidad de reinventarse, cuidar y mantener a su familia.
2. Una autobiografía alternativa: ¿Qué otra autobiografía podría haber escrito la autora? Básese en la información que tiene sobre López de Córdoba y su periodo histórico e invéntese otra autobiografía. Sea creativo y no dude en recurrir a su imaginación para recrear los acontecimientos y las situaciones que considere necesarios. Sea congruente con la época en la que nuestra autora vivió.

Documental relacionado con el tema.

Mujeres en la historia: "Leonor López de Córdoba." Junio 1998, www.rtve.es/alacarta/videos/mujeres-en-la-historia/mujeres-historia-leonor-lopez-cordoba/827016/

Notas

1. Los continuos enfrentamientos entre los dos bandos afectaron negativamente la expectativa de vida de la población castellana, la cual también se estaba siendo afectada por otros factores externos tales como las hambrunas y las epidemias que se sufrían en Europa durante la Edad Media (Bellido Bello 239).
2. Para contextualizar históricamente la autobiografía de López de Córdoba se ha consultado las tesis doctorales de Bellido Bello y Curry.
3. "Within the Medieval Church confession had been a chief means to self-knowledge. [. . .] When the individual wanted to know what he himself was, however, it was necessary to search his own conscience in terms of the obligations laid upon him by his human nature and Christian faith" (Price Zimmermann 122–23).
4. A la hora de fechar las memorias de López de Córdoba, se barajan dos posibilidades: Algunos investigadores creen que dictó el documento en 1410 después de que Catalina de Lancaster la expulsara de la corte y otros consideran más factible que lo dictara alrededor de 1400 después de la muerte de su hijo (Ver Bellido Bello 271–78).
5. Ver el capítulo II de la tesis doctoral de Curry en el que realiza un estudio pormenorizado de los valores medievales, tales como la lealtad, el pragmatismo de la nobleza, la importancia del linaje y la riqueza, entre otros. El artículo de Firpo también se detiene en estos aspectos de este estamento, mientras que Bellido Bello se centra en los valores de la mujer medieval.
6. Los monarcas visitaron Córdoba en 1396 para reclamar la multa que le impusieron a los nobles de la ciudad por permitir y participar en la masacre judía de 1391. Fue en esta visita cuando Leonor conoció a la reina (Curry 49).
7. Uno de los aspectos que diferenció la monarquía de Pedro I y la de Enrique II fueron sus políticas pro y anti-judía, respectivamente. La adopción de este niño judío tuvo lugar en 1390, después del ataque contra la comunidad judía cordobesa. Probablemente esta decisión de Leonor no fue bien recibida en la casa de su tía, cuya familia era leal a la monarquía Trastámara. (Curry 50).
8. Como Curry explica, el antagonismo de Pedro I contra la familia Carrillo venía de una serie de incidentes que tuvieron lugar años atrás. El abuelo de Leonor López de Córdoba, fue ejecutado por Pedro I. Esto ocasionó la alianza de los hijos y primos de éste con Enrique II de Trastámara. Uno de los hijos, Gómez Carrillo (el padre de Sancha Alonso Carrillo), fue ejecutado por Pedro I. Martín López de Córdoba recibió la orden de apresar a toda su familia pero no la cumplió. Las hijas de Gómez Carrillo ingresaron en el convento de Guadalajara, mencionado en las *Memorias*, y de allí sacó Pedro I a la madre de Leonor para casarla con el Maestre: "[. . .] la mano de Sancha Alonso

Carrillo había sido otorgada al Maestre para premiar sus buenos servicios al Rey. Este matrimonio con una dama de un linaje más elevado que el suyo habría encarecido del prestigio social de Martín López" (26).
9 Marcelino V. Amusano investiga los brotes de peste en Córdoba y encuentra que hubo varios entre 1396 y 1400. Esto lo lleva a pensar que el hijo de López de Córdoba murió en 1396 y que dictó sus *Memorias* ese mismo año. Para Amusano no cabe la menor duda de que este documento lo produjo con la intención de informar a los monarcas sobre su existencia y sus penalidades (Bellido Bello 274–77).
10 Modernizo y anoto la edición de Ana María Arquero Cordero.
11 Alabanza.
12 En la edición de Arquero Cordero: "Por ende." Del latín *inde*. Término culto: "por lo tanto" (María Moliner).
13 Término empleado por los romanos, *magister equitum*. Era el jefe superior de una orden militar, como la Orden de Santiago, Alcántara o Calatrava (María Moliner y Covarrubias Horozco).
14 Significación, importancia (Moliner).
15 Pena, disgusto, tribulación (Moliner).
16 Tengan seguridad.
17 Encomendar: confiar.
18 Acorrer: ayudar, auxiliar, proteger (Moliner).
19 En la edición de Arquero Cordero se transcribe el latinismo *vedes*: ver (lat. *videre*): ves (Moliner).
20 Una de las órdenes militares españolas (Moliner).
21 Dignidad de comendador de una orden militar o civil. "Cada orden se identificaba con una cruz bordada o sobrepuesta que llevaban como insignia en el hábito los caballeros de las órdenes militares" (Moliner).
22 Último. A la postre: después de todo (Moliner).
23 Distinguido por la nobleza o el mérito (Moliner).
24 Funcionario mayor que sirve en la cámara del rey (Moliner).
25 Alto funcionario palatino (de palacio) que se encargaba del sello real empleado por el rey para expedir documentos (Moliner).
26 Perla de forma irregular y pequeña (Moliner).
27 Cosas preciadas (Covarrubias).
28 Caber: del latín *capio*, recibir (Covarrubias).
29 Moneda de oro. El nombre es arábigo y tiene origen hebreo (Covarrubias).
30 Familiares.
31 Rodeada.
32 De Carmona.
33 Estaba fuera.
34 Recaudo (Covarrubias).
35 Escalar la muralla que rodeaba la villa.
36 Entrar en la villa.
37 Jefe supremo de la milicia.
38 Acuerdos que estén bien para las dos partes (Covarrubias).
39 Hijas del rey que no son primogénitas (Covarrubias).
40 Hidalgos que les llevan el escudo a los caballeros (Covarrubias).
41 Parientes (Covarrubias).
42 Condición de un trato (Covarrubias).
43 Personas que ayudan con su influencia y poder. Protectores (Moliner).
44 Trato (Moliner).
45 Apresar.
46 Con sarcasmo Beltrán de Clequin le dice a Martín López de Córdoba que su solidaridad a Pedro I lo lleva a su ejecución.
47 Cárcel subterránea (Moliner).
48 En 1374, estando en su cuarto año de prisión, Sevilla sufre su tercera epidemia de peste bubónica (Curry 41).
49 Que si yo vivo.
50 En la edición de Arquero Cordero aparece la forma "*plugo*," pretérito perfecto simple del latín *placere*: placer, agradar, dar gusto (RAE).
51 Quitar los hierros, las cadenas (Covarrubias).

52 El herradero es el hombre que se dedica a herrar. Con el prefijo *des* construye la persona que realiza la acción contraria: quitar los hierros.
53 A los cristianos presos antes de morir les quitaban las cadenas para "simbolizar la libertad que iban a alcanzar sus almas en el más-allá." A los infieles no se les quitaban las cadenas y ya muertos los llevaban al desherradero (Curry 118).
54 El castellano (gobernador) de un castillo (Moliner).
55 Me quite.
56 Antes de morir.
57 Pidió que le quitasen las cadenas antes de morir.
58 Murió en sus brazos.
59 Indica Juan Lovera que el hermano tenía trece años (260).
60 Tornar: devolver.
61 Se refiere a esos nobles que recibieron el patrimonio que le confiscaron a la familia del esposo de Leonor.
62 Se refiere a los bienes.
63 Apreciar (RAE).
64 Tras perder todo patrimonio y títulos Leonor pasó a formar parte de esa nobleza pobre que dependía de la lealtad y caridad de sus familiares. Los nobles estaban obligados a proveer por los parientes y en ocasiones mostraban su desprecio por éstos. La riqueza y el linaje, además de la fe, eran elementos fundamentales del sentido del honor del noble, por lo que al noble pobre se le podía llegar a retirar su linaje y ser excluido de dicho estamento. La riqueza era, por tanto, requerida para evitar situaciones que pudieran llevar a la corrupción y a la traición con el objetivo de incrementar su patrimonio y también era necesaria para realizar obras de caridad, proteger y mantener a sus vasallos (Curry 42–45).
65 Tuviese.
66 Bienandante: dichosa (Covarrubias).
67 Moneda antigua española de origen almorávide que tuvo distintos valores según las épocas (Moliner).
68 Pretérito de tratar: negociar.
69 Se refiere a damas de la alta nobleza.
70 Demandar: preguntar (Moliner).
71 En la edición de Arquero Cordero: "plugiese."
72 Participio adjetivo de perder: Encontrarse en un apuro del que es imposible salir (Moliner).
73 Toda la Orden lo entendió como algo extraordinario.
74 Tenían temor.
75 Por el contexto debería se desheredado.
76 En texto: "dende." Del latín *inde*. Adv. de aquí, de allí, de esto (Moliner).
77 En la edición de Arquero Cordero: "trujeron." En este contexto significa "llevar."
78 Con poca mejoría de su situación económica y emocional.
79 Manera de expresar que su tía tuviere buen corazón o bondad.
80 Se refiere a su tía.
81 Puerta pequeña que hay en un edificio además de la puerta principal (Moliner).
82 En el texto: "la su merced."
83 Puesto en contra.
84 Se refiere a la criada.
85 Oposición.
86 Ayerbe-Chaux lo entiende metafóricamente y prefiere pensar que se trató de un ataque epiléptico (21).
87 Amanecer.
88 La masacre en la judería de Córdoba fue llevada a cabo en 1391 por aristócratas y clérigos de la ciudad. Los judíos habían sido Petristas, motivo por el cual sufrieron múltiples ataques durante la dinastía Trastámara (Curry 49–50).
89 Vender en parcelas.
90 En la edición de Arquero Cordero, "dolas": Inf. dar, del latín *do* (Covarrubias).
91 Capellanías: fundación establecida por una persona adscribiendo bienes para el pago de una pensión a un clérigo para que diga misas por alguien, el rey o un miembro de la nobleza (Moliner).
92 "Cargo principal en la milicia" (Covarrubias).
93 En la edición de Arquero Cordero: "Ende." Del latín *inde*. Adv. de allí, de aquí, de esto (Moliner).

94 Los Córdoba tenían tres ramas familiares y Martín López de Córdoba pertenece a la rama de alcaide de los donceles (Lovera 258).
95 Miembro de la familia. En la Edad Media también se consideraban a los criados miembros de la familia.
96 En el texto: "plugió."
97 Medida (Moliner).
98 Paga o recompensa concedida (Moliner).
99 Construir una casa.
100 Abad, vocablo hebreo. En castellano significa "el primero entre todos los religiosos monjes de un convento" (Covarrubias).
101 Preposición. Cerca de (Moliner).
102 Concretar, acordar (Moliner).
103 Estos: se refiere a los rezos. Antes de terminar los rezos.
104 Rezos al amanecer.
105 La Virgen.
106 En la edición de Arquero Cordero: "En este tiempo plugiese que la ayuda de mi señora tía, . . ."
107 Epidemia de peste.
108 Tuvo tres hijos, Juan Fernández de Hinestrosa (hijo mayor que fallece en estas *Memorias*), Martín López de Hinestrosa y Leonor López de Hinestrosa.
109 En la edición de Arquero Cordero: "plugó."
110 Permiso (Moliner).
111 Agasajo: afecto, cariño.
112 Se refiere a que la familia se presentó en la casa sin se la hubiera avisado de su llegada.
113 Habitación interior que tiene forma cuadrada. (Covarrubias).
114 En la edición de Arquero Cordero: "dende." Del latín *deinde*. "Desde allí" (Moliner).
115 Del latín *ad satis*. Adv. culto, literal o irónicamente. Significa "bastante" o "muy" (Moliner).
116 La tía la cuidaba bien. Recordemos que le compró un solar por los diecisiete años de servicio.
117 Tumor que sale en las axilas, cuello, ingles (Moliner).
118 Carboncro: carbunco: enfermedad del ganado. Se manifiesta en forma de tumor y es trasmisible al hombre (Moliner). Aquí se podría referir a los tumores.
119 Primo de Leonor, hijo de María García Carrillo y Gonzalo Fernández de Córdoba. Heredó de su padre el Estado de Aguilar, el cual lo recibió de Enrique II en 1370. El nuevo monarca se lo confiscó a Martín López de Córdoba, quien lo había recibido de Pedro I en 1357 (Curry 31).
120 Participio de criar(se). Se emplea para referirse al niño judío por haber sido criado y educado por ella. En la actualidad se emplea para referirse sólo a una persona que trabaja en el servicio de la casa (Moliner).
121 Hacer muchas cosas (Moliner). Sarcástico.
122 Avergonzada (Moliner).
123 Desengañada, desairada, maltratada.
124 Participio de cuitar. Apenado o afligido (Moliner).
125 Aquejado (Moliner).
126 En la edición de Arquero Cordero: "plugó."
127 Velar: asistir durante la noche a un enfermo (Moliner).
128 Que se llamaba.
129 Orden o mandato, en este caso, de su madre.
130 Por salvar al un niño judío que adoptó.
131 Participio pasado de traspasar. Dominada por un dolor o pena intensa (Moliner).
132 Imperfecto de subjuntivo de soterrar. Enterrar.
133 Amancillar: "causar compasión" (Moliner).
134 Se aplica a las personas que son marginadas por su forma de vivir o pensar (Moliner).
135 Persona o cridados de la casa.
136 Hechos por, criados por (Moliner).
137 Pesar: apenar.
138 "[. . .] como vine de soterrar a mi hijo [. . .]": cuando regresé de enterrar a mi hijo.
139 "[. . .] son hechas en uno [. . .]": están unidas.
140 Afligir: atormentar (Moliner).
141 Que os aleje de mí.
142 Propósito de causar daño (Moliner).

Obras citadas y lecturas recomendadas

Arauz Mercado, Diana. "Imagen y palabra a través de las mujeres medievales." *Escritura e imagen*, vol. 2, 2006, pp. 147–72.

Ayerbe-Chaux, Reinaldo. Las memorias de doña Leonor López de Córdoba. *Journal of Hispanic Review*, vol. 2, 1977, pp. 11–33.

Bellido Bello, Juan Félix. "La primera autobiografía femenina en castellano. Las memorias de Leonor López de Córdoba." Universidad de Sevilla, tesis doctoral, 2006.

Brodzki, Bella y Schenck, Celeste. *Life/Lines. Theorizing Women's Autobiography*. Cornell UP, 1989.

Calderón, Piedad. "El género autobiográfico en las memorias de Leonor López de Córdoba." *Medioevo y Literatura. Actas del V Congreso de la Asociación Hispánica de Literatura Medieval, vol. I, Granada, 27 de septiembre – 1 de octubre, 1993*, editado por Juan Paredes, Universidad de Granada, 1995, pp. 463–70.

Castro y Rossi, Adolfo de. "Memorias de una dama del siglo XIV y XV (de 1363 a 1412)." *La España Moderna*, vol. 14, núm. 163, 1902, pp. 120–46.

Cortés Timoner, María del Mar, editora. *Las primeras escritoras en lengua castellana*. Universidad de Barcelona. Publicacions i Edicions, 2004.

———. "El testimonio de dos damas medievales: Leonor López de Córdoba y Elena Quottanner." *Arenal*, vol. 13, núm. 1, 2006, 109–29.

Caballé, Anna, editora. *La vida escrita por las mujeres IV. Por mi alma os digo*. Lumen, 2004.

Cabrera Sánchez, Margarita. "El destino de la nobleza Petrista: La familia del Maestre Martin López de Córdoba." *En la España Medieval*, vol. 24, 2001, pp. 195–238.

Curry, Katheleen Amanda. "Las Memorias de Leonor López de Córdoba." UMI, tesis doctoral, 1987.

Deyermond, Alan. "La voz personal en la prosa medieval hispánica." *Actas del X Congreso de la Asociación Internacional de Hispanistas, vol.1, Barcelona, 21–26 de agosto, 1989*, coordinado por Antonio Vilanova, 1992, pp. 161–70. Promociones y Publicaciones Universitarias, Barcelona, 1992.

Estow, Clara. "Leonor López de Córdoba: Portrait of a Medieval Courtier." *Fifteenth Century Studies*, vol. 5, 1982, 23–46.

Firpo, Arturo. "Un ejemplo de autobiografía medieval: Las memorias de Leonor López de Córdoba (1400)." *Zagadnienia Rodzajow Leterackich*, vol. 23. núm. 1, 1980, pp. 19–31.

Ghassemi, Ruth Lubenow. "La crueldad de los vencidos: Un estudio interpretative de las Memorias de Doña Leonor López de Córdoba." *La corónica: A Journal of Medieval Hispanic Languages, Literatures and Cultures*, vol. 18, 1989–1990, pp. 19–31.

Guimaraes Lopes, Marcela. "Las memorias de doña Leonor López de Córdoba (1362/63–1430): una poética del no olvidamiento." *Mirabilia*, vol. 21, núm. 2, 2015, pp. 151–64.

Hutcheson, Gregory S. "Leonor López de Córdoba and the Configuration of Female–Females Desire." *Same Sex Love and Desire Among Women in the Middle Ages*, editado por Francesca Canade Sautman y Pamela Sheingorn, Palgrave, 2001, pp. 251–75.

Jelinek, Estelle C. *The Tradition of Women's Autobiography: From Antiquity to the Present*. Twayne Publishers, 1986.

Juan Lovera, Carmen. "Doña Leonor López de Córdoba (1362–1430). Relato autobiográfico de una mujer cordobesa escrito hacia 1400." *Boletín de la Real Academia de Córdoba de Ciencias, Bellas Letras y Nobles Artes*, núm. 117, 1989, pp. 255–65.

Lacarra, María Jesús. "La última etapa en la vida de Leonor López de Córdoba: Dàe las memorias a sus disposiciones testamentarias." *RLM*, vol. 21, 2009, pp. 195–218.

Lauzardo, Aurora. "El derecho a la escritura. Las memorias de Leonor López de Córdoba." *Medievalia*, núm. 15, 1993, pp. 1–13.

Marimón Llorca, Carmen. *Prosistas castellanas medievales*. Editorial Caja de Ahorros Provincial de Alicante, 1990.

Mérida Jiménez, Rafael. "Mujeres y Literaturas de los medioevos ibéricos: Voces, ecos y distorciones." *Estudis Romnics*, vol. 22, 2000, pp. 155–76.

Mirrer, Louise. "López de Córdoba and the Poetics of Women Autobiography." *Mester*, vol. 20, núm. 2, 1991, pp. 9–18.

Pope, Randolph D. *La autobiografía española hasta Torres Villarroel*. Peter Lang International Academic Publishers, 1974.
Price Zimmermann, T.C. "Confession and Autobiography in the Early Renaissance." *Renaissance. Studies in Honor of Hans Baron*, editado por Anthony Molho y John A. Tedeschi, Sansoni, 1971, pp. 119–40.
Rivera Garretas, María Milagros. *Textos y espacios de mujeres. Europa, siglos IV – XV*. Icaria Editorial, 1990.
———. "Historia de las mujeres y la conciencia feminista en Europa." *Mujeres en sociedad. Nuevos enfoques teóricos y metodológicos*, editado por Lola Luna, Universitat de Barcelona, Seminario Interdisciplinar Mujeres y Sociedad, 1991.
———. "La autobiografía. ¿Género femenino?" *Lectora*, vol. 5–6, 1999–2000, pp. 85–87.
———. "Leonor López de Córdoba." *La vida escrita por mujeres I: Por mi alma os digo. De la Edad Media a la Ilustración*, editado por Anna Caballé, Círculo de Lectores, 2003, pp. 29–32.
Stanton, Domna C. *The Female Autograph. Theory and Practice of Autobiography from the Tenth to the Twentieth Century*. U of Chicago P, 1987.
Vera López, María del Carmen. "Escribir la propia vida: memoria, confesión y autobiografía en dos textos medievales." U. of Western Ontario, tesis doctoral, 2014.

2   Constanza de Castilla

Contexto histórico

Constanza de Castilla pertenece al periodo histórico de Leonor López de Córdoba. Nieta de Pedro I (1334–1369),[1] su ingreso en el convento de Santo Domingo el Real de Madrid está directamente relacionado con el reinado de este monarca y con la guerra civil castellana del siglo XIV. La vida sentimental de Pedro I, al igual que la del padre de éste, Alfonso XI, estuvo marcada por la infidelidad;[2] de hecho, la fratricida guerra civil que sufrió el reino se debió al desafío presentado a la Corona castellana por Enrique II de Trastámara, hijo de la ilícita relación entre Alfonso XI y Leonor de Guzmán (Mary Elizabeth Baldridge 20).[3] En 1352, la disputa por la Corona del reino de Castilla provocó el enfrentamiento bélico entre los dos medio-hermanos, enfrentamiento que acabó con el asesinato del monarca legítimo (Pedro I), el exilio de su familia a Inglaterra y la subida al trono del rey bastardo (Enrique II). Esta guerra civil dividió a la sociedad castellana y la nueva dinastía desplazó políticamente y expropió de sus posesiones a la nobleza leal al rey derrotado.[4] En 1388, el matrimonio entre Enrique III (1379–1406), nieto del rey vencedor e hijo de Juan I (1358–1390) y Juana de Castilla, con Catalina de Lancaster, nieta de Pedro I e hija de Constanza (primera en la línea sucesoria de su padre) y Juan de Gante, duque de Lancaster, abrió el camino al restablecimiento de la unidad entre ambos bandos. Este matrimonio, sin embargo, no alivió la desconfianza de los Trastámara, quienes en 1386 exigieron el retorno y encarcelamiento en Soria del príncipe Juan —hijo del efímero matrimonio en 1354 de Pedro I y Juana de Castro y único varón descendiente directo de este monarca, aunque cuarto en la línea sucesoria—. En prisión don Juan contrajo matrimonio con Elvira de Falces, hija de su carcelero, y con ella tuvo dos hijos, Constanza (¿?–1475) y Pedro (1396–1461) (Balbridge 27–33).[5] Catalina de Lancaster, una vez en el trono de Castilla, se hizo responsable de la seguridad y el bienestar de los descendientes de su abuelo y, como recuerda Alonso Getino, tras la muerte de don Juan, la reina intervino para impedir el arresto de sus primos que había ordenado su propio esposo (citado en Balbridge 34). La entrada de Constanza y de su hermano Pedro en la vida religiosa fue parte de ese interés personal (y político) de la reina consorte de proteger a sus familiares más directos y a sus descendientes.[6]

Biografía

No hay certeza sobre la fecha de nacimiento de Constanza,[7] pero se sabe que entró en el monasterio de Santo Domingo el Real de Madrid diez años antes de ser priora (Balbridge 72) y que, como sostiene Getino, gracias a una carta de la reina fechada en 1416, en ese año ya había adquirido dicho cargo (citado en Ronald E. Surtz, "Las oras de los clavos" 159).[8] Los

Figure 2.1 Sepulcro de Constanza de Castilla
Source: Museo Arqueológico Nacional de España

investigadores coinciden en que la rápida ascensión de Constanza dentro de la jerarquía del monasterio se pudo haber debido a su origen regio y a la protección que recibió de la Corona y del papado a lo largo de su vida. Sin embargo y a pesar de la influencia que probablemente tuvo la reina en el nombramiento de su prima, hay también que considerar el prestigio y los beneficios económicos que suponían para un monasterio tener como priora a una princesa de Castilla,[9] por lo que esta elección podría haber sido igualmente deseada por las mismas monjas.[10] Durante su liderazgo (1415–1465) el monasterio disfrutó de gran esplendor, no sólo gracias a las donaciones que recibió de la monarquía durante los reinados de Enrique III, Juan II y Enrique IV, sino también gracias a las bulas y privilegios jurisdiccionales, personales y eclesiásticos que le concedieron los diferentes papas y que ayudaron,[11] entre otras cosas, a que el monasterio adquiriera más prestigio y, por consiguiente, a que fluyeran los donativos. Constanza tuvo la autonomía de vivir sin necesidad de seguir ciertas reglas monásticas y de regir su monasterio y tuvo capacidad económica para edificar y expandirlo.[12] Ángela Muñoz Fernández en *Acciones e intenciones de mujeres* presenta detalladamente los privilegios que le concedió la Orden al poco tiempo de haber sido nombrada priora. En 1421 y 1422, fray Luis de Valladolid, vicario general de la Orden, le permitió no vestir parte del hábito dominico y saltarse el ayuno, la excusó de los rezos en el coro y en el refectorio y le permitió oír misa en sus aposentos; en 1446 y 1447 recibió el privilegio de organizar las horas en su monasterio.[13] Esto, como apunta Muñoz Fernández, es significativo porque pudo "introducir pautas subjetivas de las mujeres en la ordenación del trabajo espiritual y del tiempo. Rezar como ellas quisieran supone, pues, recuperar riendas de control del tiempo" (137). Constanza también se construyó su propio "palacio" dentro del monasterio, espacio este que compartía con mujeres del servicio y otros familiares que profesaban en

Santo Domingo el Real; administró sus bienes y los de la comunidad; el papado y la Orden le dieron permiso para celebrar en su monasterio la festividad de los Santos clavos (Surtz, "Las oras de los clavos" 166), festividad para la que pudo haber compuesto el oficio de las "Oras de los clavos" que aparece en su devocionario;[14] la priora también disfrutó de libertad de movimiento y de igual manera que salía y entraba del monasterio, podían entrar visitas en sus aposentos, es decir, Constanza estaba exenta de la orden de clausura;[15] y ningún prelado pudo imponerle un confesor ni cambiar a sus monjas de monasterio sin su consentimiento.[16] Muñoz Fernández entiende que algunos de estos privilegios tuvieron que haberle ocasionado conflictos dentro de la Orden ya que eran contrarios a "las leyes implícitas que otorgan preeminencia y poder a los religiosos sobre las religiosas, pulso que parece ganar invirtiendo con aparente normalidad esa jerarquía de poderes" (131–132); de hecho, para asegurarse aún más de que su monasterio no cayera bajo control de la jerarquía de la Orden, puso ciertos negocios del mismo en manos de miembros laicos de la sociedad (132).

La expansión del monasterio durante su liderazgo fue también notable. Balbridge determina que en él vivían unas ochenta monjas y que había molinos, granjas y animales (70–71), lo cual significa que se debió emplear a los habitantes de la villa;[17] además también era lugar de hospedaje de autoridades, tales como el confesor —y obispo— de Enrique IV (74). Constanza aseguró la financiación de la construcción de la capilla mayor, el refectorio y el claustro por medio de donaciones (Muñoz Fernández 133). Los reyes castellanos, además de familiares, fueron sus aliados y a lo largo de los años demostraron tenerle gran estima. Como hemos visto, Catalina de Lancaster, su prima, la protegió (el mero hecho de que ella fuera el aya de su nieto, Enrique IV, demuestra la confianza que la reina tenía en ella) (Muñoz Fernández 128); Juan II permitió que trajera los restos de su abuelo y de su padre a Madrid; y la reina doña Juana y su esposo, Enrique IV, le donaron 10.000 y 20.000 maravedís respectivamente, como consta en las cartas que recibió de ambos (Cortés Timoner, *Sor Constanza de Castilla* 99–100).

Constanza tuvo tres objetivos durante su gestión como superiora: Uno, realizar a la perfección su función; o sea, cuidar del crecimiento espiritual, del bienestar material y de la seguridad de sus monjas y garantizar la expansión del monasterio (Constance Wilkins, "El devocionario de Sor Constanza" 342). Dos, entablar una red de apoyo con la monarquía castellana. En este sentido, es significativa la buena relación que mantuvo con las reinas, con las que llegó a establecer, lo que Muñoz Fernández, denomina un sistema de "matronazgo," el cual le aportó no sólo regalos económicos sino también apoyo espiritual, personal y político de los que se benefició toda la comunidad del monasterio.[18] Y tres, restituir el nombre de su familia paterna,[19] para lo cual, dice la investigadora, también encontró solución en la religión (138). El mero hecho de que Juan II autorizara que se enterraran los restos de sus dos inmediatos antepasados en el convento de Santo Domingo y permitiera que les levantara a ambos un panteón para que volvieran a formar parte de la historia de España, es prueba de la labor llevada a cabo por la priora y del cariño y respeto que le tuvo la monarquía castellana:[20] "Juan II [. . .] appears to have attempted to rectify the past by recognizing the importance of his deposed ancestor, Pedro I, rather than vilifying him in the Trastámara tradition" (Balbridge 39).[21]

Ana María Huélamo San José fue la primera investigadora en identificar a Constanza de Castilla como la autora del *Libro de devociones y oficios* y en establecer una fecha aproximada de su composición. Según la investigadora, pudo haberlo escrito a finales de su mandato como priora o después de jubilarse del cargo. Huélamo San José se basa en dos aspectos fundamentales: Primero, en el hecho de que Constanza nombra en sus oraciones al rey Enrique, éste debía ser Enrique IV, quien reinó de 1450 a 1474 (140).[22] Y, segundo, en el devocionario la escritora pide por el bienestar político del monarca: "Y en especial te suplico por nuestro señor rey don Enrique, que lo fortifiques en virtudes y acrecientes su vida y la libres de *traición* y ensalces su Corona."[23] Según Huélamo San José, la "traición" que menciona podría referirse al periodo que abarca entre 1464 y 1467, años durante los que el reinado de Enrique IV se vio amenazado por los aliados de Alfonso de Castilla, hijo del segundo matrimonio de Juan II con Isabel de Portugal, su segunda esposa (140). Esto lleva a Huélamo San José a pensar que, probablemente, el devocionario lo escribiera durante o después de estas sublevaciones contra el reinado del monarca. Con respecto a la autoría, el hecho de que se identificara a sí misma y el que convirtiera el monasterio en un mausoleo familiar corroboran la identidad de la escritora. En su libro de oraciones la autora nombra a su padre y abuelo y se presenta como la persona que ha ordenado y compuesto el contenido del devocionario. En un párrafo que incluye ya bien avanzado el devocionario, resume lo escrito hasta ahora:

> Señor, *yo Constanza*, tu esclava, conozco que *mi simpleza es grande*. Y la *grosería mía es fuerte* porque *confieso ser mucho morante*[24] *y sin virtud. Creo mis obras ser defectuosas. Humildemente* suplico a la tu clemencia que si en lo que *yo he compuesto, escrito* en este libro, así de la oración de tu vida e pasión, como en las oras de los clavos, como *en la ordenación* de las oras de la tu encarnación, como en los quince gozos y siete angustias y letanía de Nuestra Señora, que tú, Señor, no acates salvo mi deseo que fue de alabarte y servir [. . .][25]

Constanza, la escritora

Como hija de reyes, monja y priora, Sor Constanza tuvo acceso a una formación intelectual inaccesible a la mujer de su época y de la que deja constancia en su devocionario.[26] Wilkins en su introducción al *Libro de devociones y oficios* resalta la facilidad con la que la autora cambia del latín al castellano y recurre a sus fuentes religiosas (xiii).[27] El libro está formado por un conjunto de himnos, textos bíblicos y oraciones conocidas en la Edad Media que la priora adaptó y otras que compuso, como la "Oración de la vida y pasión de Jesús" con la que abre el devocionario.[28] Algunos de estos rezos los escribió en latín, otros en castellano y otros en ambas lenguas. El hecho de que tradujera al castellano, como por ejemplo hizo con su propia "Oración de los clavos" o con las cartas de San Ignacio de Antioquia, indica, por una parte, que algunas de sus monjas debían tener sólo un conocimiento básico de latín (46), es decir, el suficiente para recitar sus oraciones,[29] y, por otra, que Constanza rechazaba la devoción que no implicara una reflexión sobre el contenido de los rezos, de ahí que las ofreciera en su lengua materna, para que sus compañeras pudieran entender y desarrollar su propia espiritualidad (Balbridge 53–54). Para la priora de Santo Domingo el Real la repetición mecánica de rezos en un idioma (el latín) desconocido para sus religiosas era una actividad inefectiva que no facilitaba que éstas internalizaran los rezos ni que se desarrollaran espiritualmente: "Its content leads the author and the devout reader or listener to contemplate and celebrate the deepest mysteries of the faith in an often deliberate, systematic and intellectual fashion" (Wilkins, "'En memoria'" 233). Aún así, el que el monasterio tuviera una escuela para las novicias (Surtz, *Writing Women* 46) lleva a pensar que las monjas tenían, al menos, cierto nivel de formación.

Penelope D. Johnson en *Equal in Monastic Profession* estudia los monasterios de monjas en Francia e Inglaterra durante los siglos XI y XIII. En él explica cómo durante este periodo las monjas (y los monjes) estaban obligados a saber latín y a tener cierto nivel de formación intelectual: "To become a nun was to anticipate becoming literate or maybe even learned" (144), por lo que era normal que en los monasterios hubiera escuela y biblioteca con sus respectivas maestra y bibliotecaria (145). Paradójicamente, la fundación de universidades en el siglo XIII afectó de manera negativa la formación del clero bajo, al que se le dificultó la entrada en las universidades para favorecer a los más aventajados. El efecto que tuvo en las monjas fue aún más adverso, ya que se les prohibió que asistieran a estos centros del saber, limitando su aprendizaje a la enseñanza que recibieran en sus monasterios, enseñanza que acabó desacreditada con los años debido al prestigio que adquirieron las universidades y a que éstas se establecieron como el espacio oficial que albergaba e impartía el saber. En los siglos XIV y XV, el bajo nivel educativo tanto de las monjas como de los monjes era palpable, el conocimiento de latín estaba bajo mínimos y en algunas instituciones religiosas se optó por traducir en la lengua vernácula del lugar los estatutos de los monasterios y los libros de oraciones (146–147).[30]

Constanza compone, ordena, adapta rezos conocidos en la Edad Media y traduce del latín al castellano.[31] Es una intelectual que demuestra tener conciencia de autora: "Señor, yo Constanza, [. . .] he compuesto, escrito en este libro" (90). El que emplee la primera persona y su nombre nos indica que asumía responsabilidad por su trabajo y que quería ser reconocida como la autora. Como princesa de Castilla y priora del convento de Santo Domingo el Real, a la hora de escribir disfrutó de una posición privilegiada y no debió recibir la presión y la crítica que recibieron escritoras de su época, como, por ejemplo, Teresa de Cartagena. Escribir en paz fue, como indica Wilkins, otro de los muchos privilegios que recibió. Constanza tuvo la libertad de elegir el contenido de sus oraciones y la manera de transmitirlo y el lujo de no tener que justificarse y disculparse por su actividad creadora (228). No obstante, a pesar de que pertenecía a la élite de la sociedad castellana, era una mujer cristiana de su tiempo y, como tal, reconoció con humildad sus posibles vacíos intelectuales, de ahí que permitiera voluntariamente que su libro fuera corregido por la Iglesia. Cortés Timoner presenta varias opciones para poder entender esta actitud sumisa de la princesa y priora, la cual, en cierta manera, resulta inesperada: podría haberse debido a que creyera necesario emplear el acostumbrado ejercicio retórico de la *captatio benevolentiae* al que acostumbraban a recurrir las escritoras medievales; que tuviera la necesidad de realizar "una muestra de obediencia y sumisión, frente al pecado de soberbia y vanidad" (*Sor Constanza de Castilla* 82) de los que tanto se confiesa en su oración; que sinceramente reconociera no tener la formación teológica deseada; o que simplemente se tratara de "una coraza ante posibles juicios negativos a su Devocionario" (*Sor Constanza de Castilla*, 83). Wilkins y Balbridge, por su parte, entienden las palabras de sumisión y el reconocimiento de su ignorancia como las de una humilde pecadora dirigiéndose al Señor y aceptando su pequeñez espiritual e intelectual: "It is possible that the narrator sincerely includes herself among the great body of 'indignos siervos'" (Wilkins, "'En memoria'" 230), aunque, también consideran significativo que no achacara sus limitaciones a su condición de mujer como hacían la mayoría de sus contemporáneas (Balbridge 119).

Según Surtz, Constanza al escribir traspasa el umbral que separa el espacio masculino y femenino, pero, como aclara, ese espacio en el que escribe no deja de ser "meta-femenino," pues escribió para sus monjas y en ningún momento concibió su texto para que abandonara las paredes de su monasterio ("Las oras de los clavos" 164), de ahí que, para él, el hecho de escribir oraciones no se puede considerar una transgresión de la autora.[32] La transgresión la encuentra, sin embargo, en la composición de oficios litúrgicos, en el trabajo de traducción al castellano y en la producción de textos en latín. Lo primero formaba parte de una actividad exclusiva del clero,[33] lo segundo implicaba interpretar y, por consiguiente, transmitir un mensaje y enseñar, y lo tercero suponía apropiarse de un sistema de comunicación que le pertenecía a la jerarquía de la Iglesia, es decir, al hombre (165). Ángela Muñoz Fernández, por su parte, encuentra la subversión en la oración en sí, ya que le permitió dirigirse a Dios sin recurrir a la intermediación masculina:

> Elegir como tema de escritura la oración significa querer transitar en el diálogo con la divinidad, sin más mediación que la palabra propia, ya que en la conversación personal desparece la necesidad institucional de la mediación sacerdotal [. . .] Escribir oraciones que han de ser dichas significa aquí, también, optar por una escritura próxima a la palabra oral.
>
> (144)

Una palabra oral que le permitió comunicarse con un grupo de mujeres, transmitirles e insistirles en su lengua materna, el castellano, que como personas tenían derecho a reclamar la gracia divina (154–155).[34] Como explican Milagros Rivera Garretas y Muñoz Fernández, la gracia divina era un principio básico del Humanismo cristiano al que Constanza, al igual que escritoras de su época y posteriores a ella, recurrieron para obtener *auctoritates* (Muñoz Fernández 146–147; Rivera Garretas 19–20). La carencia de una genealogía de escritoras con las que informarse y a las que imitar privaba a estas escritoras de autoridad literaria. Con la idea de Dios como fuente que reparte su sabiduría indiscriminadamente pudieron, sin embargo, justificar su deseo de escribir y su capacidad intelectual. Rivera Garretas determina que es, precisamente, la naturaleza democrática de este concepto de la gracia divina lo que va a permitir que "ellas sencillamente reivindiquen que Dios las ha tocado dándoles la lucidez de ver su vida existiendo en el mundo: éste es (sin anacronísmos) su modo de decir su proceso de autoconciencia" (citado en Muñoz Fernández 148). O, en otras palabras, la gracia de Dios las proveía de autoridad para, por medio de la escritura, comunicar su espiritualidad (Muñoz Fernández 147). Para Isabel Navas Ocaña y José de la Torre Castro, Constanza también halla *auctoritates* en la figura de la Virgen María. Partiendo del mismo problema de la falta de antecedentes literarios femeninos, ambos se preguntan (retóricamente) si las escritoras de la Edad Media habrían leído a las escritoras de la Antigüedad clásica si éstas hubieran sido cristianizadas, como lo fueron Platón o Aristóteles. Según estos críticos, ninguna escritora de este periodo:

> se acoge a otra tradición que la religiosa, la cristiana. Y entre estos modelos destaca [. . .] el de la Virgen María, en su doble faceta de madre y maestra [. . .] y gracias a esa doble imagen de la Virgen, las dos [Constanza de Castilla e Isabel de Villena] se van a poder presentar como capacitadas para impartir doctrina sin incurrir por ello en ninguna herejía.
>
> (106)[35]

"Oración de la vida y pasión de Jesús" y la espiritualidad femenina

La devoción empezó a valorarse como un aspecto importante del cristiano en el siglo XIII con el crecimiento de las órdenes mendicantes, las cuales pusieron el acento en el diálogo con el Creador por medio de la meditación. A esta forma de vivir el cristianismo, se uniría posteriormente otra corriente reformadora, la *Devotio Moderna*, nacida a finales del siglo XIV. Ésta, además de urgir a que se cumplieran los votos de obediencia, castidad y pobreza, se caracterizaba por el fervor a la humanidad de Cristo. Este movimiento teológico aunque popular en el norte de Europa, no llegaría a España hasta finales del siglo XV. Así a finales del siglo XIII se inicia un giro hacía la figura de Cristo y se abandona paulatinamente la figura de María como intercesora entre Dios y las personas para empezar a darle preferencia a la vida de Jesús y a la comunicación directa con él sin recurrir a la mediación de la Virgen (Balbridge 150). Un ejemplo de la relevancia que adquirió la humanidad y la pasión de Cristo, fue el éxito de la publicación en 1424 de *Imitación de Cristo*, atribuido a Tomás de Kempi (1380–1471) y traducido al castellano en 1493 (Cortés Timoner, *Teresa de Cartagena* 44). Wilkins, de hecho, considera que el éxito del tema de la pasión fue el "best seller" de la época.

El *Libro de devociones y oficios* se puede dividir en las siguientes secciones:[36] la "Oración de la vida y pasión de Jesús," rezos para dos oficios en latín; el oficio de "Las oras de los clavos," escrito en latín con traducción en castellano; la oración dedicada a los "Quince Gozos de la Virgen"; la oración dedicada a las "Siete Angustias de Nuestra Señora"; una letanía dedicada a la Virgen; y un párrafo en el que la escritora se identifica, hace un resumen de lo escrito hasta el momento, se disculpa por los errores que hubieran en sus oraciones y pide que la Iglesia se los corrija; a continuación, incluye la traducción de cuatro cartas muy marianas de San Ignacio de Antioquia —dos entre él y la Virgen María y dos dirigidas a San Juan—, en las que se da valor al papel de María como testigo de las obras de su hijo y como transmisora de ellas (Surtz, *Writing Women* 50–51; Cortés Timoner, *Sor Constanza de Castilla* 68–69);[37] le sigue una serie de preguntas que ayudan a prepararse ante la muerte; y concluye con una última oración en castellano y latín.

En este capítulo se va a analizar la "Oración de la vida y pasión de Jesús." Con este rezo la autora abre su devocionario (1r–31r).[38] Balbridge identifica que, tanto la oración en su conjunto como cada uno de los cuarenta y cuatro capítulos (u oracioncitas) que la componen siguen la estructura del género epistolar. Este género era, por lo general, al que recurrían las escritoras de la Edad Media y fue muy empleado por los Padres de la Iglesia para transmitir su mensaje (123), entre ellos, el mismo San Ignacio de Antioquia, cuyas cartas marianas debieron haber entusiasmado a la autora. La oración consta de cuatro elementos: saludo (*salutatio*), exordio o preámbulo (*exordium*), exposición (*narratio*), petición (*petitio*) y conclusión (*conclusio*),[39] está escrita en castellano y sólo emplea el latín en el saludo al principio de cada capítulo, cuando recurre a frases de las Escrituras o cuando pone palabras en boca de Jesús o María. Constanza abre la "Oración" con una introducción (*íncipit*) que incluye el saludo, con el que identifica a las monjas del monasterio de Santo Domingo como las receptoras de la oración, y un exordio, en el que, por medio del recurso retórico de la *captatio benevolentiae* intenta disuadir a Jesús, su otro receptor. Al final de esta introducción especifica que la oración ha de rezarse "antes de la comunión." La exposición consta de cuarenta y cuatro capítulos que narran la vida de Jesús cronológicamente: En el primer capítulo, se describe la encarnación, en el segundo, el nacimiento, en los cuatro siguientes, momentos relevantes de la infancia de Jesús, del capítulo siete al diez, se relatan episodios de la vida adulta de Cristo, y del once al cuarenta y cuatro, se expone la pasión, la resurrección y la llegada del Espíritu Santo. Estos cuarenta y cuatro capítulos le sirven a la autora para, por un lado, exponer el tema principal de su oración: Jesús padeció por ella (y por la humanidad); y, por otro, justificar su petición final, en la que reclama para sus monjas la gracia de Dios para que les ayude a obrar como buenas cristianas y a alcanzar la salvación: "Señor, yo tu esclava te suplico [. . .] que *limpies mi entendimiento* de la tiniebla en que estoy. [. . .] Así mismo te suplico que *envíes tu gracia sobre todas las dueñas* de este monasterio e acrecientes sus virtudes e les des buena fin." En la conclusión, Constanza se confiesa pecadora y reclama para sí la gracia divina basándose en el precedente de que hubo de santos que la recibieron (Balbridge 104–113).

Como se dijo anteriormente, los cuarenta y cuatro capítulos que compone la "Oración de la vida y pasión de Jesús" son mini-oraciones y cada una de ellas mantiene la estructura del género epistolar. El saludo se reduce en ellas a una simple frase en latín, en la que la autora identifica a su receptor y se presenta a sí misma como pecadora, "*Ihesu, misere meī*" (Jesús, ten misericordia de mí), o invoca a su receptor, "*Ihesu, parçe michī*" (Jesús, líbrame). Sólo en contadas ocasiones, la priora se nombra, lo cual, como Balbridge observa, permite que la oración pueda ser rezada por otras monjas y que ellas también puedan reclamar la gracia de Dios: "by not inserting herself at this point, Constanza gives the prayer greater flexibility to be prayed by others" (114). El exordio tiene el objetivo de instar a la buena voluntad de Cristo, recordándole el motivo por el que se sacrificó: redimirla. En la exposición, presenta brevemente un hecho de la vida de Jesús para, a continuación, introducir una petición en la que, por lo general, reclama el perdón de Dios, una virtud (humildad, constancia, esfuerzo) o ayuda para actuar cristianamente y combatir sus pecados. Por lo general, cada capítulo concluye con el ejemplo de un santo o santa que recibió la misma virtud que ella solicita (113–117).

El estilo del devocionario y, en concreto, de la "Oración de la vida y pasión de Jesús" es "tremendista," detallista y gráfico. La autora-narradora que, como señala Cortés Timoner, se presenta como testigo de la crucifixión, emplea adjetivos, adverbios, sustantivos y verbos descriptivos que tienen el objetivo de impactar y provocar compasión transmitiendo dolor físico y emocional tales como angustia o impotencia (Huélamo San José 145). La alternancia entre el punto de vista de Jesús y María que realiza en las oraciones dedicadas a la muerte de Jesús tiene el mismo propósito, ya que, además de ayudar a entender la pasión desde las perspectivas de la madre y el hijo, le aporta mayor profundidad a la escena, haciendo visible el sufrimiento de dos protagonistas que están emocional y físicamente ligados.[40] El propósito de la "Oración" es el de llevar a la reflexión y sentir el dolor de Jesús y el de su madre para facilitar la identificación de las monjas con la experiencia de ambos personajes bíblicos y, de esta forma, convertir la compasión en una virtud "esencialmente femenina" (Surtz, "Las oras de los clavos" 162). El deseo de imitar la vida y sufrimiento de Dios hecho hombre es pues una constante de esta primera oración y, en general, de todo el devocionario. Esta forma de vivir el cristianismo fue adoptada con especial entusiasmo por las religiosas quienes, como recuerda Cortés Timoner, al impedírseles interiorizar y entender su fe a través del estudio teológico, encontraron en el diálogo con Dios,[41] otra manera de vivir la religión: se trataba de "una espiritualidad afectiva basada en la experiencia y en el sentimiento [. . .] La religiosidad de muchas mujeres cristianas se basó, fundamentalmente, en la humanidad dolorosa de Dios encarnado en el cuerpo de una mujer, y destacó la imitación de la vida y sufrimiento de Jesús" (*Leonor López de Castilla* 52).[42]

La oración de Constanza se centra en dos aspectos del cristianismo, la Encarnación y la Redención, los cuales están íntimamente ligados a la condición humana de Cristo. Ambos acontecimientos son los ejes centrales sobre los que se apoya la idea de la humanidad de Jesús, humanidad que habría sido imposible sin la directa participación de María. La Virgen adquiere, al igual que Jesús, un papel más humano, el de madre, para hacerla más accesible. De esta forma, si Jesús es el hijo que sufre, María es la madre que sufre con el hijo. Muñoz Fernández, al igual que Surtz y Cortés Timoner, ve en esta oración y en el conjunto del devocionario, una vía a través de la cual la autora se reafirma como mujer y puede exigir el perdón de Dios, perdón que todo cristiano recibe gracias a la Encarnación y Redención (129), y una herramienta no sólo para rezar sino también para "reivindicar el papel de la mujer" colocando a Jesús y a María en "conexión consigo misma" (146). La autora incorpora en la "Oración" dos elementos narrativos que le van a ayudar a construir su propia voz espiritual: el protagonismo de María y el diálogo personal con Dios.

El protagonismo de María

Constanza abre el primer capítulo de esta oración refiriéndose a la Encarnación. A través de este misterio, establece dos aspectos que van a ser una constante a lo largo de su oración: la humanidad que Jesús toma de la mujer y la generosidad que demuestra al hacerse hombre. En el siguiente capítulo, la priora subraya la doble naturaleza de Jesús, que es Dios y hombre, y conecta la gestación con la Redención, "cuando poderosamente glorioso saliste del vientre virginal cerrado, te nos diste *Dios y hombre por librarnos de la muerte*." El binomio Encarnación-Redención no era nuevo. Ya en el siglo XIII el franciscano Jacapone da Todi (1236–1306) en el himno *Stabat mater speciosa* relaciona estos dos principios teológicos del cristianismo. Aun así, para Muñoz Fernández la audacia de la autora radica en su decisión de presentar a Jesús no como "al hijo del Padre sino al hijo de la Madre" (153) y de concederle mayor relevancia a la Virgen por hacer posible la Encarnación y, posteriormente, la Redención. Balbridge, por su parte, interpreta la humanidad de Cristo como una defensa del sexo femenino, pues Dios al hacerse hombre a través del cuerpo de mujer "[. . .] humbled Himself in a form similar to hers to make that connection possible" (Balbridge 180). El personaje de María desaparece de los capítulos dedicados a la vida adulta de Jesús y vuelve a entrar en escena en la pasión. A la autora le interesa narrar este suceso de manera descriptiva para conmover a las lectoras y dirigir su atención hacia el trágico reencuentro entre madre e hijo. Es en esos momentos previos y posteriores a su muerte cuando el personaje de María resurge y adquiere un papel relevante. La debilidad, vulnerabilidad y sufrimiento de Jesús ponen de manifiesto su humanidad y, lógicamente, es en esta etapa de la vida cuando el hijo requiere la presencia de la Madre (Surtz, *Writing Women* 53).

Así, en el capítulo veinticinco María reaparece. Esta escena tiene lugar a las afueras de Jerusalén, a donde la Virgen se dirige temiendo que el hombre a quien llevan a crucificar sea su hijo. En el encuentro entre ambos, la narradora alterna entre el punto de vista de estos dos personajes para acentuar la relación madre-hijo y la reciprocidad que existe en el sufrimiento de los dos (Wilkins, "'En memoria'" 222). El inmediato cambio de un punto de vista al otro produce el efecto cinematográfico de cámaras que enfocan la misma escena desde dos ángulos diferentes. Constanza comienza esta oración ofreciendo el punto de vista del hijo, quien, habiendo sido capaz de soportar su propio sufrimiento, es incapaz de soportar el de su madre: "E tú, Señor, *como la sintieses, tu corazón fue agraviado con pesar tanto grande que hubieras a caer en tierra*, así [. . .] cansado de muchos tormentos, dolores que toda la noche y día habías soportado [. . .] Así *atormentado* con amor natural de hijo, por consolarla volviste tu rostro a ella, hablaste a las mujeres que la acompañaban: [. . .]" (16, énfasis mío). A continuación, se ofrece el punto de vista de María, quien no pudiendo reconocer al hombre que maltrataban, se vio obligada a preguntarle a los judíos: "¿Qué hombre es éste que lleváis a matar con tanta prisa y oprobio?" Constanza no presenta aquí a un personaje femenino pasivo, sino todo lo contrario: María tiene voz, actúa y reacciona (Wilkins, "'En memoria'" 223), a pesar de que, como señala Surtz, es consciente de que con sus actos transgrede un espacio público en el que, como mujer, no pertenece ("Las oras de los clavos" 164). En esta escena, María sufre como madre y Jesús padece como hijo que ve sufrir a su madre. Es con este "doble martirio" de madre e hijo con el que la priora subraya la humana generosidad de Jesús quien, además de sacrificarse a sí mismo, sacrifica a su madre para redimir a Constanza (Cortés Timoner, *Sor Constanza de Castilla* 66; Wilkins, "'En memoria'" 225): "Señor, pues *por mí* tu esclava te complació tanto padecer, a tu madre tanto atormentar, yo te suplico por su amor me des buena fin."

La narradora, en el capítulo veintisiete, presenta el martirio de la crucifixión al que Jesús se entrega voluntariamente. Para Constanza, Jesús realiza todo un acto de generosidad con el que deja a un lado su omnipotencia divina para, como hombre impotente, entregarse a la muerte y, de esta forma, salvarnos (Wilkins, "'En memoria'" 223). Más adelante, en el capítulo treinta y dos, la priora reflexiona sobre la escena de Cristo crucificado despidiéndose de su madre arrodillada junto a él. La plasticidad con la que Constanza construye la imagen del hijo mostrándole a su madre el cuerpo que tomó de ella, ahora maltratado por los romanos, se enfoca en la relación madre-hijo: "querellándote le mostraste las llagas que tenías en la *vestidura que de ella tomaste.*" Una relación jerárquica en la que Cristo se presenta como hijo obediente: "Señora madre, acata cual está tu hijo que de Espíritu Santo concebiste, sin dolor virgen pariste. Y tú sabes que *siempre te fui humilde y obediente.*" Esta escena permite observar a Cristo desde el punto de vista de la madre, quien observándolo desde los pies de la cruz nos ofrece la imagen de su sufrimiento, un sufrimiento que es mutuo y que insiste en la idea de que madre e hijo son una misma carne: "Y acatando en ti con grandísimo amor, su corazón fue rasgado, traspasado con cuchillo agudo, su ánima angustiada en tanto grado que la *Señora recibió martirio* de dolores, *pues ella sintió los tormentos que tú recibiste propiamente contigo, así como una misma carne. Y los dolores suyos multiplicaron a ti dolores sobre dolores.*" Para Muñoz Fernández, la indispensable participación de María en la encarnación y la pasión de Jesús engrandece la imagen de ésta. La muerte del hijo coloca a María en una posición de "corredentora" de la humanidad "en tanto que desde su autoridad de madre consintió el destino de su hijo" (152) y, por consiguiente, de "fuente legítima de gracia" (153); mientras que para Wilkins, la capacidad de la madre de padecer el sufrimiento de su hijo hace de la *compassio* una virtud femenina a imitar por las monjas y por el resto de la humanidad: "The mutuality of their experiences is most complete in this moment as Constanza stresses the physical inseparability of mother and son who share the same flesh [. . .] the suffering of Jesus and Mary is complementary, the pain of each one increasing the emotion felt by the other" ("'En memoria'" 225–226).[43]

Los capítulos dedicados a la *compassio* de María no son originales de Constanza. Como indica Cortés Timoner, la priora elaboró sobre un tema que era muy popular desde el siglo XIII y que aparece en otro himno atribuido a Jacopone da Todi, el *Stabat mater dolorosa* (63). No obstante, este tema le proporciona a la autora "una referencia espiritual femenina que permite canalizar la piedad de las religiosas en su cuerpo de mujer" (64). La maternidad de María adquiere una dimensión teológica en el momento en que suplanta a su hijo "como centro del discurso teológico" (Muñoz Fernández 151) y recae sobre ella el papel de "abogada" y "mediadora" de la humanidad con Dios, papel que le pertenecía de manera natural por ser la madre de Jesús. La Virgen va a estar presente hasta el final de esta oración. La imagen de los discípulos bajando el cuerpo sin vida del Redentor y entregándoselo a María vuelve a enfocarse en la maternidad y a darle a ésta el protagonismo aun después de la muerte de su hijo. La relevancia que el papel de la Virgen tuvo en la Encarnación y en la Redención tiene su culminación en el capítulo cuarenta, cuando Jesús resucitado vincula la salvación al cuerpo de María y la hace imprescindible para la salvación de la humanidad: "Muy cara madre, acata y ve aquí los santos padres que te bendicen y te rinden gracias, porque *en la carne que de ti tomé los redimí.*"

Diálogo con Dios

El segundo elemento narrativo en el que Constanza se apoya para reivindicar su voz femenina es la conversación íntima y honesta que mantiene con Cristo. El rezo era un aspecto fundamental de la Edad Media y orar por el prójimo era la razón de ser de las monjas. Constanza reza por los monarcas castellanos y por sus familiares (Enrique IV, su prima, la reina Catalina de Lancaster, su padre, don Juan, y su abuelo, Pedro I), por sus compañeras y por ella misma. Wilkins plantea que aunque la priora narre la vida y pasión del Creador desde una perspectiva femenina, su oración es ante todo una "confesión," "alabanza," "afirmación de fe" y "participación comunal" en la que se pone de manifiesto un deseo honesto de rezar, de servir a Dios, de alcanzar la perfección espiritual y de cuidar y guiar a sus hermanas a través de la oración (Wilkins, "El devocionario" 342). Con humildad, la priora reflexiona y confiesa en su rezo cómo los asuntos mundanos la han apartado de la vida espiritual, revela haber faltado a sus votos, manifiesta sus dudas sobre su liderazgo y revela su preocupación por su salvación y por la de sus monjas: "Así mismo te suplico que envíes tu gracia sobre todas las dueñas de este monasterio y acrecientes sus virtudes y les des buena fin, pues sabes tú el gran defecto mío como soy negligente en su regimiento, ni soy digna ni capaz para castigarlas por pobreza de ciencia y juicio."

El convento fue uno de los pocos espacios en el que la mujer pudo leer, formarse y expresar su espiritualidad por medio de la palabra oral o escrita. Para Cortés Timoner "la mujeres se fueron acercando a la escritura para hablar desde su yo" (*Sor Constanza de Castilla* 88). Un yo que, como explica Muñoz Fernández, encontró en la oración una vía para entrar en diálogo directo con Dios y sin intercesión masculina (144). La religiosa reclama la voz femenina en el discurso espiritual de este rezo; rezo en el que se presenta como narradora omnisciente, testigo de los acontecimientos y conocedora del sufrimiento físico y emocional de los personajes bíblicos. Constanza en su oración insiste en la relación personal entre ella y el divino receptor de su plegaria. El empleo de la primera y segunda persona del singular consigue el efecto de aproximarlos, de crear intimidad entre la monja y Dios y, como apunta Wilkins, de "intensificar la convicción de la presencia real de Jesús y su relación con él" ("El devocionario" 344). A través de la meditación, Constanza se identifica con Dios, con su vida de hombre, con su sufrimiento y el de su madre. Esta relación personal entre los dos la construye insistiendo en la idea de que Cristo padeció por ella y, por consiguiente, es a ella a quien favorecen sus acciones y su dolor. Pero, la íntima conexión entre ambos también la hace posible la misma humanidad de Cristo, una humanidad que, como apunta Balbridge, le da a Constanza la seguridad de que su debilidad espiritual va a ser entendida por Dios, pues, como hombre, Él también sufrió y fue tentado (158).

La "Oración de la vida y pasión de Jesús" no es la repetición de una retahíla de rezos que se articulan sin pensar, sino un diálogo íntimo con Dios en el que la autora reflexiona sobre la vida y muerte de Jesús y sobre su propia redención. Constanza se muestra como una pecadora más, consciente de su fragilidad espiritual e inferioridad con respecto al Creador. Por medio de su diálogo con Él, reflexiona sobre lo que supuso para la humanidad la muerte de Jesús y le conmueve profundamente la infinita generosidad del Salvador. La priora a lo largo de la oración no deja de reclamar para sí (y para sus hermanas) la gracia de Dios. Una gracia que la sabiduría y omnipotencia divina concede sin discriminar a todo aquél que lo necesite, quiera conocerlo y conocerse a sí mismo; es decir, a todo aquél que sea consciente de su enfermedad espiritual. Ya San Agustín en sus *Confesiones* habla de la búsqueda de la perfección espiritual del cristiano, de la preparación del alma para entrar en contacto con Dios y recibir su gracia (Cortés Timoner, *Teresa de Cartagena* 80). La humildad con la que la monja se presenta ante Cristo es la virtud imprescindible para realizar el proceso de auto-conocimiento que ella lleva a cabo por medio de la auto-crítica. En su auto-análisis piensa sobre su experiencia espiritual y vital como priora y princesa. No debe sorprendernos que, como nieta de rey, el primer pecado que confiese y la primera virtud que solicite sean la soberbia y la humildad, respectivamente. Su rezo es introspección, una mirada interior dirigida a sus propios actos y necesaria para acercarse a Dios y poder recibir su gracia. Como explica Muñoz Fernández, "los valores humanistas no venían arropados de concepciones igualitarias en razón de sexo [. . .] Por ello, Constanza, como otras mujeres, los hace suyos apelando a la gracia divina, para poder llegar a ser en libertad" (148). Su contemporánea Teresa de Cartagena desarrolla el tema de la gracia de Dios en *Admiración operum Dei*. Una gracia divina que Dios otorga a quien le place. Constanza y Teresa parten de este mismo principio teológico: Para Dios las personas son espiritualmente iguales, independientemente de su estatus social, sexo, del estado de su alma o de las obras realizadas en la vida.

La "Oración" narra la trayectoria espiritual de una mujer cristiana que desea ser redimida. La escritura fue para ella el vehículo lingüístico que le permitió transmitir su forma de entender y vivir el cristianismo. Consciente de sus limitaciones espirituales, el objetivo de escribir su rezo fue el absoluto convencimiento de que ayudaría a sus monjas a conocer a Dios, a ser receptoras de su gracia y a guiarlas hacia la salvación, a la vez que, ellas, a través del rezo de su oración en comunidad, intercederían por su alma.

Notas sobre la modernización del texto

Se han modernizado latinismos tales como *plugo*, *plogo*, *omne*, *regina* y se ha uniformado la puntuación, la acentuación, el uso de mayúsculas (*salomón*, *bautista*), la alternancia de grafías como por ejemplo entre la b/v o v/b (*hubieras*, *vascas*, *enbuelto*, *baxa*), ç/z/c (*açotado*, *resurecçión*), f/h (*fijo*), x/j (*dexadme*), m/n (*cunple*) o q/c (*qual*) y se han eliminado las contracciones del tipo, *porquel*, *dél*, *della*, arcaísmo hoy en desuso (*por ende*) y el empleo de pronombres con preposición (*por nos*). Se india con corchetes las partes del texto que no se incluyen en esta modernización.

Libro de Devociones y Oficios: "Oración de la vida y pasión de Cristo"[44]

Esta oración que se sigue compusos una sóror de la orden de Santo Domingo de los Predicadores, la cual es gran pecadora. Y ruega a cuantas personas la rezaren[45] que le den parte de su devoción. Y suplica a Nuestro Señor que la haga particionera[46] de sus merecimientos. Se debe decir esta oración ante de la comunión.

Capítulo primero. Ihesu, miserere mei, por virtud de la tu santa encarnación, cuando te plació descender del seno del padre en el sagrario de la virgen gloriosa tomando de sus entrañas vestidura de hombre, estuviste allí nueve meses encerrado. Señor, pues por mí tu esclava plació a ti, verbo de Dios, tanto humillarte a vestir tan pobre vestidura, yo suplico a ti por la grandeza de tu humildad que me libres del pecado de soberbia, en la cual muchas veces caigo por mi culpa. Y dame virtud de humildad cumplida por que yo conozca la gran miseria mía como don. [. . .]

Capítulo segundo. Ihesu, miserere mei, por virtud del tu santo nacimiento, cuando poderosamente glorioso saliste del vientre virginal cerrado, te nos diste Dios y hombre por librarnos de la muerte, a que éramos obligados. Señor, pues por mí tu esclava te plació nacer en lugar tan pobre y desechado, yo te adoro Dios y hombre excelente puesto en el pesebre sobre seno resfriado[47] chiquito en poca ropa envuelto entre dos alimañas.[48] Señor, yo te suplico, por tu nacimiento santo, que limpies mi corazón de todo odio y rencor y me des virtud de caridad ordenada que yo la obre como santo Domingo, nuestro padre.

Capítulo tercero. Ihesu, miserere mei, por virtud del santo nombre Ihesu que te fue nombrado al octavo día cuando te plació ser circuncidado como pecador, en como tú fueses Dios y hombre, tu preciosa sangre comenzaste [a] derramar por nuestra redención, lloraste lágrimas con dolor obligado. Señor, pues tan tierno padeciste por mí tu esclava, yo te suplico me des gracia que tu nombre Ihesu[49] sea escrito en mi corazón como en el del santo Ignacio.

Capítulo cuarto. Ihesu, miserere mei, por virtud de la santísima presentación que la Virgen tu madre hizo en el templo, cumplidos cuarenta días de tu nacimiento, no siendo necesario, cumplió la ley. Te ofreció en las manos del justo Simeón que mucho deseaba verte, sabiendo que eras el Mesías prometido. Y después que te vio, con gran reverencia, alegría y devoción te recibió diciendo: "Nunc dimictis servum tuum, Domine, secundum verbus tuum in pace." Señor, yo te suplico que así cumplas mis buenos deseos como a este justo.

Capítulo quinto. Ihesu, miserere mei, por la obediencia que cumpliste el primer año de tu nacimiento cuando la Gloriosa y Josep fueron contigo a tierra de Egipto por miedo de Erodes, donde siete años viviste desterrado, peregrino, pobre, encogido, menospreciado, avergonzado, en los tiempos de tu viaje a la ida y tornada[50] sufriste cansancio, hambre, sed, frío y calor, tú mucho tierno de pocos días, la Gloriosa siendo doncella delicada, y pobre Josep viejo. Impotente, menguado[51] de las provisiones necesarias, pasaste la grande aspereza del desierto. Señor, pues por mí tu esclava te plació huir del rey mortal, como tú mismo sacaste el pueblo de Israel del poder de Faraón, yo te suplico, por la grandeza del tu poder, que fuerces gravitatem meam, que me estorba tu servicio. Y dame virtud que yo cumpla tus mandamientos y los de mi orden por que yo sea obediente a ti, como san Pedro cuando fue a Roma a morir en cruz.

Capítulo séptimo Ihesu, miserere mei, por el trabajo que pasaste cuando cuarenta días y noches ayunaste en el desierto sin comer ni beber, apartado de la vista de tu madre, en fin te plació sufrir estos trabajos,[52] yo te adoro Dios y hombre en el desierto vencedor y te suplico me des virtud de firme constancia por que yo siempre venza las tentaciones del enemigo y del mundo y de la carne, como libraste [a] los tres niños en las llamas del horno.[53]

Capítulo viij: Ihesu, miserere mei, por virtud de las muy poderosas, excelentes y maravillosas obras que obraste, grandísimos trabajos que tú sufriste en treinta y tres años que en este mundo viviste. Señor, por virtud de tus propias obras te suplico tires de mí el pecado de la acedia[54] que mucho en mí reina, y me estorba tus obras de continuo, y ordenes que te sirva con diligencia, como san Josep y santa María.

Capítulo ix. Ihesu, miserere mei, por el trabajo que tomaste el jueves de la cena, cuando dando ejemplo a nos de rodillas te pusiste a lavar los pies de tus discípulos, y después con humildad de entrañable amor instituiste el santo sacramento de tu cuerpo glorioso en memoria de la sagrada pasión tuya. Y diste plenario[55] poderío a los sacerdotes para consagrarlo. Y ordenaste manjar espiritual a todos los fieles que dignamente te recibieron por que te tengan en esta vida en memoria y compañía. Señor, humildemente [te] suplico,[56] que de los pecadores haces justos que te plazca limpiar y justificarme como tú sabes a mí es necesario según mis graves y muchos errores y la grandeza de mi maldad, y la gran frialdad y apartamiento[57] de tu memoria que en mí es, como obraste en la santa Catalina de Sena. Que yo, grave pecadora, no soy digna de recibirte ni de alzar mis ojos ante tu poderosa majestad, y conociendo mis muchos pecados confieso: [. . .]

Capítulo x. Ihesu, miserere mei, por virtud del dolor con que te despediste de tus discípulos el jueves después de la cena muy afligido,[58] te apartaste de ellos mucho angustiado con temor de la muerte. Oraste al padre diciendo: "Tristis est anima mea usque ad mortem." Señor, por mí tu esclava, solus et anxiatus en el monte Oliveti tanto constreñido[59] fuiste, yo te suplico, así como tú eres vida perpetua, me des gracia que desee morir por tu alma y me arredre[60] de las conversaciones dañosas a mi ánima y de los negocios del mundo en que yo me ocupo, como tiraste a san Pablo de perseguir tus cristianos.

Capítulo xi. Ihesu, miserere mei, por el merecimiento de la virtuosa oración que tú hiciste, cuando con gran humildad pusiste las rodillas, el tu reverendo rostro a par de la tierra, con grande agonía[61] y aflicción de la carne dijiste: "Pater, si posible est transeat a mi calix iste": Señor, pues por mí tu esclava sufriste tan grande pavor,[62] yo te suplico me des virtud de esfuerzo en la hora temerosa de mi fin cuando mi espíritu será puesto en estrecha batalla propter varias tentaciones diaboli. Y que te plazca arredrar de mi entendimiento todas dudas y malos pensamientos en que mi naturaleza revesada[63] se puede ocupar, que propter peto cum Davis: [...].

Capítulo xiij. Ihesu, miserere mei, por el trabajo que tomaste cuando con temor de la muerte así como hombre sintiendo soledad despertaste tus discípulos diciendo: "Non potuistis una ora vigilare mecum? Vigilate e orate quoniam tribulacio proxima est et non est quie adiuvet." Esto les decías tú, Señor mío, rogándoles que te acompañasen por que Judas no te hallase solo, que estaba aparejando[64] gente de armas para prenderte[65] poderoso Dios, cordero manso.[66] Señor, pues por mí tu esclava te complació padecer tan estrecha soledad, yo te suplico, a la hora que mis fuerzas fallecerán,[67] y mi corazón será rasgado con dolor de la muerte, tú me quieras visitar por tu gracia y despiertes mi ánima[68] y no la dejes dormir en pecado; cuando hubiere de pasar de este valle de lágrimas[69] no esté obstinada ni adormecida en ningún error, mas despierta en fervor y amor tuyo de irse a ti, mi Salvador, que eres vida. Y no te deleitas en la perdición de los malos.[70]

Capítulo quince. Ihesu, miserere mei, por el trabajo que pasaste cuando con entrañable amor te ofreciste y diste a los judíos que te venían [a] prender. Y tú, rey perdurable, cumpliendo nuestra redención[71] te llegaste a ellos, llamando amigo a Judas bajaste tu excelente cabeza, le diste tu preciosa boca a que te diese paz. Y dijiste a los judíos dos veces con mansedumbre:[72] "Quem queritis ego sum." Y por defensión[73] de los tuyos dijiste: "Si ergo me queritis sinite hos abire." Bendito seas tú, Señor poderoso, que por mí tu esclava te ofreciste a la muerte, yo [te] suplico[74] que numquam cessem querentibus te, que me des virtud que siempre mi corazón esté atado[75] contigo toda mi vida como estuvo san Juan en todos los actos y tormentos que padeciste[76] hasta el sepulcro.

Capítulo xvii. Ihesu, miserere mei, por la soledad que pasaste cuando fuiste desamparado de tus discípulos y te viste en poder de tus enemigos que te perseguían con vituperios,[77] escarnios,[78] crueldades sin número, diciendo falsos testimonios. Señor, pues por mí tu esclava lo sufriste, y te suplico[79] me des virtud que yo siempre por tu reverencia y amor cese de[80] ofenderte, y limpia mi corazón de los pecados de envidia y malicia, que en ellos ligeramente[81] peco, y confesando digo: [...].

Capítulo xx. Ihesu, miserere mei, por la angustia que pasaste a la hora de la prima[82] cuando Pilato contra justicia dio falsa sentencia que fueses azotado. Señor, yo te suplico me libres accecitate cordis y tiniebla[83] de que mi entendimiento[84] está lleno. Y dame gracia que yo juzgue justicia derecha tal que [te] plazca,[85] y si fuere menester, que yo muera por tu justicia y verdad, como san Juan Bautista.

Capítulo xxij. Ihesu, miserere mei, por la deshonra que recibiste cuando Pilato por escarnio te hizo vestir de púrpura como a hombre sin seso y pusieron en tu cabeza corona de espinas agudas[86] que traspasaron tu santísimo cerebro cumpliendo la profecía del rey Salomón: "Filie Iherusalim, venite et videte regem coronatum." Y por más vituperarte con un paño velaron tu faz[87] ques splendor Dei Patris. Y escarneciendo[88] de ti hincadas las rodillas decían: "Ave, rex Judeorum." Y tantos golpes te dieron con la caña que atronaron[89] y desvanecieron tu excelente cabeza.[90] Y no contentos de estas crueldades, a grandes voces clamaban:[91] "Crucifige, crucifige eum." Y tú, buen Ihesu, así atormentado, muy humildemente lo sufriste todo por mí tu esclava que no lo merezco. Por tanto,[92] Señor, yo te suplico, con aquella humildad que puedo, me des virtud que con debida reverencia yo te adore cuando te viere en el altar debajo de aquella forma y figura y aquella vista me deleita. Como santo Tomás doctor, te adoro y contemplo tus obras.[93]

Capítulo xxiij. Ihesu, miserere mei, por la obediencia que obraste,[94] cuando, después que Pilato hizo preguntas fingidas,[95] con hipocresía lavó sus manos conociendo tu inocencia. Después con temor de César dio sentencia que fueses crucificado, la cual sentencia tanto dura[96] con agradable voluntad obedeciste por cumplir nuestra redención. Señor, pues por mí tu esclava negaste a ti mismo, tú creador siendo obediente a la criatura, yo te suplico que me libres con tu mano poderosa del pecado de la hipocresía y de todo fingimiento[97] que dé muerte al ánima, como libraste a san Pedro de las aguas de la mar.[98]

Capítulo xxiiij Ihesu, miserere mei, por el cansancio que pasaste llevando la pesada cruz encima de tus hombros, que no se hartaban[99] tus enemigos de penarte.[100] E hicieron delante [de] ti pregones[101] de falsedad llamándote ladrón, malhechor,[102] enemigo de Dios, tú, siendo Dios verdadero, por mí tu esclava lo sufriste. Señor, yo te suplico me des virtud que mi lengua sea limpia de toda murmuración, y que mis orejas sean sordas a las razones que me provocan a pecar y oigan tus alabanzas[103] y los oficios divinos[104] con diligencia. Gloria, laus et honor tibi sit, rex Christe, redemptor nostre, filii David.

Capítulo xxv Ihesu, miserere mei, por el gran pesar que sufriste viendo la dolorosa madre tuya venir en pos de ti,[105] llena de dolor saliendo de la ciudad de Jerusalén. Oíste sus gemidos[106] conociendo como iba turbada,[107] angustiada. Viéndote en poder de tus enemigos, que te llevaban a dar muerte de cruz entre dos ladrones, la Señora muy aquejada[108] se apresuró[109] por llegarse a ti con muchas lágrimas y sollozos.[110] Y tú, señor, como la sintieses, tu corazón fue agravado con pesar tanto grande que hubieras a caer en tierra, así como hombre desfallecido[111] de las fuerzas naturales, cansado de muchos tormentos, dolores que toda la noche y día habías soportado[112] no habiendo descanso alguno. Así atormentado con amor natural de hijo, por consolarla volviste tu rostro a ella, hablaste a las mujeres que la acompañaban: "Filie Iherusalim, nolite flere super me." Y la triste madre después que vio tu cuerpo todo llagado,[113] tu rostro escupido oscurecido, tu cabeza de espinas coronada, una señal[114] negra en tu mejilla, tus ojos apremiados,[115] como no te podía conocer pudo preguntar a los judíos: "¿Qué hombre es éste que lleváis a matar con tanta prisa y oprobio?"[116] Y ellos respondían: "Mujer, ¿Qué preguntas tú? ¿No conoces este hombre ser tu hijo Jesús que se llama rey nuestro?" La Señora pudo decir: "Señores, dejadme llegar por que conozca si es él, que de mi hijo fue escrito: 'Speciosus forma pre filiis hominum.'" Y como no la dejaron llegar a ti, su corazón fue atormentado de dolor sin medida. Señor pues por mí tu esclava te complació tanto padecer, a tu madre tanto atormentar, yo te suplico por su amor me des buena fin.

Capítulo xxvij Ihesu, miserere mei, por los multiplicados dolores que tú, Señor, padeciste a la hora de la sexta[117] cuando los judíos llenos de crueldad crucificaron a ti, Ihesu benigno, no acatando[118] tu excelencia, la cruz en tierra los sayones[119] te pusieron encima. Y tú, rex mirabilis, Deus et homo, cumpliste su mandamiento sin ninguna porfía.[120] Prestamente volviste las espaldas a la cruz, ofreciéndote por nosotros[121] dirías: "Pater, adiuva me; factus sum obediens usque ad morten propter filios Adami." Abriste tus reales brazos; extendiste tus santas manos a que las enclavasen. Y luego en punto trabaron de ti,[122] redentor mío, como canes[123] hambrientos. Uno tomó tu mano diestra;[124] la enclavó. Otro la siniestra,[125] estirando con gran fuerza, desconcertaron[126] tus brazos y espaldas. Otros tomaron tus santísimos pies sin piedad; tiraron hasta que desjuntaron[127] tus santísimas piernas. Y con tres hierros[128] duros y recias martilladas traspasaron y plegaron tus manos y pies en la cruz a su voluntad. E hincada la cruz en tierra, fuiste alzado[129] en alto por que la gente vulgar[130] conociesen como tus enemigos tomaron cumplida venganza de ti. Glorificado y alabado seas tú, Señor mío, que tanta impotencia de ti mostraste, siendo tú Dios omnipotente, en aquella hora con ardiente caridad. Tú, Señor, salvador mío, obispo consagrado en la ara[131] de la cruz, con soberana paciencia, tu boca apretada, cordero humilde, fuiste sacrificado por nosotros[132] como hombre verdadero. Llagado, quebrantado, descoyuntado, enclavado, lloraste lágrimas con dolor de las graves llagas que padecías, que estabas plegado[133] en el madero,[134] estirado, desfallecido de la substancia humana cumpliendo la profecía de David: "Fixerunt manus meas et pedes meos, dinumeraverunt omnia ossa mea." Y así martirizado, querellándote[135] con grandes dolores, dijiste al Padre: "Deus meus, Deus meus, ut quid me derelequisti?" Con fuerte aflicción como hombre que padecías tan fuertes y soberanos dolores que no hay corazón que pensarlos pueda, aunque[136] la divinidad te esforzaba que de ti nunca se partió. Señor, pues por mí tu esclava te complació ser mártir en la cruz sufriendo dolores excedentes a todas las penas de los mártires, yo te adoro, Dios y hombre, colgado penado[137] en la cruz. Y te suplico, por reverencia de los graves dolores que sufriste de los tres hierros,[138] me des virtud que yo cumpla los tres votos[139] que a ti prometí, como los cumplió santa Elena.

Capítulo xxx. Ihesu, parçe michi, por el ejemplo que nos diste rogando por los que te penaron cuando dijiste: "Pater, ignoce illis quia nesciunt quid faciunt," Señor, yo te suplico me des gracia que yo perdone de corazón a todos los que me injuriaren,[140] igualmente vivos y muertos perdonando. Revoco[141] todo lo que en contrario pensare o dijere.[142] Y te suplico que tú los perdones así como yo quiero ser perdonada de ti, que te ofendo gravemente por malicia, ignorancia, flaqueza,[143] inadvertencia,[144] como grande pecadora que yo soy.

Capítulo xxxij. Ihesu, miserere mei, por el muy entrañable dolor que pasaste despidiéndote de tu muy amada madre, la cual con angustia y pena acataste[145] con gravísimo pesar[146] que rasgó[147] tus entrañas como aquél que la mucho amabas,[148] querellándote le mostraste las llagas[149] que tenías en la vestidura[150] que de ella tomaste, queriendo decir: "Señora madre, acata cual está tu hijo que de Espíritu Santo concebiste,[151] sin dolor virgen pariste.[152] Y tú sabes que siempre te fui humilde y obediente. Y ahora ves tan gran lástima de mí sin merecerlo. Yo te ruego que por mi amor te esfuerces y tengas paciencia, que ya se acerca la hora en que tengo de espirar.[153] Yo te encomiendo[154] a mi Padre que te consuele hasta el tercero día que estaré apartado de ti. Te encomiendo a san Juan, mi discípulo, tómale por hijo." E adversus ad dicipulum dixisti: "Ei, ecce mater tua."

Y la dolorosa tu madre, sus brazos abiertos, su cuerpo encorvado,[155] obedeció tu mandamiento, su cabeza inclinada, santiguarte ya con su mano, que responder no podía porque su lengua era privada.[156] Su espíritu tenía amortiguado,[157] su corazón era hecho ovillo de dolores[158] al pie de la cruz después que te vio desnudo enclavar y oyó las recias[159] martilladas que rasgaban tus manos y pies. Vio como estaba tu cuerpo colgado de dos clavos, la sangre correr de las llagas tanto abondosa,[160] tu cuerpo y rostro tanto deforme que no hay seso[161] humano que conocerlo pueda, así mismo como eras escarnecido,[162] blasfemado.[163] Y oyó el gran clamor con lágrimas que diste al Padre, diciendo que eras desamparado de él.[164] Llena de dolores, te quiso hablar y allegarse a ti;[165] no tuvo fuerza ni sentido para cumplirlo. Recibía la sangre que de ti corría con gran reverencia. Y acatando en ti con grandísimo amor, su corazón fue rasgado, traspasado con cuchillo agudo, su ánima angustiada en tanto grado que la Señora recibió martirio de dolores, pues ella sintió los tormentos que tú recibiste propiamente contigo, así como una misma carne. Y los dolores suyos multiplicaron a ti dolores sobre dolores.

E posumus credere que san Juan, tu amado discípulo, que presente fue a todos los tormentos que recibiste,[166] sufrió tan gran pesar que perdería todos sus sentidos, mesaría sus cabellos,[167] daría fuertes golpes en su rostro y pechos con espesos gemidos, abondosas[168] lágrimas, en tanto grado que aquel día fue mártir. La Madalena con sobrepujante amor,[169] dos hermanas de la Gloriosa con deudo natural,[170] Marta obligada de beneficios, todos con grandísimo amor y dolor mesarían sus cabellos: rasgarían sus caras, brazos, manos y pechos; con agudos gritos lloraron amargosamente[171] la cruel e deshonrada muerte que padecías, temerosos que la Gloriosa daría su ánima[172] ese mismo día.

Señor, pues por mí tu esclava, que no lo merezco, te plació tanto padecer[173] y que la madre tuya, Reina del Cielo, ese mismo día fue martirizada de soberano martirio, yo te suplico, por el clamor que diste al Padre y por el martirio que pasó la Virgen tu madre, te plazca dármela por abogada en mi vida y muerte, sea presente intercesora mía.[174]

Capítulo xxxiij. Ihesu, miserere mei, por la amargura que padeciste cuando "Siçio" con dolor dijiste, fiel y vinagre mixto fue dado a ti, fons ortorum, puteus aquarum vivençium. Señor, pues tan bondadoso eres y por mí tu esclava te complació tener sed, yo te suplico me des virtud de abstinencia y me apartes del pecado de la gula en que yo me disuelvo, y haz digno mi corazón que sienta dolor de tu pasión para contemplar, sentir, llorar los dolores que padeciste como san Francisco.

Suplicación. Señor, pues tanto amaste los pecadores que te plació redimirlos en la cruz, yo, Costança, indigna esclava tuya, te adoro y bendigo con todo mi entendimiento, memoria y voluntad, con el corazón con la lengua, con todas las potencias[175] que tú me diste, te rindo, te doy infinitos elogios[176] y gracias por la muerte que por mí recibiste. Y te suplico, con la mayor humildad que puedo, tú recibas mi ánima y mi cuerpo, lo cual te ofrezco todo según que tú me lo diste para que cumplas en mí tu voluntad entera, así como creador en su criatura, y me endereces[177] a tu servicio por cualquiera carrera[178] de las que tú sabes que a mí me es provechosa, aunque a mí sea áspera.[179] Señor, no acates mi pereza y olvido ni mi atrevimiento y desconocimiento con que me arredro de ti,[180] no queriendo pensar ni conocer tus beneficios y gracias que de continuo me haces así como oveja enferma, ciega que anda perdida sin pastor, que eres tú, Ihesu, mi redentor que sabes que por soberbia y vanidad mía he cometido muchos pecados mortales, he quebrantado[181] tus mandamientos y nunca cumplí los votos que prometí en perfección. Pequé con los cinco sesos[182] corporales cometiendo con ellos malicias, errores sin cuenta según es claro delante tu acatamiento. Y tú, Señor mío, ves que caigo muchas veces grandes caídas en lazos[183] peligrosos, en el lago de la muerte por mi grave culpa, y de ellos no me puedo levantar por mi impotencia si tu mano de misericordia no me levanta y detiene con cadena de tu amor que fuerce[184] la pereza y dureza mía. Señor, como doliente que está en peligro, suplico a tu clemencia que ablandes la dureza de mi corazón y lo endereces a ti, y le hagas capaz de tu gracia pues eres poderoso. Crea in me cor mundum et espiritum rectum innova in viçeribus meis. En otra manera yo quedaré llagada y muerta. In Deo, Domine, reminiscere miseracionum tuarum.

Capítulo xxxv. Ihesu, misere mei, por la llaga que fue hecha en tu costado cuando tú, verdadero pelícano, consentiste a Longinos que lo abriese con la lanza,[185] emanó sangre y agua, Señor, yo te suplico me libres del pecado de venganza, por lo cual los judíos obraron en ti tan dura muerte. Reprendiéndolos la iglesia en persona tuya dice: [. . .]

Capítulo xxxvj. Ihesu, miserere mei, por la soledad que tu madre sintió cuando te vio muerto, y queriéndote descender de la cruz, no tenía quien la ayudase ni sepultura en que te pusiese, tanto apurada fue tu pobreza. Y como la Gloriosa suplicase a Nuestro Señor que proveyese lo necesario, luego vinieron Nicodemus y Josep; se ofrecieron a hacer su mandamiento y trajeron todas las cosas necesarias. Ayudaron a san Juan a descolgar tu sagradísimo cuerpo; a la hora de las vísperas te pusieron en brazos de la Virgen, tu madre. Ella con gran reverencia te recibió. Señor, pues por mí tu esclava te plació que la Gloriosa este gran dolor pasase, yo te adoro y bendigo en sus brazos. Benedictus es, Domine Deus patrum nostrorum, et laudabilis et gloriosus in secula. [. . .]

Capítulo xxxvii. Ihesu, parçe michi, por virtud del servicio postrimero[186] que la Virgen tu madre te hizo cuando envolvió tu gloriosa cabeza con el sudario y ungió tu gloriosísimo cuerpo con precioso ungüento[187] y te envolvió en una sábana, con grande amor y reverencia besó tu santísima boca. Y san Juan y las Marías con gran basca[188] besaron tus pies, despidiéndose de tu presencia. Y lo ayudaron a poner en el sepulcro a la hora de las completas,[189] que se cumplieron tus trabajos y holgaste en ti mismo en paz. Señor, pues por mí tu esclava quisiste ser sepultado en el sepulcro terrenal y ajeno, yo te adoro y te suplico que ordenes mi muerte para ti. Benedicite omnia et cetera.

Canticum angelorum Te Deum laudamus, et cetera.

Señor, por esta misericordia que tú hiciste a los que estaban en el limbo[190] te suplico que tengas merced de todas las ánimas que están en purgatorio, principalmente las de mi padre y madre, y del señor rey don Pedro, y de la señora reina doña Catalina, y de mi señora doña María, y de todos los que yo cargo tengo, todas las ánimas que penan. Y te plazca por reverencia de tu pasión sacarlos de las penas que padecen y llevarlos a tu gloria.

Capítulo cuarenta. Ihesu, parce michi, por tu resurrección cuando poderosamente en tu propia virtud, así como león fuerte saliente[191] del sepulcro, resurgente[192] glorioso sol justicie, te plació aparecer y consolar a la Gloriosa madre tuya que deseando tu vista[193] decía: "Esurge gloria mea; esurge psalterium et citara." Tú enim dijiste: "Esurgam diluculo." Y tú, Señor, le apareciste con gran resplandor, el pendón[194] de tu vencimiento en tu diestra, dijiste: "Dios te salve, reina del cielo, alégrate que yo vencí en la cruz y libré los pecadores del poderío de Satanás. Ya resucité, tú vivirás conmigo en gloria para siempre. Muy cara[195] madre, acata y ver aquí los santos padres que te bendicen y rinden gracias, porque en la carne que de ti tomé los redimí." La Virgen, con alegría y reverencia te adoró diciendo: "Gloria tibi, Domine, qui surexisti a mortuis, [. . .]"

Capítulo cuarenta y cuatro. Ihesu, miserere mei, por la provechosa obra que tú hiciste después de diez días de tu ascensión, cuando tu Santo Espíritu descendió con gran sonido en lenguas de fuego sobre la Gloriosa y apóstoles, los inflamó y confortó. Señor, yo tu esclava te suplico, Dios Espíritu Santo, que eres lux[196] soberana, que limpies mi entendimiento de la tiniebla en que estoy e inflames mi corazón de tu deseo. Y me des contrición,[197] temor y tremor[198] para recibirte con aquella reverencia, humildad, limpieza que cumple[199] a mi salvación. Así mismo te suplico que envíes tu gracia sobre todas las dueñas[200] de este monasterio y acrecentes sus virtudes y les des buena fin, pues sabes tú el gran defecto mío como soy negligente en su regimiento[201] ni soy digna ni capaz para castigarlas por pobreza de ciencia[202] y juicio. Tú, Señor, cumpliendo lo que en mí fallece, te plazca ordenar a ellas y a mí a tu servicio.

Preguntas de comprensión.

1 Según la autora, ¿cuál fue el primer sacrificio que hizo Jesús por la humanidad?
2 Identifique los momentos en los que se presenta la humanidad de Jesús.
3 ¿Qué momentos de la infancia de Jesús están presentes en la "Oración"?
4 Identifique los adjetivos, sustantivos y verbos que emplea la autora para describir la huida a Egipto de la familia de Jesús y la pasión.
5 Localice las imágenes que representan el dolor de María ante la muerte de su hijo. ¿En qué momentos se identifica la madre con el dolor del hijo?
6 ¿En qué situaciones la autora se identifica con el dolor de María?
7 ¿Qué frases de la "Oración" reflejan el convencimiento de Constanza de que Jesús murió por ella? ¿Por qué es importante para ella, como mujer, personalizar el sacrificio de Jesús?

8 ¿Qué miembros de su familia menciona Constanza en la "Oración"? Considerando los antecedentes familiares de la autora ¿es este un hecho relevante?

9 ¿De qué pecados se confiesa Constanza? ¿Qué virtudes solicita para sí misma?

Preguntas de debate o para escribir.

1 Analice los personajes femeninos y la voz femenina.
2 Considerando el contexto cultural e histórico tanto de Jesús como de Constanza, ¿piensa que el papel de María en esta oración es transgresor?
3 ¿Por qué emplea la autora el *tú* cuando se dirige a Dios?
4 Tenga en cuenta el contexto histórico de la España del siglo XV y la situación de la comunidad judía y reflexione sobre la presencia de los judíos en la "Oración" de Constanza.
5 Explique el efecto que tienen los verbos y el empleo del pretérito en la escena de la crucifixión de Cristo (capítulo XXVII).
6 ¿Es posible establecer un paralelismo entre la huida de la familia de Jesús a Egipto escapando de la persecución de Roma con la desubicación a la que se han visto obligadas otras comunidades que, en el pasado o en la actualidad, han sufrido y sufren persecución o genocidio del Estado? Explique.

Documentales relacionados con el tema.

Mujeres de la historia: "Catalina de Lancaster." www.rtve.es/alacarta/videos/mujeres-en-la-historia/mujeres-historia-catalina-lancaster-1374-1418/846222/

Notas

1 A Pedro I se le conoce también como Pedro, el Cruel por encarcelar y ejecutar a quien iba a ser su esposa, Blanche de Bourbon, en Toledo. Esto provocó la rebelión en la ciudad, rebelión que el monarca castellano aplacó con excesiva agresividad (Cortés Timoner 36).
2 Alfonso XI acordó el matrimonio entre su hijo y Joan de la Tour, hija de Edward III. Esta unión nunca se llegó a materializar debido al fallecimiento de Joan durante su viaje a Castilla. En 1352, Pedro I se comprometió en matrimonio con la francesa Blanche de Bourbon, sin embargo, dos días después la encarceló y regresó con su amante María de Padilla, con la que tuvo tres hijas y un hijo que fallecería niño y a quien reconocería en 1361. En 1354, contrajo matrimonio con Juana de Castro. Con ella, a pesar de que el matrimonio duró un día, tuvo un hijo, el príncipe Juan. La relación con su última amante, Teresa de Ayala, tuvo lugar entre 1366 y 1368 y de ésta nació una hija, María. Madre e hija profesaron en el monasterio de Santo Domingo el Real de Madrid, llegando la primera a ser priora del mismo (Cortés Timoner 17–19; Balbridge 24–26).
3 Señala O'Callaghan que la reina María de Portugal, esposa de Alfonso XI, ordenó su ejecución años después (citado en Balbridge 419).
4 Una de las familias que quedó socialmente alienada fue la de doña Leonor López de Córdoba Carrillo.
5 J.B. Sitges Sitges señala que Pedro, el hermano de Constanza, entró en 1402 en la Orden de los dominicos (citado en Balbridge 33).
6 Una hermana de su sobrino y dos de sus hijas profesaron en Santo Domingo el Real de Madrid y otras dos en Santo Domingo el Real de Toledo (Cortés Timoner, *Sor Constanza de Castilla* 36–37).
7 Según Getino, Constanza podría haber nacido a mediados o finales de 1390 (citado en Surtz, "Las oras de los clavos" 159). Cortés Timoner, por su parte, fecha el nacimiento de su hermano Pedro en 1396 y el de ella aproximadamente en 1405.
8 En el siglo XIV la Iglesia no permitía que la mujer tomara los votos hasta que no alcanzara la mayoría de edad, los catorce años (Johnson 106). Esto significa que Constanza debía tener como mínimo esa edad cuando fue nombrada priora. Si así fuera, esto ubicaría su fecha de nacimiento a finales del siglo XIV, fecha que se aproxima más a la indicada por Getino.

9 Fundar monasterios fue una actividad e inversión que acostumbraban a realizar la monarquía y la nobleza. Explica Johnson que estas fundaciones eran una buena plataforma para lanzar la política de los nobles y además garantizaban prestigio y beneficios económicos y espirituales de los que se beneficiaban tanto los miembros de esta clase como los mismos centros religiosos: "A common practice in the Middle Ages was for a family to create localized material and spiritual networks by concentrating its energies on one or two religious institutions, favoring these particular houses with donations and requesting spiritual benefits and economic assistance for them, bringing children to be received there as monastics, and entering these monasteries when sick to be cared for and after death to be buried within the monastic precincts [. . .] while the monasteries benefited by receiving protection, donations, and recruits" (18).

10 Durante los siglos XI y XIII las prioras fueron elegidas por votación entre las monjas del monasterio. Posteriormente, esta práctica fue eliminada para pasar a ser nombradas por los obispos (Johnson 170).

11 Como Getino indica, Constanza de Castilla vivió bajo el pontificado de Martín V, Eugenio IV y Callistus III (citado en Balbridge 43).

12 Explica Muñoz Fernández en *Acciones e intenciones de mujeres* que el monasterio de Santo Domingo el Real de Madrid disfrutó desde su fundación a principios del siglo XIII de la protección del papado y de la monarquía castellana. Los primeros lo beneficiaron con bulas que le proporcionaron privilegios jurídicos, ingresos económicos y protección: "El papado trató de proteger a la comunidad de agresiones y diversas intromisiones que provenían del consejo madrileño, del propio rey y de otros particulares. Quería salvaguardar también a las monjas del desinterés con que eran contempladas por los frailes de su Orden, en aquellos primeros tiempos" (125). Los segundos garantizaron "una fuente permanente y directa de concesiones de naturaleza material" (124). Ya en 1219 se daban donaciones *pro anima* que le aportaban al monasterio unos ingresos necesarios para su subsistencia y expansión (126).

13 Las horas son unos rezos de los salmos u oraciones a través de los cuales se organiza la vida de las monjas y las actividades del convento. Consta de ocho servicios, el primero se realiza alrededor de las dos de la madrugada y se reparten a lo largo del día: "The daily recitation of psalms that echo the full range of human emotions gave the monastic a powerful vehicle of expression [. . .] Again and again the cloistered person chanted and recited the words from which to draw strength and against which to check personal growth or failings" (Johnson 133). Rezar por la salvación de las almas era la función de las monjas y el trabajo que la sociedad medieval esperaba de ellas. Ver también *Medieval Women* de Eileen Power, 92–93.

14 Según Johnson, esta era una de las vías que tenía un monasterio de diferenciarse de los demás y atraer a los fieles y, con ellos, lógicamente, recibir donaciones: "One of the ways a monastery asserted its individuality and manipulated its environment was through the offices. From time to time, new celebrations for the dead in general or for a patron saint in particular were composed for and by houses" (135).

15 Indica Muñoz Fernández que a pesar de que con la bula "Periculoso" se estableció la norma de clausura a finales del siglo XIII, su implantación no fue efectiva (130). Por otra parte, la reforma dominica que impuso la clausura en Europa no se inició en España hasta 1423 (Balbridge 65). Esta orden, apunta Mary E. Giles, no la adoptaron los monasterios de la Orden dominica de manera general hasta 1489 (citado en Balbridge 66).

16 Muñoz Fernández hace referencia a lo traumático que podía ser para una monja verse separada de la comunidad en la que había vivido durante años, con la que tenía lazos emocionales y en la que probablemente vivían otros miembros de su familia: "Era esta una costumbre que por ser impuesta podía llegar a representar en muchos casos un doloroso desarraigo para la monja trasladada, así como la introducción de tensiones y fisuras en la comunidad receptora" (137).

17 Johnson elabora sobre la recíproca relación entre los monasterios y la ciudad o pueblo en el que estos se ubicaban. Generalmente, los monasterios de monjas preferían instalarse en los núcleos urbanos. Según el tamaño del centro religioso, éstas proveían puestos de trabajo para los habitantes, al igual que, estos dependían en gran parte de la producción del mismo. Los monasterios también ofrecían un servicio social, además de las casas de caridad u hospitales que algunos fundaron, acogieron a personas en situación de vulnerabilidad, especialmente a mujeres que se habían quedado desamparadas en el mundo. Las monjas y los monjes también realizaban gestiones administrativas y legales para sus vecinos y transacciones económicas como micro-préstamos para los agricultores. Como se ve, los monasterios estaban íntimamente vinculados con el funcionamiento de la sociedad civil. El interés por mantener entre ambas comunidades, la religiosa y la civil,

una buena relación era, por tanto, recíproco: Los monasterios ofrecían múltiples servicios a la comunidad en la que estaban inmersos y ésta los ayudaba y protegía de agresiones (47–57).
18 Unas conexiones familiares que la ayudaron "[e]n la actividad de esta estructura relacional, que reporta beneficios a las mujeres que se vinculan a Constanza, no sólo a ella; en la rehabilitación de sus orígenes familiares; en la recuperación por la vía de privilegios de las riendas de su cuerpo, de sus movimientos, de su existencia cotidiana, y en el diálogo con Dios a través de la oración, donde reclama reverencialmente las consecuencias que para sí, una mujer, se derivan de la Encarnación de Cristo y de su obra redentora, en todo esto radicó su proyecto de vida" (Muñoz Fernández 129).
19 Constanza, como hemos dicho, era descendiente de Pedro I. Vemos que ella, al igual que Leonor López de Córdoba, tienen el mismo objetivo. La priora el de restaurar el honor de su abuelo y de su padre y la noble cordobesa el de restaurar el suyo y el de su familia.
20 Getino recoge el texto que aparece en el monumento que le levantó a su abuelo: "El Rey Don Pedro reinó en el mes de marzo, año de 1350 y finó a 23 de marzo 1369, y fueron trasladados sus huesos a 24 de marzo año de 1446. Por mandado del muy alto y muy poderoso Rey Don Juan a instancia de Soror Constanza su nieta, Priora de este Monasterio" (citado en Balbridge 38).
21 Ver Muñoz Fernández 138–140.
22 Enrique III falleció en 1406.
23 Modernizo las citas de la edición de Constance Wilkins.
24 De "morar." Desentario (NTLLE).
25 Todos los énfasis son míos.
26 Balbridge duda que en los años que vivió en la cárcel de Soria con su padre, la niña Constanza hubiera podido recibir una formación muy extensa. No obstante considera que también cabe la posibilidad de que algún clérigo le enseñara unos conocimientos básicos y que continuara con sus estudios en el monasterio (48).
27 El latín pudo haberlo empezado a aprender durante los años que vivió con su padre y mejorarlo en el monasterio, donde había una "maestra de escuela." (Surtz, *Writing Women* 46).
28 Otras fueron la oración de los clavos, la de los *Quince gozos* y la de las *Siete angustias* (Cortés Timoner, 2015, 49–50; Balbridge 82).
29 Con respecto al latín como lengua de la Iglesia, ver Surtz, *Writing Women* 64–65.
30 Balbridge elabora sobre el conocimiento del latín de las monjas, en general (47–51). Surtz piensa que en el monasterio de Constanza se podría haber traducido otros textos pues se ha encontrado un manuscrito del siglo XIV en el que hay una traducción de Tomás de Aquino (*Writing Women* 46).
31 "Componer" se refiere al acto de producir una composición literaria y "ordenar" a organizar y recopilar (Surtz, *Writing Women* 45).
32 Con respecto al género literario elegido por la priora, Muñoz Fernández apunta que escribiendo oraciones: "[l]a autora dominica, en principio, se mantenía dentro de los límites de un género de literatura religiosa permisible" (144).
33 "The Dominican were the Order of Preachers, but preaching was an activity reserved for the friars of the First Order, for males alone were permitted to exercise that public function [. . .] Thus, the prayers and liturgical offices that make up Constanza's manuscript represent a crucial aspect of the community's daily existence and are essential to the Prioress's self-image and to that of her companions as Dominican nuns" (Surtz, *Writing Women* 47).
34 El empleo de la lengua materna es considerado por un sector del feminismo una forma de " 'hacer orden simbólico', orden que se separa de aquel otro que rige las relaciones de género en las sociedades patriarcales" (Muñoz Fernández 154–155).
35 Cortés Timoner coincide con Navas Ocaña y de la Torre Castro en que Constanza se autorizó por medio de la figura de la Virgen, quien como maestra "escribía y transmitía sus conocimientos" (*Sor Constanza de Castilla* 60).
36 Sigo la división de Huélamo de San José.
37 Estas cartas se declararon en el Renacimiento apócrifas (Surtz, *Writing Women* 50).
38 Este rezo ocupa la tercera parte del devocionario.
39 *Salutatio*: identifica al receptor y sirve para identificar el tipo de relación que hay entre emisor y receptor, si es una relación jerárquica entre iguales o desiguales. *Exordium*: predispone emocionalmente al lector de la carta, para ello se recurre al topos de la humildad con el objetivo de conseguir la benevolencia o el favor del receptor. *Narratio*: presenta la razón por la que se escribe. *Petitio*: momento en el que se le pide al receptor un favor o merced. *Conclusio*: se cierra dando las gracias por adelantado (Balbridge 92–93).

40 "En la narración de la Crucifixión que desarrolla la autora, aparece una especie de juego de miradas que proyecta dinamismo a la escena [. . .] Constanza contempla el sufrimiento inmerecido del Redentor, y éste observa a los que están al pie de la cruz, especialmente a su madre" (Cortés Timoner, *Sor Constanza de Castilla* 57).
41 Ver también Muñoz Fernández 148.
42 Las dos corrientes dominantes de la época eran los franciscanos y los dominicos. Ambas órdenes entendían la devoción individual como la mejor manera de vivir el cristianismo; sin embargo, los primeros eran cristocéntricos y los segundos, teocéntricos (Balbridge 55–56). Como apunta Cortés Timoner, la espiritualidad basada en "la piedad afectiva y centrada en la humanidad sufriente de Jesucristo" de los franciscanos acabaría imponiéndose y sería adoptada por la Orden dominica (*Sor Constanza de Castilla* 54).
43 Cortés Timoner: elabora sobre la identificación de María con el dolor de su hijo. *Sor Constanza de Castilla* 66.
44 Modernizo la edición de Wilkins: *Constanza de Castilla. Book of Devotions. Libro de Devociones y Oficios* (1998).
45 Futuro de subjuntivo. Es un tiempo verbal en desuso. Expresa una acción hipotética no acabada en el futuro.
46 Participante (Moliner).
47 Hueco enfriado.
48 Del latín *animalia*. Animales (Moliner).
49 Jesús.
50 "Tornar" del latín *tornāre*. Regresar, volver (Moliner). Tu viaje de ida y vuelta.
51 Falto de.
52 Penalidades (Moliner).
53 Historia del Libro de Daniel, capítulo 3. Tres jóvenes judíos se niegan a adorar una figura que ordenó hacer el rey de Babilonia. Ante el desafío, éste ordenó quemarlos en un horno. Los hermanos sobrevivieron esta experiencia gracias a la presencia de un ángel. A partir de este momento, el rey ordenó respetar al Dios de los judíos.
54 Pereza.
55 Del latín *planarīus*. Completo (Moliner).
56 En texto de la edición de Wilkins: "suplico a ti."
57 Acción de apartar (Moliner).
58 Apenado, triste (Moliner).
59 Obligado, forzado.
60 Apartarse (Moliner).
61 Padecimiento (Moliner).
62 Miedo grandísimo. Terror (Moliner).
63 Complicada, difícil (Moliner).
64 Preparando.
65 Apresarte.
66 Dócil.
67 Decaerán, morirán.
68 Alma.
69 Cuando tenga que dejar este mundo de sufrimiento.
70 No te produce placer la ruina de los malos.
71 Salvación.
72 Virtud del que soporta pacientemente la ofensa (Moliner).
73 Defensa.
74 En el texto de la edición de Wilkins: "suplico a tí"
75 Unido.
76 Soportar, sufrir.
77 Deshonras.
78 Burla fuerte y persistente que se realiza con el propósito de ofender.
79 Ruego.
80 Acabe de.
81 Con facilidad.
82 Primera hora.
83 En sentido metafórico. Oscuridad, falta de luz.

56 *Constanza de Castilla*

84 "Potencia del alma, en virtud de la cual concibe las cosas, las compara, las juzga e induce y deduce otras de las que ya conoce" (RAE).
85 En el texto de la edición de Wilkins: "plazca a ti."
86 Puntiagudas.
87 Rostro, cara.
88 Burlándose.
89 Aturdieron.
90 Le hicieron perder el sentido (RAE).
91 Gritaban.
92 En el texto de la edición de Wilkins: "Por ende."
93 Actos.
94 Actuaste.
95 Falsas.
96 Infinitivo "durar."
97 Engaño.
98 Dios salvó al pescador Pedro de las olas del mar.
99 Saciaban, cansaban.
100 Hacerte sufrir.
101 Publicación que se hace en los sitios públicos en voz alta para informar a la comunidad.
102 Delincuente.
103 En la edición de Wilkins: "loores"
104 Rezos que están obligados los eclesiásticos cada día (Moliner).
105 En busca de ti.
106 Llanto.
107 Alterada, nerviosa.
108 Afligida.
109 Se dio prisa.
110 Del verbo "sollozar": "respirar de manera profunda y entrecortada a causa del llanto" (RAE).
111 Sin fuerzas, desmayado.
112 Aguantado.
113 Herido.
114 Marca.
115 Apretados u oprimidos (Moliner).
116 Afrenta, deshonra.
117 "Tercera de las cuatro partes iguales que dividían los romanos el día que comprendía desde la hora sexta, a mediodía, hasta la hora novena, a media tarde" (Moliner).
118 Aceptando.
119 Verdugos.
120 Resistencia.
121 En el texto de la edición de Wilkins: "por nos."
122 Agarraron.
123 Perros.
124 Derecha.
125 Izquierda.
126 Dislocar (RAE).
127 Separaron.
128 Clavos.
129 Levantado.
130 Gente popular, que pertenece al vulgo (RAE).
131 Altar (RAE).
132 En el texto de la edición de Wilkins: "por nos."
133 Doblado.
134 La cruz.
135 Reclamando.
136 En el texto de la edición de Wilkins: "caso que."
137 Lleno de penas (RAE).
138 En el texto de la edición de Wilkins: "fieros" debería ser *fierros* (latinismo). Hierros.

139 Los tres votos religiosos son la pobreza, la obediencia y la castidad.
140 Futuro de subjuntivo. Infinitivo "injuriar." "Ultrajar con obras o palabras" (RAE).
141 Me retraigo.
142 Futuro de subjuntivo.
143 Debilidad.
144 Descuido, despreocupación.
145 Infinitivo "acatar": aceptar con sumisión.
146 Tormento.
147 Desgajó, arrancó.
148 Que mucho la amabas.
149 Heridas.
150 Metáfora que se refiere al cuerpo, la carne que tomó de su madre.
151 Engendraste.
152 Diste a luz.
153 Morir.
154 Entregando.
155 Doblado.
156 Su madre era incapaz de articular palabra.
157 Apagado.
158 Aglomeración de dolores.
159 Duras.
160 Arcaísmo. Abundante.
161 Mente.
162 Ofendido.
163 Infinitivo "blasfemar." Maldecir.
164 Abandonado.
165 Acercarse.
166 Que estuvo presente en todos los tormentos.
167 Infinitivo "mesar(se)." Tirarse.
168 Abundantes.
169 Pujante. Adjetivo. "Se dice de lo que se crece o se desarrolla con mucho impulso" (Moliner). Con el prefijo "sobre" la autora trata de indicar en exceso.
170 "Deudo." Término culto. Pariente.
171 Arcaísmo. Amargamente.
172 Alma.
173 Sufrir.
174 Mediadora.
175 Para la teología cristiana, el alma tiene tres facultades: memoria, entendimiento y voluntad.
176 En la edición de Wilkins: "loores."
177 Encamíname.
178 Camino.
179 Difícil.
180 Me aparto.
181 He violado.
182 Sentidos.
183 Trampas.
184 Que obligue.
185 Cayo Casio Longinos fue el centurión a mando de los soldados romanos encargados de la crucifixión de Cristo. Según los evangelios apócrifos, cuando sacó la lanza del costado de Cristo, le cayó en la cara su sangre y milagrosamente le curó los ojos.
186 Arcaísmo. Postrero. Último.
187 Bálsamo, pomada.
188 Ansia (RAE).
189 Es la oración que se realiza antes de acostarse. Aquí se refiere a la noche.
190 La religión católica lo considera el lugar donde van las almas cuando uno muere sin ser bautizado antes de tener capacidad de pensar.
191 Salido.

192 Infinitivo "resurgir." Volver a levantarse después de ser abatido (Moliner).
193 Deseando verte.
194 Estandarte.
195 Querida.
196 Del latín. Luz.
197 "En el catolicismo, dolor de haber ofendido a Dios, por el amor que se le tiene" (RAE).
198 Escalofrío.
199 Conviene (Moliner).
200 Señoras.
201 Mando.
202 Sabiduría.

Obras citadas y lecturas recomendadas

Balbridge, Mary Elizabeth. "Christian Woman, womanChrist: The Feminization of Christianity in Constanza de Castilla, Catherine of Siena, and Teresa de Cartagena." U. of Tennessee, tesis doctoral, 2005.

Carrasco Lazareno, María Teresa. "El libro de Soror Constança. Elementos para la datación y localización de un devocionario castellano." *Signo. Revista de Historia de la Cultura Escrita*, vol. 14, 2004, pp. 39–57.

Cortés Timoner, María del Mar. *Teresa de Cartagena. Primera escritora mística en lengua castellana*. Universidad de Málaga, 2004.

———. *Las primeras escritoras en lengua castellana*. Universitat de Barcelona, Publicacions i Edicions, 2015.

———. *Sor Constanza de Castilla*. Universitat de Barcelona, Publicacions i Edicions, 2015.

De Cartagena, Teresa. *Arboleda de los enfermos y Admiraçión operum Dey*, editado por Lewis Joseph Hutton, Anejos de Boletín de la Real Academia Española, 1967.

De Castilla, Constanza. *Libro de devociones y oficios*, editado por Constance L. Wilkins, U of Exeter P, 1998.

Huélamo San José, Ana María. "El devocionario de la dominica Sor Constanza." *Boletín de la Asociación Española de Archiveros, Bibliotecarios, Museólogos y Documentalistas*, vol. 42, núm. 2, 1992, pp. 133–47.

Johnson, Penelope, D. *Equal in Monastic Profession. Religious Women in Medieval France*. U of Chicago P, 1991.

Muñoz Fernández, Ángela. *Acciones e intenciones de mujeres (en la vida religiosa de los siglos XV y XVI*. Horas y Horas, 1995.

Navas Ocaña, Isabel y De la Torre Castro, José. "Prosistas medievales castellanas: autorías, auditorios, genealogías." *Estudios Filológicos*, vol. 47, 2011, pp. 93–113.

Power, Eileen. *Medieval Women*. Cambridge UP, 1975.

Rivera Garretas, Milagro. "La diferencia sexual en la historia de la Querella de las Mujeres." *The Querelle Des Femmes in the Romania: Studies in Honor of Friederike Hassauer*, 2003, pp. 13–26.

Surtz, Ronald E. *Writing Women in the Late Medieval and Early Modern Spain, The Mothers of Saint Teresa of Avila*. U of Pennsylvania P, 1995.

———. "Las oras de los clavos de Constanza de Castilla." *Caballeros, monjas y maestros en la Edad Media. Actas de las V Jornadas Medievales, Ciudad de México, 19–23 de septiembre, 1994*, editado por Lillian von der Walde Moheno, Concepción Company Company, y Aurelio González, Universidad Nacional Autónoma de México, 1996, pp. 157–67.

Twomey, Lesley K. "The Aesthetics of Beauty in the Writings of Cloistered Women in Late Medieval and Golden Age Spain (Constanza de Castilla, Teresa de Cartagena, Isabel de Villena, and Teresa de Avila)." *eHumanista*, vol. 32, 2016, pp. 50–68.

Wilkins, Constance L. "El devocionario de Sor Constanza: otra voz femenina medieval." *Actas del XII Congreso de la Asociación Internacional de Hispanistas*: 21-26 de agosto de 1995, Birmingham, Vol. 1, 1998 (Medieval y lingüística / coord. por *Aengus Ward*), ISBN 0-7044-1899-1, págs. 340-349.

———. "'En memoria de tu encarnación e pasión': The Representation of Mary and Christ in the Prayerbook by Sor Constanza de Castilla." *La corónica: A Journal of Medieval Hispanic Languages, Literatures and Cultures*, vol. 31, núm. 2, 2003, pp. 217–35.

3 Teresa de Cartagena

Contexto histórico y cultural

La vocación religiosa, la pobreza o la libertad que ofrecía la vida religiosa eran algunas de las razones por las que la mujer de este periodo histórico decidía entrar en la vida conventual. Como explica M. Mar Cortés Timoner, para las monjas provenientes de familias adineradas el convento y los monasterios les permitía escapar del orden patriarcal, de sus exigencias y limitaciones; es decir, les permitía tener control de su propia existencia, administrar sus bienes y formarse intelectualmente (*Teresa de Cartagena, primera escritora mística* 37). Penelope D. Johnson observa que la Iglesia fue una opción atractiva para la aristocracia. Por un lado, estos espacios religiosos resultaron ser idóneos para ingresar a los miembros de la familia que estuvieran enfermos o hubieran enviudado a cambio de entregar donaciones económicas y, por otro, encontraron en ellos otra forma de influir en la política de la región, preservar los bienes familiares donándolos a la Iglesia y colocar a sus hijas en posiciones de poder (14–15).

A principios de la Edad Media, los monasterios podían llegar a ser centros de poder económico, político y jurídico y en ellos se llevaba a cabo una activa vida social. Muchos de ellos fueron fundados por miembros de la nobleza y de la realeza y algunos, como el de Las Huelgas de Burgos, llegaron a ser entidades independientes que se gobernaban y administraban a sí mismas, a la vez que tenían jurisdicción sobre las villas y los habitantes dentro de su comarca y sobre los conventos de la misma orden. Los más prósperos se convirtieron en la residencia de nobles viudas, princesas y reinas (María Filomena Coelho Nascimiento 693–99, Ángela Muñoz 724–28). Tomar los votos no suponía, por tanto, el aislamiento de la mujer. De hecho, controlar y eliminar la excesiva actividad social de los monasterios fue uno de los objetivos de la agenda reformista que en 1493 llevaría a cabo el cardenal Cisneros, apoyado por la reina Isabel de Castilla. Teresa de Cartagena es producto de este movimiento reformista, que ya se había iniciado a mediados del siglo XV. Entre los objetivos de esta reforma estaba la eliminación de cualquier corriente teológica que supusiera una amenaza para la Iglesia católica, el establecimiento de reglas monásticas bajo las que se gobernaran todas las órdenes religiosas, como por ejemplo, la imposición de la clausura a las monjas, reducir la autonomía de los monasterios limitándoles su independencia administrativa y controlar la interacción con la sociedad laica tratando de eliminar la actividad cultural que se llevaba a cabo en ellos (Muñoz 740–41).

Este fue un periodo convulso para una comunidad judeoconversa siempre bajo sospecha y víctima de revueltas populares incitadas por políticas anti-conversas. Como observan Dayle Seidenspinner-Núñez y Yonsoo Kim, en 1449 hubo en Toledo una oleada de violencia contra esta comunidad y surgió un movimiento religioso y político contra los conversos que cristalizó en un estatuto discriminatorio el cual, según Albert A. Sicroff, fue firmemente secundado por la Orden de los franciscanos (en Seidenspinner-Núñez y Kim 129). La condición de converso indudablemente influyó en los escritos de la familia García de Santa María y, explica Cortés Timoner, no se puede desconectar a Teresa de Cartagena de ello, ni tampoco de dos movimientos europeos con los que se identificó esta comunidad y que marcarían el contenido de sus textos y su forma de entenderse a sí misma como mujer, escritora, conversa y religiosa: la *Devotio Moderna* y el Humanismo (*Teresa de Cartagena, primera escritora mística* 43–45). El primero surge en el siglo XIV en los Países Bajos. Este fue un movimiento espiritual que entendió el cristianismo de una forma más humana y espiritual. El padre de este movimiento, Geert Groote (1340–1384), fue un religioso holandés que en 1371 fundó la Orden Hermanos de la vida en común, la cual estaba dedicada a la copia de textos, a la educación y a acoger a mujeres pobres. De esta orden surgió posteriormente una corriente religiosa que promovía la vida religiosa retirada, monástica, dedicada a la oración y al conocimiento de uno mismo y de Dios. En estas corrientes se inspiró la *Devotio Moderna*, un movimiento espiritual cuya forma de vivir el cristianismo se expandió por el norte de Europa y no tardó en llegar al sur del continente. *Imitación de Cristo* (1424) de Tomás de Kempis (1380–1471) es un ejemplo de los principios teológicos de dicho movimiento. Este texto fue muy difundido a finales de la Edad Media y durante el Renacimiento y se tradujo al castellano en 1493. Como Cortés Timoner explica, *Imitación de Cristo* y los principios de la *Devotio Moderna* —la lectura de la biblia, de los Padres de la Iglesia, el conocimiento de la vida de Cristo, la humildad, la caridad y la austeridad material y la espiritualidad— influyeron tanto en Alonso de Cartagena como en el trabajo de su sobrina (*Las primeras escritoras* 51–56).

El Humanismo fue el segundo movimiento filosófico y cultural en el que se formó Teresa y que la marcó como escritora. Este movimiento ponía énfasis en el individuo y en su experiencia vital y consideraba la formación intelectual del ser humano fundamental para que éste tuviera mejor conocimiento de sí mismo y, por consiguiente, pudiera trabajar en su desarrollo personal. La llegada de textos europeos que se leyeron en latín o en traducción al castellano activó la vida cultural de la península. Milagro Rivera Garretas nos recuerda que a la mujer se le prohibió tener un papel fuera del ámbito privado y que el Humanismo, aunque defendía el derecho a su educación, limitó su formación a las funciones que ésta desempeñaba en la sociedad, es decir, las de esposa y madre o monja ("La querella de las mujeres" 29).[1] No obstante, este aprecio por el conocimiento y "el proyecto [humanista] de igualdad de los sexos [. . .] en el acceso del conocimiento" ("La querella de las mujeres" 36) favoreció el surgimiento de la voz y la subjetividad femenina y con ello el nacimiento en las cortes europeas de un grupo de mujeres intelectuales conocido como puellae doctae. La corte de Isabel de Castilla no fue distinta. La reina promovió una política cultural que promocionaba la educación de la mujer; ella misma fue instruida por su abuela y su madre y se rodeó de mujeres formadas. En su rica biblioteca se encontraban títulos tales como *El libro de las virtudes* y *La ciudad de las damas* de Christine de Pizan, *La vida de Santa Paula*, *Los milagros de Nuestra Señora* de Gonzalo de Berceo o *Virtuosas y Claras mujeres* de Álvaro de Luna (Segura Graíño 282–85). Durante este periodo también se da a conocer en España todo un debate que se originó en Europa en el siglo XIII y que en el XIV encontró en Christine de Pizan a su mayor representante: la *querella de las mujeres*. Rivera Garretas define la *querella* como "un debate político y filosófico en el que se discutió y muchos trataron de demostrar la 'inferioridad natural' de las mujeres y la 'superioridad natural' de los hombres" ("La querella de las mujeres" 27). En España sería Teresa de Cartagena quien con *Admiración de las obras de Dios* (segunda mitad del XV) defiende por primera vez los principios de la *querella* y los emplea para abogar por su derecho a escribir y por la igualdad espiritual e intelectual de las almas ante el Creador: "Teresa de Cartagena hablará desde el yo personal y defenderá que hombres y mujeres son de la misma condición espiritual y moral, pero cada uno tiene su misión en la tierra" (Cortés Timoner, *Teresa de Cartagena, primera escritora mística* 187). Estas intelectuales reclamaban tener las mismas oportunidades que tienen los hombres para formarse intelectualmente y buscaban "espacios de subjetividad libre. Lo que ahora llamamos existencia simbólica: espacios en los cuales dar a su vida [...] sentido libre, sentido practicado y pensado por ellas, no pensado para ellas por otros" (Rivera Garretas, "La querella de las mujeres" 28). Con la llegada del Humanismo cambió la forma de entender la educación; ésta dejó de considerarse una amenaza a la ortodoxia y un elemento que perturbaba al ser humano y empezó a entenderse como un aspecto fundamental para el auto-conocimiento y el desarrollo de la sociedad europea. Por su parte, la mujer no estaba desconectada de los movimientos culturales de su época y era consciente de la importancia que estaba adquiriendo el saber. Tiene sentido, por tanto, que en el siglo XV empezaran a aparecer textos escritos por mujer y que en algunos de ellos se defendiera y se reclamara la necesidad de formarla.

Ronald E. Surtz nos recuerda que el nivel de alfabetización de la mujer dependía de varios factores: el periodo histórico, el estamento social, la familia, la orden religiosa (*Writing Women* 2). Como continúa explicando, el que las mujeres y, en concreto, las monjas no supieran leer y escribir no significaba que no pudieran producir un trabajo escrito. En otras palabras, el ser analfabeta no implicaba ser ignorante ya que en la Edad Media el conocimiento se transmitía oralmente. Las monjas, por tanto, estaban muy familiarizadas con la biblia y con cualquier otro texto religioso que en el convento se leyera en voz alta (*Writing Women* 13–16). Aun así, la mujer era consciente de que haber estado privada de instrucción formal durante siglos, la había estancado culturalmente y, como consecuencia, había dificultado su producción literaria. Esta falta de formación causó un vacío de precedentes femeninos que facilitó la labor del hombre a la hora de cuestionar la autoridad femenina: "las cadenas rotas de transmisión y legitimación de los conocimientos de las mujeres en las sociedades patriarcales han impedido el establecimiento de una tradición con la acumulación de esas experiencias, ideas y saberes" (Monserrat Cabre i Pairet 41). Surtz, Rivera Garretas, Lola Luna y Cabre i Pairet coinciden en que el saber legitimado del hombre tenía una agenda muy específica: callar a la mujer intelectual mediante la desautorización de sus textos. Este desprestigio que sufrió la producción escrita de la mujer hizo que no se reconociera el mérito de su trabajo intelectual y que, por consiguiente, sus textos no fueran de referencia para sus contemporáneos. Habría que esperar a la llegada del Humanismo para que tímidamente empezaran a surgir, a conocerse, a valorarse y a leerse los libros escritos por mujeres:

> Una de las estrategias para negar la autoridad y autoría de las mujeres ha sido la negación de precedentes [...] Considerar ciertas actividades desarrolladas por mujeres como "excepcionales" o como "maravillas," en palabras de Teresa de Cartagena, ha abierto la puerta a desacreditar esas realizaciones porque "excepción" implica regla creada y aceptada.
>
> (Cabré i Pairet 50)

Biografía

Teresa de Cartagena (¿1425?–¿?) fue hija del militar Pedro de Cartagena (1387–1478) y María de Saravia. La monja burgalesa no dejó explicado en su trabajo las razones que la llevaron a tomar los votos religiosos. Como indican Seidenspinner-Núñez y Kim no debe sorprendernos que la nieta y sobrina de reconocidos aristócratas y de relevantes miembros de la Iglesia optara por perpetuar la profesión familiar y aspirara a ascender dentro de la jerarquía de su orden.[2] Sus dos tratados teológicos, *Arboleda de los enfermos* y *Admiración de las obras de Dios*, y el testamento de su tío Alonso de Cartagena,[3] son dos de los pocos documentos que ofrecen información sobre su vida. El que su nombre y el de sus hermanos aparezcan en el testamento de éste, ha llevado a establecer que Teresa nació en el seno de una relevante familia judeoconversa de Burgos, los García de Santa María Cartagena (José Amador de los Ríos, 1774). Su abuelo, el rabí Selomo-HaLeví (¿1350?–1435), se convirtió al cristianismo en 1390 y adoptó el nombre de Pablo García de Santa María. Posteriormente, se doctoró en Teología en la Universidad de París y en 1402 recibió el obispado de Burgos y decidió tomar el apellido de "Cartagena." En este puesto jugó un papel político y religioso importante durante los reinados de Enrique III y Juan II. Uno de sus cuatro hijos varones, Alonso de Cartagena (1384–1456), se doctoró en Derecho Civil y Canónico en la Universidad de Salamanca, fue obispo de Palencia y Burgos y oidor de la Audiencia del Rey (Cortés Timoner, *Teresa de Cartagena, primera escritora mística* 31–32). La figura de Alonso de Cartagena nos concierne porque, como demuestra Cortés Timoner, éste influyó en la vida y en los escritos de su sobrina, Teresa de Cartagena (*Teresa de Cartagena, primera escritora mística* 45–51).

Seidenspinner-Núñez y Kim, basándose en el estudio de Penelope D. Johnson, *Equal in Monastic Profession*, piensan que De Cartagena pudo haber entrado en la vida monástica cuando tenía catorce o quince años, edad en la que por ley ya se la consideraba adulta.[4] Las dos peticiones que Alonso de Cartagena escribió y envió en nombre de su sobrina al Papa Nicolás V dejan constancia no sólo del aprecio que existía entre ambos sino también de la sincera preocupación del obispo por el bienestar de su sobrina y de su esfuerzo por ampararla y beneficiarla dentro de los conventos en los que vivió (2004, 138). Seidenspinner-Núñez y Kim analizan estos documentos. En el primero se revela que Teresa perteneció al monasterio franciscano de Santa Clara de Burgos y que su tío pidió permiso para que pudiera abandonarlo. Como las investigadoras apuntan, este fue un periodo complicado para los judeoconversos ya que sufrieron agresiones incitadas por políticas anti-conversas; agresiones que, como señala Albert A. Sicroff, secundó la orden franciscana (en Seidenspinner-Núñez y Kim 129). Es significativo que Alonso de Cartagena enviara dichas peticiones en 1449, año en el que hubo en Toledo una oleada de violencia contra esta comunidad. No sería por ello desmesurado pensar que, debido al ambiente político del momento, Teresa, como conversa, se sintiera rechazada y que este fuera el motivo por el que decidió abandonar la orden y por el que, quizás, para evitar recordar el origen converso de su familia, Alonso de Cartagena decidiera no especificar en su primera petición las razones que la llevaban a abandonar la orden.[5] No obstante, por sus palabras se puede deducir que algún tipo de conflicto hacía insostenible la convivencia de su sobrina con sus compañeras: "[. . .] cum animi sui quiete commode nequeat deinceps in hujusmodi monasterio et ordine excert is rationabilibus causis remanere [. . .]" (Seidenspinner-Núñez y Kim 142).[6] En el segundo documento, enviado ese mismo año, su tío solicita que se la acepte en la orden que ella elija con sus votos religiosos intactos y que, después de cumplir los veinticinco años de edad, se le permita ocupar en ese monasterio puestos de responsabilidad administrativa.

La información que Teresa ofrece en su primer tratado y la que se desprende de estas dos peticiones aporta datos que ayudan a Seidenspinner-Núñez y Kim a dilucidar aspectos importantes de su biografía: Teresa Gómez de Cartagena tuvo que haber nacido después de 1424 ya que en 1449, año en el que solicitó cambiar de convento, todavía no había cumplido los veinticinco años; debió haber enfermado después de materializarse su traspaso, pues de otra forma no se entiende la ambiciosa agenda que ella y su tío tenían dentro de la jerarquía de la nueva orden. Como ella misma menciona en *Arboleda*, enfermó en su *juventut*,[7] periodo que, como explican las investigadoras, comprendía entre los veintinueve y los cuarenta y nueve años. Debió escribir su primer tratado entre 1475 y 1476 y, aproximadamente, dos años después, le entregó *Admiración* a Juana de Mendoza, su benefactora. No se sabe en qué convento ingresó después de abandonar el monasterio franciscano de Burgos. Como dice Cortés Timoner, la escritora podría haber entrado en cualquier convento fundado o financiado por su familia, entre ellos Las Huelgas de Burgos. Las palabras de Teresa en su primer trabajo refiriéndose al estilo de vida del centro en el que vivía: "me enojan algunas personas cuando me ruegan y dicen: Id a fulanos que os quiere ver y aunque vos no lo hagáis, ellos os oirán a vos," llevan a pensar que, probablemente, la monja burgalesa ingresara en dicha orden cisterciense o en otra de similares características.[8] Hay, sin embargo, dos factores importantes que respaldan la posibilidad de que este fuera el centro que seleccionó: su familia estaba vinculada económicamente a este monasterio (*Teresa de Cartagena, primera escritora* 40) y éste pertenecía a la jurisdicción de su tío, lo cual le facilitaba la protección de su sobrina (Seidenspinner-Núñez y Kim 126). Hasta hoy no se conoce otro texto escrito por Teresa de Cartagena.

Admiración de las obras de Dios y el derecho a escribir de la mujer

Teresa de Cartagena, al contrario que la mayoría de sus contemporáneas, escribió sus tratados para que fueran leídos fuera del convento (Surtz, *Writing Women* 37) y es la primera autora en lengua castellana que reflexiona sobre el proceso creativo (Allan Deyermond, "Spain's First Women Writers" 42) y que defiende el derecho a escribir de la mujer. El problema que nuestra autora expone en *Admiración* es un ejemplo claro de desautorización y negación de su autoría, probablemente provocado por el hecho de que su primer texto se había hecho público. Después de un epígrafe en el que se presenta a sí misma, continúa con un prólogo dirigido a Juana de Mendoza,[9] esposa de Gómez Manrique, y en el que aclara que su segundo tratado lo escribió por encargo de dicha dama. A continuación, con el objetivo de despertar la empatía en su receptora, explica que su retraso en la entrega de *Admiración* se debió a que la enfermedad que padecía, junto a "otros [escándalos] de no menor calidad y cantidad," le afectaron física, intelectual y espiritualmente.

Después de estas palabras, De Cartagena recurre al tópico de la humildad, una archiconocida retórica a la que la escritora medieval —y de siglos posteriores— obligatoriamente acudía, para apaciguar al hombre erudito. La monja burgalesa era consciente de que el mero hecho de escribir era un acto subversivo y que, por ello, debía reconocer su inferioridad física, moral e intelectual; inferioridad que en ella la acentuaba su enfermedad: "¿Qué palabra buena ni obra devota debéis esperar de mujer tan enferma en la persona y tan vulnerada en el ánima?" La pregunta que realiza, aunque pone de manifiesto su modestia y sumisión, le da la oportunidad de establecer el principio con el que va a defender la autoría de su primer trabajo: Dios es el único que puede iluminar el entendimiento de las personas y el que ha hecho posible que ella tenga la capacidad de escribir. Y es que, detrás de las constantes referencias a la inferioridad de su persona y a la debilidad de su espíritu se esconde el carácter contestatario de una mujer que insiste en defender su derecho a escribir, su capacidad intelectual y su autoría.

La indignación de la autora no se hace esperar y ésta abre su introducción quejándose de que haya hombres y mujeres que se sorprendan de que la gracia divina haya administrado su "flaco mujeril entendimiento." Hay dos aspectos de la crítica que recibe que especialmente la exasperan. Por un lado, que los intelectuales no se maravillen del contenido de su tratado sino de quien lo escribió, una mujer enferma: "bien parece que mi denuesto no es dudoso, pues manifiesto no se hace esta admiración por meritoria de la escritura, mas por defecto de la autora o componedora de ella." De Cartagena, consciente de los riesgos que conllevan los elogios vanos, rechaza que se sobrevalore su trabajo por el hecho de haber sido escrito por mujer y, por el mismo motivo, tampoco acepta que éste se desestime: "antes se me ofrezcan injuriosos denuestos [. . .] que no vanos elogios, que ni me puede dañar la injuria ni aprovechar el vano elogio. Así que yo no quiero usurpar la gloria ajena ni deseo huir del propio denuesto." Por otro lado, le enfada que se le acuse de haber consultado otros libros con el único objetivo de negarle su autoría. Es aquí donde la voz de la autora se escucha con más claridad si cabe: "Pero hay otra cosa que *no debo consentir, pues la verdad no la consiente*, que parece ser no solamente se maravillan los prudentes del tratado ya dicho, mas aun algunos no pueden creer que yo hiciese tanto bien ser verdad" (énfasis mío). Con el objetivo de recuperar su autoridad y legitimar su obra, De Cartagena considera necesario recurrir a los Evangelios y a los Padres de la Iglesia (San Agustín, San Jerónimo, San Gregorio Magno y San Ambrosio) para con ellos rebatir el discurso masculino que negaba la capacidad intelectual de su sexo:

> Donde el Apóstol dice: "No somos idóneos o suficientes de cogitar alguna cosa de nosotros así como de nosotros mismos; mas la nuestra suficiencia, de Dios es." Pues si la suficiencia de los varones de Dios es y Dios le da a cada uno según la medida del don suyo, ¿por qué razón desconfiaremos las hembras de tenerlo en el tiempo oportuno y convenible como y cuando Él sabe que es menester?

La transgresión de Teresa fue doble pues no sólo se negó a guardar el silencio al que sus contemporáneos la instaron con sus criticas, sino que, además, se atrevió a comentar a los Padres de la Iglesia para recordarles a los eruditos que la omnipotencia y bondad de Dios es infinita y que Él ilumina sin discriminar el entendimiento de las personas. La autora con sus palabras reprende a sus contemporáneos, no por cuestionar su autoridad y autoría, sino por ofender a Dios y por dudar de sus actos: "Y como quiero que la buena obra que ante el sujeto de la soberana Verdad es verdadera y cierta, no empecé mucho si en el acatamiento y juicio de los hombres humanos es tenida por dudosa, como ésta, puede dañar y daña a la sustancia de la escritura, y aun parece evacuar muy mucho el beneficio y la gracia que Dios me hizo." Su reproche adquiere una nueva dimensión cuando lo saca del plano personal y lo lleva al teológico. Y es que, como continúa explicando, todas las obras son creadas por el Hacedor, las grandes y chicas, las comunes (cotidianas) y raras y, por ello, todas son dignas de admiración. Es la soberbia de los hombres eruditos lo que les impide ver la misericordia y generosidad de Dios y les hace dudar de su omnipotencia y de sus obras.

El argumento en defensa de su condición de escritora y de su capacidad intelectual lo construye alrededor de una serie de oposiciones binarias acompañadas de un conjunto de preguntas retóricas que la ayudan a cuestionar la idea social y culturalmente establecida de la inferioridad de la mujer y, por tanto, de su necesaria sumisión al hombre, lo que Luna llama "doxa misógina."[10] Para rebatir este juicio que se había formado sobre su sexo, De Cartagena aplica la teoría de la complementariedad (Cortés Timoner, *Teresa de Cartagena, primera escritora mística* 187; Rivera Garretas, *Nombrar el mundo en femenino* 27–28)[11] y se asiste de las parábolas del Génesis y del ciego de Jericó, de la metáfora del meollo y la corteza, y de la historia bíblica de Judit, con la que crea la oposición entre la espada y la péñola. A pesar de que su argumento lo construye partiendo de unas premisas tradicionales, De Cartagena tuvo la habilidad de subvertir esta línea de pensamiento, concediéndole a la mujer una función predominante e incluso, como parece sugerir, superior a la del hombre. Como Yonsoo

Kim señala: "Teresa, thus, inverts this gendered idea by associating women with the spiritual interior, embodying a new image of women" (143).

Con la metáfora de la corteza y el meollo expone la función del hombre y la mujer y, aunque acepta el tradicional papel genérico adjudicado a ambos, rechaza la inferioridad de ésta. Según Teresa, de la misma manera que Dios creó el meollo y la corteza para que se asistieran en el crecimiento del árbol y éste diera frutos, creó a los dos sexos para que se ayudaran mutuamente en el desarrollo de la humanidad. Para explicar su postura, la autora contrapone dos paralelismos. El primero lo establece entre la corteza y el hombre. Así, si la corteza, por deseo del Señor, es "recia y fuerte y sufridora de las tempestades que los tiempos hacen," el hombre es "fuerte y valiente," "osado," "más perfecto" y "de sano entendimiento" para poder cumplir con su función en la sociedad de "procurar y saber tratar y saber ganar los bienes de fortuna, como el regir y gobernar y defender sus patrias y tierras." El segundo paralelismo entre el meollo y la mujer lo construye de forma similar. Para De Cartagena, aunque la debilidad y delicadeza de ambos los obliga a vivir en el interior del árbol y de la casa, respectivamente, los dos tienen una función vital en la evolución de su especie. Surtz, Cortés Timoner (*Teresa de Cartagena, primera escritora femenina* 199) y Seidenspinner-Núñez ("'Él solo me leyó'" 20) consideran que, con esta metáfora la autora, aunque no rompe con la labor que el patriarcado les ha impuesto a los sexos y aboga por el espacio privado para ella y el público para él, es sutilmente subversiva. Por una parte, apunta a la superioridad espiritual de la mujer gracias al espacio y función que se le ha adjudicado y, por otra, insinúa la inferioridad moral del hombre debido a que su papel genérico lo expone a las tentaciones del mundo exterior y a cometer pecados tales como la avaricia, la ambición o la lujuria: "Teresa thereby invites her readers to look beyond the surface *corteza* of her image in order to seek out the hidden *meollo* of female superiority" (Surtz, *Writing Women* 29). La reclusión de la mujer no la entiende como una forma de alienación social, sino como necesaria para no salirse del camino de la perfección espiritual y poder proveer de "fuerza y vigor [. . .] a los varones. Y así se conserva y sostiene la natura humana." La escritora no asume, por tanto, el discurso misógino que consideraba a la mujer un ser inferior y pecaminoso al que había que apartar del espacio público, sino que, como explica Cortés Timoner, la burgalesa entiende que la reclusión es moralmente beneficiosa y que es un modo de protegerla de las distracciones que pudieran entorpecer el cuidado de su "casa," metáfora con la que se refiere a su alma. Al igual que los religiosos que comulgaban con los principios de la *Devotio Moderna*, De Cartagena consideraba fundamental el aislamiento de la persona para facilitar la introspección y poder preparar el alma para recibir la gracia divina. Al vincular el espacio privado con la mujer, la autora entiende que ésta se encuentra en mejor posición que el varón para alcanzar la perfección espiritual y para realizar las actividades "masculinas" de pensar o meditar (*Teresa de Cartagena, primera escritora mística* 214–15): "pues así como las hembras estando inclusas dentro de las puertas de su casa se ejercen en sus propios y honestos oficios, así el entendimiento, retraído de las cosas de fuera y encerrado dentro [. . .] se ejerce [con] más vigor en su propio oficio."

Vemos que, a pesar de que De Cartagena elabora sobre el papel de los sexos en la sociedad recurriendo a la teoría de la "complementariedad" en oposición a la aristotélica de la "polaridad," se puede leer en sus palabras la idea de la superioridad de la mujer sobre el hombre. Su comentario sobre la parábola del Génesis revela, sin sutileza alguna, el concepto que tiene sobre la naturaleza del sexo femenino. Para Surtz y Luis Miguel Vicente García, la escritora establece la superioridad de Eva sobre Adán en base a la función que Dios le adjudicó: ayudar. De nuevo, la religiosa parte de la tradición para realizar una interpretación transgresora de esta parábola bíblica. La pregunta retórica, "cuál es de mayor vigor, el ayudado o el

ayudador: ya ves lo que a esto responde la razón," con la que concluye la idea de que Dios creó a la mujer para que le hiciera compañía al hombre y le ayudara, le sirve para proponer un silogismo con el que presenta a Eva como la "Ayudadora" y a Adán como el "Ayudado" y del que resulta fácil deducir su concepto de la mujer. Un argumento sencillo pero subversivo y que, como apunta Vicente García, cae por su propio peso; de ahí que la escritora considerara innecesario elaborar sobre el mismo. De Cartagena, sin embargo, consciente de la transgresión que acababa de cometer y que quizás con su atrevimiento pueda ofender a los sabios varones, se retracta para volver al discurso de la humildad femenina y aclarar que su intención no era "ofender el estado superior y honorable de los prudentes varones, ni tampoco favorecer al femenino, mas solamente alabar la omnipotencia y sabiduría y magnificencia de Dios." La omnipotencia y la gracia de Dios son los conceptos a los que, como vemos, recurre a lo largo del tratado para insistir en que fue Él quien le iluminó el intelecto para que escribiera tratados que celebraran su generosidad y grandeza.

Esta idea de la omnipotencia de Dios la ilustra con la historia bíblica de Judit, viuda que empuñó la espada para liberar al pueblo judío del asimiento al que lo había sometido el ejército asirio. En su análisis de este personaje, Teresa recuerda que el Señor recompensó el virtuosismo de Judit, dándole una fortaleza física impropia del género femenino para que fuera ella quien derrotara al opresor de su gente. En su comentario, vuelve a insistir en las diferencias físicas y psicológicas que hay entre los dos sexos para, gradualmente, deconstruirlas y sugerir que, tanto ella como Judit, supieron emplear la espada y la péñola —herramientas tradicionalmente consideradas del varón— para, como dice Surtz, "empoderarse" (32), penetrar un espacio considerado masculino y demostrar que la mujer también tenía la fortaleza y la inteligencia para hacerse un hueco dentro del mismo: "(B)y establishing the equivalence of Judit's sword and her own pen, she is better able to call attention to what she would have her readers believe is yet another exceptional case of divine empowerment, namely, her composition of a learned treatise" (32). De esta manera y como había hecho con anterioridad, a pesar de que mediante la oposición de estas herramientas acepta las diferencias entre los sexos, concluye su argumento subvirtiendo el discurso dominante y defendiendo que la pluma y la escritura son el utensilio y la actividad que mejor se ajustan a la naturaleza "cobarde" y "débil" de la mujer y a su recluido estilo de vida. Así, estos dos objetos que han sido —y son— imprescindibles para que el hombre construya la historia, le sirven a Teresa para oponer "la costumbre [...] a la verdad" de Dios, rechazar "la idea de que las letras pertenecen al género masculino" (Cortés Timoner, *Teresa de Cartagena, primera escritora mística* 194) y defender la predisposición de la mujer a dedicarse a la actividad intelectual: "Que manifiesto es que más a mano viene a la hembra ser elocuente que no ser fuerte, y más honesto la es ser entendida que no osada, y más ligera cosa le será usar de la péñola que de la espada."

Singularidades como la de Judit le sirvieron a la monja burgalesa para recordarles a los varones que la sabiduría y omnipotencia de Dios es infinita y para explicarles que ella, al igual que Judit, fue digna de recibir la gracia de Dios. Surtz observa que en *Admiración* la autora critica la soberbia de los eruditos quienes creían que su saber provenía exclusivamente del estudio de los libros y se olvidaron de que: "[m]en's intellectual ability is not inherent to their male status but a gift from God" (*Writing Women* 25). A lo largo del texto Dios es nombrado de varias maneras: el Creador, el Hacedor, el Redentor, la Luz, el Señor de las ciencias, la Sabiduría, el Maestro que le enseña a todo aquél que quiera conocerlo a él, la "verdadera Ciencia" y el "verdadero Bien." Se trata, pues, de una sabiduría que no se encuentra en los libros. La autora recurre a la parábola del ciego de Jericó con la que explica el estado en que se encontraba su alma antes de que Dios la oyera y atendiera sus súplicas. La ceguera adquiere para ella una dimensión espiritual, ya que, al igual que el personaje bíblico, gritó para que el Señor la oyera y la sacara de la oscuridad en la que vivía. La escritora establece aquí una nueva oposición entre la luz y las tinieblas. La pobreza de espíritu era lo que le cegaba el entendimiento y le impedía ver la verdadera Luz y la verdadera Ciencia. En esta parte de su tratado es donde mejor se exponen los principios de la *Devotio Moderna*, ya que con esta parábola ilustra cómo sólo a través del deseo de sanar el alma y de recogerse en la oración se puede llegar al conocimiento de Dios. Teresa reconoce que el aislamiento que vivió debido a su sordera, tuvo para ella una función purificadora que la ayudó a abstraerse espiritualmente y la salvó de perderse en los asuntos mundanos. La escritora está convencida de que el doloroso proceso que vivió es el que ha de padecer todo aquél que quiera que Dios responda a su llamada como respondió a la suya y a la del viejo de Jericó. Hablar de su experiencia como pecadora y escritora es un aspecto fundamental del tratado religioso de esta monja de segunda mitad del siglo XV y era el eje central del Humanismo. Carente de precedentes femeninos que pudieran darle autoridad a su texto, De Cartagena, conocedora del interés que despertó en su época la experiencia religiosa femenina y el valor que estaba adquiriendo la espiritualidad de la mujer, recurrió a su propia vivencia para autorizarse (Surtz, *Writing Women* 5–11).[12]

Con esta parábola la escritora se defiende de aquéllos que la acusan de plagiar y cuestionan su autoría y para ello parte de principios cristianos que son inclusivos genéricamente y tolerantes con los pobres de espíritu. Para Seidenspinner-Núñez, Teresa revisa (y rechaza) la idea de que la escritura es una actividad inherente del hombre y considera la posición de la escritora burgalesa "a remarkable strategy in Teresa's defense: by feminizing both male and female writers with regard to God, she rewrites and expands the androcentric perspective of her detractors" ("'Él solo me leyó': Gendered hermeneutics" 21). A pesar de que, como ella insiste, el objetivo de sus dos trabajos fue alabar a Dios y su omnipotencia, ambos textos se entendieron como una transgresión. Para sus superiores, la escritora empleó la péñola como herramienta para enfrentarse y equipararse espiritual e intelectualmente al hombre y para defender "la relación de las mujeres con lo divino" (Rivera Garretas, "Arboleda de los enfermos" 20). No es de extrañar que, después de los ataques que recibió tras escribir *Arboleda*, Teresa de Cartagena, monja que se vio marginada en su sociedad por ser mujer, estar enferma y ser conversa (Howe 139), escribiera *Admiración* bajo la protección de una de las mujeres más relevantes e influyentes de su época, se apoyara en los textos religiosos que mejor conocía y, como Vicente García dice, escribiera "al amparo de la voluntad divina" (99). La escritora era consciente de que con su segundo trabajo estaba siendo contestataria y estaba transgrediendo los límites que los hombres le habían impuesto. Aun así, De Cartagena insiste en su integridad como escritora y, como ella misma dice en la introducción a la historia bíblica del ciego, no podía "consentir" el ataque a su autoría y autoridad:

> yo no tuve otro maestro, ni me aconsejé con otro algún letrado, ni lo trasladé de libros, como algunas personas con maliciosa admiración suelen decir. Mas sola esta es la verdad: Que Dios de las ciencias [. . .] él solo me consoló, él solo me enseñó, él solo me leyó, él inclinó su oreja a mí que cercada de grandes angustias y puesta en el muy hondo piélago de males inseparables, le llamaba con el Profeta diciendo: "sálvame Señor."

Teresa tuvo que recurrir a la inspiración divina para justificarse como escritora y para justificar su conocimiento, un conocimiento que era superior porque no provenía del estudio de los libros sino de Dios. El ataque de sus contemporáneos tenía un doble objetivo: anularla como autora, extrañándose de que una mujer escribiera, y desacreditarla, empleando su conocimiento de las fuentes contra ella. Deyermond en "La voz personal en la prosa medieval hispánica," llama la atención sobre la estrategia que se empleó para desautorizarla y sobre el doble criterio que se tuvo con ella a la hora de valorar su conocimiento de las fuentes y la aplicación que hacía de ellas:

> It may be significant that, at a time when such concepts as plagiarism and copyright were unknown, when the incorporation of material from established authorities was considered an enhancement of a literary work, a woman writer should be accused of dependence on the works of others. It may be, in other words, that in literature as in sex, a double standard prevailed.
> ("Spain's First Women Writers" 41–42)

Rivera Garretas entiende la acusación de plagio como una forma de "violencia sexuada" ("Vías de búsqueda" 18) que tenía el propósito de silenciar a la mujer "porque su objetivo es cancelar la palabra y la experiencia de la mujer que busca, escribiendo, dar existencia simbólica a su cuerpo enfermo; un cuerpo sufriente que es [. . .] el que menos desean ver los hombres viriles de entre los cuerpos femeninos" (68). Surtz coincide con Rivera Garretas en que a Teresa de Cartagena se la acusó de "plagiar el método" que empleaban los hombres para nombrar su experiencia y, de paso, dictar la experiencia que debía tener la mujer. Es decir, se la recriminó por apropiarse de los textos canónicos y de las Sagradas Escrituras para debatir temas como la igualdad de los géneros y la omnipotencia divina: "Did Teresa's male readers consider her appropriation of the words of the gospel in Latin an unseemly arrogation of a 'male' language, a threatening incursion into an all-male intellectual territory?" (Surtz, *Writing Women* 37).

Teresa fue reprendida por debatir con los eruditos y rebatirles sus premisas y por adentrarse en el espacio público del hombre. La escritora era consciente de que con su segundo trabajo estaba rechazando la crítica que recibió, transgrediendo los límites que se le habían establecido como mujer y desobedeciendo el mandato implícito de guardar silencio. De Cartagena quiere escribir y quiere que se valore su trabajo y por ello en *Admiración* le habla al lector con el único interés de demostrarle y convencerle de que, a pesar de ser físicamente inferior, espiritual e intelectualmente ambos sexos son iguales ante Dios: "La diferencia biológica conforma un 'sujeto flaco' pero la 'inspiración divina' produce 'maravillas' (igualdad y superioridad intelectual) que [. . .] 'el prudente y discreto lector' de Teresa de Cartagena deberán creer, si creen que todos somos iguales ante la gracia" (Luna 601).

A Teresa de Cartagena le preocupaban los mismos temas que al hombre, el conocimiento de Dios, el estudio de las Sagradas Escrituras y el recogimiento espiritual; no obstante también le interesaban otros que le repercutían personalmente, como la enfermedad, el sufrimiento, y el derecho a escribir. Nuestra escritora no duda en formular un punto de vista alternativo al canónico sobre la supuesta inferioridad de la mujer, sobre su sumisión al hombre o la necesidad de vivir recluida en su casa; de hecho emplea estas premisas para demostrar que la espiritualidad y la intelectualidad también son características femeninas. Tampoco le tiembla la mano a la hora de criticar la arrogancia intelectual del hombre, quien parece haberse olvidado que la fuente de toda sabiduría proviene de Dios. Que la autora recurriera a los textos teológicos para defenderse parece, por ser monja, una obviedad; sin embargo para ella, mujer escritora y monja judeoconversa, era de suma importancia plasmar su conocimiento de los textos cristianos para demostrar la solidez de su cristianismo y para que su autoría y su autoridad quedaran reconocidas. La temeridad que exhibe escribiendo un tratado religioso con el que cuestiona las premisas del patriarcado e interpreta y comenta los textos sagrados, pone de manifiesto su deseo de demostrar que ella, como ellos, era un ser pensante. Con Teresa tenemos las primeras reflexiones de una mujer con deseos de expresar su espiritualidad y de codearse con quienes ella consideraba intelectualmente sus iguales o, quizás, sus inferiores.

Notas sobre la modernización del texto

Se ha modernizado el pretérito del verbo haber o tener, como por ejemplo, *ouieron, ovo,* u *ove,* latinismos tales como *estragar, plugo, plogo, omne,* se ha uniformado la ubicación de los pronombres, construcciones del tipo *uno a lo ál* o *uno on lo ál,* la puntuación, la acentuación, (*á*), la alternancia de grafías como por ejemplo entre la b/v o v/b, ç/z/c (*açotado, resurecçión*), f/h, x/j, m/n, o q/c (*qual*), se ha sustituido la conjunción e por y, y se han eliminado las contracciones del tipo, *porquel, dél, della,* arcaísmo hoy en desuso (*por ende, loor, loar*) y el empleo de pronombres con preposición (*por nos*). Se indica entre corchetes las partes del texto que no se incluyen en esta modernización.

Teresa de Cartagena: *Admiraçión operum Dei* (*Admiración de las obras de Dios*)[13]

Aquí comienza un breve tratado el cual convenientemente se puede llamar *Admiración operum Dei*. Le[14] compuso Teresa de Cartagena, religiosa de la orden de . . . a petición y ruego de la Señora Doña Juana de Mendoza, mujer del Señor Gómez Manrique.

Me acuerdo, virtuosa señora, que me ofrecí a escribir a vuestra discreción. Si he tardado tanto de encomendarlo a la obra, no debéis maravillaros, que mucho es encogida[15] la voluntad cuando la disposición de la persona no concierta[16] con ella,[17] antes aun la impide y contrasta. Si considerares,[18] virtuosa señora, las enfermedades y corporales pasiones que de continuo tengo por familiares, bien conocerá vuestra discreción que mucho son estorbadoras[19] de los movimientos de la voluntad y no menos turbadoras[20] del entendimiento, el cual fatigado y turbado con aquello que la memoria y natural sentimiento de presente le ofrecen, así como constreñido[21] de propia necesidad, recoge en sí mismo la deliberación de la voluntad con todos interiores movimientos. Y tanto la detiene y retrasa[22] en la ejecución[23] de la obra cuando ve que las sus fuerzas intelectuales son enflaquecidas por causa de los ya dichos exteriores trabajos. Y aun con todo esto ya sería pagada esta deuda[24] que por mi palabra soy deudora si la soledad mía se contentase con solos mis corporales afanes[25] y no me causase compañía secreta y dañosa llena de interiores combates y espirituales peligros con muchedumbre de vanos y variables pensamientos, los cuales así como una hueste[26] de gente armada cercan de cada parte la angustiada ánima[27] mía. Pues, ¿qué hará el entendimiento, flaco y mujeril desde que se ve puesto entre tantos y tan peligrosos lazos?[28] Que en defenderse de aquello que claramente es malo tiene asaz[29] trabajo, y en conocer aquello que bajo color de bueno en nuestro adversario le ofrece son tanto enflaquecidas sus fuerzas que si la Virtud soberana no le esfuerza y alumbra no es en él virtud ni sanidad[30] alguna. Así que, muy discreta señora, sienta vuestro discreto sentido la diversidad y calidad de estos espirituales y ocultos escándalos con otros de no menor calidad y cantidad que vuestra prudencia puede bien entender, los cuales con su gran fuerza así como avenidas de muchas aguas corrompieron el muro de mi flaca[31] discreción y llevaron de raíz[32] todo lo que hallaron que mi entendimiento tenía aparejado para encomendar a la péñola.[33] Y sola la causa sobre que delibré[34] escribir me representa la memoria; y pues el fundamento[35] quedó sin hacer, sea el edificio[36] no tal ni tan bueno como a vuestra gran discreción se debía presentar, mas así pequeño y flaco como de mi pobre facultad[37] se espera. Y pues el árbol malo, según sentencia de la soberana Verdad, no puede hacer buenos frutos, ¿qué palabra buena ni obra devota debéis esperar de mujer tan enferma en la persona y tan vulnerada en el ánima? Mas llevaré mis ojos a los montes donde viene a mí el auxilio, porque Aquél que da esfuerzo a los flacos y entendimientos a los pequeños quiera abrir el arca de su divina grandeza, dejando derramar de la fuente de su abundosa gracia sobre esta tierra estéril y seca, porque la mujer pecadora y apartada de virtud sepa formar palabra en glorificación[38] y alabanza del Santo de los santos y Señor de las virtudes. Y por no alejarme mucho del propósito y fundamento de mi escribir, es la causa ésta que se sigue.

Introducción

Muchas veces me es hecho entender, virtuosa señora, que algunos de los prudentes varones y asimismo hembras discretas se maravillan o han maravillado de un tratado que, la gracia divina administrando mi flaco mujeril entendimiento, mi mano escribió. Y como sea una obra pequeña, de poca sustancia, estoy maravillada. Y no se crea que los prudentes varones se inclinasen a quererse maravillar de tan poca cosa, pero si su maravillar es cierto, bien parece que mi denuesto[39] no es dudoso, pues manifiesto no se hace esta admiración por meritoria de la escritura, mas por defecto de la autora o componedora[40] de ella, como vemos por experiencia cuando alguna persona de simple y rudo entendimiento dice alguna palabra que nos parezca algún tanto sentida[41]: nos maravillamos de ellos, no porque su dicho sea digno de admiración mas porque el mismo ser de aquella persona es así reprobado[42] y bajo y tenido en tal estima que no esperamos de ella cosa que buena sea. Y por esto cuando acaece[43] por la misericordia de Dios que tales personas simples y rudas dicen o hacen algunas cosas, aunque no sea del todo buena, y si no comunal, nos maravillamos mucho por el respecto[44] ya dicho. Y por el mismo respecto creo ciertamente que se hayan maravillado los prudentes varones del tratado que yo hice, y no porque en él se contenga cosa muy buena ni digna de admiración, mas[45] porque mi propio ser y justo merecimiento con la adversa fortuna y acrecentadas pasiones dan voces contra mí y llaman a todos que se maravillen diciendo: "¿Cómo en persona que tantos males asientan puede haber algún bien?" Y de aquí se ha seguido que la obra mujeril y de poca sustancia que digna es de reprehensión entre los hombres comunes, y con mucha razón sería hecha digna de admiración en el acatamiento[46] de los singulares y grandes hombres, que no sin causa se maravilla el prudente cuando ve que el necio sabe hablar. Y diga quien quisiere que esta ya dicha admiración es alabanza, que a mi denuesto me parece[47] y por mi voluntad, antes se me ofrezcan injuriosos denuestos me parece que no vanos elogios,[48] que ni me puede dañar la injuria ni aprovechar el vano elogio. Así que yo no quiero usurpar la gloria ajena ni deseo huir del propio denuesto. Pero hay otra cosa que no debo consentir, pues la verdad no la consiente, que parece ser no solamente se maravillan los prudentes del tratado[49] ya dicho, mas aun algunos no pueden creer que yo hiciese tanto bien ser verdad: que en mí menos es de lo que se presume, pero en la misericordia de Dios mayores bienes se hallan.[50] Y porque me dicen, virtuosa señora, que el ya dicho volumen de papeles borrados haya venido a la noticia del señor Gómez Manrique y vuestra, no sé si la duda, a vueltas del tratado se presentó a vuestra discreción. Y como quier[o][51] que la buena obra que ante el sujeto de la soberana Verdad es verdadera y cierta, no empecé mucho si en el acatamiento y juicio de los hombres humanos es tenida por dudosa, como ésta, puede dañar[52] y daña la sustancia de la escritura, y aun parece evacuar muy mucho el beneficio y gracia que Dios me hizo. Por lo tanto,[53] a honor y gloria de este soberano y liberal Señor de cuya misericordia es llena la tierra, y yo, que soy un pequeño pedazo de tierra, me atrevo a presentar a vuestra gran discreción esto que a la mía[54] pequeña y flaca por ahora se ofrece.

Verdad es, muy discreta y amada señora, que todas las cosas que la omnipotencia de Dios ha hecho y hace en el mundo son de gran admiración a nuestro humano seso,[55] así que la menor cosa que este soberano y potentísimo Hacedor ha hecho y hace, no es de menor admiración que la mayor. Esto es porque la más chica cosa que en el mundo es, tampoco se pudiera arar como la mayor si la omnipotencia de Dios no la hiciera. Pues si todas las cosas, así chicas como grandes, criadas y hechas por la omnipotencia de Dios son maravillosas y de grande admiración y todo lo que a Él [le] plació y place, ha hecho y hace y puede hacer en el cielo y en la tierra, ¿qué es la causa porque nos maravillamos más de unas cosas que de otras? Y a esta simple cuestión me parece que soy respondida y aun satisfecha por el glorioso doctor San Agustín en la homilía sobre el evangelio que recuenta el milagro que nuestro Redentor hizo de los cinco panes. Y dice así: "Mayor milagro es la gobernación que no la saturación de cinco mil con cinco panes.[56] Y de esto ninguno se maravilla que no menos milagro es de pocos granos nacer muchas espigas que de pocos panes saturar o hartar[57] muchos hombres." Y añade más este santo y doctor en la sentencia siguiente diciendo: "Aquello es mirado no porque mayor sea, mas porque pocas veces o raramente acaezca." Y me parece que quiere concluir que la causa de nuestro maravillar no es porque las obras hechas por la omnipotencia de Dios sean de menos admiración las unas que las otras, mas porque éstas[58] que cotidianamente vemos, las tenemos así como por natural curso. Y las que nunca o raramente acaecen,[59] causan en nosotros admiración porque no son acostumbradas ni usadas en el mundo. Pero si queremos elevar el entendimiento a contemplar o bien considerar las obras de Dios, hallaremos que no son menos maravillosas ni de menor admiración dignas éstas que por natural curso vemos que cotidianamente pasan, que las que raramente y por gran distancia en el tiempo acaecen. Así que, tornando al propósito, creo yo, muy virtuosa señora, que la causa porque los varones se maravillan que mujer haya hecho tratado es por no ser acostumbrado en el estado feméneo, mas solamente en el varonil. Que los varones hacer libros y aprender ciencias y usar de ellas, lo tienen así en uso de antiguo tiempo[60] que parece ser tenido por natural curso y por esto ninguno se maravilla. Y las hembras[61] que no lo han tenido en uso, ni aprenden ciencias, ni tienen el entendimiento tan perfecto como los varones, es tenido por maravilla. Pero no es mayor maravilla ni a la omnipotencia de Dios menos fácil y ligero de hacer lo uno que lo otro,[62] que el que pudo y puede ingerir las ciencias en el entendimiento de los hombres, puede si quiere injerirlas en el entendimiento de las mujeres aunque sea imperfecto o no tan hábil ni suficiente para recibirlas ni retener como el entendimiento de los varones. Pues esta imperfección y pequeña y suficiencia la puede muy bien reparar la grandeza divina y aun quitarla del todo y dar perfección y habilidad en el entendimiento feméneo así como en el varonil, que la suficiencia que tienen los varones no la tienen de suyo, que Dios se la dio y da. Donde el Apóstol dice: "No somos idóneos o suficientes de cogitar[63] alguna cosa de nosotros así como de nosotros mismos; mas la nuestra suficiencia,[64] de Dios es." Pues si la suficiencia de los varones de Dios es y Dios le da a cada uno según la medida del don suyo, ¿por qué razón desconfiaremos las hembras de tenerlo en el tiempo oportuno y convenible como y cuando Él sabe que es menester?[65] Y debéis considerar, mi gran señora, que Dios hizo la natural humana no lo siendo. Pues que Él que hizo tan gran cosa de ninguna, ¿cómo no puede hacer en lo hecho alguna cosa? Este potentísimo Hacedor hizo el sexo viril primeramente, y segunda y por auxilio de aquél hizo al feméneo. Y si dio algunas preeminencias al varón más que a la hembra, creo en verdad que no lo hizo por razón que fuese obligado a hacer más gracia al un estado que al otro, pero lo hizo por aquel mismo y secreto fin que Él sólo sabe. [. . .] Sin embargo dejando aparte estos ocultos y divinos secretos, los cuales sobran y exceden muy mucho a el entendimiento humano, quiero preguntar cuál es la mayor y más principal preeminencia[66] que Dios dio al varón más que a la hembra, y mi simpleza[67] me responde que entre otras algunas preeminencias de que Dios quiso dotar a sexo varonil más que al femíneo es ésta una y a mi ver principal: que el hombre es fuerte y valiente y de grande ánimo y osado[68] y de más perfecto y sano entendimiento, y la mujer, por el contrario, que es flaca[69] y pusilánime,[70] de pequeño corazón y temerosa. Pues vemos con mayor osadía y esfuerzo esperará el varón un bravo toro que no la mujer esperaría un ratón que le pasase por las faldas. Y así mismo las mujeres si vemos una espada desnuda, aunque sabemos que con ella no nos hará daño alguno, pero naturalmente somos así temerosas que solamente de verla tenemos gran miedo. Y los varones no tienen temor de usar de ella y aún de recibir en sus personas los crueles y fuertes golpes del hierro. E hizo Dios estas diferencias y contrariedades[71] en una misma natura, y conviene saber, humana, por aquel sólo fin y maravilloso secreto que Él mismo sabe. Yo, con mi simpleza, me atrevo a decir que lo hizo el celestial Padre porque fuese conservación y auxilio el uno al otro.[72] Pues todo lo que el Señor crió e hizo sobre la faz[73] de la tierra, todo lo proveyó y guarneció[74] de maravillosas provisiones y muy firmes guarniciones.[75] Y si queréis bien mirar las plantas y árboles, veréis como las cortezas de fuera son muy recias y fuertes y sufridoras de las tempestades que los tiempos hacen, aguas e hielos y calores y fríos. Están así injeridas[76] y hechas por tal son que no parecen sino un bastón firme y recio para conservar y ayudar el meollo[77] que está encercado[78] de dentro. Y así por tal orden y manera anda lo uno al otro,[79] que la fortaleza y reciedumbre[80] de las cortezas guardan y conservan el meollo, sufriendo exteriormente las tempestades ya dichas. El meollo así como es flaco y delicado, estando incluso, obra interiormente, da virtud y vigor a las cortezas y así lo uno con el otro[81] se conserva y ayuda y nos da cada año la diversidad o composita de las frutas que veis. Y por este mismo respeto creo yo que el soberano y poderoso Señor quiso y quiere que en la natura humana obrar estas dos contrariedades,[82] conviene a saber: el estado varonil, fuerte y valiente, y el femíneo, flaco y delicado. Pues los varones con su fuerza y ánimo y suficiencia de entendimiento conservan y guardan las cosas de fuera, y así en procurar y tratar y saber ganar los bienes de fortuna, como el regir y gobernar y defender sus patrias y tierras de los enemigos, y todas las otras cosas que a la conservación y provecho de la república se requiere, y por consiguiente a sus particulares haciendas y personas; para lo cual, mucho conviene y es menester que sean robustos y valientes, de grande ánimo y aun de grandes y de muy elevados entendimientos. Y las hembras, así como flacas y pusilánimes y no sufridoras de los grandes trabajos y peligros que la procuración[83] y gobernación y defensión de las sobredichas[84] cosas se requieren, solamente estando inclusas[85] o encercadas dentro en su casa, con su industria[86] y trabajo y obras domésticas y delicadas dan fuerza y vigor, y sin duda no pequeño subsidio a los varones. Y así se conserva y sostiene la natura humana, la cual es hecha de tan flaco almacén que sin estos ejercicios y trabajos no podría vivir. Así que estas preeminencias ya dichas de los varones, ser valiente y de gran ánimo y suficiente entendimiento, ni otra alguna que Dios les haya dado, no es en prejuicio de las hembras, ni la flaqueza y pusilanimidad del estado femíneo le otorga por eso, mayor excelencia al varón. [. . .] no es de creer que lo hizo por dar más aventaja[87] o excelencia al un estado que al otro, mas solamente yo creo que por el respecto ya dicho, conviene a saber: porque ayudando lo uno a lo otro lo uno al otro[88] fuese conservada la natura humana y advirtiesen las maravillosas obras de la su omnipotencia y sabiduría y bondad.

De ser la hembra ayudadora del varón, lo leemos en el Génesis, que después de que Dios hubo formado del hombre del limo[89] de la tierra y hubo inspirado en él espíritu de vida, dijo: "no es bueno que sea el hombre solo; hagámosle auxilio semejante[90] a él." Y bien se podría argüir[91] aquí cuál es de mayor vigor, el ayudado o el ayudador: ya veis lo que a esto responde la razón. Mas porque estos argumentos y cuestiones hacen a la arrogancia mundana y vana y no aprovechan cosa a la devoción y huyen mucho del propósito y final intención mía, la cual no es, ni place[92] a Dios que sea, de ofender al estado superior y honorable de los prudentes varones, ni tampoco favorecer al femíneo, mas solamente alabar[93] la omnipotencia y sabiduría y magnificencia de Dios, y que así en las hembras como en los varones puede inspirar y hacer obras de grande admiración a loor y gloria del santo Nombre; aun si quisiere[94] que los animales brutos le loen con lengua hablante, bien lo puede hacer. Pues, ¿qué deuda tan escusada[95] es dudar que la mujer entienda algún bien y sepa hacer tratados o alguna otra obra loable y buena, aunque no sea acostumbrado en el estado femíneo? Pues aquel poderoso Señor soberano que dio preeminencias al varón para que las haya naturalmente y continua, bien las puede dar a la hembra graciosamente y en tiempos debidos, así como su profunda sabiduría sabe que conviene y lo ha hecho algunas veces, y aunque no lo haya hecho lo puede hacer. Y ciertamente creo, muy amada señora, que no hay cosa más dificultosa ni grave de hacer a la criatura humana que contradecir su natural condición o hacer alguna cosa que sea contra su propia naturaleza y vigor, que aquél que naturalmente es flaco y temeroso vencer al valiente, el que es simple y necio enseñar al prudente, ya veis si es cosa dificultosa y así como imposible a las fuerzas humanas. Pues habido por natural y cierta cosa que la mujer es flaca y temerosa y de pequeño corazón, quien la viese ahora usar del espada o defender su patria de los enemigos o hacer otra obra de gran osadía y vigor, ¡cómo nos maravillaríamos de esta cosa! Pero esta mayoría la hizo en algún tiempo y la puede hacer en este nuestro y cuando le complaciere[96] Aquél que sólo es el que hizo y hace las maravillas.

Decidme, virtuosa señora, ¿cuál varón de tan fuerte y valiente persona ni tan esforzado de corazón se pudiera hallar en el tiempo pasado, ni creo que en este que nuestro llamamos, que osará llevar armas contra tan grande y fuerte y príncipe como fue Olinfernes, cuyo ejército cubría toda la faz y termino de la tierra y no hubo pavor[97] de hacerlo una mujer? Y bien sé que a esto dirán los varones que fue por especial gracia e industria que Dios quiso dar a la prudente Judit. Y yo así lo digo, pero según esto, bien parece que la industria y gracia soberana exceden a las fuerzas naturales y varoniles, pues aquello que gran ejército de hombres armados no pudieron hacer, y lo hizo la industria y gracia de una sola mujer. Y la industria y gracia, ¿quién las tiene por pequeñas preeminencias[98] sino quien no sabe qué cosas son? Ciertamente son dos cosas así singulares que a quien Dios darlas[99] quiere, ahora sea varón o sea hembra, maravillosas cosas entenderá y obrará con ellas si quisiere ejercitarse y no las encomendar a ociosidad[100] y negligencia. Pues si Dios negó al estado femíneo gracia e industria para hacer cosas dificultosas que sobran a la fuerza de su natural condición, ¿cómo los negará la gracia suya para que con ella y mediante ella sepan y puedan hacer alguna otra cosa que sea más fácil o ligera de hacer al sexo femíneo? Que manifiesto es que más a mano viene a la hembra ser elocuente que no ser fuerte, y más honesto la[101] es ser entendida que no osada, y más ligera cosa le será usar de la péñola que de la espada. Así que deben notar los prudentes varones que Aquél que dio industria y gracia a Judit[102] para hacer un tan maravilloso y famoso acto, bien puede dar industria o entendimiento y gracia a otra cualquier hembra para hacer lo que a otras mujeres, o por ventura algunos del estado varonil no sabrían. Y bien podrá decir quien quisiere que no es el caso igual, por cuanto esta prudente Judit era virtuosa y santa mujer y gran veladora[103] de la ley de Dios, que por sus méritos buenos Dios le hizo este tan singular beneficio; [. . .] pero sabemos que Dios no hace beneficios ni gracias a los hombres por respecto de los méritos de cada uno, mas solamente a respecto de sí mismo y de su inestimable bondad; que en verdad si por sola santidad y justicia y méritos buenos de las criaturas humanas dispensase el celestial Padre y les repartiese sus beneficios, me pienso que todos los bienes que tenemos en la tierra se subirían al cielo. [. . .] Así que verdad sea que esta buena dueña y honesta viuda Judit era mujer santa, pero los beneficios y gracias y maravillas que

Dios hace proceden de tan alta fuente, que ninguno por santo que fuere los podría merecer, si la bondad de Dios no le hiciese digno.[104] [. . .] [Y] así es por cierto, pero cuanto más de tarde en tarde hace Dios estas cosas tanto más maravillosas son, tanto mayor admiración causan en nuestro entendimiento. Tanto mayor admiración nos causan y tanto más enteramente nos dan a conocer y a venerar y a alabar la magnificencia y omnipotencia y sabiduría y bondad de Dios. Así que, muy venturosa señora, no me parece que hay otra causa de este maravillar que los prudentes varones se maravillan, salvo aquélla que en el comienzo de este breve tratado es dicha, conviene a saber: no ser usado[105] en el estado feminéo de este acto de componer libros y tratados, que todas las cosas nuevas o no acostumbradas siempre causan admiración. Pero deben notar los que se maravillan que haya una admiración o manera de maravillar en la cual es loado y venerado el Hacedor o Inspirador de aquella obra de que nos maravillamos, y que hay otra admiración en la cual no es loado ni servido el soberano Hacedor, antes es en injuria y ofensa suya. Por tanto[106] conviene que bien miremos de qué y cómo y por qué nos maravillamos, porque nuestro maravillar sea en honor y gloria de Aquél cuyo nombre es admirable y muy maravilloso en toda la tierra. [. . .] y así como su omnipotencia y sabiduría y todo lo puede y sabe hacer y así por su sola soberana bondad lo ha hecho y hace, y quiso y quiere que sea todo a nuestra utilidad y provecho.[107] [. . .] y así seguirá que cuando viéremos que Dios ha hecho o hace de nada alguna cosa, alabaremos su omnipotencia; y cuando viéremos que de pequeñas cosas ha hecho y hace Dios grandes cosas, alabaremos su magnificencia; y cuando viéremos que a los simples y rudos[108] entendimientos hace Dios sabidores y guardadores[109] de la ley, alabaremos a su eternal sabiduría; y cuando viéremos que a los malos da Dios entender y obrar algunos bienes, alabaremos su inestimable bondad; [. . .] y así en todas las cosas que Dios ha hecho y hace y administra hacer a las criaturas humanas, y así en aquéllas que por natural curso[110] vemos que cotidianamente se hacen, como en las que raramente y por gran distancia de tiempo acaecen, debemos enderezar nuestra admiración a gloria y honor del nombre de Dios. [. . .]

Hay otra admiración o manera de maravillar con la cual no es loado ni servido el Señor que hace las maravillas, antes es en ofensa suya; y esto es cuando tanto y tanto y tan extremadamente nos maravillamos de alguna gracia o beneficio que Dios hace a nuestros próximos,[111] que parece que no lo creemos, y este dudoso maravillar procede de tener más respeto a la cosa que tenemos que a la Fuente donde desciende; pues nos acatamos a la facultad o estado de la persona humana, que no a grandeza de la potencia divina. [. . .] Así que con esta pesada carga de humanos respetos se maravillan o se han maravillado algunas personas, y aun lo tienen por dudoso y como imposible, que mujer haga tratados ni entienda hacer alguna obra sentida que no sea buena. Y si los varones hacen libros y compendiosos[112] tratados no se maravillan, que es atribuido a su mismo seso y suficiencia de entendimiento de aquél que lo hace, y a las grandes y naturales ciencias que saben; y nada refieren a gloria de Dios, ni creo que se acuerden dónde vinieron las naturales ciencias que los varones aprenden en los estudios, y los que las[113] saben, donde las y quien se las enseñó. Que si bien lo considerasen, hallarían que los que ahora son maestros, en otro tiempo fueron discípulos, y aquellos cuyos discípulos fueron, otro maestro los mostró. Y así enseñando los unos a los otros y aprendiendo, son venidas las ciencias a las manos de aquéllos que ahora las tienen y saben, pero si bien hacen la pesquisa,[114] hallaremos que así la sabiduría como la industria y gracia para mostrarla y aprenderla,[115] todo descendió y desciende de una fuente, que el Señor de las ciencias, Dios solo es. [. . .] Pues, ¿qué admiración tan indevota[116] es maravillarse el hombre tanto de alguna cosa por ser buena, que tenga por imposible o dudoso que Dios solo lo haya inspirado y enseñado a aquella persona que lo hizo? y sin duda, mayor ofensa que reverencia hacemos a Dios cuando creemos que un hombre humano puede enseñar a otro cualquier ciencia, y dudamos que el Señor de las ciencias no lo puede enseñar a quien quisiere. Y por ventura alguno querrá aquí argüir diciendo que todos creen esto: que Dios es así omnipotente, que sin curso de estudios ni haber aprendido letras puede hacer de un simple hombre el mayor letrado que en mundo haya; pero que, así como por su omnipotencia todo lo puede hacer, así por su eternal sabiduría y maravillosa providencia proveyó y provee todas las cosas dando orden y manera y tiempo a cada una de ellas, y que así hizo y hace a las naturales ciencias, que le plació y place dar la orden en manera que vemos para aprenderlas y enseñarlas, etc. [. . .] [P]ero lo que digo y quiero decir es esto: que la ciencia y sabiduría que Dios enseña y enseñará a cualquier varón o hembra que con amor y reverencia y humildad viniere a su escuela, es tal y de tal calidad, como su incomprensible y perfecto saber sabe que a la salud de cada uno le conviene, que Dios es perfecta Caridad. Y así como por su perfecta caridad nos ama verdaderamente, así por su gran misericordia y bondad nos enseña e influye en nuestros entendimientos y ánimas aquella sola sabiduría que para conocer y amar y cobrar los verdaderos bienes tenemos menester.[117] [. . .] ¿Y dónde es más menester la luz que allí donde abundan las tinieblas? ¿Y dónde es más menester la sabiduría que allí donde es la peligrosa ignorancia? ¿Y dónde es más menester la gracia que allí donde es multitud de pecados? ¿Dónde es más menester la consolación que allí donde es la grandeza aflicción[118] de espíritu y persona? [. . .] Y pues como Dios, por eterna sabiduría que supiese la extremada pobreza y desnudez en virtudes que mi ánima tenía, y así mismo conociendo la pequeñez e insuficiencia de mi rudo entendimiento y la angosta capacidad que para conocer y agradecer y saber y alabar sus beneficios en mí había, interviniendo su inestimable[119] bondad, plació a su gran misericordia y perfecta caridad que su omnipotencia, a quien solamente pertenecía y pertenece proveer de remedios mis grandes males, y proveyese a un pecador de tales remedios y de tan saludables consolaciones que sin duda puedo decir con el Profeta: [. . .]

Se maravillan las gentes de lo que en el tratado escribí y yo me maravillo de lo que en la verdad callé: mas no me maravillo dudando ni hago mucho en maravillarme creyendo. Pues la experiencia me hace cierta y Dios de la verdad sabe que yo no tuve otro Maestro ni me aconsejé con otro algún letrado, ni lo trasladé[120] de libros, como algunas personas con maliciosa admiración suelen decir. Mas sola esta es la verdad; que Dios de las ciencias, Señor de las virtudes, Padre de las misericordias, Dios de toda consolación, el que nos consuela en toda tribulación nuestra, Él solo me consoló, y Él solo me enseñó, y Él solo me leyó. Él inclinó su oreja a mí que cercada de grandes angustias y puesta en el muy piélago[121] de males inseparables, le llamaba con el Profeta diciendo: "Sálvame Señor, que entra el agua hasta el ánima mía." Y verdaderamente agua de gran peligro entraba hasta el ánima mía, que ni yo conocía en estos mis males beneficios de Dios, ni tenía paciencia, ni aún sabía qué cosa era. Y por cierto, yo creo que mi entendimiento era entonces que el mismo ciego que estaba en el camino cuando nuestro Redentor pasaba cerca de Jericó.[122] Y así como aquel ciego, no viendo luz alguna, sintió que Aquél por quien es hecha la luz pasaba cerca de él, y que le podía librar de la tiniebla[123] en que estaba, bien así mi entendimiento, estando ciego y lleno de tinieblas de pecados, sintió las pisadas del Salvador, las cuales son las buenas inspiraciones que Él envía en nuestras ánimas antes que venga, porque desde que sea venido le conozcamos y sepamos pedir lo que de razón pedir debemos. Y como mi ciego entendimiento sintió por las señales ya dichas que el Salvador venía, luego comenzó a dar secretas voces diciendo: "Tener merced de mí, Hijo de David." Y los que iban y venían increpaban[124] a este ya dicho ciego entendimiento mío que callase. Y sin duda puedo decir que iban y veían muchos desvariados cuidados y gran turbamulta[125] de respetos temporales humanos, de los cuales mi entendimiento era increpado y aún constreñido[126] a callar, que como yo estaba en el camino cerca de Jericó, que se entiende puesto todo mi cuidado en la calle de este mundo, y más cerca mi deseo de las afecciones humanas que de las espirituales, no era maravilla si los pensamientos que iban y venían y pasaban por mi entendimiento eran vecinos de Jericó, conviene a saber, más familiares del siglo que no de la religión cuyo nombre usurpaba por entonces. Así, que estos ya dichos pensamientos y movimientos humanos increpaban a mi ciego entendimiento que callase, mas él,[127] con el gran deseo que tenía de ver la luz, más y más multiplicaba sus secretas voces diciendo: "Tened merced de mí, Hijo de David." Y plació al Señor de acatar tan trabajosa y devota porfía[128] que mi ciego entendimiento contra sus estorbadores[129] y en favor de sí mismo hacía. Y por su gran caridad quiso detenerse y esperar a que este ya dicho ciego se llegase a la verdadera Luz, y como su mandamiento[130] fuese guiado y traído ante su presencia [. . .] y como mi entendimiento con toda su ceguedad sintiese deseo de ser preguntado del Salvador, diciendo: "¿Qué quieres que haga a ti?," respondió: "Domine, Domine, ut uideam lumen." Señor, que vea yo luz por la cual conozca que eres verdadera Luz y Sol de justicia; [. . .] que vea yo la luz por la cual la mi tenebrosa y mujeril ignorancia se alumbrada de los rayos de tu muy alta prudencia. [. . .] y así en estas y otras semejantes peticiones perseverando mi ciego entendimiento, complació a la misericordia del Salvador de decirle: "Réspiçe."[131] Y aquella sola palabra fue de tanto vigor y virtud que luego se rompió el velo de las tinieblas que tenía ciegos los ojos de mi entendimiento y vio y siguió al Salvador magnificando a Dios. [. . .]

[. . .] y aún para saberlo y alabar[lo] y recontar[lo] a las gentes, quien a devoto deseo y sed aquejada[132] de aprender y saber saludable ciencia, venga a la escuela de Dios de las paciencias y recibirá al Señor, Pan de la Vida y de entendimiento, y agua de sabiduría saludable le dará a beber y cogerá agua en gozo[133] de las fuentes del Salvador. Y dirán en aquel día: "Confesad al Señor e invocad a su santo Nombre, quod est et beneditum in saecula saeculorum. Amén."[134]

Dios gracias por siempre jamás.

Preguntas de comprensión.

1. ¿Quién es el oyente ficticio de la escritora?
2. ¿Qué le ha impedido a la autora entregar su encargo a tiempo?
3. La autora habla de "espirituales y ocultos escándalos con otros de no menor calidad y cantidad que vuestra prudencia tiene bien entender," ¿cuáles pueden ser esos "escándalos" que no menciona?
4. ¿A qué se refiere la autora cuando habla de "la tierra estéril y seca"?
5. ¿De qué se maravillan los prudentes varones?
6. ¿Por qué rechaza el vano elogio (*loor*)?
7. ¿Qué no puede consentir la autora al final de su introducción?
8. Identifique en el texto todos los momentos en los que la autora recurre a la retórica de la humildad. ¿Cree que en realidad Teresa de Cartagena se considera ignorante y débil, y es honesta la valoración que ella hace de su trabajo como "flojo"?
9. ¿Cómo explica la autora que nos maravillemos más de unas cosas que de otras?
10. ¿Por qué, según ella, la mujer no ha escrito libros?
11. ¿Quién provee al hombre de entendimiento? Entonces, ¿por qué duda el hombre del entendimiento de la mujer?
12. ¿Cómo son el hombre y la mujer diferentes? y ¿pueden realmente estas diferencias explicarse?
13. La metáfora del meollo y la corteza la emplea para entender las diferencias genéricas. Explíquela.

14   ¿Fue la intención de Dios darle privilegio al varón?, ¿cuál fue en realidad su intención?
15   ¿Es intención de la autora ofender al hombre? Razone su respuesta.
16   ¿Cómo explica ella su capacidad intelectual?
17   ¿Con qué nombres se refiere a Dios?

Preguntas de debate.

1   En la Edad Media abundan los textos anónimos, ¿a qué cree que se debe este fenómeno?
2   Identifique cuando Teresa de Cartagena escribe en primera persona del singular y explique por qué es importante para ella emplear el pronombre sujeto yo.
3   ¿Cómo afecta la falta de precedentes literarios femeninos a las escritoras de la Edad Media?
4   ¿Por qué recurre la autora a Juana de Mendoza? y ¿quién es su otro protector?
5   En el siglo XIX, Mary Ann Evans escribió bajo el seudónimo de George Eliot y en el siglo XX, Alice Bradley Sheldon publicó bajo el nombre de James Tiptree. Ya en los siglos XX y XXI, Nora Roberts autora de más de 215 novelas, algunas de ellas llevadas al cine, escribe bajo el nombre de J.D. Robb y la editorial que publicó el primer volumen de *Harry Potter*, le dijo a la autora que firmara con las iniciales de su nombre, J.K. Rowling. ¿Por qué cree que aún hoy en día hay escritoras que escriben bajo seudónimo masculino antes de ser famosas?

Temas para escribir.

1   Usted es escritora de artículos periodísticos y su trabajo es constantemente rechazado por sus jefes. Un día, Ud. decide enviar un artículo anónimo a la sección de *Cartas al director* y, para su sorpresa, se lo publican. La siguiente semana Ud. le escribe una carta al director del periódico en la que le informa que va a denunciarlo por discriminación. Explique en su carta cómo se ha sentido como periodista y escritora trabajando para él y las razones en las que basa su denuncia. Esta misma actividad se puede realizar a la inversa para los estudiantes varones de la clase.
2   Imagínese que Ud. es J.K. Rowling. Escríbale una carta al director de su editorial en la que le explica su disconformidad con la idea de emplear las iniciales de su nombre e insiste en publicar *Harry Potter* empleando su nombre completo, Joanne Kathleen Rowling. Actualice y emplee algunos de los argumentos que Teresa de Cartagena emplea en defensa de su autoría.
3   Ha publicado su primer libro y otros escritores lo critican negativamente, ponen en duda que usted lo haya escrito y le acusan de plagio. Considere el trabajo de Teresa de Cartagena para escribir una defensa de su autoría y de la originalidad de su texto.

Notas

1   El conceso general entre los intelectuales castellanos y europeos era que el conocimiento se consideraba innecesario para la mujer; de hecho, el silencio era su virtud más preciada. El origen de esta idea venía del principio aristotélico de la inferioridad física, intelectual y espiritual del sexo femenino. Este concepto de la mujer la privó de acceder a la cultura y de participar en la construcción de su sociedad (Surtz, *Writing Women* 2–3).
2   "We may now surmise that Teresa's profession formed part of an overall Cartagena strategy to advantageously place their children and promote family interests and position" (Seidenspinner-Núñez y Kim 138).

3 El testamento fue localizado por Francisco Cantera Burgos.
4 Con esta normativa, la Iglesia tenía el objetivo de evitar que la mujer tomara los votos religiosos en contra de su voluntad: "Profession was at the age of consent or majority, which for girls was generally seen as twelve in the early Middle Ages but crept up to fourteen or fifteen by the thirteenth century as the church emphasized the need for adult oblations. The move to raise the age of profession may have minimized the worst abuses of child oblation, but it also reduced the bonding and modeling possible for those who entered a monastery at a young age" (Johnson 106).
5 En 1449 se introdujo "the first discriminatory status of *limpieza de sangre* against the *conversos* [. . .] The petition from the city of Toledo to Juan II [. . .] represents the culmination of three months of inflammatory *anti-converso* propaganda and the first public pronouncement of the rebels that lays the political, ideological, and rhetorical groundwork for the subsequent status of *limpieza de sangre*" (Seidenspinner-Núñez y Kim 128).
6 "[. . .] cuando su mente ya no puede descansar cómodamente en dicho monasterio y con el fin de permanecer fuera de ciertas causas razonables [. . .]" (mi traducción).
7 "¡Mas cuando está de la haz, que se entiende por la mocedad o juventud, entonces, es menester el remedio. Pues ved si a buen tiempo me socorrió el Señor soberano con esta pasión, que hoy son veinte años que este freno ya dicho comenzó a constreñir la haz de mis vanidades!" (Modernizo la edición de Lewis H. Hutton).
8 Desde sus orígenes este monasterio había sido residencia de mujeres de la realeza y, por ello, uno de los centros religiosos más prestigiosos y económicamente independientes de la época (Seidenspinner-Núñez y Kim 135).
9 La hermana de Teresa de Cartagena, Juana, se casó con Diego Hurtado de Mendoza, primo de Juana de Mendoza (Cortés Timoner, *Las primeras escritoras* 53).
10 La *doxa* es una opinión que "establece un valor común aceptado por la comunidad" (Luna 598).
11 Esta teoría determina la superioridad del hombre sobre la mujer.
12 Explica Surtz que la situación de la España de los Reyes Católicos invitaba a que fueran bien recibidas las revelaciones divinas y a la publicación de vidas de santos y santas como una forma de promocionar los valores cristianos. El cardenal Cisneros financió la traducción de textos tales como *La vida de Santa Caterina* (1511) de Siena de Raymond Capuao y el *Libro* (1505) de Angela de Foligno que se tradujo al castellano cinco años después (*Writing Women* 11).
13 Se moderniza la edición de Lewis H. Hutton.
14 Leísmo.
15 Apocada, pequeña.
16 Concuerda.
17 "ella" se refiere a la "voluntad." Voluntad y disposición no concuerdan.
18 En el texto de la edición de Hutton: "considerardes."
19 "Estorbar." Poner dificultad, obstáculo (RAE). Sus enfermedades son estorbadoras.
20 "Turbar." Interrumpir, alterar (RAE).
21 Limitado. Tiene el entendimiento limitado, estrechado.
22 En el texto de la edición de Hutton: "detardar." En desuso.
23 Realización.
24 "esta deuda" es el tratado que le encargó doña Juana de Mendoza.
25 Esfuerzos. La autora habla de su sufrimiento físico.
26 Lo mismo que ejército. En voz anticuada (D.A.).
27 Alma.
28 Enredos (D.A.).
29 Del occitano. *Assazt*. Término culto, "bastante" (Moliner).
30 Salud.
31 Débil.
32 Expresión. Cortar, arrancar. El sujeto es "los escándalos espirituales," escándalos que le impidieron pensar con claridad y elaborar sus argumentos.
33 Pluma.
34 Deliberé.
35 La parte fundamental del texto.
36 Metafórico. El texto que le presenta a la dama.
37 Capacidad.
38 En el texto de la edición de Hutton: "loor."

39 "Injuria, afrenta, vituperio que se dice de alguna persona" (D.A.).
40 Autora.
41 Con juicio.
42 Censurado, condenado.
43 Ocurre.
44 "La razón previamente articulada" (RAE).
45 Sino.
46 Obedecimiento.
47 En el texto de la edición de Hutton: "parecer."
48 Alabanzas.
49 Se refiere a su anterior texto, *Arboleda de los enfermos*.
50 Encuentran.
51 En el texto de la edición de Hutton: "quier."
52 En el texto de la edición de Hutton: "estragar."
53 En el texto de la edición de Hutton: "por ende."
54 Se refiere a su discreción.
55 Juicio.
56 Estando Jesús en Tiberias dio de comer con cinco panes a cinco mil personas que fueron a escucharlo (Juan 6: 1–15).
57 Saciar.
58 Las obras de Dios.
59 Ocurren.
60 Los varones escriben desde tiempos antiguos.
61 Las mujeres.
62 Dios con su omnipotencia puede hacer, si le place, inteligentes tanto al hombre como a la mujer.
63 Del latín *cogitare*. Culto "pensar" (Moliner).
64 Capacidad, ciencia o inteligencia (D.A.).
65 Necesario.
66 Privilegio.
67 Poca inteligencia (Moliner).
68 Atrevido.
69 Débil.
70 Miedosa.
71 Oposiciones.
72 En el texto de la edición de Hutton: "lo uno de lo al."
73 Cara.
74 Infinitivo "guarnecer." Todo lo dispuso.
75 Armas defensivas de acero que usaban los antiguos (D.A.). Metáfora. La autora se refiere a todo lo necesario para vivir.
76 Dispuestas.
77 Sustancia que forma parte del sistema nervioso como prolongación del cerebro y está dentro de la columna vertebral (Moliner). Se toma por antonomasia por los sesos y, particularmente, por lo más interior de las frutas (D.A.).
78 Infinitivo "cercar." Rodear.
79 En texto de la edición de Hutton: "uno a lo ál."
80 Fortaleza.
81 En texto de la edición de Hutton: "uno con lo ál."
82 Opuestos.
83 "Cuidado y diligencia con que se trata algún negocio" (D.A.).
84 Lo anteriormente mencionado.
85 Incluidas.
86 Diligencia.
87 Ventaja.
88 En el texto: "uno a lo ál."
89 Lodo.
90 Similar.
91 Argumentar.
92 En texto de la edición de Hutton: "pliega."

93 En el texto de la edición de Hutton: "loar."
94 Futuro de subjuntivo.
95 Excusada (*Covarrubias*).
96 En el texto de la edición de Hutton: "pluguiere."
97 Terror.
98 En el texto de la edición de Hutton: "preminencias." Privilegios.
99 Dar las preeminencias.
100 El vicio de perder o gastar el tiempo inútilmente (D.A.).
101 Laísmo.
102 El libro de Judit pertenece al Antiguo Testamento. Viuda hebrea que decapitó a Holofernes y consiguió de esta manera la victoria para Israel.
103 De "velar": cuidar una cosa (D.A.).
104 Merecedor.
105 No ser costumbre.
106 En el texto de la edición de Hutton: "por ende."
107 Beneficio.
108 Brutos.
109 Protectores.
110 Paso, evolución (RAE).
111 A los que están cerca de nosotros.
112 "Sucinto, reducido y abreviado a solo lo esencial" (D.A.).
113 Las ciencias.
114 Indagación.
115 En el texto de la edición de Hutton: "la aprender" y "la aprobar."
116 Poco devota.
117 Necesidad.
118 Desolación, desconsuelo.
119 Infinita.
120 De "trasladar": copiar con puntualidad o escribir en alguna parte lo que en otra está escrito (D.A.).
121 En el texto de la edición de Hutton: "piálago." Mar, espacio (Moliner).
122 Parábola bíblica del ciego de Jericó a quien Jesús le devolvió la vista (Lucas 18: 35–43).
123 Oscuridad.
124 Reprendían.
125 Multitud desordenada (Moliner).
126 Forzado.
127 Pron. Se refiere a su entendimiento.
128 Insistencia.
129 Lo que estorba, dificulta.
130 Mandato.
131 Resplandézcase, ilumínese.
132 Apresurada (Moliner). Angustiada (Covarrubias).
133 Con gusto.
134 "que es bendito por siempre y para siempre."

Obras citadas y lecturas recomendadas

Amador de los Ríos, José. *Historia crítica de la literatura española*, vol. 2. Imprenta de José Rodríguez, 1862.

Arauz Mercado, Diana. "Imagen y palabra a través de las mujeres medievales. Segunda parte: Mujeres medievales en los reinos hispánicos." *Escritura e imagen*, vol. 2, 2006, pp. 147–72.

Arenal, Electra. "The Convent as a Catalyst for Autonomy." *Women in Hispanic Literature. Icons and Fallen Idols*, editado por Beth Miller, U of California P, 1983, pp. 147–83.

Arenal, Electra y Stacy Schlau. *Untold Sisters. Hispanic Nuns in Their Own Works*. U of New Mexico P, 1989.

Baldridge, Mary Elizabeth. "The tree as Unifying Element in the Works of Teresa de Cartagena." *Cuaderno internacional de estudios humanísticos y literatura*, vol. 7, 2007, pp. 55–72.

———. "Christian Woman womanChrist: The Feminization of Christianity in Constanza de Castilla, Catherine of Siena, and Teresa de Cartagena." U. of Tennessee, tesis doctoral, 2004.

Brueggemann, Brenda Jo. "Deaf, She Wrote: Mapping Deaf Women's Autobiography." *PMLA*, vol. 120, núm. 2, 2005, pp. 577–83.

Cartagena, Teresa de. *Admiración operum Dey. Boletín de la Real Academia Española*, editado por Lewis Joseph Hutton, Real Academia Española, 1967, pp. 114–41.

———. *Arboleda de los enfermos y Admiración operum Dei*, editado por Lewis H. Hutton, Anejos del Boletín de la Real Academia Española, 1967.

———. *The Writings of Teresa de Cartagena*, traducido por Dayle Seidenspinner-Núñez, editado por Jane Chance, D.S. Brewer, 1998.

Cabre i Pairet, Montserrat. "La ciencia de las mujeres en la Edad Media. Reflexiones sobre la autora femenina." *La voz del silencio II. Historia de las mujeres: Compromiso y método*, editado por Cristina Segura Graíño, Asociación Cultural Al-Mudayna, 1993, pp. 17–40.

Calvo, Yadira. "Sor Juana Inés de la Cruz, Teresa de Cartagena María de Zayas y la defensa de la mujer de letras." *Kañina*, vol. 18, 1994, pp. 247–53.

Cammarata, Joan. "Teresa de Cartagena: Writing from a Silent Space in a Silent World." *Monographic Review*, vol. 16, 2000, pp. 38–51.

Cantera Montenegro, E. "La mujer judía en la España medieval." *Espacio, Tiempo y Forma, Serie III, Historia Medieval*, vol. 2, 1989, pp. 37–64.

Castro, Ponce, Clara, Esther. "El sí de las hermanas: la escritura y lo intelectual en la obra de Teresa de Cartagena y Sor Juana Inés de la Cruz." *Cincinnati Romance Review*, vol. 18, 1999, pp. 15–21.

Coelho Nascimiento, María Filomena. "Casadas con Dios. Linajes femeninos y monacato en los siglos XII y XIII." *Historia de las mujeres en España y América Latina*, vol. 1, dirigido por Isabel Morant, Cátedra, 2005, pp. 693–712.

Contreras, J. "Historiar a los judíos de España: un asunto de pueblo, nación y etnia." *Disidencias y exilios en la España moderna*, editado por A. Maestre Sanchís y E. Jiménez López, 1997, pp. 117–44. Universidad de Alicante.

Cortés Timoner, María del Mar. "La predicación en palabras de mujer: Teresa de Cartagena y Juana de la Cruz." *Actas del VIII Congreso Internacional de la Asociación Hispánica de Literatura Medieval, Santander, 22–26 de septiembre, 1999*, editado por Margarita Freixas y Silvia Iriso, Asociación Hispánica de Literatura Medieval, 2000, pp. 571–82.

———. "'Poner riquezas en mi entendimiento': Sor Juana Inés de la Cruz y Sor Teresa de Cartagena." *Lectoras: Revista de dones i textualitat* vol. 10, 2004, pp. 377–92.

———. *Teresa de Cartagena. Primera escritora mística en lengua castellana*. Universidad de Málaga, 2004.

———. *Las primeras escritoras en lengua castellana*. Universitat de Barcelona, Publicacions i Edicions, 2015.

Deanda, Elena. "Speak in Silence: The Power of Weakness in the Works of Teresa de Cartagena." *eHumanista*, vol. 29, 2015, pp. 461–75.

Deyermond, Alan. "El convento de dolencias: The Works of Teresa de Cartagena." *Journal of Hispanic Philology*, vol. 1, núm. 1, 1976, pp. 19–29.

———. "Spain's First Women Writers." *Women in Hispanic Literature. Icons and Fallen Idols*, editado por Beth Miller, U of California P, 1983, pp. 27–52.

———. "La voz personal en la prosa medieval hispánica." *AIH. Actas X, Barcelona, 21–26 de agosto, 1989*, dirigido por Antonio Vilanova, Promociones y Publicaciones Universitarias, 1989, pp. 161–68.

———. "Las autoras medievales castellanas a la luz de las últimas investigaciones." *Medieovo y Literatura: Actas del V Congreso de la Asociación Hispánica de Literatura Medieval, vol.1, Granada, 27 de septiembre – 1 de octubre, 1993*, editado por Juan Paredes, Universidad de Granada, 1995, pp. 31–52.

Ellis, Deborah. "Unifying Imagery in the Works of Teresa de Cartagena: Home and the Dispossessed." *Journal of Hispanic Philology*, vol. 17, núm. 1, 1992, pp. 44–53.

Frieden, Mary Elizabeth. "Epistolarity in the Works of Teresa de Cartagena and Leonor López de Córdoba." U. of Missouri, tesis doctoral, 2001.

García, Carmen. "Los tratados de Teresa de Cartagena dentro de la evolución de la epístola." *Quien hubiese tal ventura: Medieval Hispanic Studies in Honour of Alan Deyermond*, editado por Andrew M. Baresford, Queen Mary and Westfield College, 1997, pp. 149–57.

Gerli, E. Michael. "The Ambivalent Converso Condition. A Review-Article of the Evolution of Converso Literature: The Writings of the Converted Jews of Medieval Spain." *Caliope*, vol. 9, núm. 2, 2003, pp. 93–102.

Hernández Franco, J. "El pecado de los padres: construcción de la identidad conversa en Castilla a partir de los discursos sobre limpieza de sangre." *Hispania*, vol. 217, 2004, pp. 515–42.

Howe, Elizabeth Teresa. "Sor Teresa de Cartagena and Entendimiento." *Romanische Forschungen*, vol. 108, 1996, pp. 133–45.

———. *Autobiographical Writing by Early Modern Hispanic Women*. Routledge, 2015.

Hussar, James. "The Jewish Roots of Teresa de Cartagena's *Arboleda de los enfermos*." *La corónica: A Journal of Medieval Hispanic Languages, Literatures, and Cultures*, vol. 35, núm. 1, 2006, pp. 151–69.

Hutton, Lewis J. "Teresa de Cartagena: A Study in Castilian Spirituality." *Theology Today*, vol. 12, 1956, pp. 477–83.

Johnson, Penelope D. *Equal in Monastic Profession. Religious Women in Medieval France*. U of Chicago P, 1991.

Juárez, Encarnación. "Introduction." *Arboleda de los enfermos y Admiración operum Dey*. Teresa de Cartagena, editado por Lewis J. Hutton, Real Academia Española, 1967, pp. 1–23.

———. "The Autobiography of the Aching Body in Teresa de Cartagena's *Arboleda de los enfermos*." *Dissability Studies: Enabling the Humanities*, vol. XIII, 2002, pp. 131–43.

Kautzman, Kerry Ann. "The Parallel and the Intersecting Planes of Teresa de Cartagena's *Arboleda de los enfermos* and *Admiración operum Dey*." U. of Cincinatti, tesis doctoral, 1993.

Kim, Yonsoo. *El saber femenino y el sufrimiento corporal de la Temprana Edad Moderna en Arboleda de los enfermos y Admiración operum Dey de Teresa de Cartagena*. Editorial Universidad de Córdoba, 2008.

———. "La crisis transformativa y el perfeccionismo espiritual: Teresa de Cartagena." *Ámbitos: Revista de estudios de Ciencias Sociales y Humanidades*, vol. 21, 2009, pp. 11–19.

———. "Suffering as Such: Reframing Teresa de Cartagena's Discourse of the Ultimate Other." *Dissidences: Hispanic Journal of Theory and Criticism*, vol. 6/7, 2010, pp. 1–25.

Luna, Lola. "Prólogo de autora y conflicto de autoridad: De Teresa de Cartagena a Valentina Pinelo." *AISO. Actas II, Salamanca, 1990*, editado por Manuel García Martín, Universidad de Salamanca, 1993, pp. 597–601.

Marichal, Juan. *La voluntad de estilo: teoría e historia del ensayismo hispánico*. Revista de Occidente, 1971.

Marimón Llorca, Carmen. *Prosistas Castellanas Medievales*. Publicaciones de la Caja de Ahorros Provincial, 1990.

Molina, Irene Alejandra. "La *Arboleda de los enfermos* de Teresa de Cartagena: un sermón consolatorio." U. of Texas-Austin, tesis de máster, 1990.

Muñoz, Ángela. "Mujeres y religión en las sociedades ibéricas: voces y espacios, ecos y confines (XIII-XVI)." *Historia de las mujeres en España y América Latina*, vol. 1, dirigido por Isabel Morant, Cátedra, 2005, pp. 713–44.

Ochoa de Eribe, María Ángeles. "El yo polémico de Teresa de Cartagena en Admiración de las obras de Dios. Las argucias del débil por entrar en el canon." *Letras de Deusto*, vol. 29, núm. 84, 1999, pp. 179–88.

Pearson, Hillary Elizabeth. "Teresa de Cartagena: A Late Medieval Woman's Theological Approach to Disability." U. of Oxford, tesis doctoral, 2011.

Quispe Agnoli, Rocio. "El espacio medieval femenino entre la escritura y el silencio. Admiraçionoperum Dey de Teresa de Cartagena." *Lexis: Revista de Lingüística y Literatura*, vol. 19, núm. 1, 1995, pp. 85–102.

———. "'Anse maravillado que muger haga tratados': defensa y concepción de la escritura de Teresa de Cartagena (siglo XV)." *Actas del VI Congreso Internacional de la Asociación Hispánica de*

Literatura Medieval, Alcalá de Henares, 12–16 de septiembre, 1995, editado por José Manuel Lucía Mejías, U. de Alcalá de Henares, 1997, pp. 127–39.

Redondo Goicoechea, Alicia. "La retórica del yo-mujer en tres escritoras españolas: Teresa de Cartagena, Teresa de Ávila y María de Zayas." *Compás de letras*, 1992, pp. 49–63.

Ríos de la Llave, Rita Dolores. "Forget Your People and Your Father's House: Teresa de Cartagena and the Converso Identity." *Medievalists.net*, 2016, pp. 41–54.

Rivera-Cordero, Victoria. "Spatializing Illness: Embodied Deafness in Teresa de Cartagena's Arboleda de los enfermos." *La corónica: A Journal of Medieval Hispanic Languages, Literatures and Cultures*, vol. 37, núm. 2, 2009, pp. 61–77.

Rivera Garretas, María Milagros. "Teresa de Cartagena: la infinitud del cuerpo." *Acta histórica e archaelogica mediaevalia*, vol. 20–21, 1990, pp. 755–66.

———. "La admiración de las obras de Dios de Teresa de Cartagena y la querella de las mujeres." *La voz del silencio I. Fuentes directas para la historia de las mujeres*, editado por Cristina Segura Graiño, Asociación Cultural Al-Mudayna, 1992, pp. 277–99.

———. "Vías de búsqueda de existencia femenina libre: Perpetua, Christine de Pizan y Teresa de Cartagena." *Duoda: Revista d'Estudis Feministes*, núm. 5, 1993, pp. 51–71.

———. *Nombrar el mundo en femenino. Pensamiento de las mujeres y teoría feminista*. Icaria, 1994.

———. "La querella de las mujeres: una interpretación desde la diferencia sexual." *Política y Cultura*, núm. 6, primavera, 1996, pp. 25–39.

———. "Teresa de Cartagena: escritura en relación." *La escritura femenina de leer a escribir II*, editado por Ángela Muñoz Fernández, Asociación Cultural Al-Mudayna, 2000, pp. 95–110.

———. "Los dos infinitos en Teresa de Cartagena, humanista y mística del siglo XV." *Miscelánea Comillas: Revista de teología y ciencias humanas*, vol. 69, núm. 134, 2001, pp. 247–54.

———. "Teresa de Cartagena: Arboleda de los enfermos/Admiración de las obras de Dios." *La vida escrita por mujeres I: Por mi alma os digo. De la Edad Media a la Ilustración*, editado por Anna Caballé, Círculo de Lectores, 2003.

Rodríguez Rivas, Gregorio. "*Arboleda de los enfermos* de Teresa de Cartagena, literatura ascética en el siglo XV." *Entemu*, vol. 3, 1991, pp. 117–30.

———. "La autobiografía como exemplum: la *Arboleda de los enfermos* de Teresa de Cartagena." *Escritura Autobiográfica: Actas del II Seminario Internacional del Instituto de Semiótica Literaria y Teatral, Madrid, 1–3 de julio de 1992*, editado por José Romera Castillo, UNED, 1992, pp. 367–70.

Rose, Constance. "Teresa de Cartagena and the Uncircumcised Ear." *Studies in Honor of Denah Lida*, editado por Mary Berg y Lanin Gyurko, Scripta Humanistica, 2005, pp. 84–91.

Segura Graiño, Cristina. "Las mujeres escritoras en la época de Isabel I de Castilla." *Literatura en la época de los Reyes Católicos*, editado por Nicasio Salvador Miguel y Cristina Moya García, Editorial Iberoamericana, 2008, pp. 275–92.

Seidenspinner-Núñez. "'Él solo me leyó': Gendered hermeneutics and subversive poetics in Admiración de las obras de Dios." *Medievalia*, núm. 15, 1993, pp. 14–23.

———. "Interpretative Essay." *The Writings of Teresa de Cartagena. The Library of Medieval Women*, traducido y editado por Dayle Seidenspinner-Núñez, Brewer, 1998, pp. 1–21.

———. "Teresa de Cartagena." *Castilian Writers, 1400–1500*, editado por Frank A. Domínguez y George D. Greenia. Dictionary of Literary Bibliography, 286, Bruccoli Clark Layman, 2004, pp. 15–20.

Seidenspinner-Núñez y Yonsoo Kim. "Historicizing Teresa: Reflections on New Documents Regarding Sor Teresa de Cartagena." *La corónica: A Journal of Medieval Hispanic Languages, Literatures and Cultures*, vol. 32, núm. 2, Spring 2004, pp. 121–50.

Surtz, E. Ronald. "Image Patterns in Teresa de Cartagena's *Arboleda de los enfermos*." *La Chispa 87: Selected Proceedings: Louisiana Conference on Hispanic Languages and Literatures, New Orleans, 26–28 de febrero, 1987*, editado por Gilberto Paolini, 1987, pp. 297–304.

———. "El llamado feminismo de Teresa de Cartagena." *Studia hispanica medievalia III: Actas de las IV jornadas internacionales de literatura española medieval, Buenos Aires, 19–20 de agosto, 1993*, editado por Rosa E. Penna y María A. Rosarossa, U. Católica Argentina, 1995, pp. 199–207.

———. *Writing Women in Late Medieval and Early Modern Spain.* U of Pennsylvania P, 1995.
Twomey, Lesley K. "The Aesthetics of Beauty in the Writings of Cloistered Women in Late Medieval and Golden Age Spain (Constanza de Castilla, Teresa de Cartagena, Isabel de Villena and Teresa de Ávila)." *eHumanista*, vol. 32, 2016, pp. 50–68.
Vicente García, Luis Miguel. "La defensa de la mujer como intelectual en Teresa de Cartagena y Sor Juana Inés de la Cruz." *Mester*, vol. 18, núm. 2, pp. 95–103.

4 Florencia Pinar

Contexto histórico del *Cancionero*

Como vimos en el capítulo 1, el siglo XIV fue un periodo crítico de la historia de la península ibérica y en concreto de Castilla. La disputa por la Corona llevó al enfrentamiento fratricida de los dos medio hermanos, Pedro I y Enrique II de Trastámara. Una de las primeras decisiones que tomó Enrique II tras derrotar y eliminar a su hermano, fue realizar una limpieza en Castilla de aquellos nobles que habían sido leales a Pedro I.[1] La ejecución del padre de Leonor López de Córdoba y el paulatino fallecimiento de todos los miembros de su familia debido a las penalidades que sufrieron durante su encarcelamiento en las Atarazanas de Sevilla, es un ejemplo de cómo se exterminaron estos linajes de la sociedad castellana. Como explica Brian Dutton, dadas las circunstancias en las que nació la nueva nobleza castellana, ésta no tenía la lealtad de los habitantes de las tierras que había recibido de los monarcas de la dinastía Trastámara y se vio en la necesidad de encontrar reconocimiento social y político. El nuevo estilo de vida que crearon por y para ellos estuvo, en parte, motivado por el objetivo de afianzarse en sus tierras. En el siglo XIV, el guerrero señor feudal de siglos anteriores se transforma en un señor cortesano que ve compatibles las letras y las fiestas palaciegas con las armas y que encuentra en la poesía una nueva forma de expresar sus valores como noble, amante y guerrero (8–9).

La obra de Florencia Pinar

Apenas se tiene información sobre la biografía de Florencia Pinar. De ella se sabe que fue una dama de la corte de Isabel la Católica y que tanto ella como su hermano, al que sólo se le conoce por el apellido, fueron poetas admirados y recogidos en los cancioneros. El trabajo literario que se conoce de nuestra poetisa es muy breve. Se le atribuyen sólo seis canciones y una glosa: "¡Ay! que ay quien más no vive," "De estas aves su nación" y "Será perderos pediros" se recogen en el *Cancionero General*; "El amor ha tales mañas" aparece en dos cancioneros, el de Rennert y el *General*; y "Cuidado nuevo venido" y "Tanto más crecer el querer," aunque se consideran de autoría dudosa, Viviana Ponce Escudero se las atribuye a Florencia. Ambas canciones se encuentran en el *Cancionero de Rennert*.

¿Qué son los cancioneros?

Los cancioneros eran volúmenes que recogían la poesía y las canciones de los poetas de la época. Entre los más importantes están el *Cancionero de Baena* (1437–1445) de Juan Alfonso de Baena, el *Cancionero de Estúñiga* (1460–1463) de Lope de Estúñiga o el

Cancionero General (1511) de Hernando del Castillo, por mencionar sólo los tres a los que nos referiremos en este capítulo. Estos volúmenes fueron el trabajo de unos compiladores, quienes, por iniciativa propia o por encargo de un monarca o un noble, se dedicaron a recopilar durante el siglo XV cientos de poemas y canciones. Estas colecciones se podían organizar temáticamente, abarcando un determinado periodo histórico o, simplemente, según el gusto del compilador (Dutton 20–21).

Las manifestaciones poéticas en lenguas vernáculas

A principios del siglo XII surge en el Sur de Francia una poesía provenzal que desplaza al latín para componer en su lengua autóctona, el occitano. La influencia de esta poesía fue relevante tanto literaria como lingüísticamente. Estos trovadores no sólo crearon una nueva forma de hacer poesía y extendieron el concepto del amor cortés (del que más adelante hablaremos) por Francia, Italia, Alemania, el reino de Aragón y por los reinos de Castilla, León y Portugal, sino que también la popularidad de estos poemas y canciones hizo posible que en Europa, incluyendo en la península Ibérica, las lenguas autóctonas se empezaran a valorar y comenzaran a desplazar al latín como lengua culta y, por consiguiente, a producir textos escritos en la lengua vulgar de cada región. Las cortes castellanas no fueron ajenas a este movimiento literario; de hecho, las de Alfonso VIII (1158–1214) y Alfonso X (1221–1284) acogieron con entusiasmo a los poetas provenzales de Francia e Italia. Sería en el siglo XIII y durante el reinado de Alfonso X cuando los poetas de la península empezaron a dejar de lado la poesía en provenzal para empezar a componer en gallego-portugués. Los siglos XIII y XIV son los del esplendor de esta poesía y de esta lengua del noroeste de la península ibérica, la cual se implantó como la lengua culta de la península. *Las Cantigas* de Alfonso X son un testimonio de la relevancia que tuvo esta lengua vulgar (Dutton 11–12).

Habría que esperar hasta el siglo XV para que los poetas castellanos empezaran a producir textos poéticos en su propia lengua. Este cambio pasó por un periodo de "hibridismo lingüístico" (Dutton 15) entre el gallego-portugués y el castellano, hasta que éste último terminó por asentarse como la lengua literaria de los cancioneros producidos en este reino. Dutton divide la poesía castellana del siglo XV en tres grandes periodos y cada uno de ellos tiene su respectivo tratado. Creo que es importante mencionarlos porque reflejan el trabajo intelectual llevado a cabo por estos escritores para desarrollar la poesía y la lengua castellanas. El primer periodo abarca desde 1375 a 1425 y en el *Cancionero de Baena* se recoge la producción de estos años. Esta poesía es filosófica, didáctica, abstracta e incorpora a los clásicos griegos y latinos en su intento de alcanzar una mayor erudición. El texto que mejor explica el concepto que se tiene de este género literario y de los creadores es el *Prologus Baenensis*. La idea de Juan Alfonso de Baena (1365–1435) sobre lo que es ser poeta nos interesa para entender la poesía del amor cortés y a los poetas del siglo XV, entre los que se encuentra Florencia Pinar. Dice Baena del poeta: "que sea amador y que siempre se precie y se finja de ser enamorado" (citado en Dutton 33, modernización mía). Es decir, es importante que el creador de poesía sepa lo que es ser amante pero, sobre todo, que sepa construir una imagen fidedigna de persona enamorada.[2] El segundo periodo abarca desde 1425 a 1479. La erudición sigue siendo una característica importante y la influencia de Francisco Petrarca se aprecia en estos escritores. En su *Prohemio e carta* Íñigo López de Mendoza, el Marqués de Santillana (1398–1454), le da preeminencia a las lenguas vulgares y elabora sobre el comportamiento del noble cortesano y sobre su concepto de la poesía, la cual, según él, ha de ser "fingimiento de cosas útiles, cubiertas o veladas con muy hermosa cobertura, compuestas, distinguidas y escandidas por cierto cuento, peso y medida" (Marqués de Santillana). El último periodo abarca los años del reinado de los Reyes Católicos. Esta poesía se produce en la corte y es en este espacio donde escribe Florencia Pinar. Esta producción poética se caracteriza ahora por la ambigüedad, la concisión y los juegos verbales, siendo nuestra poetisa, a pesar de su reducido número de poemas, una de sus grandes representantes. De este periodo es el tratado literario titulado *El Arte de la poesía castellana* (1496) de Juan de Encina (1468–1529?). La conexión que hace este escritor entre la historia de la poesía castellana y la italiana de Dante y Petrarca demuestra la influencia del Humanismo en España a finales de este siglo (Dutton 28–48).

Las poetisas

Pero ¿dónde están las poetisas? El reconocimiento de las lenguas vernáculas favoreció el surgimiento de una voz femenina en la península y en el resto de Europa. De hecho, la mujer, a quien se le había vedado el empleo del latín, pudo dejar constancia de su experiencia y subjetividad femeninas escribiendo en estas lenguas. Cristina Ruiz Guerrero observa que las primeras prosas en romance firmadas por mujeres no empiezan a aparecer hasta el siglo XIV con Leonor López de Córdoba y en el siglo XV con Constanza de Castilla, Teresa de Cartagena, María de Santo Domingo (1470/86–1524), Juana de la Cruz (1481–1534) y la portuguesa Beatriz de Silva (1424–1492).[3] Como veremos, en poesía también hay que esperar hasta este siglo para poder nombrar a las primeras poetisas castellanas (40–42).

El anonimato y la transmisión oral son los puntos que tienen en común la producción artísticas femenina en lengua romance previa al siglo XV. Esta poesía anónima pertenecía al género de la lírica tradicional (o poesía popular) y siempre ha estado presente en las sociedades europeas. En la península ibérica, el primer testimonio lo encontramos en los siglo IX y X en al-Ándalus, donde se han registrado las jarchas, unas cancioncillas en romance (y/o en árabe vulgar) escritas por mujer. La jarcha se colocaba al final de una moaxaja, típico poema árabe, y sus temas coincidían con la *frauenlieder* —poesía femenina que se produjo en el norte de Europa— (Rubiera Mata 20). Posteriormente, en el siglo XIII surgen en gallego-portugués las *cántigas de amigo*. Estas eran canciones anónimas escritas en primera persona y dirigidas a un *narratario* que, generalmente, lo encarnaba la madre, una hermana o una amiga. El tema principal de estas canciones era el amor. En ellas la mujer transmitía su felicidad por el reencuentro con el amado o la pena que le producía su ausencia. También se trabajaban otros temas, tales como el de la malmarida, la doncella que se niega a entrar en la vida religiosa, la pérdida de la virginidad o la mala mujer (Pérez Priego 26–33). En castellano, la voz femenina se escucha en los villancicos. Como Ruiz Guerrero explica, la poesía en lengua romance tiene en común la presencia de una voz femenina y, "gracias" a su anonimato, en todas ellas se puede leer la libertad tanto temática como formal. Esta libertad en el proceso creativo está ausente en la poesía cancioneril debido a la rigidez que se implantó sobre esos dos aspectos desde su origen. La poesía popular es más íntima, sensual e inconformista y su creadora nos transmite el día a día de la mujer no cortesana. A ellas se las ve participando en actividades sociales tales como en la romería, en el campo, en las bodas y en las fiestas, o involucradas en conflictos familiares, como por ejemplo, los matrimonios forzosos o el amor entre desiguales. Muchas de estas canciones se empezaron a compilar en los cancioneros a finales del siglo XIV y se hicieron populares entre los poetas de la corte (Ruiz Guerrero 57–59).

A lo largo de la Edad Media, la cultura estuvo en su mayor parte al alcance de la mujer noble, de la monja y de las esposas e hijas de comerciantes adinerados. Como hemos visto en capítulos anteriores, en el siglo XIII la universidad le arrebató a las instituciones religiosas la tarea de formar a las personas y cada vez estaba más implantada la idea de que el saber era innecesario para la mujer, la cual se debía limitar a leer aquellos textos que pudieran ayudarla a cumplir con su papel de esposa y madre o monja. La situación de la mujer en las cortes del siglo XV y, en especial, en la de los Reyes Católicos, fue diferente. El deseo de saber que trajo consigo el Humanismo y el invento de la imprenta hizo posible que los monarcas coleccionaran en sus bibliotecas de palacio libros de autores nacionales e internacionales. Cristina Segura Graíño, en su estudio sobre las escritoras en la corte de los Reyes Católicos, presenta como la reina Isabel I fue un ejemplo de ese deseo de aprender y saber. Descendiente de una dinastía de reinas que entendía que la cultura era un aspecto fundamental para la mujer (tanto su abuela Felipa de Lancaster como su madre Isabel de Portugal se preocuparon por formarla), Isabel I tenía claro cuál era el papel que ella debía jugar al respecto. Esto explica que se rodeara de mujeres nobles que tenían el mismo interés que ella en desarrollar una política cultural pro-mujer y que las apoyara dándoles acceso a su rica biblioteca, en la que, junto a textos religiosos y de grandes autores españoles, se hallaban los escritos del movimiento de la *querella de las mujeres* (283–86). Al igual que su madre y abuela, la reina Isabel se preocupó por preparar intelectualmente a sus hijas. El hecho de que Luisa Sigea, reconocida escritora de esta época, acompañara a la infanta Catalina en la corte de Portugal, es un ejemplo de la importancia que le dio la reina al desarrollo intelectual de sus hijas como mujeres y futuras monarcas (286). Así pues, las damas de su corte tuvieron acceso a un caudal de textos que les permitió instruirse y, por consiguiente, atreverse a escribir.

Hay otro aspecto de la vida de la corte del siglo XV que animaba a sus miembros a ser creativos. La cultura cortesana de este periodo se divertía organizando torneos y escribiendo poesía. Las damas y los caballeros creaban *invenciones* (manifestación artística que constaba de un dibujo, llamado "devisa," y de una sentencia poética, llamada "mote," que hacía referencia a la devisa) que lucían en sus ropas, y disfrutaban intercambiándose poemas o preguntas y respuestas. Estamos pues ante una cultura que se divertía jugando a escribir versos de una manera "colectiva y pública" (Pérez Priego, 14). No obstante, el que la mujer diera a conocer su producción artística, tanto en las devisas como en el juego de preguntas y respuestas, provocó la lógica reacción de unas instituciones patriarcales que siempre habían sido reacias a que la producción literaria femenina ocupara el espacio público (Pérez Priego 14–20; Ruiz Guerrero, 70–75).

Ante el entusiasmo que despertaba la poesía, a Jane Whetnall le resulta difícil entender que en el *Cancionero General* sólo se publicara la poesía de un reducido número de escritoras: Mayor Arias, Vayona, María Sarmiento, la reina doña Juana, la reina de Portugal, Catalina Manrique, la marquesa de Cotrón, Florencia Pinar y doña Marina Manuel, junto a otros poemas anónimos con voz femenina. Según ella, esto se pudo haber debido a varios factores: por un lado, el constante desprecio que sufría la producción literaria de mujer por parte del hombre intelectual y el idealizado código de comportamiento que se le impuso, tuvieron que haberla frenado a la hora de escribir y publicar su trabajo: "the woman poet stood in an incongrous relation to the standard model, whether or not she wrote love poetry. She might aspire to being a poet, but she could hardly aspire, publicly, to being a lover" (68). Por otro, si recordamos las palabras de Baena en su *Prologus Baenensis*, la reputación del poeta estaba íntimamente ligada a su popularidad como amante, siendo su meta final la de quedar inmortalizado en los cancioneros. Ante tales características, continúa explicando Whetnall, era inconcebible que la mujer pudiera escribir bajo los mismos parámetros que el hombre. Es decir, el yo poético femenino no podía hacer del hombre el objeto de su deseo y ni mucho menos podía beneficiarse de su fama como amante; ya que lo que para él suponía adquirir prestigio como hombre y poeta, para ella significaba desprestigiar su persona (69). Barbara Weissberger, con respecto a la imagen que el poeta-amante se construye de sí mismo, añade que su deseo no se limitaba a adquirir fama por su producción literaria y virilidad, sino que tenía también un fin pragmático: mejorar su posición social por medio del matrimonio. Esto la lleva a preguntarse: "How is it possible for a woman writer to interject herself into this discourse of masculinity?" (38). Whetnall encuentra en el patronato, en la protección de una figura masculina (como la del esposo o la del padre), en el anonimato, o en el empleo de seudónimo las opciones que tenían las poetisas del siglo XV para publicar su trabajo. De hecho, concluye, es significativo que todas las escritoras que firmaron sus trabajos en los cancioneros estuvieron protegidas por una figura masculina. Este fue el caso de Florencia Pinar, cuyo hermano jugó un importante papel en la publicación de sus canciones y poemas (73).[4]

El amor cortés

El concepto del amor cortés de los trovadores provenzales fue evolucionando con el tiempo y conforme se fue impregnando de las otras culturas europeas con las que entró en contacto. Ruiz Guerrero elabora sobre este movimiento literario en *Panorama de escritoras españolas*. La idea del amor cortés tiene su origen en Occitania en el siglo XII. El giro hacia una sociedad comercial que estaban dando las ciudades medievales y el contacto con la cultura oriental expusieron a las sociedades europeas a estilos de vida diferentes que apreciaban el ocio. Es en esta cultura donde se desarrolla una forma nueva de entender el amor, aunque sería en el siglo XV cuando se empieza a practicar con entusiasmo en las cortes castellanas. El concepto del amor cortés nace del sistema de vasallaje de la Edad Media feudal; de hecho, la dinámica entre dama y caballero es la misma que la que había entre el señor feudal y el vasallo. La dama se presenta en esta poesía como la señora feudal que obliga al amante a hacer méritos para ganarse su amor y el caballero enamorado es el vasallo que sufre su rechazo y crueldad. El caballero se convierte así en prisionero de la dama. Se trata de un yo poético que sufre los desdenes y arrogancia de la amada, pero que, paradójicamente, disfruta del martirio al que ella lo somete. Estamos ante un amante que prefiere sufrir y que no desea liberarse de la tortura que padece. Este es un amor en teoría platónico, que idealiza a la dama, aunque no por ello ésta deja de ser objeto del deseo sexual del caballero. De hecho, bajo los ideales del amor platónico se escondía un amor sensual, adúltero y cargado de connotaciones eróticas que obligaba al amante a proteger la identidad de la dama (64–66). Estas características del amor cortés llevan a Ruiz Guerrero a realizarse la pregunta que ya había planteado Joan Kelly: ¿Tenía la mujer feudal la opción de amar libremente al ser ella quien elegía a sus amantes? (67).

Como dijimos, en el siglo XIII, el concepto feudal del amor cortés deja de tener sentido en la incipiente, pero importante, sociedad mercantilista italiana. Para los poetas del denominado *dolce stil nuovo*, la amada deja de ser la señora feudal a la que se debe el enamorado para transformarse en "un ser perfecto, cuasi divino, situada espiritualmente muy por encima de su amante" (Dutton 16).[5] Vemos que los poetas castellanos se aficionaron a una poesía y a una ideología amorosa que ya tenía un bagaje cultural y literario de tres siglos y durante los cuales había viajado y había sido influida por las culturas europeas con las que había entrado en contacto y convivido (la francesa, la galaico-portuguesa, la alemana y la italiana). A través del tiempo se construyó pues una idea del amor universal que había creado un lenguaje poético abstracto, simbólico y cargado de eufemismos eróticos. Como Julian Weiss comenta, el conocimiento de este código lingüístico ayudó a los poetas a proyectar una imagen de sí mismos que era escurridiza y, a la vez, insinuante (245). Es más, estos poetas ayudaron a cimentar la ideología de un juego amoroso e institucionalizaron una serie de valores que moldearon la dinámica entre los géneros y la forma de entender el amor (242). El poeta del amor cortés construyó para sí una imagen de hombre sufridor bajo la que escondía el deseo de exhibir su arte y su masculinidad:

> For whereas feminine power is *not to act* from a position of strength, masculine power is *to act* from a position of weakness. The paradox renders "natural" a gender relationship based on a binary opposition, according to which masculine action is explicitly dependent on feminine passivity. The exercise of masculine power is also causally linked to the creation of public identity.
>
> (250)

Los trabajos de Keith Whinnom, Ian Macpherson y Weiss sobre la lengua de los poemas del *Cancionero General* han ayudado a desvelar el erotismo y la sensualidad que se oculta en la lengua poética empleada por estos poetas, la cual también se debía ajustar a una estructura métrica concisa e inflexible. Se trata de una lengua que recurre a la ambigüedad, al eufemismo, a la construcción paradójica, a la metáfora, a la hipérbole, a la alegoría y al simbolismo del bestiario de la Edad Media para transmitir un mensaje que, probablemente, para las damas y los caballeros de la corte, no debió de ser abstracto, sino, al contrario, fácilmente descifrable. Y es que, detrás del discurso platónico, de la dama inalcanzable y del amante sufridor, se ocultaba el deseo carnal y el sufrimiento que causaba no poseerla. Este es un sufrimiento gozoso que le da vida y, que, por consiguiente, se niega a dejar de sentir, aunque sea esa misma pasión lo que lo ciegue y le impida controlar su propia voluntad. Para Whinnom debajo de este amor platónico y doloroso, la preocupación de estos poetas es más "el deseo físico y la tentadora posibilidad de su consumación que [. . .] las nebulosidades de las ideas neo-platónicas, semi-místicas" (380). A esto añade Weiss que la imagen que tan meticulosamente el poeta se había creado tenía, en realidad, el objetivo de demostrar su poder sobre la dama. Y es que, la rendición de ésta a su seducción suponía para él perder el control que hasta ahora había tenido sobre ella (353).

La poesía de Florencia Pinar. Erotismo femenino en el *Cancionero General*

La poesía de Florencia Pinar se encuentra en la sección de *canciones* de los cancioneros. La canción era un poema amoroso que el trovador le cantaba a la dama. Su estructura está formada de coplas. Éstas eran estrofas de arte menor —versos de seis a ocho sílabas—, que podían ser de tres versos, redondillas (de rima *abba*) o quintillas (estrofas de dos consonancias diferentes, los dos últimos versos no pueden formar pareado y no puede haber más de tres versos juntos con la misma rima). La canción debía tener al menos una copla de mudanza (estrofa que describía un cambio de emociones) y generalmente cerraba con dos versos del estribillo.

El trabajo de Pinar ha sido bastante analizado por la crítica literaria y, a pesar de que estos estudios han tenido en cuenta el canon poético de la época en el análisis de sus poemas, parte de la crítica literaria ha intentado interpretar su yo poético de acuerdo al pensamiento de la cultura moderna del siglo XX. Weissberger en su artículo "The Critics and Florencia Pinar: The Problem with Assigning Feminism to a Medieval Court Poet" explica que aplicar la idea contemporánea del amor y de la mujer a esta poesía medieval lleva a realizar anacronismos ideológicos, ya que estamos en un periodo en el que resulta complicado hablar "of a private, emotional, personal voice with regard to any individual poet," debido a que la voz del cancionero era lo opuesto, "a highly public, rethorical, and conventional language" (32). Este es el problema que presenta, según ella, el trabajo de Alan Deyermond, investigador que dio a conocer a nuestra poetisa e inició el importante estudio de su simbología. Deyermond considera posible deducir la personalidad de Florencia estudiando sus canciones. Así, en su análisis de "De estas aves su nación" y "El amor ha tales mañas" se aventura a establecer que estamos ante una mujer enamorada y, quizás, sexualmente reprimida: "One does not need to be a card-carrying Freudian to suspect that when a woman poet writes of love as a worm penetrating her entrails, phallic symbolism is involved, even if only at the subconscious level" (6). Posteriormente, Joseph Snow en un estudio con el que avanza el conocimiento del simbolismo, de las paradojas y antítesis de los poemas de Pinar, corrobora las sospechas de Deyermond y lee literalmente sus versos, llegando a criticar a la poetisa por haber permitido que su pasión controlara su voluntad: "A woman should still be free to liberate herself through the exercise of judgment or discipline from its strong emotional attraction" (326). Barbara Fulks en su análisis de "El amor ha tales mañas" y Constance Wilkins en el estudio de "De estas aves su nación" perciben en su poesía la voz de una mujer víctima del hombre, que alerta al género femenino del peligro que éste representa. En la misma línea, Louise Mirrer entiende que "las estrategias lingüísticas" que emplea en "De estas aves su nación" es un "modo de resistencia a la dominación masculina" (10); resistencia que es producto de la opresión que sufre una mujer víctima de unas normas sociales que le impiden ser "sujeto deseante." Peter Broad sugiere que Florencia se siente traicionada por los hombres que le han robado su libertad, por lo que concluye que sus poemas y, en concreto "¡Ay! que hay quien más no vive," son "un reconocimiento de la condición de la mujer y al mismo tiempo una rebelión contra ella" (34). Ángel Flores y Kate Flores consideran que Florencia presenta en "De estas aves su nación" el tormento de una mujer víctima del poder del hombre y el sufrimiento de haber perdido la libertad de expresarse (xxiv).

Cortés Timoner, Weissberger, Roxana Recio, Viviana Ponce Escudero por su parte se alejan de estas conclusiones y analizan el trabajo literario de Pinar sin olvidarse de las normas y la cultura amorosa por las que se regían los poetas y las poetisas del siglo XV y, por supuesto, sin pasar por alto que quien escribió estos poemas fue una mujer. Para las estudiosas, Florencia se limita a aplicar el código lingüístico del amor cortés a su poesía y, al igual que los poetas del cancionero, recurrió a la ambigüedad y al doble significado del lenguaje simbólico para crear canciones en las que la voz poética de mujer se presentara como la de la amada enamorada y amante. Es decir, así como el caballero-amante se presentaba preso de la dama y de su pasión, el yo poético de Pinar también se encuentra prisionero de su pasión y de su deseo sexual. Weissberger, citando a Weiss, se pregunta: "Might Pinar be engaging in a dazzling display of control over 'outward signs and inner meaning'?" (39). Recio demuestra cómo en las canciones de Pinar "[a]parece utilizado el código cancioneril desde una óptica femenina" (329). Y Ponce Escudero la considera una escritora innovadora por su manera de escribir sobre el amor: "lo que distingue los textos de Florencia Pinar es el tratamiento dialéctico y ambiguo (como requisito primero) del sentimiento amoroso. Este es el rasgo más importante en sus canciones que la vuelven una poetisa original que va a la vanguardia de su tiempo" (164). Estas investigadoras, sin hacer juicio de valor sobre el carácter de Florencia, explican su poesía teniendo en cuenta, por un lado, las reglas poéticas del momento y, por otro, a la creadora de estas canciones: una intelectual de su tiempo, que leyó a autores del pasado y contemporáneos a ella, y que tuvo que seguir el canon literario de la poesía del amor cortés si quería que el compilador le abriera las puertas del cancionero (Ponce Escudero 160–63).

En "¡Ay! que hay quien más no vive (Canción de una dama que se dice Florencia Pinar)," la poetisa abre con un juego de palabras que realiza con su "¡ay!" de dolor y el "hay" del verbo "haber." Este juego de palabras le permite expresar el sufrimiento que le causa su pasión y el deseo de gozar del amor. En los dos primeros versos, el yo poético se lamenta de que no haya alguien que se apene de ella. La paradoja que crea con esas dos palabras, le sirve para concluir esta primera quintilla con la idea de que sin pasión es preferible no vivir. El yo poético continúa expresando el sufrimiento que le produce su deseo sexual con una redondilla que abre mediante un paralelismo formado a base de antítesis y que le permite expresar con claridad que es consciente de la contradicción en la que vive. En los siguientes dos versos, vuelve a insistir en que esa desolación merece la pena si, al final, se puede gozar del amor. La canción cierra con otra quintilla en la que declara que prefiere vivir presa de su pasión, siempre que haya quien se la consuele. Como Snow comenta, el resultado final es "the projection of a persona, of a flesh-and-blood personality, aware of the options but caught in the endless permutation of the fortunes of love and sexual attraction, who is not afraid to suggest that, for her at least, passion outweighs prudence" (325). Se trata pues de una canción en la que la voz del poema se niega a liberarse de la pasión que sufre.

El tema del segundo poema, "Otra canción de la misma señora a unas perdices que le enviaron vivas," es el de la amada-amante cautiva de su propio ardor. Las perdices tienen en este poema un significado simbólico y real. La perdiz hembra era un ave conocida por su gran deseo sexual y era engañada y cazada con el canto de una perdiz macho enjaulada.[6] En esta canción de Pinar (al igual que en la poesía de sus contemporáneos), la perdiz simboliza la lujuria de la voz poética pero, a la vez, el encarcelamiento al que la tiene sumida su pasión. La poetisa emplea la primera persona del singular para identificar su sufrimiento con el de las perdices enjauladas. En la primera estrofa, contrapone el que debería ser el estado natural de las aves, vivir en libertad, con la situación actual de éstas, el confinamiento, para a continuación, identificar el dolor que le produce verlas cautivas con el sufrimiento que ella misma padece en soledad. Es decir, opone la empatía que el yo poético siente por los pájaros con el desinterés que el amado siente por su dolor. En la segunda estrofa, presenta la imagen de las perdices dominadas por su deseo sexual, siendo traicionadas y apresadas por la perdiz macho y los cazadores, respectivamente ("esos mismos"). Abre la última estrofa haciendo referencia al estado del yo poético. Al igual que las aves, la amada-amante está perdiendo la alegría de vivir pues se encuentra cautiva de una pasión que la consume y que el amante se niega a satisfacer. Florencia, de la misma manera que hacían sus compañeros de cancionero, se refiere al amado empleando eufemismo como "sus nombres" para ocultar su identidad. La originalidad de su poema no radica en la simbología que emplea, sino en cómo, por medio del símbolo de la perdiz, Pinar provee a la amada-amante del deseo de actuar sexualmente, deseo que no poseen las damas en los poemas escritos por hombres y, a la vez, le permite ocultar a "la mujer que ha escrito el poema bajo una serie de leyes retóricas generales y abstractas" (Recio 334). No se trata, por tanto, de la pasión "at the subconscious level" (6) de la que habla Deyermond, sino del deseo sexual del yo poético, de la deleitosa pasión que siente y sufre y sin la que su vida no tendría sentido. Como Ponce Escudero dice: "La prisión representa el encierro, es decir, la celda en la que se encuentra el deseo de la enamorada. Está eróticamente presa. Un amor que es inalcanzable y a la vez cruel [. . .] pero para los poetas de fines del siglo XV, es preferible esa vida llena de sufrimientos amorosos a la muerte, pues pondría fin a su martirio" (158).

El tema de "El amor ha tales mañas" es el amor engañoso, dañino y destructivo. En la primera estrofa, se presenta al amor humanizado, como si fuera un ser habilidoso del que hay que estar prevenida porque, una vez se adentra en lo más profundo ("las entrañas") de la mujer, no sale de ella sin desgarrarla. La siguiente estrofa abre con una poderosa metáfora, "el amor es un gusano." El "gusano" simboliza la muerte, pero en el contexto de este poema también adquiere un simbolismo fálico, ya que tiene la capacidad y "la maña" (la destreza) de penetrar el interior de la mujer. El "gusano" de Pinar es un ser que, como buen engañador o burlador, se preocupa por su apariencia ("figura"), bajo la que esconde su verdadera naturaleza: él es un "cáncer" destructivo. En los dos primeros versos de la tercera estrofa, la voz del poema nos recuerda que ya hay quejas y denuncias ("querellas") de sus engaños ("burlas") y de su persistente crueldad ("sañas"). Concluye con los dos versos del estribillo inicial insistiendo en la misma idea: el amor, una vez entra en lo más profundo de la amada, tanto física como emocionalmente, no sale de ella sin antes causarle un inmenso daño interior. La abstracción por la que se caracteriza la poesía del cancionero, está presente en estos dos últimos poemas de Pinar. Para Recio, este aspecto es fundamental en su poesía ya que "[s]erán precisamente la abstracción [. . .] y la alegorización las que le sirvan de válvula de escape para una expresión aceptada por una sociedad que se decía al servicio de la mujer pero que verdaderamente no la valoraba" (337). Como mujer, la ambigüedad que la abstracción del símbolo le ayuda a crear es imprescindible para comunicar el deseo sexual y el engaño que sufre el yo poético por parte del amante que se aprovecha de su pasión. La abstracción, sin embargo, no le impide crear una imagen realista para presentar al amor como "algo vivo que penetra y consume las entrañas" (Pérez Priego 24). Este es un poema que, como apunta Pérez Priego, gracias al carácter universal que adquiere el amor y a que éste no se trata de manera personalizada, Pinar lo provee de una función aleccionadora que invita a reflexionar (23).

Notas sobre la modernización de los poemas

Se han modernizado las grafías b/v (*bive, bevir*), c/z (*plazeres*) y las contracciones *s'esquive*, *d'¡ay!*, *d'amores*, *l'entra* o *dél* sin alterar la rima o la métrica de los versos.

Tres canciones de Florencia Pinar[7]

1 "Canción de una dama que se dice Florencia Pinar"

¡Ay! que hay quien más no vive
porque no hay quien de ¡ay! se duele,
y si hay, ¡ay! que recele,[8]
hay un ¡ay! con que se esquive[9]
quien sin ¡ay! vivir no suele.
Hay placeres, hay pesares,[10]
hay glorias,[11] hay mil dolores,
hay, donde hay penas de amores,[12]
muy gran bien si de él gozares.
Aunque vida se cautive,
si hay quien tal ¡ay! consuele,
no hay razón por que se cele
aunque hay con que se esquive
quien sin ¡ay! vivir no suele.

2 "Otra canción de la misma señora a unas perdices que le enviaron vivas"

De estas aves su nación
es cantar con alegría,

y de verlas en prisión
siento yo grave pasión,
sin sentir nadie la mía.
Ellas[13] lloran que se vieron
sin temor de ser cautivas,
y a quien eran más esquivas[14]
esos mismos las prendieron.[15]
Sus nombres mi vida son,
que va perdiendo alegría,
y de verlas en prisión
siento yo grave pasión,
sin sentir nadie la mía.

3 "Canción"

El amor ha[16] tales mañas[17]
que quien no se guarda de ellas,
si se le entra en las entrañas[18]
no puede salir sin ellas.
El amor es un gusano,
bien mirada su figura:[19]
es un cáncer de natura
que come todo lo sano.
Por sus burlas, por sus sañas,[20]
de él se dan querellas[21]
que, si entra en las entrañas,
no puede salir sin ellas.

Preguntas para debatir y temas para escribir.

1. ¿Está la ideología y el discurso del amor cortés aún presente en el discurso amoroso contemporáneo? Dé ejemplos.
2. ¿Tienen los trovadores del siglo XV aspectos en común con los cantantes de hoy en día?
3. Piense y explique si las cantantes populares tienen, a la hora de hacer pública su música y de presentarse en público, las mismas preocupaciones que tenían las poetisas del siglo XV.
4. ¿Puede identificar canciones contemporáneas que se refieran al amor y a los amantes con connotaciones similares a las de Florencia Pinar? Explíquelas y haga un análisis comparativo.
5. Compare y analice las tres canciones de Pinar y explique cómo evoluciona el tema del amor.
6. Elija una canción de Pinar y explique cómo las figuras retóricas ayudan a transmitir el tema y las emociones del yo poético.
7. En parejas, escriban una canción al estilo de nuestra poetisa pero adaptándola a la cultura amorosa del siglo XXI. Mantengan la estructura formal (metro y rima) y emplee las figuras retóricas del *Cancionero General*. En la siguiente clase, lean su canción (póngale música si así lo desean). Después, intercambien sus canciones con otra pareja y hagan un análisis formal y temático de la canción de sus compañeros. Presenten su análisis en clase. Empleen cualquier medio visual que les ayude a explicar su presentación.

Documentales relacionados con el tema.

Mujeres en la historia: "Isabel la Católica." www.rtve.es/alacarta/videos/mujeres-en-la-historia/mujeres-historia-isabel-catolica/524237/

Notas

1. Brian Dutton explica que hubo nobles que se exiliaron y otros fueron ejecutados o desnaturalizados.
2. Julian Weiss explica que el verbo "fingir" tiene doble significado: simular o hacer creer algo que no es cierto. Etimológicamente, tiene el significado de "inventar" o "crear" (254).
3. La valenciana Isabel Villena (1430–1490) no escribió en castellano, pero la relevancia de su *Vita Christi* obliga mencionarla.
4. "The fact that he glossed two of her *canciones*, that their poems occur together in one of the main sources, and the implications of the anomalous rubrics 'Glosa de Florençia' and 'Canción de Florençia' combine to suggest that her poems were originally recorded in his personal *cancionero*" (Whetnall 73).
5. Dutton cuestiona la influencia que esta nueva forma de entender el amor cortés tuvo en los trovadores de la Castilla del siglo XV (17).
6. Deyermond cita a Joaquín Gimeno Casalduero para explicar el simbolismo de la perdiz (5).
7. Modernizo tres de las canciones que incluye Pérez Priego en *Poesía femenina en los cancioneros*.
8. Del verbo "recelar." Desconfiar, sospechar.
9. Del verbo "esquivar." Evitar, rehuir.
10. Pena, sentimiento de tristeza.
11. Whinnom en su fundamental trabajo sobre la lengua del *Cancionero General* demuestra que "gloria" tiene el significado de "consumación sexual" (378).
12. Dolores.
13. Se refiere a las aves.
14. Desdeñosas.
15. Agarrar, apresar.
16. Del latín *habere*. "El amor tiene tales mañas."
17. La habilidad de hacer las cosas de una determinada manera (Moliner).
18. Interior del ser humano, las vísceras; también puede significar el alma, los sentimientos, el corazón (Moliner). Pinar emplea el amplio sentido de esta palabra en su canción, ya que considera que el poder destructor del amor es tanto físico como espiritual.
19. La apariencia.
20. "La insistencia cruel en el daño que causa" (Moliner).
21. Quejas o denuncia legal.

Obras citadas y lecturas recomendadas

Broad, Peter. "Florencia Pinar y la poética del Cancionero." *La Escritora Hispánica*, editado por Nora Erro-Orthmann y Juan Cruz Mendizabal, Editorial Vosgos, S.A., 1987, pp. 26–36.

Cortés Timoner, María del Mar. *Las primeras escritoras en lengua castellana*. Publicacions i Edicions de la Universitat de Barcelona, 2015.

Deyermond, Alan. "The Worm and the Partridge: Reflections on the Poetry of Florencia Pinar." *Mester*, vol. 7, núm. 1, 1978, pp. 3–8.

———. "Spain's First Women Writers." *Women in Hispanic Literature. Icons and Fallen Idols*, editado por Beth Miller. U of California P, 1983, pp. 27–53.

Dutton, Brian. *La poesía cancioneril del siglo XV. Antología y estudio*. Iberoamericana, 2004.

Flores, Ángel y Kate Flores. *The Defiant Muse. Hispanic Feminist Poems from the Middle Ages to the Present*. The Feminist Press, 1986.

Fulks, Barbara. "The Poet Named Florencia Pinar." *La corónica: A Journal of Medieval Hispanic Languages, Literatures, and Cultures*, vol. 18, núm. 1, 1989–90, pp. 33–44.

López de Mendoza, Íñigo. *Proemio y carta*. Biblioteca Virtual Miguel de Cervantes, 2005.

Macpherson, Ian. "Secret Language in the *Cancioneros*: Some Courtly Codes." *Bulletin of Hispanic Studies*, vol. 62, núm. 1, 1985, pp. 51–63.
Mirrer, Louise. "Género, poder y lengua en los poemas de Florencia Pinar." *Medievalia*, vol. 19, 1995, pp. 9–15.
Pérez Priego, Miguel Ángel. *Poesía femenina en los Cancioneros*. Editorial Castalia, 1990.
Ponce Escudero, Viviana. "Florencia Pinar: una mujer de Cancionero." *Expresiones de la cultura y el pensamiento medievales*, editado por Lillian Von der Walde Moheno, Concepción Company y Aurelio González, El Colegio de México, 2010, pp. 155–65.
Recio, Roxana. "Otra dama que desaparece: la abstracción retórica en tres modelos de canción de Florencia Pinar." *Revista Canadiense de Estudios Hispánicos*, vol. 16, núm. 2, 1992, pp. 329–39.
Ruiz Guerrero, Cristina. *Panorama de escritoras españolas (I)*. Universidad de Cádiz, 1997.
Rubiera Mata, María Jesús. *La poesía femenina hispanoárabe*. Editorial Castalia, 1989.
Segura Graiño, Cristina. "Las mujeres escritoras en la época de Isabel de Castilla." *La literatura en la época de los Reyes Católicos*, editado por Nicasio Salvador Miguel y Cristina Moya García, Iberoamericana, 2008, pp. 274–91.
Snow, Joseph. "The Spanish Love Poet: Florencia Pinar." *Medieval Women Writers*, editado por Katharina M. Wilson, U of Georgia P, 1984, pp. 320–32.
Weiss, Julian. "Álvaro de Luna, Juan de Mena and the Power of Courtly Love." *MLN*, vol. 106, 1991, pp. 241–56.
Weissberger, Barbara. "The Critics and Florencia Pinar: The Problem with Assigning Feminism to a Medieval Court Poet." *Recovering Spain Feminist Tradition*, editado por Lisa Vollendorf, The Modern Language Association of America, 2001, pp. 31–47.
Whetnall, Jane. "Isabel González of the *Cancionero de Baena* and Other Lost Voices." *La corónica: A Journal of Medieval Hispanic Languages, Literatures and Cultures*, vol. 21, núm. 1, 1992–93, pp. 59–81.
Whynnom, Keith. "Hacia una interpretación y apreciación de las canciones del *Cancionero General* de 1511." *Filología*, vol. 13, 1968–69, pp. 361–81.
Wilkins, Constance. "Las voces de Florencia Pinar." *Studia hispánica medievalia II: Actas de las III Jornadas de Literatura Española Medieval, Buenos Aires, 23–25 de agosto, 1990*, editado por Rosa E. Penna y María A. Rosarossa, Editorial Ergon, 1992, pp. 124–30.

5   Feliciana Enríquez de Guzmán

Biografía

Hasta la publicación de *Doña Feliciana Enríquez de Guzmán: Crónica de un fracaso vital* (2002) de Piedad Bolaños Donoso, la información que se tenía de Feliciana se limitaba a los datos que aportó la inestimable investigación de Manuel Serrano y Saenz y Santiago Montoto. Gracias a documentos recabados por estos investigadores sabemos cuál fue su lugar de nacimiento y quiénes fueron sus progenitores y cónyuges. Su biografía se ha intentado también completar con las referencias que sobre su propia vida la escritora hace en la *Tragicomedia de los jardines y campos sabeos*. El resumen de la biografía de Enríquez de Guzmán que se ofrece aquí procede de la concienzuda indagación que en torno a ella ha realizado Bolaños Donoso, quien, partiendo de la documentación que de ella se poseía, la amplía y ofrece datos que se desconocían acerca de los miembros de la familia de Feliciana, así como de sus matrimonios, de personajes de la sociedad sevillana con los que entabló relaciones personales y financieras y de los últimos años de su vida.

La escritora sevillana, hija primogénita de Diego de la Torre y María Enríquez de Guzmán, fue bautizada un 12 de julio de 1569. No se sabe exactamente la fecha de su nacimiento pero de la partida bautismal se puede deducir que tuvo que haber nacido unos días antes. Sus padres contrajeron matrimonio en la Iglesia de San Vicente de Sevilla en 1558 y tendrían tres hijas y un varón: Su hermana Carlota nació en 1575 e ingresó en el convento de Santa Inés de Sevilla en 1594. En 1621 seguía viva, ya que aparece como heredera en el segundo testamento de Feliciana. Su hermano Rodrigo nació cinco años después y debió haber muerto antes de la publicación de la *Tragicomedia* pues la escritora no lo menciona en ninguna de sus dedicatorias. La menor de la familia, Magdalena, nació en 1584 y murió en 1622. Al igual que su hermana Carlota, se hizo monja e ingresó en el mismo convento en 1605. En esta ocasión, la dote de novecientos ducados corrió a cargo de Feliciana.[1] De su madre, doña María, se sabe que pertenecía a una conocida familia de nobles sevillanos, razón por la que las hijas prefirieron llevar el apellido materno. Su esposo don Diego, por el contrario, carecía de abolengo familiar ilustre y, durante años, hubo de responder a obligaciones económicas de su familia. Y es que, además de heredar de su padre, Pedro de la Torre, propiedades y la administración del patronato de la tía de su abuela, Isabel Núñez Farfán, don Diego tuvo asimismo que hacerse cargo de deudas de su padre que su madre no había podido liquidar en vida. Después de pagarlas, la familia de Feliciana vivió con relativa comodidad gracias al 10 por ciento que don Diego recibía del patronato que le traspasó su padre, así como a las rentas que le producían las propiedades heredadas, viéndose siempre forzado a gestionarlas de la mejor manera posible para poder responder a la hipoteca de estos inmuebles. De hecho, la familia tuvo que haber disfrutado de cierta solvencia económica durante algún periodo de tiempo, ya que se permitió el lujo de mudarse a una de las casas que poseían en uno de los barrios más elitistas de Sevilla. Sin embargo, al igual que le ocurriera a su padre, don Diego nunca consiguió salir económicamente a flote. En 1572 tuvo que alquilar otras propiedades que tenía y, seis años después, se vio obligado a arrendar la casa en la que vivían. Como Bolaños Donoso observa, la familia de Feliciana podría haber pertenecido a la categoría social de los "pobres vergonzantes," como se conocía a esos miembros de los estamentos altos que se habían arruinado pero que querían seguir ostentando un modo de vida ajustado a su estatus social, aunque ello significara que tuvieran que ser socorridos evitando la humillación pública.[2] Los padres de Feliciana fallecieron entre 1601 y 1604.

En 1605 y cuando tenía unos treinta años de edad, la escritora sevillana se quedó sola. Sus padres y su hermano habían muerto y sus hermanas se habían hecho monjas. Como hermana mayor, le correspondió a ella gestionar la herencia que había recibido. Feliciana tuvo la suerte de que, al igual que a su padre, la nombraran administradora de la capellanía y de la obra pía de Isabel Núñez Farfán y de que por su trabajo recibiese unos ingresos de unos nueve mil reales anuales.[3] Todas estas responsabilidades requerían una formación que muy probablemente ella no tenía y, por ello, la escritora consideró necesario contratar a hombres de confianza —o así creía ella— que se encargaran de gestionar todo su patrimonio y cumplir con sus obligaciones. Para facilitar la labor de estos, decidió concederles un poder general para que compraran, vendieran, rendaran y cobraran en su nombre. La situación económica tan desastrosa de sus últimos años es en gran parte prueba de que fueron estos hombres "de confianza" los responsables de que acabara en la ruina.

Feliciana se casó en dos ocasiones, aunque tuvo la intención de contraer matrimonio con otro hombre antes de casarse con su primer esposo. Como Bolaños Donoso demuestra, en 1616 Enríquez de Guzmán, ya con cuarenta y siete años de edad, presenta ante notario un compromiso matrimonial en el que comunica su deseo de casarse con don Juan de Avellaneda y de darle control de todo su patrimonio. Se desconocen las razones por las que este matrimonio nunca se llevó a cabo. El 12 de junio de ese mismo año, Feliciana contrajo matrimonio con Cristóbal Ponce de Solís Farfán, hombre económicamente acomodado y que le permitió vivir con holgura y sin tantas preocupaciones, ya que él mismo administró los bienes de su esposa y cobró dinero que se le debía. Antes de morir en 1619, don Cristóbal se aseguró de que su esposa no pasase penurias económicas. Para ello decidió invertir en una capellanía de la iglesia de San Julián y redactó un segundo testamento haciéndola a ella única heredera de sus bienes. Como era de esperar, esta decisión provocó enfrentamientos entre los familiares de Solís Farfán y Enríquez de Guzmán, que acabaron en los tribunales. De hecho Feliciana tuvo que enfrentarse a la justicia en multitud de ocasiones, ya que a lo largo de su vida tuvo que solventar muchas disputas legales que no facilitaron su prosperidad económica.

Durante los tres años de matrimonio con don Cristóbal, tuvo que haberse reencontrado con el hombre que su padre rechazó como esposo, don Francisco León Garavito, pues Feliciana contrajo matrimonio con él cuatro meses después de enviudar.[4] Ella tenía ya cincuenta años y él era un año mayor. Este segundo esposo pertenecía a la élite sevillana. Se había licenciado en Cánones por la Universidad de Salamanca en 1593, había viajado a América junto a dos hermanos donde había entablado negocios que mantendría activos tras su regreso a España. Aquí fue abogado de la Real Audiencia de Sevilla y juez de comisión, gestionó el capital enviado a España por clientes de América y, en 1603, lo nombraron gobernador de Montemolín. A todos estos puestos hay que añadir las responsabilidades de administrar el patrimonio heredado y los ingresos que recibía. Al igual que el primer esposo de Feliciana, don Francisco se hizo responsable de las herencias y finanzas de su esposa, entre ellas la gestión de la capellanía heredada de don Cristóbal y la de Isabel Núñez. El propio don Francisco en el testamento que redactó en 1622, tal como Bolaños Donoso ha podido comprobar, confesó haberse apropiado de algunos de los bienes de su esposa sin consentimiento de ella. También lo haría en 1625 al hacerse el beneficiario de una deuda que un vecino de Sevilla tenía con la escritora. El año de 1622 tuvo que haber sido difícil para el matrimonio ya que ambos cayeron enfermos, motivo por el cual actualizaron sus testamentos. Estos documentos, además de sacar a la luz el lado más humano de ambos, aportan información sobre sus bienes, sus deudas y, como hemos visto, sus tejemanejes. De la documentación posterior se desprende que la pareja siguió pleiteando con la familia de don Cristóbal Ponce de Solís Farfán y liquidando deudas pendientes. En 1627 su before segundo segundo esposo debió haber estado muy enfermo porque la firma de Feliciana aparece en un contrato de arrendamiento de una de sus propiedades. Don Francisco murió dos años después, un 28 de febrero, y, si bien la escritora heredó sus deudas, también adquirió una magnífica biblioteca que, durante sus diez años de matrimonio, ella había contribuido a enriquecer.[5] A los sesenta años de edad, Feliciana volvió a contratar a administradores que se encargasen de sus bienes heredados y de gestionar las capellanías de las que era responsable. Los últimos individuos que miraron por su patrimonio fueron los frailes del convento de San Agustín, a quienes les vendió tributos para que la cuidaran, la enterraran dentro de su recinto religioso y le dijeran misas. Su precaria salud y ceguera no parecen haber impedido que Feliciana se diese cuenta de la traición de los frailes, puesto que, antes de morir, redactó un códice en el que los desheredaba tanto a ellos como a su sobrina, Teresa de Guzmán. Feliciana murió entre el 23 de abril de 1643 y el 6 de diciembre de 1644.

Sus quince años de viudez no tuvieron que haber sido nada fáciles, no sólo por la soledad y pobreza en la que se encontraba, sino también por tener que visitar con frecuencia los tribunales de su ciudad reclamando lo que, por derecho, le pertenecía e, irónicamente y asimismo, por verse obligada a defenderse de haberse apropiado de lo que no era suyo. Así, por ejemplo, en 1637 los familiares de su primer esposo la llevaron a juicio por haberlos desheredado; en 1639 fue acusada de apropiarse indebidamente de las rentas que pertenecían a la capellanía de Isabel Núñez; y después de la muerte de su cuñado, don Lorenzo León Garavito, se vio obligada a llevar a juicio a los frailes de la Santísima Trinidad por no recibir de ellos la herencia que le había dejado don Lorenzo. Documentos notariales también demuestran que en 1640 ya se había quedado ciega. Durante todos estos años, el robo del que fue víctima por parte de todos aquellos en los que ella había depositado su confianza, las deudas y los gastos en tribunales acabaron por llevarla a la ruina económica, viéndose obligada a vender sus bienes, entre ellos, el tributo de la capellanía que había heredado de su primer esposo y a vivir de la misericordia de los frailes, como ella misma ha de admitir en un documento notarial de 1640: "Atento a la imposibilidad con que hoy me hallo, pues de limosna, movidos de caridad, el Prior y frailes de San Agustín de esta ciudad me están sustentando, enviándome todos los días la comida" (Doménech 101, modernización mía).

Contexto cultural

Aparte de las copias de su *Tragicomedia*, Feliciana, ya se ha dicho, dispuso de una rica biblioteca de ciento cuarenta libros (Bolaños Donoso, *Crónica de un fracaso vital* 213–20). Entre ellos se encontraban dos de sus principales fuentes literarias, *La Metamorfosis* de Ovideo y el *Recibimiento que hizo la ciudad de Sevilla al Rey don Phelipe II* (1570) del sevillano Juan Mal-Lara (Julio Vélez-Sainz 94; Bolaños Donoso, *Crónica de un fracaso vital* 230). Como se puede leer en los prólogos, en la "Carta ejecutoria" y en "A los lectores," Enríquez de Guzmán fue una escritora tradicionalista que no se reprimió a la hora de enaltecer su propio trabajo y de criticar a los dramaturgos que en su época habían recibido con entusiasmo el *Arte nuevo de hacer comedias* de Lope de Vega. La escritora se opuso al teatro de masas que el dramaturgo madrileño había popularizado, ya que, según ella, había denigrado el teatro para satisfacer al "vulgo" ignorante. Feliciana defendió en su "Carta ejecutoria" un teatro clasicista en oposición al teatro popular promovido por el todo poderoso Lope: "Y porque su tragicomedia era muy útil y provechosa para desterrar de España muchas comedias indignas de gozar los Campos Elíseos; y para libertarla y libertar a sus ilustres y nobles poetas del tributo que por tener paz con el bárbaro vulgo [. . .]" (citado en Scott Soufas 268). En este sentido, Reina Ruiz la considera, con gran acierto, "una *insurrecta* [. . .] que se atreve a escribir y a enfrentarse a los escritores de comedias [. . .]" (*Monstruo, mujer y teatro* 20), los cuales en su época llenaban los corrales de toda España. Su *Tragicomedia* es un texto culturalmente elitista, en el que abundan cultismos, figuras mitológicas de la literatura grecolatina y en el que se respetan las unidades aristotélicas de espacio y tiempo. No obstante, a pesar de la ardua defensa que hace del teatro clasicista en su prólogo y en "A los lectores," Enríquez de Guzmán no pudo evitar que su teatro tuviera características de la comedia. Así, su texto rompe con la norma de la unidad de acción y en él están presentes elementos tales como el disfraz, la diversidad de personajes y el enredo. Ello demuestra que la autora no sólo conocía el teatro que se estaba produciendo, sino que, además, no pudo escapar de su influencia. Feliciana escribe su obra en Sevilla, ciudad que estaba viviendo un "periodo de esplendor económico y literario" y en la que se podían encontrar escuelas literarias y grupos de eruditos a los que les unía una misma forma de entender la producción literaria (Rosa Cubo 197–98). Como Vélez-Sainz explica, la escritora andaluza se identificaba con el movimiento literario culterano que Mal-Lara o Juan de la Cueva habían establecido en su ciudad y que perpetuaron otros escritores (99–101). El hecho de que fuera a contracorriente y su trabajo no fuese respetado por los dramaturgos modernos que apostaban por innovar el teatro no significa que, con el tiempo, su *Tragicomedia* no haya sido considerada relevante, sino todo lo contrario. Lope fue un revolucionario por modernizar el teatro y entender que, para vivir de él, éste tenía que llegar a todos los rincones del país y hacerlo asequible a todos los públicos, y de ahí que incluyera en sus obras temas y personajes con los que los asistentes se pudieran identificar. De la misma manera, Enríquez de Guzmán supo prever que el futuro del teatro también estaba en la corte. De hecho, observa Reina Ruiz, su *Tragicomedia*, aunque, tradicionalista y culturalmente elitista, anunció el éxito que, en la segunda mitad del siglo XVII, iba a tener el ya mejor financiado teatro cortesano. Éste con el tiempo se iba a desarrollar en detrimento del teatro popular, el cual se quedó chico ante la espectacularidad que llevaba a las tablas el drama producido en la corte (*Monstruo, mujer y teatro* 29).

Como mujer, Feliciana era igualmente consciente de lo que suponía ser escritora de un género literario que en su época era exclusivamente masculino y en una sociedad que tenía un concepto negativo de la mujer y que subestimaba la capacidad intelectual de sus miembros. En su "Prólogo," "Carta ejecutoria" y "A los lectores," la escritora no sólo defiende el teatro tradicional y su ideología literaria,[6] sino también su condición de ser dramaturga y estudiosa de teatro.[7] Consciente de la crítica negativa que su trabajo ha recibido por haber sido escrito por una mujer, Enríquez de Guzmán desplaza a las autoridades literarias de su época y, como observan Ted McVay y Vélez-Sainz (94), presenta al dios de la poesía como única autoridad que puede legitimar su obra. Para McVay, Enríquez de Guzmán recurre a la figura mitológica de Apolo no sólo para legitimar "her gender, her work and her culture" sino también "to subvert and reorder the very authority she seeks to establish" (145–46). Este rechazo quizás explicaría que se negara a recurrir en sus escritos a la retórica de la humildad tan presente en los textos producidos por mujeres. Como hemos visto, aunque esta técnica era un mero artificio literario, escritoras anteriores y posteriores a ella la plasmaban en sus trabajos para evitar ser acusadas de soberbias y ser leídas con recelo por los eruditos y autoridades literarias. La actitud que nuestra escritora presentó en su texto fue, en este sentido, contraria a lo que se esperaba de ella como mujer, pues no sólo se permitió el lujo de atacar a sus contemporáneos, sino que tampoco tuvo ningún reparo en alardear de su superioridad social e intelectual. Como explica Catherine Larson, la mujer que escribía siempre tenía el problema de encontrar su propia voz dentro de un canon literario masculino que se había limitado a presentar un mundo en el que no tenía cabida la experiencia femenina. En este sentido, las escritoras se encontraban ante la tesitura de tener que seguir los preceptos literarios establecidos para ser aceptadas o de tener que subvertirlos en busca de su propia voz, siendo por ello criticadas (128). Enríquez de Guzmán optó por lo segundo y encontró en los elementos del teatro tradicionalista y barroco las herramientas literarias para expresarse. De esta forma, como Rina Walthaus expone, si en su *Tragicomedia* incluye seres mitológicos que interaccionan con otros personajes y emplea un lenguaje retórico, artificioso y rico en el que no faltaban las connotaciones sexuales, en sus entremeses el gusto por los seres picarescos y deformes y el lenguaje popular impregnado de refranes y palabras inventadas le ayudan a encontrar su propia forma de expresión para presentar y criticar una sociedad imperfecta física, cultural y moralmente. Su trabajo "offers, thus, a mix of styles and genres: high and low, learned and popular, idealized classicism and grotesque deformation." (129). Su condición de mujer y su estilo la hicieron vivir aún más marginada del mundo literario de su época. Y es que "por muchos esfuerzos que nuestra autora pusiera en la difusión de su arte, nunca pudo realmente instaurar su sistema sevillano, preciosista y culto, dentro del sistema teatral dominante. Su historia fue una crónica de un fracaso" (Vélez-Sainz 102). La escritora sevillana no estuvo, sin embargo, sola en esta empresa. Como ella misma menciona en la "Carta ejecutoria," el mismo Cervantes critica el arte nuevo de hacer teatro en España. Feliciana, de hecho, escribió su texto durante los años en los que la polémica que el teatro de Lope había despertado era más intensa (Doménech 112).

El retorno que se produjo en el Renacimiento al mundo clásico supuso la recuperación de los personajes mitológicos. En el Barroco, a pesar de que la mitología sigue siendo un elemento fundamental de la producción artística del momento, se produce ahora un giro en la interpretación de los dioses paganos. Estos habían sido tan explotados por los artistas que, explica Marcia Welles, se habían convertido en meros estereotipos, perdiendo su capacidad de sorprender a los lectores (12). Por ello, los artistas de este periodo van a reinterpretar y adaptar a su época y cultura el arte clásico que habían heredado; pues entienden el arte como "'artifact' not 'imitation of' but a 'product of' the artist [. . .]" (12). De esta forma, Enríquez de Guzmán, al igual que Velázquez, Quevedo, Góngora o Lope, interpretó y parodió a estos personajes mitológicos y sus historias, adaptándolos a su cultura en busca de nuevas formas de representar las virtudes, defectos y vicios de sus personajes y, por extensión, de la sociedad (10–12). Con esta idea en mente, la escritora sevillana recurrió en su "Carta ejecutoria" a Apolo, dios de los poetas, para que éste ratificara su teatro tradicionalista y a ella como escritora, y para, como explica Ted McVay, subvertir y reorganizar el modelo literario dominante y desplazar a los eruditos que lo habían impuesto (145–46).

El Barroco es un periodo de opuestos, de grandes extravagancias artísticas; pero estos también son años de profunda pobreza y desazón de una sociedad que ve cómo el Imperio español se derrumba ante sus ojos. Al ser humano de esta época le resulta imposible obviar el efecto que las guerras y la mala gestión política y económica de sus dirigentes estaba teniendo en su sociedad. Una sociedad degradada, arruinada y que no vivía según las normas morales establecidas. Como explica Elena del Río Parra, si en el pasado los mendigos, pícaros y seres discapacitados se encontraban al margen de la sociedad, en el siglo XVII estos —a los que ahora habría que sumar los soldados mutilados— se trasladaron a las ciudades, donde vivir de la mendicidad resultaba más provechoso; es decir, dejaron de ser personas socialmente invisibles: "Paulatinamente, el mundo se representa en esos desplazamientos del centro, desde los márgenes [. . .] Los seres se salen de las clasificaciones, desafían los catálogos, y exigen al lenguaje y a las artes figuras aparentemente inconexas, relatos extravagantes e imágenes deformes" (180). La mentalidad racional del renacentista, continúa explicando la investigadora, ya no les valía a estos artistas para explicar un mundo que carecía de orden; de ahí que tuvieran que buscar una nueva forma de articular su experiencia vital. Esto lo encontraron en lo deforme, lo grotesco, lo monstruoso y en figuras retóricas con capacidad de expresar lo extravagante, como el hipérbaton, la hipérbole o la metáfora. Todos estos elementos ayudaron a los creadores a escapar de la realidad y a representar aquello que se salía de lo que se consideraba socialmente normal, ya fueran seres deformes, mujeres 'masculinas', obesos, enanos, o individuos con comportamientos inmorales:

> El uso de los monstruos participa de una gran corriente de escapismo donde lo deforme aflora a la superficie en dos movimientos complementarios y, en cierto modo, paradójicos, de elusión y alusión. Para eludir una realidad que no satisface se crea el asombro por medio de lo monstruoso mientras que, al mismo tiempo, para aludir a una realidad que no gusta, el mejor método es recurrir a lo deforme.
>
> (16)

Esta nueva estética, observa Fernando Bouza, estaba igualmente presente en una corte madrileña que no dudó en compartir su espacio con unos individuos deformes, quienes, con sus imperfecciones físicas, biológicas o artificiales, no sólo entretenían a sus miembros con su presencia, gracejo y capacidad interpretativa, sino que también servían para que los miembros de la corte se sintieran seres más perfectos y superiores; es decir, el monstruo "[afirma] en los otros la normalidad que su cuerpo o mente están negando. Con su descompostura son, involuntariamente, símbolos [. . .] de la perfección de la que carecen y que, sin embargo, adorna a los *meliores terrae*, reyes, nobles y cortesanos que, a su lado, parecen aún más majestuosos y pulidos" (20).

En los entremeses de Enríquez de Guzmán, producto artístico de la cultura y estética barrocas, dominan en la escena los seres deformes con el objetivo de parodiar el mundo "idealizado" y "perfecto" de la *Tragicomedia*.

El entremés

El entremés es considerado un género menor por tratarse, al igual que el cuento, de una pieza breve. Como explica Jean-Louis Flecniakoska, no se trataban de puestas en escena menores, ya que, junto a los bailes, en ocasiones, estas obritas que se representaban en los entreactos "protagonizaban el plato fuerte del día" (Reina Ruiz, *Monstruo, mujer y teatro* 118). El entremés fue consolidado en el teatro español por Lope de Rueda. Su estructura es la de una escena corta, que puede estar o no relacionada con la pieza principal y tiene la función de divertir y entretener al público durante los intermedios de la comedia. Al contrario que la novela o el teatro, el entremés no tenía ninguna agenda moralizante. Esto no significa que la crítica no estuviera presente, ya que, como apunta Abraham Madroñal, el carácter carnavalesco de este género es, precisamente, lo que hacía posible que sus personajes pudieran burlarse y criticar "las costumbres sancionadas por el poder social o religioso" (752). Eugenio Asencio rastrea la comicidad de este género en el carnaval pagano y en el corpus de la tradición cristiana (20) y encuentra en sus temas, personajes y forma influencia tanto de la literatura narrativa como de la comedia. Así, de la primera hereda: 1) las ocurrencias, dichos y chistes y los incorpora dentro de un diálogo rápido e ingenioso, al que acompaña con un exagerado lenguaje corporal; 2) los tipos, las situaciones, los temas y los motivos del género celestinesco; 3) los miembros del estamento más bajo de la sociedad que aparecen en la picaresca;[8] y 4) la descripción de tipos y costumbres de la literatura documental (28–33).[9] De los géneros teatrales, Asencio encuentra en el entremés influencia de la farsa y de la comedia. Si de la primera absorbe la mezcla de "elementos cómicos y serios, sentimentales y grotescos" (35), de la segunda adopta la figura del "gracioso." A pesar de que se trata de un género íntimamente ligado a la comedia, también existen diferencias notables entre ellos: El entremés, al contrario que la comedia, admite y se alimenta del caos del mundo; sus personajes hacen posible que los espectadores se sientan moralmente superiores; y los acontecimientos trágicos y la seriedad de los temas y personajes de la comedia se transforman en el entremés en motivo de risa (39).

Resumen de la *Primera parte de la Tragicomedia de los jardines y campos sabeos*

El único texto que se conoce de Enríquez de Guzmán es su *Tragicomedia de los jardines y campos sabeos*. Ésta consta de dos partes con dos entreactos cada una para que se representaran entre los actos segundo y tercero de cada parte, y asimismo de un prólogo en verso y de cinco coros. Nuestra escritora empezó a trabajar en su obra en 1599 y la terminó en 1619, año en el que contrajo matrimonio con su segundo esposo (Doménech 100–01).

Se realizaron dos ediciones de su texto, la primera en Coímbra en 1624 y segunda en 1627 en Lisboa. La prohibición de imprimir obras de teatro en Castilla entre 1625 y 1635 tuvo que haber saturado las imprentas de Sevilla y del resto de España; razón por la que la autora, probablemente, decidió publicar en Portugal (Pérez 8). En la segunda edición, Enríquez de Guzmán revisa su trabajo y, entre los cambios que realiza, vemos que sustituye el término "jornada" por el de "acto" e incluye dos epílogos bajo el título de "Carta ejecutoria" y "A los lectores," en los que promociona su texto, ataca a los partidarios de la *comedia nueva* y se defiende como escritora. El hecho de que se realizasen dos ediciones tan seguidas le hace pensar a Vélez-Sainz que su *Tragicomedia* tuvo que haber sido muy bien recibida entre los lectores y entre aquellos eruditos afines a su forma de entender el teatro (93). En el inventario de la biblioteca que consta en el testamento de su segundo esposo, se registra que el matrimonio poseía cuatrocientos cuarenta ejemplares de la *Tragicomedia*.

Su *Tragicomedia* es una obra en la que la diversidad de personajes, la herramienta del disfraz, las confusiones, las relaciones amorosas o la presencia de temas tales como el honor o la obediencia a la autoridad, nos recuerdan a las comedias de enredo. En la *Primera Parte*, las historias de amor entre el príncipe Clarisel (Criselo) de Esparta y la princesa Belidiana de Arabia, así como entre Lisardo (Beloribo), rey de Macedonia, y la princesa Clarinda de Cípres, tienen lugar en Saba, capital de una imaginaria Arabia. Estas historias se desarrollan en medio de la confusión que crea el disfraz que los caballeros adoptan para poder acercarse a las damas y con una serie de intrigas palaciegas cuyo objetivo es obstaculizar el amor entre los jóvenes. El grupo de personajes que ofrece la autora es diverso y está compuesto por miembros de la realeza, validos, "jardineros" y figuras mitológicas que interactúan entre sí y llevan a la escena abusos de poder, traiciones políticas y amores social y moralmente prohibidos tales como las relaciones adúlteras e incestuosas (entre medio-hermanos o entre padre e hija), o relaciones amorosas que son inaceptables para la figura paterna. A pesar de que, de modo similar a la comedia, esta *Primera Parte* se cierra con el anuncio de las bodas entre los amantes, en la *Segunda Parte* se nos informa, a través de los personajes, que dichas bodas nunca se llegaron a realizar, rompiendo así con la fórmula del final feliz, tan del gusto del público y de los lectores. Feliciana presenta en su *Tragicomedia* un mundo de seres reales y mitológicos que, aunque en teoría son considerados física y socialmente superiores, estos, tras el entramado de los valores del amor cortés, esconden graves imperfecciones morales.

"Las Gracias mohosas": Entreactos de la *Primera Parte* de la *Tragicomedia de los jardines y campos sabeos*

La crítica literaria coincide en que los entreactos de Enríquez de Guzmán son superiores a su *Tragicomedia*. De ellos llama la atención la vivacidad, el realismo y las situaciones cómicas y grotescas, así como la creatividad de los diálogos de unos personajes que emplean un lenguaje coloquial adornado con cultismos, juegos de palabras, invenciones léxicas, chistes, refranes, diminutivos y aumentativos que sólo tienen el interés de provocar la risa. Así, Walthaus define sus entremeses como "a kind of theatre of the absurd *avant la lettre*" (128), Louis Pérez considera que "[t]hese short sketches reveal vigor, realism, humor, great artistry of dialogue where one can enjoy the colloquial language of the period, the entertaining popular themes and the naturalness of the characters" (14) y para González Santamera y Doménech son "[. . .] una orgía de palabras. El lenguaje, liberado de todas las convenciones de decoro social y literario, se sale de todos los cauces y se convierte en el verdadero protagonista de la obra" (181). Aun así y a pesar de la jocosidad de sus personajes, Pérez observa que el alto número de referencias mitológicas requería de una audiencia instruida (14). Los entremeses de Feliciana no son obritas totalmente independientes de la pieza principal a la que acompañan. En ellos tenemos personajes que no sólo parodian el mundo de la *Tragicomedia*, sino que también transitan entre ambos textos.

Como antítesis y sátira de este mundo, Feliciana produce para la *Primera Parte de la Tragicomedia* un entremés dividido en dos entreactos. En ellos, presenta unos personajes y una sociedad radicalmente opuestos a los del texto principal y con los que parodia la sociedad, los valores y los personajes tanto cortesanos como mitológicos de este último.

El argumento de este entremés es simple. Las Gracias mohosas, hijas de Baco Poltrón, organizan un simulacro de torneo, una justa literaria y una lucha en la que han de participar sus seis pretendientes-mendigos. Al final, las hermanas, incapaces de seleccionar de estas pruebas a sus futuros esposos, solucionan el dilema proponiendo, con el beneplácito del padre, casarse todas con todos.

Los personajes de esta pieza breve son seres antiestéticos y físicamente deformes que pertenecen al estrato más bajo de la sociedad. Las hijas de Baco Poltrón, Aglaya, Talía y Eufrosina, son seres deformes, las tres son cojas, una de ellas es tuerta y las otras dos son ciegas y aparecen en escena vestidas con trapos; o sea, son todo lo opuesto a las tres Gracias de Venus. Por su parte, los pretendientes son seis mendigos que, con sus mutilados cuerpos y aspecto harapiento, imitan, sin complejo, el comportamiento de los galanes de la *Primera Parte de la Tragicomedia*. Se trata, no obstante, de personajes que saben llevar con dignidad y se ríen de sus imperfecciones físicas y de su pobreza. De hecho, se presentan ante Baco Poltrón como protagonistas de conocidas historias de la mitología clásica y narran con orgullo cómo perdieron algunos miembros de su cuerpo en batallas con héroes mitológicos. La comicidad de la escena está, por tanto, garantizada: El espectador se ríe con unos mendigos que se creen héroes mitológicos y emplean un discurso en el que "[mezclan] el lenguaje pseudoculto con el vulgar" (Reina Ruiz, *Monstruo, mujer y teatro* 124). Con el objetivo de impresionar, los mendigos fabrican heroicidades y alardean de ellas. Así, descubrimos que Angas, Sabá y Nisa se autolesionaron para luchar en igualdad de condiciones contra sus enemigos, que Pancaya se arrancó los ojos para conquistar a la Medusa sin ser petrificado y que Orfeo y Anfión asistieron a Hispalo e Hispano, reyes mitológicos, en la construcción de los muros de Cádiz y de Sevilla. Se trata de personajes cuya fealdad, como Reina Ruiz explica, es un aspecto importante de la imagen monstruosa que quiere construir la escritora. Estamos pues ante protagonistas que, explica Reina Ruiz, "[. . .] subvierten la imagen clásica asociada a la belleza [. . .] lo femenino se presenta degradado, clara desviación del canon de lo sublime pero que funciona de modo adecuado en el contexto de lo deforme, lo feo y casi repugnante, y que representa un mundo cargado de imperfecciones. (*Monstruo, mujer y teatro* 122). Enríquez de Guzmán crea unos personajes que presumen de sus deformidades y las presentan como prueba de su valentía. No obstante, al dotarlos de una monstruosa imagen, acompañada de exageradas reacciones y de un discurso incoherente, irreverente y lleno de expresiones coloquiales, provocan la carcajada en los espectadores que han ido a ver la tragicomedia. Espectadores que, con las referencias que se hacen a los personajes del texto principal, entienden que la parodia se extiende al concepto del amor cortés —los ideales del caballero y el modelo de belleza femenina— y al mundo mitológico.

Como observa Reina Ruiz, la dramaturga no concibió estos personajes con el propósito de denunciar la miseria y la pobreza o de producir pena y solidaridad en el lector y el público, como el creador (o creadora) de *El Lazarillo de Tormes*, sino todo lo contrario (*Monstruo, mujer y teatro* 123). La fealdad y el aspecto grotesco de los personajes tienen un propósito diferente: por un lado, "[convertirse] en espejo distorsionado de los modos y conductas de una época pasada en la que el público se reconoce"; y, por otro, "[. . .] logra[r] el efecto de revalidar en el espectador su superioridad y exaltar su perfección" (*Monstruo, mujer y teatro* 128). No obstante, el aspecto físico grotesco de los cuerpos deformes, así como el espacio social deprimido en el que se mueven, también sirven para subvertir los valores de la imperfecta sociedad barroca. Estamos ante personajes que, debido a su situación de extrema marginalidad social, se atreven a imitar tanto el comportamiento inmoral de los seres ficticios de la *Tragicomedia* o de la mitología clásica, como la conducta moralmente impropia de individuos de su propia realidad. En este sentido, para González Santamera y Doménech, la naturaleza carnavalesca de este entremés es lo que hace posible "un estallido de lo reprimido bajo la máscara de lo grotesco" (180). Así, por ejemplo, Aglaya parodia la decisión que tomó el Tribunal de Rota de permitir que miembros de la familia real de los Austrias pudieran contraer matrimonio entre sí. Para De la Rosa Cubo, si las Gracias mohosas y Baco Poltrón se permiten "usurpa[r] así los privilegios de los dioses de la gentilidad" (203), para Reina Ruiz (*Monstruo, mujer y teatro* 130–31) y González Santamera y Doménech (207), éstas copian el comportamiento de la monarquía y, al igual que los reyes y príncipes, solicitan de las autoridades eclesiásticas la aprobación de su matrimonio. El mundo creado por la escritora presenta, pues, una sociedad cuyos habitantes rompen con unas reglas sociales y morales que son irrelevantes en un mundo de mendigos, pícaros y criminales.

Los personajes femeninos son el motor que pone en marcha el desarrollo de los acontecimientos y que, añade De la Rosa Cubo, "domina[n] la acción dramática, asumiendo un papel fuerte y varonil. Su autonomía y buen juicio les permite tomar sus propias decisiones" (204). Así, si en el primer entreacto, tiene lugar la presentación de los pretendientes, en el segundo, las hijas de Baco Poltrón son quienes proponen una serie de pruebas para seleccionar al "caballero" con el que desean contraer matrimonio. La incapacidad de elegir esposo lleva a Aglaya, la Gracia mohosa deseada por todos en un principio, a presentar la poliandria como solución al problema. Para asombro de los espectadores, la descabellada idea de contraer matrimonio con los seis pretendientes es aceptada por el padre, siempre y cuando sus hermanas tengan cabida dentro de esa relación. La nueva unidad familiar que las tres mujeres han logrado "negociar," llena de satisfacción a todas las partes involucradas y todos se felicitan y se regodean pensando en el círculo incestuoso que van a formar y en la numerosa descendencia que van a tener.

Lo absurdo de la situación y la incongruencia del diálogo que se establece entre los personajes es lo que hace posible que la insensata propuesta de las tres hermanas no sea considerada un desafío a las instituciones y a la organización social (Reina Ruiz, *Monstruo, mujer y teatro* 130). Y es que, precisamente, es el sinsentido de toda la escena, lo que le permite a Enríquez de Guzmán presentar un modelo de mujer transgresor que rompe con su papel genérico y con las normas patriarcales. La falta de credibilidad de esta escena la acentúa, según Reina Ruiz, el simple hecho de que sean mujeres a las que se les ocurre tal propuesta matrimonial (*Monstruo, mujer y teatro* 130). Las transgresiones que realizan Baco Poltrón y sus hijas son múltiples. Si, por un lado, las tres Gracias mohosas toman la iniciativa poniendo en marcha el desarrollo de los acontecimientos de la trama y acuerdan entre ellas unos matrimonios ilícitos que quebrantan la legislación civil-religiosa, por otro, Baco Poltrón rompe con las expectativas genéricas del hombre y de la figura del padre al dejarse desplazar por sus hijas para que sean ellas quienes elijan a sus esposos y organicen sus bodas. Vemos que a los personajes del entremés no les perturba la idea de entrar en unas relaciones ilegítimas y promiscuas ni, como consecuencia, tener descendencia igualmente ilegítima. Como mendigos y pícaros pertenecientes al estrato más bajo de la sociedad, eran conscientes de que formaban parte de un orden patriarcal del que ellos, al contrario que los miembros de estamentos superiores, no se beneficiaban. Para ellos respetar la institución matrimonial, tal y como estaba concebida, no suponía mejorar económica ni socialmente; y, de igual manera, la idea de que sus hijos fueran de diferentes progenitores tampoco afectaba al sentido del honor de ellas ni de ellos, ya que los valores culturales de su sociedad los privaba, por ser pobres, de tal cualidad. Las tres Gracias mohosas transgreden el papel genérico que exigía de ellas pasividad y ser meros objetos de intercambio en una transacción económica realizada entre varones. Apropiándose del papel activo del padre, las hermanas quebrantan el orden social (y moral) y proponen un acuerdo matrimonial que es motivado por el deseo (sexual) entre los personajes y no por el poder económico, social y político que pudieran obtener con el mismo. Es en este mundo de ficción sin normas y poblado de personajes estrambóticos e inauditos "[. . .] donde todo es lo contrario de lo que debe ser, [donde] surge la más pasmosa libertad. Lo que no se puede hacer, lo que no se puede ni siquiera pensar, es posible alrededor de Baco Poltrón y sus Gracias mohosas" (González Santamera y Doménech 180).

Al final, el embalaje carnavalesco del entremés, con unos personajes tan surrealistas, hace posible que esta pieza breve de Enríquez de Guzmán pueda presentar un mundo al revés sin suponer una amenaza para el sistema establecido. Como Reina Ruiz explica, la escritora sevillana crea unos personajes que imitan socarronamente la promiscuidad y la vida sexual e incestuosa de los personajes mitológicos de la literatura clásica y de los de su *Tragicomedia* y, a la vez, se burla del concepto del amor cortés, del honor y de una corte en cuyo seno también existían seres moralmente monstruosos que no gestionaban sus vidas de manera ejemplar:

> el público no sólo se ríe de las incongruencias de los personajes deformes de los entreactos, sino que, [. . .] termina riéndose de sí mismos y del mundo cortesano que el escenario

evoca. [. . .] los niveles de interpretación [. . .] son múltiples y, por consiguiente, la risa inocente de una primera lectura se torna en sátira dirigida a esa misma sociedad.

(*Monstruo, mujer y teatro* 134)

Para la *Primera Parte*, la escritora ofrece un entremés que degrada el mundo idealizado y "perfecto" del texto principal por medio de unos personajes que, en apariencia y en comportamiento, son monstruosos, pero que se limitan a imitar y parodiar la conducta de unos seres que, en teoría, son moralmente superiores.

Como Walthaus apunta, Feliciana escribió una tragicomedia en la que experimentaba con múltiples géneros literarios. En ella no faltan coros, ni originales manifiestos literarios, ni desmesurados e hilarantes entremeses. Quizás, el objetivo de la escritora con su trabajo fue el de demostrarles a los intelectuales de su época que tenía el talento y la capacidad de emplear un registro lingüístico y literario diverso:

> Enríquez de Guzmán opted clearly for the offensive. When we keep in mind that [. . .] the attacks on her work came combined with attacks on her gender, it is not so strange that this assertive woman playwright actually seized both arguments – her isolated gender and the isolated form of drama she wrote – as a claim for autonomy and as a method of self-promotion.
>
> (130)

En este entremés de la *Primera Parte de la Tragicomedia* la escritora sevillana produce un texto, en su conjunto, hiperbólico y poblado de personajes de una deformidad exagerada y

Figure 5.1 Las Gracias mohosas
Source: Teatro del Velador

de un comportamiento errático, pero enriquecidos con un lenguaje popular en el que abundan palabras inventadas, refranes y ocurrencias absurdas. Construye unos personajes con carácter y con un pasado "glorioso": a los mendigos los reviste con una historia personal equiparable a la de los héroes mitológicos y a las tres Gracias mohosas las provee de una frivolidad inusual en los personajes femeninos de la literatura de su época y de una capacidad resolutiva sólo presente en la subversiva *mujer varonil*. Enríquez de Guzmán ofrece una propuesta arriesgada por lo irreverente y transgresor del tema y de sus personajes, pero artísticamente original, rica y propia de una escritora que es producto de la cultura a la que pertenece.

ENTREACTOS DE LA PRIMERA PARTE DE LA TRAGICOMEDIA, LOS JARDINES Y CAMPOS SABEOS[10]

Salen un tuerto que se dice SABÁ, con una cuchillada de oreja a oreja y una pierna sobre una media muleta, y un báculo; y un ciego que se dice PANCAYA, con otra cuchillada otra pierna sobre otra media muleta y otro báculo, y un perrillo de una cadenilla.

SABÁ Con la memoria tenacísima y asinina[11] que tienes.
PANCAYA Días ha, que os he amonestado perentoriamente[12] (mirad no me enoje, amigo Sabá, aunque seáis metrópoli de Arabia y corte de Belerante, que nos guarde Baco muchos años) que este oficio de picar en los ojos dejéis al cuervo. No me motejéis[13] de ellos, que si en éste[14] que os alumbra, meto el puño, quedaremos ambos a medias noches. ¿Es ésta la magnífica portada, sabiondo?
SABÁ Sabá decid, Pancaya, Sabá decid, Pancaya.
PANCAYA (*tentando con las manos*) ¿No es ésta la casa de Aglayuela?
SABÁ Ésta es la casa regia donde mi señora Aglaya vive, la primogénita de las tres Gracias mohosas.
PANCAYA Traidor, enemigo de mi honra, la que con los ojos me ha dado palabra de casamiento, Almona mía, ¿osas tú llamar señora tuya?
SABÁ Buenas dos mentiretas, Pancaya, Aglaya tuerta, como yo, tú dos veces tuerto, como ambos, ¿como os pudisteis hablar con los ojos?
PANCAYA ¡Qué material eres, Sabá, con toda tu sabiondez![15] ¿No hay ojos del cuerpo y ojos del alma?
SABÁ Sí.
PANCAYA Pues éstos bastan.
SABÁ No bastan.
PANCAYA Sí bastan.

Y se aferran uno al otro, dándose puñadas.
Los párrafos son Escenas.

§2

Sale un corcovado,[16] que se dice NISA, con una pierna en una media muleta y un báculo, y un contrecho[17] que se dice ANGA, las rodillas en una espuerta,[18] y las manos por el suelo en unos chapines.[19]

NISA, CORCOVADO Y ¿no tenéis vergüenza, vos Anga de querer casaros?
ANGA No la tenéis vos Nisa, y ¿la tendré yo?
NISA Y ¿quién es la penca[20] rucia?[21] Tendrá falta de chapines, y querrá que la defiendan éstos, en lugar de zuecos,[22] de la impiedad de las espinas. Tal te quiero crespa,[23] y ella era tiñosa:[24] ¿es alguna boba, que siempre escoge lo peor?
PANCAYA Suéltame traidor, que me quiebras esta pierna. ¡Ay mi crura,[25] mi blancura! Suéltame traidor la gamba,[26] no me saques alguna camba,[27] con que me la dejes zamba.[28]
NISA ¿Qué gritos son aquellos?
SABÁ ¿Te desdices Pancaya?
PANCAYA ¿De qué me tengo que desdecir?

SABÁ De la infamia y falso testimonio que has levantado a mi graciosa Aglaya.

PANCAYA Suéltame traidor, que tú eres el falsario,[29] y plagiario,[30] y boticario,[31] y sagitario, y acuario.

SABÁ ¿Yo acuario? Ésta es mayor falsedad, que yo siempre bebo puro.[32]

PANCAYA Suéltame traidor, que si viera donde tienes la cara, de mis ojos te dejara los tuyos envidiosos.

NISA Paz, paz, que es media noche. ¿En tanto odio, y rencor tan firmes, y leales amigos? ¿no veis que de cosario a cosario no se llevan sino los barriles?

SABÁ Dice Pancaya, señor Nisa, patria de nuestro patrón Baco, que mi Señora Aglaya le dio palabra de casamiento, y ella me la ha dado a mí. Y sé yo, que a otro no la dará, porque la diligencia está bien hecha en tiempo; y la buena diligencia es madre de la buena ventura.[33] Juzgue si tengo razón de volver por mi honra y la de mi esposa, pues dice el refrán que quien a su mujer no honra, a si mismo deshonra.

NISA ¿Qué dice a esto señor Pancaya?

PANCAYA Que de luengas[34] vías luengas mentiras. Que miente éste sin ojos, que no le dio, ni pudo dar mi esposa tal palabra, que no tiene ella ojos, que de lagañas se paguen.[35] Y sé yo de ella, que ojos ningunos la han avasallado, ni avasallarán tanto, cuando los nudos ciegos,[36] que sólo me sirven de buen parecer, como los de la cola del pavón.

NISA Ta, ta, ta, señor Pancaya, Señor Sabá, parece, que llamo a los postigos[37] falsos de las posesiones. ¿Saben qué me han parecido? Los ánsares,[38] que salieron al lobo al camino.[39] A Plutón se encomienden, a Tesifone, Aleto, y Megera.[40] La gloria y descanso de mi alma, la que en mis espaldas aposenté, que por darle larguera, se apartaron una vara del pecho, la que palabras me ha dado, que otro ninguno será su novio; ellos con sus ojos, y sepan cuántos estas caras vieren, ¿osan desearla por ilegítima esposa? Hoy beben todos la agua de Lete, y olvidan el amor de mi mohosa Aglaya. El cancerbero trifauce[41] los entrega a Carón,[42] Carón los pasa en su barca por la Estigia laguna, por el ardiente Flegetón, por el negro, y tardo Cocito, y los entrega a Demorgon. Demorgon a Minos, Eaco y Rodomanto. Minos, Eaco y Rodomanto los sentencian a la rueda de Ixion, al peñasco de Sísifo, al manzano y río de Tántalo, al pozo de las hijas de Danae, al buitre acerbo del desproporcionado Ticio. Y dada la sentencia, al punto desciendo allá a hacer ejecutar las tales penas, y dejándolos padeciéndolas, vuelvo a mi señora Aglaya, y consumo matrimonio.[43]

ANGA, CONTRECHO Señor Nisa, crea que no es la ninfa para él, como no es la miel para la boca del asno.

SABÁ La poca noticia que de mis hechos a troces tienen los señores Pancaya, Nisa, y Anga, les da atrevimiento a ponerse en litispendencia[44] en cosas de honra conmigo. Me holgará que alguno de los tres me viera luchando en la Scitia de la Asia con el furibundo padre de los arimaspos,[45] del cual queriendo reportar victoria sin ventaja alguna, viéndole sólo un ojo en la frente, aunque tan grande como un escudo, este garfio,[46] con que le tenía asidas las escápulas,[47] volví al rostro y sacándome este derecho, donde más vista alcanzaba, con tal enojo al jayán[48] arremetí, que asombrado de mi incendio[49] no me osó atender, y se entró en su cueva huyendo como gato escaldado.

ANGA Señor Sabá, Señor Pancaya, Señor Nisa, por otros nombres, Señor tuerto, Señor ciego, Señor corcovado, no querría, que delante del belicoso contrecho Anga, hombre terreno blasonase,[50] que el asno sufre la carga, y no la sobrecarga.

SABÁ Bien cargado, y sobrecargado está el Señor Anga, que es maravilloso sujeto para llevar las angarias[51] y superangarias, y excusar a todos los contribuyentes de ellas.

ANGA Silencio, que en boca cerrada no entra mosca, y ellos todos son los asnos modorros,[52] y quieren que yo sea con ellos arriero loco: una hazañuela sola de estos brazos, contar quiero, de la cual inferirán si las rotas[53] hazañas de Anga a Plutón harían temblar la barba, y a Vulcano la herramienta de su cycoplea fragua.[54] Se dice vulgarmente, que en las bodas de Piritóo, y su Hypodamia,[55] los medios hombres y medios caballos, de los cabellos la novia y sus doncellas asiendo, se quisieron ir con ellas, y que saliéndoles al encuentro Peleo, Hércules, y Teseo las vidas les quitaron. Esto dice el vulgo incierto, y parlero,[56] que ordinariamente viste las verdades con varios ropajes de mentiras. Y como no es todo vero[57] lo que dice el pandero, así no lo fue que éste fuese triunfo del pelón y consortes, sino mío, que a todos los centauros que allí se hallaron envié a la cimba[58] aqueróntica.[59] Noten el esdrújulo poético. Entiendan, que me mamaba el dedo o que era algún pisaverde como ellos.[60] Prestadme orejas benévolas, y oiréis la mayor hazaña que mortal alguno hizo. Entrambas espinillas con mi propia espada me quebranté, por no tenerles ventaja de piernas humanas, quedando estribado[61] el cuerpo valeroso en los hinojos,[62] del grandísimo dolor debilitados. Y con denuedo[63] de equitante íbero, apretándolos bien al suelo, a ellos enderecé, diciéndoles: "Atrevidos medios hombres, con el denodado Anga osáis con vuestras ancas tener rencilla, que por daros muerte sin disparidad, viéndoos sin piernas de hombres, se quebrantó las suyas, y no quiso tomar otras como las vuestras, prestadas de un caballo, por no parecer centasno[64] como vosotros.

Porque su fama vuele a las alturas,
Veníos, veníos a mí, cabalgaduras."

¡O bellas damas de Arabia! ¡O princesas Belidiana y Clarinda![65] ¡Que os tuviera a todas allí presentes, en vuestras ventanas y balcones, acompañadas de mi mohosísima, con sus dos hermanas Talía y Eufrosina, todas tres como tres amapolas, campeando entre las amarillas y gualdadas cebadas, para que vierais todas y ella viera los angores[66] que causó su querido Anga a la recua[67] y arria[68] caballar! Habiéndoles en aquella epigrama en elogio e hieroglífico,[69] dicho y significado quién yo era y quiénes ellos eran, a ellos arremetí; y entre ellos la guadaña[70] de la muerte de tal suerte esgrimí,[71] que cuando entendieron que eran hombres y caballos, ni eran pigmeos[72] ni mulas de alquiler, se me dio en galardón.

Gozar tres meses la fecunda novia,
Que conmigo los tuvo en la Moscovia.

PANCAYA Soy enemigo de contar mis triunfos y victorias, porque dicen que gato maullador, nunca buen cazador. Solamente quiero decir, para fundar mi derecho, un trance amoroso, cuanto peregrino,[73] pues tratamos de pretensión de dama, que debe dar la ventaja al más galán en amores, y no al más valiente en armas. Ya han oído decir a Medusa,[74] y su indigne belleza, y hermosura, y a sus dos hermanas. Me pesa que la necesidad de entablar mi justicia me obligue a hacer alarde de cosas ya olvidadas.

SABÁ Bien la hemos oído.

PANCAYA ¿Han oído decir, que donde una cabra va, allí quieren ir todas?

ANGA Sí, pero ¿a qué propósito?

PANCAYA ¡O qué tardos[75] son todos, no han dado en el punto! Pues han de saber, que me vieron ambas hermanas con aquel único ojo tan amartelador,[76] como de los míos amartelado.[77] Me guiñó la una con él, y después me guiñó la otra por irse con la primera cabra. Me mostré agradecido a ambas, pero les dije, que no respondería a la afición de ninguna, si no me introducían a su hermana Medusa. Fueron contentas, lo trataron con ella, y vino en ello por la razón dicha. Solamente dificultaron todas tres el evidente peligro de mi muerte, convirtiéndome en piedra, luego que mis ojos viesen a Medusa. Yo entonces eché mano a mis garzos ojos,[78] amarteladores de todas tres; de las dos por la vista, y de la bellísima Medusa por la fama. Y sacándomelos de la cara, se los arrojé a un pavón, que allí estaba, y le acerté con ellos en la cola. Donde con los de Argos[79] se le quedaron pegados para siempre resplandeciendo como entre las estrellas las dos luminarias mayores. Y entrando a ella sin peligro alguno, celebré con ella, y sus dos hermanas tergéminos[80] matrimonios, quedando con amor trompero,[81] hecho perrillo de muchas bodas.

§3

Salen Orfeo ciego, y Anfión tuerto con instrumentos músicos, con sus cuchilladas, como Sabá y Pancaya y sendas piernas en muletas, y cantan así.

Orfeo y Anfión
Nunca mucho costó poco,
Confesamos bella Aglaya;
Somos pocos, tú eres mucha:
muchachos, tú, muchachaza.
Muchachota, muchachona,
que pasas ya de muchacha;
de las tres Gracias mohosas,
la de más mohosas gracias.
Tus Orfeos y Anfiones,
no merecemos gozarlas;
porque es nuestro valor poco,
y ellas son chincharramanchas.[82]
De tus poetas escoge
el que mejor tañe,[83] y canta;
Que con solos cuatro azumbres[84]

Te cantaremos mil chanças.[85]

SABÁ ¿Hay cosa más galana en el mundo, con que vienen ahora los Señores Poetas boquirrubios,[86] a cabo de rato, después que nosotros hemos estado hechos cuerpo de guarda de la Mohosísima once dozabos[87] de toda esta mañana.

ANGA Señor Sabá, Señor Pancaya, Señor Nisa, Señor Anga, ¿no han oído decir, que por mucho madrugar, no amanece más aína?[88] ¿Y que más vale a quien Dios ayuda, que a quien mucho madruga?[89]

PANCAYA Vengan acá, Sores Poetas, con toda su poetería,[90] ¿vienen a cabo de rato a requebrarnos nuestra Mohosísima con azumbres de música? Quieren contender, que se la venderemos a ellos por arrobas, y aun por pipas y tinajas?

NISA Sores[91] Poetas Orfeo y Anfión, monden la haza[92] y desocupen la plaza, y territorio, antes que se les dé mucha pesadumbre.

ANGA Sores Poetas, poco a poco que poco a poco hila la vieja el copo.[93]

ORFEO, CIEGO ¡Oigan, oigan, que verdaderamente aquí están personalmente constituidos los Señores Sabá el tuerto, Pancaya el ciego, Nisa el corcovado, y Anga el contrecho! Por vida de todos, que se vayan poquito a poquito. Miren, que el mismo Rey va hasta donde puede, y no hasta donde quiere. No tengamos barajas nuevas sobre cuentas viejas.

§4

Sale Baco Poltrón,[94] viejo, ridículo, padre de Aglaya, de Eufrosina, y de Talía, las tres Gracias mohosas.

BACO, POLTRÓN Por las tres cabezas del trifauce Cancerbero, que estoy en puntos (Señores Seyses de Arabia)[95] de hacer un hecho Árabe, que se suene en todas las tres Arabias Felice, Desierta, y Petrea. ¿Es posible que he tenido paciencia para reportar la cólera, que me ha inflamado el corazón de haberos estado oyendo la herrería[96] que habéis tenido a mi puerta sobre la pretensión de Aglaya mi hija, lumbre de mis purpúreos ojos? ¿Es imposible que no habéis tenido recato[97] de no romperle el soporífero sueño? Que parece, que todas las furias infernales incitan a todos seis a desear a mi querida, y cerúlea[98] Aglaya; y ninguno ha querido poner los ojos en ninguna de sus dos hermanicas Taliyca, y Eufrosinica, siendo menores, y nacidas últimamente en el tres gémino[99] mezillado,[100] en que a todas tres las parió su madre con tantas gracias, que son llamadas desde el instante en que nacieron, las tres Gracias mohosas. Y con estos nombres se han quedado pegados a los posaderos,[101] que no pequeña envidia, y afrenta[102] de las Gracias de Venus, que no osan parecer en su presencia. Que podíais todos seis echar fuertes, y quedar los tres con todas tres bienaventurados, yéndose los desgraciados, que no tuviesen suerte, a espulgar otros tantos galgos;[103] porque, aunque es verdad, que todas tres goza un ojo matador en una de las cuencas de Aglaya como Medusa, y sus hermanas; en todas las otras gracias, no le son inferiores. Verdad es, que no se estiman ellas en tan poco, que consientan que por fuertes las lleven, sino por fuerza, y valor de armas, que están engreídas del torneo de esta noche, y quieren, que sean los que las llevaren los que vencieren a los otros tres competidores. Y esto sería lo mejor, que por este camino les ganaríais las voluntades.

SABÁ Ha hablado nuestro suegro común[104] categóricamente.

BACO ¿Qué se entiende suegro común? ¿Yo soy hombre común? Mirad como habláis, hijo Sabá tuerto de un ojo, si no queréis quedarlo de ambos. ¿De esta manera habla quien quiere ser mi ayer no, y hoy sí? Brava denominación del nombre de yerno.

SABÁ Yo no digo padre Baco poltrón,[105] hombre común, sino suegro común, y suegro común de tres, y de seis, así por la comunidad de ser suegro de seis yernos, como por la comunidad de ser padre de tres hijas tan comunicables entre sí.

BACO Está bien. Si los seis aceptan la palestra,[106] váyanse a vestir de sus armas para el torneo. Que yo voy a hablar a mis niñas, y a rogarles, que vengan en ello.

SABÁ Digo, que por mi parte soy contento de aspirar a cualquiera de todas tres.

ANGA Sin perjuicio de mi señora Aglaya, y con tu audiencia, yo me conformo con la sentencia Bacuna y Poltrona, por ser socerina.[107]

NISA Todos unánimes somos del mismo gusto, y parecer.

TODOS Todos concluimos definitivamente, *novatione cessante.*

BACO Pues vamos, que la niñas de dos treinta años, mal dije, por dos veinticincos tienen hambre de tres semanas, y picados los molinos, y dicen dos proverbios, el buen día métele en su casa, y cuando te dieren la vaquilla, acude con la fogonilla.

ORFEO Ellas padre Baco son las vaquillas pues son las hijas tuyas; mas sus mohosas Gracias son las soguillas con que nos lidian.[108]

BACO O ¡qué maravilloso concepto! Si como fue de poeta, mejor metrificado.

ANFIÓN No por eso pierda su valor. Mas lo han de celebrar, y cantarlo todos con voces en cuellos,[109] repitiendo conmigo.

Las mohosas tres gracias son las vaquillas,
Nosotros los lidiados con sus soguillas.
Y todos repitiendo.
Las mohosas tres gracias son las vaquillas,
Nosotros los lidiados con sus soguillas.
Se irán entrando, dando fin a este primero entreacto.

Entreacto Segundo

Salen Aglaya tuerta, Talía, y Eufrosina ciegas, con tres muletas, y muchos harapos, a un balcón. Y Baco Poltrón, viejo ridículo, al teatro.

BACO Ocupad hijas queridas, mis Gracias mohosas, este balcón, que, aunque pobre, no da la ventaja en integridad y castidad al de vuestra Princesa Belidiana. Mas espero en los Dioses, que es llegado el tiempo, que os habéis de desenmohecer, siendo hoy piedras movedizas, para que ya no os cubra más moho.

AGLAYA Saben ya nuestros seis pretensores,[110] que primero han de tornear, y luego luchar, y últimamente justar[111] poéticamente.

BACO Sí hijas mías, ya saben, que tú Aglaya, quieres casar con el mejor tornero,[112] y tú Eufrosinica con el mejor Atleta, y tú Talica, con el más terso Poeta.

AGLAYA ¿Yo tornero, padre? No sino torneador, que tornee.

BACO Todos, hija, tornean; Y no era malo un tornero que te hiciera y torneara una pierna de haya[113] que te supliera esa muleta, e hiciera otras dos para tus hermanas.

AGLAYA ¿Yo hayana,[114] padre? No, por cierto. Más quiero ser Pigmea.

EUFROSINA ¿Yo atleta, padre? No quiero sino un buen luchador. Yo, ¿cuarta furia infernal, hermana de Aleto, Tesifone y Megera?

BACO Calla, boba, que a los luchadores llaman Atletas, aleando con las alas de los brazos extendidas como los gallos.

TALIA Yo, padre mío, más quiero asno, que me lleve, que caballo que me derrueque. Más quiero un poeta jumental,[115] que sea un pedazo de asno, que un caballar,[116] que quiera ser el caballo Pegaso,[117] y llevarme volando por las nubes, y venga a dar con ambos en las caballerizas de los caballos del sol, que nos quiten toda la poesía a bocados y coces. Menos quiero torneador, ni luchador, sino un donoso poeta borriquillo, que no levante las manos del suelo, porque no me las ponga en la cabeza.

BACO Silencio, hijas, que vienen ya los torneantes, luchantes, y poetizantes.[118]

§2

Salen los seis del primero entreacto, con broqueles de corchos y espadas de palo, y lanzas de cañas verdes, armados a lo ridículo, tres con sus padrinos, por una parte y tres con los suyos por otra. Y hacen sus galanterías cojeando y dando caídas.[119]

BACO O ¡qué vistosos han entrado los unos, y los otros! No hay más que desear en todo el mundo. Dichosas hijas mías vosotras, que nacisteis para tan singulares empleos. O ¡qué verdadero refrán! Cuando nace la escoba, nace el asno que la roa.[120]

AGLAYA Dichosos ellos, padre, que nacieron para tan alta empresa. A quien Dios quiere bien, la casa le sabe.[121]

BACO No nos ha querido mal, aunque os ha sabido la casa y el hogar.

PADRINOS Valerosos caballeros, el campo y el sol están fielmente partidos. Sólo resta, intrépidos ahijados, que mostréis vuestro valeroso valor.

LOS OTROS Sólo resta, valerosos ahijados nuestros, mostréis el vuestro con ánimos de valerosos gallos, no haya entre vosotros alguna gallina.

Corren sus cañas y las quiebran, y sacan sus espadas, y se dan sus cinco golpes, cayendo todos en el suelo. Y los padrinos los levantan.

BACO Valerosamente habéis, hijos míos, todos seis torneado. Sólo falta que Aglaya juzgue, cual debe llevar el pres,[122] pues es justo que a quien duele la muela, ése se la saque.

AGLAYA Padre mío, dice otro refrán, que a quien dieron a escoger, dieron que entender.[123]

BACO Decid vuestro parecer, hija mía, que más vale vergüenza en cara, que mancilla en corazón.[124]

AGLAYA Digo, Señores, que todos seis habéis andado valerosos caballeros, y todos seis sois dignos y merecedores de esta vuestra caballa,[125] por quien habéis tan valientemente lidiado.[126] En igual grado os quiero a todos; no es razón, que haga agravio a ninguno de tales campeones. A todos seis os admito por míos por semanas, porque ninguno pueda quedar quejoso.

BACO Ay hija mía, ¿bígama queréis ser? ¿Dos tres veces queréis ser gama?[127]

AGLAYA No padre, sino con seis gamos quiero correr como gama.

BACO No hija mía, no es razón, que vos introduzcáis en el mundo la bigamia en las mujeres, que seréis peor que la Reina Semiramis,[128] que aunque tuvo muchos hombres, no fueron muchos matrimonios.

TALIA No hermana mía, ni nosotras lo permitiremos, si no consentís que se casen todos con nosotras.

AGLAYA ¿No dijiste vos, hermana, que no queréis torneadores, ni luchadores?

TALIA No habéis vos oído decir, que boca que dijo de no, dice de sí?

EUFROSINA Mal año, hermana Aglaya, vos os los queríais a todos seis, y que nosotras enviudásemos antes de casar, y se dijese por nosotras, las más bellas niñas de este lugar, hoy viudas y solas, y ayer por casar, dejadnos llorar a orillas de la mar.

PADRINO Por cierto muy bueno es, que al cabo de haberse estos seis caballeros molido[129] a cañazos, y palos, quieran estas ninfas molerlos de nuevo a palas[130] a todos seis, y rechazarlos de aquí para allí, como si fueran pelotas de viento, no siendo Palas Minerva[131] ninguna de todas ellas, y quieran ser *in solidum* señoras de todos ellos! Esta sería la confusión de Babilonia.

BACO Señores e hijos míos, elegir una mujer y un hombre entre seis medios hombres, que todos le han agradado, dificultosísimo me parece sin mucha deliberación. Prosígase la lucha, mientras ella decide esta cuestión en la Cancelaría[132] de su memoria, entendimiento, y voluntad, de donde ha de emanar tan celebre decisión.

PANCAYA Bien dicho por cierto, porque cosa tan nueva, y desusada, es justo que se decida por las antiguas decisiones de Rota tan rota, como hoy está Madama Aglaya,[133] su toca, gorguera,[134] y saya.[135]

ORFEO Con las cuales por la playa puede buscar la gandaya.[136]

ANFIÓN Pescador, corvina, y raya.[137]

SABÁ Lúchese pues.

NISA Lúchese.

TODOS Lúchese.

BACO Tres a tres por la orden del torneo solamente dos levadicas[138] con gentil donaire y gracia. Maravillosamente lo han hecho, que todos seis unánimes y conformes han dado sus chaparrazos[139] y besado la suma arena. Ea, hija Eufrosina, escoged el que os ha parecido más gentil luchador.

EUFROSINA Señor padre, todos han luchado valientemente con la misma palestra: no hallo superioridad en ninguno. Yo me ratifico en lo dicho, y los quiero a todos seis.

BACO Esto no, hija mía, que será poligamia de gamos y gamas.

AGLAYA Mal año, Eufrosina, ¿vos también queréis ser gama de seis gamos? No os veréis en estos seis espejos.

TALIA Malos días, y malas noches, vos Eufrosina, ¿queréis tener maridos sexgéminos?[140] El cielo no tiene más de un géminis. Ea, venga mi justa literaria, que primero quiero yo escoger a mi Poeta, o Poetas, que más me agradaren.

Glósenme esta canción ajena.
De tres hermanas que veo,
herido y preso de amor
Me siento de la menor.

PANCAYA Va de glosa

De las tres Gracias mohosas,
El moho que más me cuadra
es el de la más cachorra,[141]
que más me maúlla, y ladra
Contra mí marchó la escuadra
de todas tres, y el arpón
me arpó de la menor.

SABÁ Chabacana.[142] Esto es sublime.

De las tres Gracias mohinas
por mohindad, y por moho:
por ser polla entre gallinas,[143]
la menor ya ronca escojo:

ojo a ella, que del ojo
me hace, y hecho carbón[144]
me siento de la menor.

ANGA *Mala. Esta sí.*

Aglaya, Talía, Eufrosina
me tienen muerto de amores.
Me tienen ya en la cocina
Espetado en asadores,
en ellos como sudores,
y el fuego consumidor
me gasta de la menor.

NISA *Esta sí, esta sí.*

Eufrosina, Talía, Aglaya,
las tres grasas[145] engrasado
me tienen y dan la vaya[146]
por verme sopidorado.[147]
Parezco capón[148] asado,
pero con mayor ardor
me siento de la menor.

ORFEO Pésima. *Oigan la mía, que es como una pócima.*[149]

Aunque Aglaya tenga algalia,[150]
y Eufrosina de resina,[151]
no hay en España, ni Italia
tal ámbar como Talía.
Sea Fénix[152] o arpía;[153]
que yo hecho diaquilón[154]
me siento de la menor.

ANFIÓN *Andad compañero, que sois un boticario. Esta sí, que remata la justa, y gana el premio.*

Gracias cubiertas de moho
el moho quitaros quiero.
La que me hiciere del ojo,
tendrá en mí hijos de ollero.[155]
Empero[156] a velas, y remos
navegaré el mar de amor
con Talía la menor.
No hay más que desear en toda la
Heliconía.[157]

BACO Más, más, hay que desear, que es el fallo de la falaz poetisa.

TALÍA No permitan los Dioses, padre mío, que yo haga agravio a ninguno de tan divinos poetas. Padre mío Baco Poltrón, por lo que tienen de tus vidueños,[158] los quiero a todos.

BACO Pues no permitan, ni consientan los Dioses del cielo, de la tierra, del infierno, que yo agravie a Poetas tan bacunos.[159] Yo quiero, que ninguno sea desechado. Valgan todos, o por testamentos, o por codicilos.

AGLAYA Mal año, malos meses, hermana Talía, ¿tú con seis maridos, y nosotras a diente?[160]

EUFROSINA Malos años, malos meses, malas hermanas, malos días, malas noches, malas madrugadas, malas horas, malos cuartos, malos segundos, malos minutos, malos instantes.

ORFEO Ténganse Señoras Gracias, pluscuamciviles,[161] y más que Mohosas, no sean tan arrosméticas[162] de los tiempos: no nos los quieran dividir en átomos, y darnos las vidas por ellos. Yo por mí, y como marido y conjunta persona de todas tres, y como consanguíneo[163] y conjunto de todos cinco, y como un sexto de todos seis, quiero, y requiero, y protesto, que todos seis unánimes, y conformes seamos maridos de todas tres. Y las dichas todas tres de mancomún,[164] y a voz de una, y cada una por sí, y por el todo *in solidum*, sean esposas y mujeres, y matronas, y madres de familias de todos seis, renunciadas todas las leyes de la división, como en ellas se contiene. Y sobre este artículo pido ante todas cosas debido pronunciamiento, y que no me corra término[165] hasta que sobre el haya cosa juzgada. Porque de tal manera debo amar a mis amigos y ser bueno a los buenos, que me sea mayor amigo a mí, y no me sigan malos daños.

BACO *¡O gran bontá de cavallieri antiqui!* O facilidad, y morigeración de buenos amigos, que pudiendo vencer, ceden a los sodales,[166] que se vencen con dulzura, y blandura, más fácilmente.

PANCAYA Acepto las estipulaciones de todas tres.

TALIA Y yo las de todos seis, con licencia de mi señor padre.

BACO Por sola esta mohosa gracia, hija mía, redrojo mío,[167] cuando no tuvieras otras mil gracias, merecías ser polígama de todos seis polígamos. Yo como padre dispenso[168] contigo, y con ellos.

AGLAYA Malos años, si la disposición no se entiende también conmigo.

EUFROSINA Y si todos seis gamos no son también míos.

BACO Pues bobillas y bobillos, ¿había yo de hacer este agravio a ninguno y esta injuria a ninguna? Ea, dados todas y todos las manos, con la bendición de los dioses y la mía. ¡Tened! ¡Con que facilidad os queríais papar[169] diez y ocho bigamias! Tres veces seis, diez y ocho: tantas son. Esperad, que es menester que entendáis primero la suma ventura, que todos habéis tenido en casar con vuestros iguales, que es la suerte más felice[170] de los casamientos. El valor del hombre en el cuerpo, y en el ánimo[171] asienta. El animo debe mandar, y el cuerpo obedecer. El uno tenemos común con los dioses, el otro con las bestias. Tontería y locura es, anteponer la hermosura, y dotes del cuerpo a los dotes y hermosura del ánimo. O hijos, e hijas mías, que prudentes habéis sido en buscar, y preferir el valor de los ánimos, y no dárseos nada de la hermosura, y gentileza de los cuerpos; y en haber solamente querido una tan honesta pasadía,[172] que tasadamente os suministrará el cotidiano sustento, y vestido, y tegumento de ellos. Habéis merecido, hijas, por vuestra discreción el valor de los ánimos generosos de estos mendigos caballeros. Y vosotros, o dignos yernos míos poltrónicos,[173] habéis merecido por vuestra sabiduría, la hermosura, y belleza interior de las almas de estas palomicas sin hiel.[174] Ea, hijos queridos, celebrad vuestras bodas. Dados las manos, y las voluntades, y hacedme abuelo de diez y ocho nietos, a nieto por matrimonio, con mi bendición, y de Iuno, Venus e Hymeneo, y los demás dioses.

PADRINOS Para en uno son.

OTROS PADRINOS Para en uno son.

ORFEO Padre Baco apoltronado

   todos seis somos contentos
   de los ternos casamientos
   de los sexmos desposados,[175]
   los nietos diez y ochavados.
   Tendrán todos a tres madres
   y a seis valerosos padres,
   y ciento y ocho bisnietos
   seiscientos tataranietos,
   Y los seis, cinco compadres.

ANFIÓN Padre Baco, vino agro,[176]

   Que es lo mismo que vinagre,
   O vino que tiene madre,
   Haced aquí un gran milagro:
   Que lo flaco sea magro,[177]
   Y Aglaya, Talía, Eufrosina,
   Todas juntas en cecina[178]
   Celebren con sus seis gamos
   Los ternos[179] y sexmos tálamos,[180]
   Del palacio a la cocina.

PANCAYA Padre Baco, suegro nuestro

   Vinagrón de gracias tres,
   Que las entregas a seis,
   Porque te den muchos sextos,
   Si eres amigo de pleitos,[181]
   Y quieres pidan divorcios
   De los diez y ocho consorcios
   Funda toda su justicia
   En demandas de sevicia,[182]
   Fingiendo diez y ocho aborcios.[183]

SABÁ Baco a quien llaman vinagre

   a diferencia de Baco,[184]
   suegro del que mató a Caco[185]

y en el muslo de su padre
tuvo juntos padre y madre;
porque tus Mohosas Gracias
no se vuelvan en desgracias,
yo, y mis cinco compañeros
seremos los carniceros
de sus carnes flacas, lacias.

ANGA Ni quiero que tu vinagre,

se convierta Baco en zupia[186]
ni que tenga alguna lupia[187]
Aglaya; o Talía usagre:[188]
ni que Eufrosina se almagre[189]
sino que tú, y todas tres
seáis puros. Y a los seis
de cien arrobas vasijas
nos den tus mohosas hijas
y tú un gran tonel nos des.

NISA Ni yo quiero vinagrón

sino vinagre y vinagras,
sin lañas, gonces,[190] bisagras[191]
y sin diacatolicón;[192]
Porque un vinagre zupión[193]
y zupias avinagradas
aunque suegro, y desposadas,
con desposadas y suegro,
azules y verdinegro,
harán muchas vinagradas.

Baco, Maravillosos Poetas, no puedo dejar de imitaros, aunque sea en causa propia.

Con avinagradas tretas
he vencido hoy estas rifas[194]
pues con mis tres Alquitifas[195]
he medrado[196] seis Poetas:
celébrense sus bodetas[197]
de consuno en bodegones,[198]
con bailes, vino y jamones
y canten sendos padrinos
con avinagrados vinos
avinagradas canciones.

Padrinos cantando

Gócense desposados y desposadas
Gócense los seis Ninfos con sus seis
Gracias

Todos cantando

Gócense desposados y desposadas
Gócense los seis Ninfos con sus seis
Gracias

Padrinos cantando

Una Gracia a dos Ninfos, los dos a una,
Tórnense grullos[199] ellos, y ellas
gamuzas.[200]

Todos cantando

Una Gracia a dos Ninfos, los dos a una,
Tórnense grullos ellos, y ellas gamuzas.
Gócense desposados y desposadas,
Gócense los seis Ninfos con sus seis
Gracias.
Fin del Entreacto Segundo de la
Primera Parte

Preguntas de comprensión.

1 ¿Quiénes son los pretendientes de Aglaya?
2 ¿Dónde discuten?
3 Describa a los personajes femeninos y masculinos.
4 Explique las heroicidades que se inventan los personajes masculinos para impresionar al padre de Aglaya.
5 ¿En qué consisten las pruebas que han organizado las Gracias mohosas?
6 ¿Cómo solucionan las hermanas el dilema en el que se encuentran?
7 ¿Qué descendencia van a tener?
8 ¿Cómo van a celebrar las bodas?

Preguntas para debate y/o temas para escribir.

1. La *comedia nueva* del Siglo de Oro se caracterizaba por restaurar el orden social que sus personajes habían alterado mediante el matrimonio entre los protagonistas. ¿Considera que el final feliz de este entreacto tiene ese mismo objetivo?
2. Compare a los personajes del entreacto con personajes contemporáneos de la literatura, el cine o la televisión que tengan limitaciones económicas y/o físicas y que se rían de ellos mismos y del espacio que ocupan en la sociedad.
3. El entremés es una obrita que se ponía en escena durante el intermedio de una comedia para entretener al público. Uno de los objetivos de este entremés de Enríquez de Guzmán es exagerar y ridiculizar el comportamiento de los personajes de la tragicomedia, de los cuales, debido a su estatus en la sociedad, se espera un comportamiento moralmente superior y ejemplar. ¿Puede pensar en una película o programa de televisión que se ría de y ridiculice a relevantes miembros de la sociedad y de sus actos mediante la sátira, la hipérbole, la exageración de sus defectos?
4. Establezca paralelismos entre este entremés y *Saturday Night Live*. ¿Cuáles son los objetivos de estas dos producciones artísticas separadas por cinco siglos y cuáles son las herramientas que se emplean para llevar exitosamente a la escena los objetivos marcados por sus creadores?

Notas

1. En el capítulo 2 de *Doña Feliciana Enríquez de Guzmán: Crónica de un fracaso vital*, Bolaños Donoso amplía la información sobre los hermanos de Enríquez de Guzmán.
2. Ver el capítulo 1 de Bolaños Donoso para más información sobre los negocios de la familia y sobre los abuelos, los padres, los parientes con los que Feliciana se relacionó a lo largo de su vida.
3. En el capítulo 3, Bolaños Donoso elabora sobre la función y las finanzas del patronazgo y de la obra pía.
4. Bolaños Donoso baraja varias posibilidades: que su futuro esposo muriera antes de celebrarse las bodas; que viajara a América para hacer fortuna, pues era hombre de muy limitadas posibilidades económicas; o que, como se desprende de un documento notarial, la pareja no consiguiera reunir dinero en metálico para el desposorio y él, ante tal circunstancia, decidiera que el matrimonio era inviable. En el capítulo V, Bolaños Donoso amplía la información sobre Avellaneda, sus negocios y su relación con otros miembros de su familia y su esposa.
5. Ver los capítulos 6 y 7 de Bolaños Donoso.
6. "Cree nuestra Poeta que ella ha sido / la primera de todos en España / que imitando a los Cómicos antiguos / propiedad ha guardado, arte y preceptos / de la antigua Comedia, y que ella es sola / la que el Laurel a todos ha ganado / y ha satisfecho a todos el deseo / que tenían de ver una que fuse / Comedia propiamente, bien guardadas / sus leyes con rigor, porque hasta ahora / ni se ha impreso ni visto los Teatro" (citado en Doménech 109, modernización mía).
7. Así presenta la escritora la demanda que le pusieron los dramaturgos españoles por atreverse a criticarlos, escribir su *Tragicomedia* y por tener la arrogancia de considerarse mejor poeta que ellos: "[. . .] por lo cual se querellaron de ella, y le pusieron demanda, diciendo que siendo mujer y no pudiendo hablar entre poetas, había tenido atrevimiento de componer la dicha tragicomedia, y dejándose decir en ella que había sido la primera que con toda propiedad y rigor había imitado a los cómicos antiguos y guardado su arte poética y preceptos; y ganado nuestro laurel a todos, [. . .]" (citado en Scott Soufas 268).
8. Asencio llama la atención sobre un aspecto importante entre estos dos géneros. En la picaresca se presenta exclusivamente el punto de vista del narrador-protagonista, por su parte, en el entremés se incluyen múltiples voces y puntos de vista que compiten entre ellos (32).
9. La descripción que este tipo de literatura hacía de la realidad no era totalmente verista, ya que se permitía que la capacidad imaginativa del escritor coloreara la descripción de la realidad que se quisiera plasmar (Asencio 34).

10 Se ha modernizado la edición de 1627 de la Biblioteca Nacional de España. Signatura R.MICOR/3979.
11 "Adj. culto. Asnal" (Moliner).
12 Urgentemente.
13 Censurar las acciones de alguien con apodos o motes (D.A.).
14 Pron. Se refiere al ojo bueno que le queda.
15 En sentido despectivo. Sabiduría.
16 Persona con la espalda doblada.
17 "Lisiado" (D.A.).
18 Cesta.
19 Calzado de corcho o madera que solían usar las mujeres para hacerlas más altas.
20 "Caballo flaco y de poco valor. Se aplica como insulto a una persona torpe, holgazana, inútil o despreciable" (Moliner).
21 No existe en femenino. Asno, burro.
22 "Zapato enteramente de palo" (D.A.).
23 "Rizo o ensortijado. Propiamente se dice del cabello" (D.A.).
24 Enfermedad contagiosa de la piel causada por hongos, que produce escamas, costras, o la caída del cabellos (Moliner). En la edición de Doménech y Santamera se interpreta la expresión: "tal te quiero crespa, y ella era tiñosa" a que el amor es ciego y donde hay calva, se ve rizos.
25 Músculo extendedor de la pierna (D.A.).
26 Pierna (Covarrubias).
27 "Pieza corvada del arado" (Covarrubias).
28 "Se aplica a la persona que tiene las piernas torcidas hacia fuera desde las rodillas" (Moliner).
29 De falso.
30 De plagio.
31 Persona que tiene una botica.
32 Se refiere a que bebe vino y no agua.
33 Suerte.
34 Adj. arcaizante. Largas (Moliner).
35 "'Ojos hay que se lagañas se enamoran.' Refrán que enseña la extraordinaria elección y gusto de algunas personas, que teniendo en qué escoger, se aficionan de lo peor" (D.A.).
36 "Llaman al difícil de desatar, por muy apretado, o por el modo especial de enredarse. Díjose así porque no deja apertura u ojo por donde se pueda deshacer" (D.A.). Se trata de una metáfora. Ojos ciegos que sólo le sirven de adorno, como los ojos en la cola del pavón.
37 Puerta pequeña.
38 "Ave doméstica muy semejante al cisne, aunque algo menor y de color pardo" (D.A.).
39 Refrán. "El ánsar de Cantimpalo que salió al lobo al camino" (D.A.). Se refiere a la imprudencia del ave que se enfrentó al lobo.
40 Aleto, Tesifone y Megera: tres furias infernales (Doménech y Santamera).
41 Cancerbero trifauce: perro con tres cabezas que Hércules ató con una cadena a la puerta del infierno (Covarrubias).
42 Caronte. Ser del mundo infernal que transportaba las almas en su barca a la orilla del río de los muertos (Pierre Grimal).
43 Nisa manda al infierno a Pancaya y Sabá y ofrece una descripción del infierno clásico.
44 Pleito pendiente (D.A.).
45 De arimaspes. Son unos pueblos de la Scitia, cuyos habitantes tienen un solo ojo en la frente (Covarrubias).
46 Herramienta de hierro curvada y aguda. Metáfora que se refiere a los dedos.
47 Omoplatos.
48 Gigante (Covarrubias).
49 La rabia.
50 "Recitar las hazañas propias o de sus antepasados" (Covarrubias).
51 Servicio de transporte realizado por hombres que cargaban sobre sus espaldas. Se ríe de la joroba de Angas.
52 "Enfermedad que saca al hombre de sentido, cargándole mucho la cabeza" (Covarrubias). "Metafóricamente vale inadvertido, ignorante, que no hace distinción de las cosas" (D.A.).
53 En el texto de la edición de 1627: "rompidas."
54 Los cíclopes hacían las armas de los dioses en las islas eoleas o en Sicilia, donde poseen una forja subterránea (Pierre Grimal).

55 Luchó contra los centauros que él invitó a su boda con Hypodamia. Estos, borrachos, intentaron violarla y raptar a las otras mujeres de la fiesta (Pierre Grimal).
56 Charlatán.
57 Verdadero.
58 "Barquilla con los extremos curvados hacia arriba, que era empleada por los romanos en los ríos" (RAE).
59 Adj. de Caronte.
60 "El mozuelo presumido de galán, holgazán y sin empleo ni aplicación, que todo el día se anda paseando" (D.A.).
61 Apoyado.
62 Del latín vulgar. Rodillas (Moliner).
63 "Brío, esfuerzo, ardimiento, valor, intrepidez" (D.A.).
64 El centauro es una criatura mitológica que del tronco para arriba es hombre y del tronco para abajo es caballo. Aquí la autora se inventa una nueva figura mitológica jugando con la palabra *asno*.
65 Princesas de la *Tragicomedia*.
66 En la edición de Doménech y Santamera se explica que es palabra latina angor-oris. Significa "angustia" o "pesadumbre" (195).
67 "Conjunto de animales de carga, que sirven para trajinar" (D.A.).
68 Recua (Moliner).
69 Jeroglífico.
70 Herramienta larga que sirve para cortar la hierba y el heno.
71 Luchar con espada. Anga luchó con una guadaña.
72 Hombres pequeños.
73 "El que sale de su tierra en romería a visitar alguna casa santa o lugar santo." "Cosa peregrina: cosa rara" (Covarrubias). Podría tener aquí la segunda connotación pues la Medusa le da ventaja al mejor luchador, en vez de dársela al mejor amante.
74 Hija de Focio y de Ceto. Bestia marina la cual dicen haber habitado en el océano Aetiópico con Euríde y Estenione. Con sus cabellos rubios deslumbró a Neptuno y de ellos nació Pegaso. Minerva agraviada con este hecho, la castigó y le convirtió los cabellos de Medusa en culebras y le impuso un castigo para que siempre estuviera sola: cualquiera que la mirase se convertiría en piedra (Covarrubia).
75 "Vale también torpe, no expedito en la comprensión o explicación" (D.A.).
76 Que enamora.
77 Enamorado (Moliner).
78 Los ojos de Pancaya son del mismo color que los ojos de la Garza.
79 Según la leyenda se atribuye, un ojo, cuatro o infinidad de ojos. Hera le encargó que cuidara de la vaca Io. Hermes, siguiendo la orden de Zeus, liberó a Io y mató a Argos. Hera para inmortalizarlo, trasladó sus ojos al plumaje del pavón (Pierre Grimal).
80 Tres.
81 "Se toma también por el que engaña" (D.A.).
82 Palabra inventada.
83 Del verbo tañer. "Tocar algún instrumento musical" (Covarrubias).
84 "Jarro en el que se traía el vino. Debía ser la ración de una persona" (Covarrubias).
85 "Cierto género de canciones que se cantaba en Navidad y otras fiestas" (Moliner).
86 "Mozalbete presumido de lindo y de enamorado" (RAE).
87 Doce.
88 Adv. presto (D.A.).
89 Aquí la autora juega con el refrán: "A quien madruga, Dios le ayuda."
90 Peyorativo de *poesía*.
91 "Síncopa de *señor*" (Moliner).
92 "Mondar la haza": "Desocupar un sitio" (Moliner).
93 "Poco a poco hila la vieja el copo": refrán. "la continuación y perseverancia en las cosas, aunque sea despacio, hace que se logren" (D.A.).
94 El padre toma el nombre del dios Baco.
95 La autora pluraliza el número "seis." Se refiere a los seis mendigos.
96 Jaleo (Moliner).
97 Cuidado.
98 Adj. "Aplicado al cielo, el mar o a los lagos" (Moliner).
99 Adj. Duplicado, repetido (Moliner).

100 De mellizos.
101 Nalgas.
102 Ofensa.
103 "Enviar a espulgar un galgo": "Locución. significativa de desprecio de alguno, con que se da a entender, que no es hábil, o que no es del genio y gusto de otros" (D.A.).
104 Bajo, despreciable (D.A.).
105 "Flojo, perezoso, haragán y enemigo del trabajo" (D.A.).
106 "Sitio o lugar donde se lucha" (D.A.).
107 "Del latín *socer*, suegro. Cultismo de la autora" (edición de Doménech y Santamera).
108 Juega con el refrán: *Cuando te dieren la vaquilla, acude, o corre con la soguilla*: "avisa que se aprovechen las ocasiones de interés, u conveniencia propia, por el riesgo de que pasadas se pierdan" (D.A.).
109 "Con voces en cuello": gritando.
110 Pretendientes.
111 "Ejercitarse en las justas, pelear o combatir en ellas" (D.A.).
112 Tornero: "Persona encargada del torno." El torno es una herramienta cilíndrica que mueve mecánicamente una persona y sirve para arrastrar objetos. Por ejemplo, este dispositivo se podía colocar en las ventanas o puertas de los conventos para que las personas a ambos lados se pudieran comunicar sin verse (Moliner). Enríquez de Guzmán juega con la palabra y con ella se refiere a la persona que participa en un torneo.
113 Árbol de madera dura.
114 Adj. inventado por la autora.
115 Adj. de "jumento" que significa "asno."
116 Adj. "propiamente se entiende de todo lo que pertenece, y es propio de los caballos y yeguas, y en especial del ganado de caballos, que están en el pasto con las yeguas" (D.A.).
117 Caballo alado, nacido "en las fuentes del océano," es decir, en el extremo Oeste. Según la leyenda es un caballo divino y le llevó el rayo a Zeus (Pierre Grimal).
118 "Luchantes y poetizantes": palabras inventadas por la autora para referirse al que lucha y al que hace poesía, respectivamente.
119 "Dando caídas": cayéndose.
120 "Cuando nace la escoba, nace el asno que la roa": refrán, "significa que todas las cosas en el mundo tienen su contrario, y que apenas nace una, cuando al mismo tiempo nace otra, que es su contrario, y se le opone por diversos principios" (D.A.).
121 "A quien Dios quiere bien, la casa le sabe": "refrán con que se da a entender, que el que es afortunado, no necesita hacer diligencias, pues las conveniencias se le vienen sin buscarlas" (D.A.).
122 Pres: Se explica en la edición de Doménech y Santamera que esta palabra puede ser ejemplo del seseo de la autora sevillana. En el Diccionario de Autoridades, *prez* se define como "el honor o estima que se adquiere o gana con alguna acción gloriosa."
123 "A quien dieron a escoger, dieron que entender": "Refrán que advierte que es difícil tener acierto en lo que depende del propio arbitrio" (D.A.).
124 "Más vale vergüenza en cara, que mancilla en el corazón": refrán. Es preferible pasarlo mal y pedir perdón por un error que se haya cometido, a más tarde, volver a equivocarnos y ser recriminados por ello.
125 Yegua.
126 Batallar.
127 Hembra del gamo. Se explica en el Diccionario de Autoridades que el gamo reúne a sus hembras y las cuida celosamente. La autora presenta aquí la situación a la inversa.
128 Reina de Babilonia. Esposa de Ones, consejero del rey. Semiramis, asesoró a su esposo en una de las batallas contra Bactriana y demostró su habilidad desarrollando tácticas de guerra y dirigiendo ejércitos. Nino, rey de Babilonia, quedó admirado y le pidió a Ones que se la entregara como esposa. Esto trajo consigo el enfrentamiento entre ellos y Ones, desesperado, se ahorcó (Pierre-Grimar).
129 De *moler*. Dar golpes.
130 "Herramienta formada con una plancha de hierro rectangular, con un mango generalmente de madera" (Moliner).
131 Palas: adj. que acompaña el nombre de la diosa griega Atenea. Minerva es la diosa romana asociada con la actividad intelectual (Pierre Grimal). La autora emplea el adjetivo "palas" para crear juego de palabras con "palos" y "palas."

132 Tribunal donde se despachan y reconocen las cartas de gracia y otras semejantes (D.A.).
133 Voz francesa. Equivale a señora y se empleaba para dirigirse a la mujer noble casada (D.A.).
134 Adorno que se ponía en el cuello de la ropa.
135 Tipo de falda con pliegues.
136 "Ociosidad y bribonería" (D.A.).
137 "Corvina y raya": pescados de mar.
138 "Término de la Esgrima. La ida y venida, o lance que de una vez y sin intermisión de tiempo juegan los dos que esgriman" (D.A.).
139 "De chaparro. Planta de encina o roble que crece en forma de planta" (Moliner). Las espadas empleadas por los mendigos eran de palo. Se refiere a los golpes que se dieron.
140 Palabra inventada por la autora. Seis.
141 Cría hembra de perra o leona.
142 Grosera, vulgar.
143 "Gallina nueva, medianamente crecida, que aún no pone huevos, o hace poco tiempo que los ha empezado a poner. Por translación se llama a la muchacha o moza de poca edad y buen parecer" (D.A.).
144 "Hecho carbón": quemado.
145 "Las tres grasas": las tres Gracias. Paranomasia. La autora llama a las hermanas gordas.
146 "Dar la vaya": hacer burla.
147 Adj. inventado por la autora. *Sopa dorada*: "La que se hace tostando el pan en rebanadas, a las que se le echa el caldo más sustancioso de la olla, y una porción de azúcar, y chochos de Granada" (D.A.).
148 Animal castrado.
149 Bebida medicinal que, por lo general, tiene mal gusto.
150 "El sudor que despide de sí el gato llamado Algália. Al cual se le fatiga batiéndole con unas varas, de suerte que se le hace sudar, y recogiendo el sudor con una cucharilla junto hace como una especie de manteca, la cual es sumamente odorífera" (D.A.).
151 Sustancia pegajosa que desprenden los árboles.
152 "Dicen ser una singular ave que nace en el oriente, celebrada por todo el mundo; se cría en la Felice Arabia, tiene el cuerpo y la grandeza de un águila y vive seiscientos y sesenta años" (Covarrubias).
153 Harpía. "Fingieron los poetas ser unas aves monstruosas, con el rostro de doncellas y lo demás de aves de rapiña, crueles, sucias y asquerosas" (Covarrubias).
154 "Ungüento con que se hacen emplastos para ablandar los tumores" (RAE).
155 Ollero: "El que hace o vende ollas" (D.A.).
156 Conjunción adversativa, pero.
157 "Un monte no lejos de otro, dicho parnaso, que en grandeza y altura compite con él. Está consagrado a Apolo y a las musas" (Covarrubias).
158 En Moliner "vidueños" de "viduño." Árbol de la familia de la vid.
159 Adj. de Baco. Inventado por la autora.
160 "Estar a diente": expresión. "Vale lo mismo que no haber comido nada, teniendo buena gana" (D.A.).
161 "Plus" significa "más," "cuam" (lat. *quam*) significa "que," más que civiles.
162 Palabra inventada, quiere decir "aritméticas."
163 Con parentesco de sangre.
164 "La unión de dos o más personas a la satisfacción o ejecución de alguna cosa" (D.A.).
165 "Correr el término": "Durar el tiempo que se ha señalado para alguna cosa, y estar dentro del término concedido o señalado" (D.A.).
166 Del latín. Compañero.
167 Fruto que sale tarde y no puede madurar. Coloquialmente se refiere a un muchacho que crece poco (RAE). Metáfora empleada por Baco para referirse a su hija.
168 Dar permiso.
169 "Hacer poco caso de las cosas que debían hacerse, pasando por ellas sin reparo, que también se dice tragárselas" (D.A.).
170 Adj. feliz.
171 Alma, espíritu.
172 "Congrua suficiente para sobrevivir" (Moliner). "Congrua" es una cantidad de dinero que paga el Estado a los funcionarios (Moliner).
173 Adj. inventado por la autora. De poltrón: mozo flojo y holgazán (Covarrubias).

174 "No tener hiel": "Frase familiar que se usa para ponderar lo apacible de una persona, que no se altera o irrita con facilidad" (D.A.).
175 Seis.
176 Adj. agrio.
177 Adj. flaco.
178 "Echar en cecina": "Preparar la carne con sal para curarla. Y metafóricamente se dice, cuando se le ponen preservativos a alguna cosa para que dure" (D.A.).
179 "Se puede aplicar a cualquier conjunto de tres cosas" (Moliner).
180 Cama de los casados (Moliner).
181 Litigio judicial.
182 "Crueldad excesiva" (Moliner).
183 Palabra inventada por la autora. Puede ser aborto, pero, como indican Doménech y Santamera, la autora podría haberla cambiado para rimar con "divorcio" y "consorcio."
184 Dionisio (o Baco) hijo de Zeus y Sémele. Ésta quiso que Zeus se presentara ante ella con todo su poder. Ésta no pudo resistir la potencia de todos sus relámpagos y murió estando embarazada de su hijo. Zeus para salvarlo, se lo sacó del vientre y se lo cosió en un muslo para que se pudiera seguir desarrollando. Dionisio nació en perfecto estado (Pierre Grimal).
185 "Ladrón sutil. Trae su origen del nombre propio de un monstruo de Arcadia" (D.A.). Hijo de Vulcano, le robó a Hércules los bueyes con los que viajaba al occidente mediterráneo (Pierre Grimal).
186 Vino con mal olor y gusto (D.A.).
187 Tumor duro y glanduloso (D.A.).
188 "Erupción pustulosa, seguida de costras, que se presenta ordinariamente en la cara y alrededor de las orejas durante la primera dentición" (RAE).
189 Del verbo "almagrar," teñirse de rojo (D.A.). El almagre es una tierra rojiza. En Moliner "almagrar" también tiene el significado de "deshonrar a alguien."
190 O "gozne," piezas de metal enlazadas que sirven para que se puedan abrir y cerrar ventanas o puertas (D.A.).
191 "Pieza formada por dos elementos articulados entre sí, con que se sujetan dos piezas o dos partes de una cosa, que, a su vez, deben ir articuladas; por ejemplo, una puerta o ventana y su marco" (Moliner).
192 "Electuario purgante que se hacía principalmente con hojas de sen, raíz de ruibarbo y pulpa de tamarindo" (Moliner).
193 De zupia. Adj. inventado por la autora. "Vino turbio por tener poso" (Moliner).
194 Contienda, riña (D.A.).
195 Alquitifa: de alcatifa. Alfombra (Moliner).
196 Mejorar económicamente pero de manera poco ortodoxa.
197 Bodas, con sentido despectivo.
198 Negocio donde se vende vino.
199 "Ave zancuda, de paso en España, de color gris ceniciento, pico recto y con un moño de pelos pardos y rojos; en la cola también tiene un conjunto de pelos muy largos que llegan hasta el suelo" (Moliner). Doménech y Santamera piensan que puede tener connotación erótica y derivar de *grullada* o *gurullada*: "la junta o cuadrilla de personas que andan juntos y profesan Amistad" (D.A.).
200 Cabra montés.

Obras citadas y lecturas recomendadas

Asencio, Eugenio. *Itinerario del entremés. Desde Lope de Rueda a Quiñones de Benavente*. Editorial Gredos, 1965.
Bolaños Donoso, Piedad. "Doña Feliciana Enríquez de Guzmán y sus fuentes literarias: examen de la biblioteca de don Francisco de León Garavito." *Teatro de palabras*, núm. 1, 2007, pp. 1–28.
———. *Doña Feliciana Enríquez de Guzmán: Crónica de un fracaso vital (1569–1644)*. Publicaciones de la Universidad de Sevilla, 2012.
Bouza, Fernando. *Locos, enanos y hombre de placer en la corte de los Austrias*. Temas de Hoy, 1991.
Cruz, Anne. "The Dramatic Works of Feliciana Enríquez de Guzmán." *Revista de Estudios Hispánicos*, vol. 24, núm. 2, 1990, pp. 187–89.
Díez Borque, José María. "Géneros menores y comedia: el hecho teatral como espectáculo." *Historia y crítica de la literatura española. Siglo de Oro. Barroco*, editado por Francisco Rico, Crítica, 1983, pp. 254–59.

Doménech, Fernando. "Feliciana Enríquez de Guzmán: Una clasicista barroca." *La presencia de la mujer en el teatro barroco español*, editado por Mercedes de los Reyes Peña, Junta de Andalucía, 1997, pp. 99–124.

Dougherty, Deborah. "La auto-creación en la obra de Ana Caro Mallén y Feliciana Enríquez de Guzmán, dramatistas del Siglo de Oro." *Fronteras finiseculares en la literatura del mundo hispánico. Actas del XVI Simposio internacional de literatura, Madrid, 27–31 de julio, 1998*, editado por Vicente Granados Palomares, Universidad Nacional de Educación a Distancia, 2000, pp. 109–14.

González Cañal, Rafael, Felipe B. Pedraza Jiménez y Elena E. Marcello. *El entremés y sus intérpretes*. Ediciones de la Universidad de Castilla la Mancha, 2017.

González Santamera, Felicidad y Fernando Doménech, editores. *Teatro de mujeres del Barroco*. Asociación de Directores de Escena de España, 1994.

Griffin, Nigel. "The Dramatic Works of Feliciana Enríquez de Guzmán." *Bulletin of Hispanic Studies*, vol. 67, núm. 4, 1999, p. 423.

Larson, Catherine. "'You Can't Always Get What You Want': Gender, Voice and Identity in Women-Authored Comedias." *Gender, Identity, and Representation in Spain's Golden Age*, editado por Anita K. Stoll y Dawn L. Smith, Bucknell UP, 2000, pp. 127–141.

Madroñal, Abraham. "Comicidad entremesil en comedias de algunos dramaturgos del Siglo de Oro." *Bulletin of Spanish Studies*, vol. 40, núm. 4–5, 2013, pp. 751–65.

McKendrick, Melveena. "The Dramatic Works of Feliciana Enríquez de Guzmán." *Hispanic Review*, vol. 59, núm. 3, 1991, pp. 343–45.

McVay, Jr. Ted. "Mythology in Enríquez de Guzmán's tragicomedia." *Engendering the Early Modern Stage: Women Playwrights in the Spanish Empire*, editado por Valery Hegstrom y Amy R. Williamsen, UP of the South, 1999, pp. 139–50.

Montoto de Sedas, Santiago. *Doña Feliciana Enríquez de Guzmán*. Imprenta de la Diputación Provincial, 1915.

Mújica, Bárbara. *Women Writers in Early Modern Spain*. Yale UP, 2004.

Paun de García, Susan. "Review of the Dramatic Works of Feliciana Enríquez de Guzmán." *Hispanofilia*, vol. 108, 1993, pp. 91–92.

Pérez, Louis. "Introduction." *The Dramatic Works of Feliciana Enríquez de Guzmán*, de Feliciana Enríquez de Guzmán, editado por Louis Pérez, Ediciones Albatros Hispanofilia, 1988, pp. 1–38.

Profeti, Maria Grazia. "Mujer y escritora en la España del Siglo de Oro." *Breve historia feminista de la literatura española (en lengua castellana)*, vol. 2, editado por Iris Zavala, Anthropos, 1995, pp. 235–84.

Reina Ruiz, M. *Monstruo, mujer y teatro en el Barroco. Feliciana Enríquez de Guzmán, primera dramaturga española*. Peter Lang, 2005.

———. "De orgía y bacanal a sátira política: Entreactos de la *Segunda parte de los jardines y campos sabeos*." *Bulletin of the Comediantes*, vol. 57, núm. 1, 2005, pp. 107–23.

Reyes Peña, Mercedes de los, editora. *La presencia de la mujer en el teatro barroco español*. Junta de Andalucía. Consejería de Cultura, 1997.

Río Parra, Elena del. *Una era de monstruos: Representaciones de lo deforme en el Siglo de Oro español*. Iberoamericana Vervuert, 2003.

Rodríguez Cuadros, Evangelina. "Autoras y fantasmas: La mujer tras la cortina." *La presencia de la mujer en el teatro barroco español*, editado por Mercedes de los Reyes Peña, Junta de Andalucía, 1997, pp. 35–65.

Romero Díaz, Nieves y Lisa Vollendorf, editoras. *Women Playwrights of Early Modern Spain: Feliciana Enríquez de Guzmán, Ana Caro Mallén and Sor María de San Félix*. Arizona Center of Medieval and Renaissance Studies, 2016.

Rosa Cubo, Cristina de la. "Transgresiones de género y parodia mítica en Feliciana Enríquez de Guzmán." *Vivir al margen: Mujer, poder e institución literaria*, editado por María Pilar Celina Valero y Mercedes Rodríguez Pequeño, Instituto castellano y leonés de la lengua, 2009, pp. 197–206.

Scott Soufas, Teresa. *Women's Acts. Plays by Women Dramatists of Spain's Golden Age*. UP of Kentucky, 1997.

Vélez-Sainz, Julio. "Alabanza y política literaria en la *Tragicomedia de los jardines y campos sabeos* de Feliciana Enríquez de Guzmán." *Bulletin of the Comediantes*, vol. 57, núm. 1, 2005, pp. 57–77.

Walthaus, Rina. "A Garden of Her Own: Feliciana Enríquez de Guzmán and Her Tragicomedia de los jardines y campos sabeos." *A Place of Their Own: Women Writers and Their Social Environment (1450–1700)*, editado por Ann Bollmann, Peter Lang, 2011, pp. 121–34.

Welles, Marcia. *Arachne's Tapestry: The Transformation of Myth in 17th Century Spain.* Trinity UP, 1986.

Wiltrout, Ann E. "Review of *The Dramatic Works of Feliciana Enríquez de Guzmán*." *Hispania*, vol. 73, 1990, pp. 90–91.

6 María de Zayas y Sotomayor

Contexto histórico y cultural del Barroco

La España del siglo XVII está sumergida en una profunda crisis causada por la implantación de un sistema social, llamado por José Antonio Maravall en su fundamental trabajo, *La cultura del Barroco*, "pirámide monárquico-señorial" (72). Como el investigador español explica, la crisis que se vivió en este siglo se debió a una política económica, social y cultural que en vez de hacer avanzar al país hacia la modernidad, lo hizo retroceder y descolgarse del resto de los países europeos. El endeudamiento de España fue consecuencia de muchos factores, entre ellos, los constantes conflictos bélicos y una retrograda e ineficaz política económica que oprimía en impuestos a los agricultores y a los comerciantes y que, por el contrario, aliviaba a los nobles y a la Iglesia eximiéndolos de sus obligaciones fiscales. Políticamente, para la Corona esto tenía una razón de ser. La monarquía deseaba centralizar y consolidar el poder y para ello requería el apoyo de la nobleza. Esto lo consiguió librándola del servicio militar (119) y, como hemos dicho, favoreciéndola fiscal y económicamente mediante una política agraria que ayudaba a este estamento a acumular propiedad. Este plan político y económico iba en detrimento de la joven burguesía y, como consecuencia, de la emergente economía mercantil que este nuevo grupo social estaba desarrollando. A la política de los dirigentes va a responder una sociedad moderna que, en el siglo anterior, entendió la idea del "hombre que se hace así mismo" (*self-made man*) y aprendió que ellos son los dueños de su propio destino y no tienen por qué resignarse a su circunstancia. Como explica Maravall, se trata de un ser humano "moderno," que tiene "conciencia de crisis [. . .] y que frente a la marcha adversa o favorable de las cosas no se reduce a una actitud pasiva, sino que postula una intervención" (58) y que, por consiguiente, se cree con derecho a protestar por la precariedad en la que vive, por el encarecimiento de los productos básicos (82) y del arrendamiento de la propiedad (81), por la gran desigualdad social, por la inseguridad que sufre debido al aumento de actividades criminales (113), por los altos impuestos de los que exclusivamente los ciudadanos que no pertenecen a la nobleza o la Iglesia son responsables y por la falta de respuesta de la monarquía a sus problemas. El descontento de la sociedad se manifestó en las sublevaciones separatistas de Portugal y Cataluña —y de Flandes y Nápoles fuera de la Península Ibérica— (110), en rebeliones a lo largo y ancho del territorio nacional —en Bilbao, Toledo, Navarra, Málaga, Palencia, la Rioja, León— (109), en protestas sociales y en la publicación de panfletos humillando a la Corona y quejándose de la situación política y económica y de la ineptitud de sus gobernantes (98–109). En el siglo XVII existe pues un ser político con voz propia que se niega a aceptar que su destino es de origen divino y que identifica sin miedo a los responsables de su miseria. Y es que "[e]se ocuparse de política que en el XVI había sido propio de conversaciones y escritos de altos burócratas, letrados, caballeros, cortesanos, personas distinguidas, ahora se ha generalizado, se ha democratizado, ha pasado a ser entretenimiento común" (102).

Para poder controlar a sus ciudadanos, modificar su comportamiento y hacerles creer en unos valores y en un determinado orden social, las autoridades españolas entendieron que necesitaban conocer la psicología de unas personas que ya no creían en "la omnipotencia de la verdad" (153) y recurrir a la palabra para persuadirlas a aceptar el "autoritarismo barroco" (167). No se trataba pues de imponer unos ideales recurriendo a la fuerza, sino de emplear herramientas tales como los textos religiosos y el púlpito, la literatura, la música y la pintura, para propagar de manera "prudente" y consistente un mensaje moral e ideológico que fuera voluntariamente aceptado por la masa social. Así, había un arte que estaba al servicio del poder y que ayudó a expandir los valores del Estado en las ciudades y en las provincias. La Inquisición formaba parte de este sistema y se la dotó de poder para que pudiera infiltrarse en todos los niveles y espacios de la sociedad y, de esta forma, vigilar el comportamiento de sus conciudadanos (163–65). Se creó pues toda una maquinaria bien engranada que funcionaba por sí sola y en la que participaban desde intelectuales, censores y burócratas a ciudadanos humildes. Como continúa explicando Maravall, la ciudadanía tenía que estar involucrada en la construcción de la sociedad para que el proyecto de la monarquía tuviera éxito: "introducir o implicar y, en cierto modo, hacer partícipe de la obra al mismo espectador. Con ello se consigue algo así como hacerle cómplice de la misma" (169). A las personas había que impresionarlas y conmoverlas para que no sólo racionalmente absorbieran unos valores, sino para que emocionalmente también creyeran en ellos (170–71). La Semana Santa es hoy en día el mejor exponente de este precepto del Barroco. Y es que, el poder consideraba necesario "aceptar la presencia de las fuerzas irracionales de los hombres, sus movimientos afectivos, conocerlos, dominar sus resortes y aplicarlos convenientemente, canalizando su energía hacia los fines que se pretenden" (172) y, de esta forma, dominar su capacidad de crítica y su voluntad.

Biografía

Gracias a la partida de nacimiento localizada por Manuel Serrano y Sanz sabemos que María de Zayas y Sotomayor nació en Madrid en 1590 y que fue hija de María de Barasa y de Fernando de Zayas y Sotomayor, quien fue nombrado caballero del Hábito de Santiago en 1628 (583–90). Joseph Antonio Álvarez y Baen y Felipe Ximénez de Sandoval han localizado documentación que demuestra que don Fernando nació en Madrid en 1566 (citado en Alicia Yllera 14). Tanto Agustín González de Amezua como María Martínez del Portal están convencidos de que entre 1610 y 1616 María de Zayas vivió con su padre en Nápoles, ciudad a la que éste se trasladó cuando el Conde de Lemos fue nombrado virrey (citado en Yllera 16). La producción literaria que se conoce de la escritora madrileña se comprende de una obra dramática con el título de *La traición en la amistad* escrita entre 1620–1635 y de dos volúmenes de novelas, *Novelas amorosas y ejemplares* de 1637 y *Parte segunda del sarao y entretenimiento honesto* —conocida también bajo el título de *Desengaños amorosos*— de 1647. La publicación en Zaragoza de estos dos volúmenes ha llevado a pensar que, quizás, durante este tiempo viviera en dicha ciudad; no obstante, los investigadores son cautos al respecto ya que, como demuestra Lena Sylvania, muchos escritores de la época optaron por publicar en la ciudad aragonesa debido a la dificultad de encontrar una casa de prensa en Madrid que publicara los trabajos en un corto periodo de tiempo y a la prohibición de conceder licencias para publicar novelas y comedias entre 1625 y 1634 (Yllera 18). Zayas y Sotomayor no se limitó al trabajo narrativo, sino que también se atrevió con la poesía. De hecho, tanto en sus novelas como en su comedia no dudó en incluir poemas.

Como Yllera expone, no cabe la menor duda de que la escritora madrileña se ganó el respeto de sus contemporáneos, como así lo demuestran tanto los homenajes que le hicieron Ana Caro Mallén —amiga de la escritora—, Pérez de Montalbán y Castillo de Larzabal, quienes le dedicaron poemas reconociendo su talento literario y celebrando su producción literaria.[1] Como observa Willard King, Zayas participó en las academias literarias de Francisco de Mendoza y Francisco de Medrano, ambas activas entre 1623–1637 y 1617–1622, respectivamente (citado en Margaret Rich Greer 20) y aceptó invitaciones para colaborar en los homenajes a Lope de Vega (1636) y a Juan Pérez de Montalbán (1639) y para contribuir en las obras de Miguel Botello en 1621 y 1622, en la de Pérez de Montalbán en 1624, en la de Francisco de la Cueva en 1626 y en 1632 en la de Antonio del Castillo de Larzabal (12–13). Tal fue la popularidad de sus textos que la escritora aparece como personaje literario en las comedias *El diablo cojuelo* de Luis Vélez de Guevara y en *No puede ser* de Agustín Moreto y Cabaña (Greer 21). Su alta actividad literaria en Madrid durante estos años lleva a la crítica a pensar que fue vecina de esta ciudad. Llama la atención, sin embargo, que, después de su asidua presencia en el mundo literario, la única información que se tiene de ella durante ocho años (periodo que abarca entre la publicación de su poema en el homenaje a Pérez de Montalbán y *Desengaños amorosos*) sea su participación en una competición literaria en la Academia de Santo Tomás de Aquino de Barcelona en 1643 (Greer 21) y cuatro años después con la salida de su segundo volumen de novelas, último trabajo que se conoce de ella. Como Yllera observa, el que no lo corrigiese antes de publicarlo lleva a pensar que, por algún motivo, se apartó de las letras o murió poco después (15).

Características de la novela de Zayas y Sotomayor

La novela, género literario del que Raimon Vidal encontró ejemplos en el siglo XIII (citado en Yllera 23), irrumpió de manera decisiva en Italia con *El Decamerón* de Boccaccio. Se trata de un relato breve que ha de narrar una "novedad" o "noticia" que impacte al lector (Yllera 23). La novela española, que puso de moda Miguel de Cervantes con su volumen titulado *Novelas ejemplares*, rechazaba el aspecto grotesco y erótico que caracterizaba a la novela italiana y apostó por unos textos que, además de entretener y maravillar a los lectores con enredos, sucesos, viajes o raptos de sus personajes, tuvieran una función didáctica y moral (Yllera 28–32). La novela cortesana española se caracteriza por su realismo y por plasmar tanto aspectos cotidianos que se desarrollan en la ciudad como los valores y el espíritu de la clase burguesa y de los nuevos nobles instalados en los centros urbanos. No obstante, a pesar de que en estos textos se presentan temas de actualidad, en general, los escritores no reniegan de aspectos intrínsecos de la cultura española para impactar y conmover a los lectores tales como la violencia o los elementos religiosos (Yllera 30–31). Como apunta Yllera, tras el éxito del trabajo de Cervantes, María de Zayas recurre a un título casi idéntico para su primer volumen (*Novelas ejemplares y amorosas*), aunque, como ella misma dice, prefiere que sus novelas se conozcan con el término de *maravillas*. Diez años después, cuando publicó el segundo, prefirió emplear en el título la palabra *desengaños* y eliminar el término *novela* (23).

Como escritora con deseos de ser reconocida y admirada por los intelectuales contemporáneos a ella, María de Zayas estaba empapada de las corrientes y gustos literarios de su época y concebía la novela española tal y como la entendían sus compañeros de oficio. En sus textos encontramos pues características y materiales narrativos de la novela boccacciana adaptados a la cultura barroca española, que, como elaboran Juan Goytisolo y María Victoria Martínez Arrizabalaga, eran bien explotados por los escritores españoles. Zayas en este sentido no innovó: "Como en otros terrenos, nuestra escritora se sirvió del recurso que le brindaba el arsenal literario de su tiempo sin quitarle ni añadirle una tilde ni interrogarse un sólo instante sobre su eventual deterioro" (Goytisolo 75–76). Así, por ejemplo, en sus textos está presente: el marco de la novela boccacciana; protagonistas que tienen talento artístico y saben ocultar su identidad; criados que carecen del sentido de la fidelidad por sus señores porque, en esta nueva sociedad mercantil, se mueven por el dinero; personajes cuya personalidad se construye en base a virtudes o defectos tales como la envidia, los celos, la pureza o el amor; galanes que se desamoran una vez logrado el objetivo de poseer a la mujer deseada; y los enredos y confusiones tan del gusto de la época (Goytisolo 70–75). Algunos de estos recursos en Zayas adquieren un carácter mucho más dramático y están marcados por su ideología pro-mujer. Así, para ella, es importante, por un lado, emplear las técnicas narrativas del narrador omnisciente y los múltiples puntos de vista sobre un mismo hecho e intervenir ella misma en su texto para dirigir la atención de los lectores y, por otro, presentar situaciones tales como enfermedades de amor, matrimonios de conveniencia, amores ilícitos y fugas, muertes en defensa del honor, desobediencias castigadas cruelmente y muertes injustas y atroces (Martínez Arrizabalaga). Como hemos dicho, a diferencia de la novela italiana, la novela española, además de entretener, debía tener una función educativa. No debe sorprender, por tanto, que para que su narración sea más aleccionadora, la autora eche mano del recurso literario de narrar hechos "verídicos" (Goytisolo 67) y ponga en boca de Zelima, la primera narradora de *Desengaños amorosos*, que su objetivo es el de educar a la mujer sobre el comportamiento de los hombres y prevenirla de sus engaños y crueldad:

> Mandásteme, señora mía, que contase esta noche un desengaño, para que las damas se avisen de los engaños y cautelas de los hombres, para que vuelvan por su fama en tiempo que la tienen tan perdida, que en ninguna ocasión hablan ni sienten de ellas bien, siendo su mayor entretenimiento decir mal de ellas: pues ni comedia se representa, ni libro se imprime que no sea todo en ofensa de las mujeres [. . .]"
> (Zayas, *Desengaños amorosos* 124)

Para lograr el propósito de enseñar e implicar a los lectores en su agenda política, a lo largo de las narraciones, Zayas necesita asegurarse de que tiene la atención de éstos. Esto lo realiza involucrándolos mediante el empleo de la segunda persona del singular o la primera del plural y haciendo que la narradora advierta al personaje (y a los lectores) del peligro que corre o del error que está cometiendo (Welles 305).

El interés de la escritora madrileña por retratar su sociedad queda reflejado en las imágenes que crea. En este sentido, Eva Kahiluoto Rudat observa que el "naturalismo barroco" que caracteriza sus textos no se reduce a describir momentos y situaciones del día a día de la ciudad, sino que también presenta esos aspectos de la vida que las personas prefieren ignorar para provocar la reflexión; es decir, en Zayas "lo más inmundo de la existencia, adquiere [. . .] una finalidad moral" (39). Como Rudat continúa explicando, su intención era darle veracidad a su narración y para ello empleó una estética barroca propia que tuvo gran aceptación entre los lectores. Así, la autora con el propósito de conmover y provocar empatía crea imágenes gráficas de la violencia que sufren sus personajes, por lo general, femeninos y de fenómenos sobrenaturales en los que creían la mayoría de las personas. La insistencia en narrar hechos que ella misma o un testigo "había presenciado" le aporta a sus textos veracidad para que las lectoras y los lectores pudieran reflexionar de manera crítica sobre los hechos acaecidos y sobre la actitud de los personajes y, al final, sacar una lección moral (37–38).[2] Su objetivo era pues impresionar y, como Welles observa, estéticamente, estas escenas le ayudaban a producir *admiratio* por medio del terror y, psicológicamente:

> such chilling details [. . .] provided for the description of intense bodily sensations without transgressing the rigid moral code, and can be seen as a form of sublimation for the inherent eroticism of these tales where the search for love and concomitant avoidance of lust are the prime motivations for the action.
> (304)

Como se mencionó anteriormente, se trata de un periodo histórico en el que el ser humano cuestiona la realidad que le ha tocado vivir y considera que tiene la capacidad de valorar múltiples perspectivas. La presencia de narradores, en ocasiones poco fidedignos, y de voces varias (la de Lisis, las de las narradoras de cada novela, la de los personajes y la de la misma escritora) tiene un doble propósito: construir un mundo ficticio similar al real y en el que, por consiguiente, el punto de vista y la subjetividad de los personajes tienen que ser relevantes. Marina Brownlee en su trabajo monográfico sobre la autora explica cómo el objetivo de Zayas era el de ofrecer diferentes versiones de los hechos y múltiples formas de entender asuntos tan trascendentales en su época como el honor, el amor, las relaciones entre padres e hijos o el patriarcado. Como resultado, nos encontramos con unos textos complicados y contradictorios, pero, a su vez, representativos de la compleja naturaleza humana y de la sociedad del siglo XVII (24):

> Zayas calls attention to the power of language, to its complex performative functions, and to the equally complex subjectivity of its users. [. . .] And by this conflicting representation of the cultural institutions [. . .] Zayas reveals her commitment to cultural commentary and her obsessive focus on human subjectivity with all its potential contradictions. (25)

Estructura de las novelas

Novelas amorosas y ejemplares y *Desengaños amorosos* abren con una introducción en la que la autora defiende a la mujer y su capacidad intelectual y critica el papel que juega el hombre en la marginación y violencia que ésta sufre y en el concepto que se tiene de ella. A continuación, la autora establece el marco en el que están insertadas las novelas. En éste presenta a unos amigos de Lisis que se reúnen en su casa para entretenerla durante su convalecencia y desarrolla una trama en la que algunos de estos personajes están directamente involucrados. Con el fin de divertirse, Lisis organiza un sarao y les encarga a cada uno de sus amigos que le narre una novela. Los acontecimientos que tienen lugar en este marco exterior no están totalmente desconectados del tema de las novelas, pues, al igual que éstas, se desarrollan alrededor de dos asuntos claves: el amor y los hombres engañosos. Así, si en el primer volumen, *Novelas amorosas y ejemplares*, Lisis es engañada por don Juan, caballero que le había prometido matrimonio, a pesar de estar enamorado de su prima Lisarda; en el segundo, *Desengaños amorosos*, se nos informa que el rechazo de don Juan hizo que Lisis volviera a caer enferma durante un año y que los amigos no pudieran volver a reunirse hasta su completa recuperación. La trama de este marco se va a desarrollar ahora alrededor de una Lisis deshonesta y engañadora, que acepta casarse con don Diego por despecho y así vengarse de don Juan. En este segundo volumen, las historias de las novelitas van a afectar a las narradoras (y amigas de la anfitriona). Hay otro aspecto no menor que diferencia el marco exterior de ambos volúmenes: Si en el primero, la narración de las novelas se la reparten entre narradores masculinos y femeninos; en el segundo, Lisis reduce la participación de los caballeros invitados al sarao a la de meros receptores.

Ideología feminista en el siglo XVII

María de Zayas y Sotomayor, heredera intelectual de la ideología de las escritoras de la *querella*, era consciente de cómo la marginación que la mujer había sufrido a lo largo de la historia le había impedido acceder a puestos de poder desde los que construir una sociedad con una legislación y unos valores que reflejaran sus necesidades y la beneficiaran. Rich

Greer considera por ello a la escritora madrileña una "proto-feminista" del siglo XVII (61), mientras que para José Teruel fue toda una "feminista avant la lettre" (323) que no dudó en preferir narradores femeninos e incluir su propia voz en el texto cuando lo consideraba necesario. Y es que, como Lisa Vollendorf apunta, la modernidad del feminismo de Zayas "lies in its deployment of gendered, politicized violence" (*Reclaiming the Body* 199) y en que se adelantó a su tiempo planteando una ideología feminista basada en el cuerpo de mujer ("Fleshing out Feminism", 89). Mercedes Maroto Camino da un paso más y señala que su mérito se encuentra en la visión que tuvo para identificar a las mujeres como a un "grupo oprimido" de la sociedad (532, mi traducción); es decir, para esta investigadora, Zayas fue la primera intelectual que puso el dedo sobre la llaga al señalar que la violencia contra la mujer era un grave problema que se extendía por todos los niveles de la sociedad —el familiar, judicial, cultural y religioso— y era un síntoma producto de una "misoginia institucionalizada" (Vollendorf, "Fleshing out Feminism" 102, mi traducción).

El "proto-feminismo" de Zayas queda establecido en la introducción de sus dos volúmenes. En ambas, la escritora plasma sin miedo las bases de su ideología en favor de la mujer y su descontento con la marginación que ésta sufre. Así, en la primera, exige que los hombres respeten a las mujeres porque las necesitan, defiende la humanidad de la mujer y la igualdad de los sexos, no sólo basándose en que ambos están hechos de la misma materia, sino apoyándose en la idea de que las almas son iguales;[3] sin tapujos acusa a los hombres de "tiranos," aboga por el derecho de la mujer a recibir la misma formación intelectual que el hombre, achaca la ineptitud de ésta a la "crianza" que ha recibido, recurre a la teoría aristotélica de los humores (tan machaconamente empleada por los intelectuales con el objetivo de establecer la inferioridad del sexo femenino), para abogar por la superioridad de la mujer en agudeza e ingenio y concluye pidiéndoles a los lectores masculinos que lean sus novelas sin envidia y sin ninguna idea preconcebida por el mero hecho de haber sido escritas por una mujer. Diez años después en el segundo volumen, una Zayas más radical presenta los objetivos de su nueva tanda de novelas. Para ella ahora es necesario devolver la fama a las mujeres, fama que los hombres han echado a perder publicando falsedades sobre ellas, y prevenir a las mujeres de los engaños de los hombres. No por ello la autora deja de reprochar el comportamiento de la mala mujer, a la que también hace responsable de sus actos: "y si bien no tienen ellos toda la culpa, que si como buscan a las malas para sus deleites, y éstas no pueden dar más de lo que tienen, buscarán las buenas para admirarlas y alabarlas, las hallarán Honorosas, cuerdas, firmes y verdaderas; mas es tal nuestra desdicha y el mal tiempo que alcanzamos, que a éstas tratan peor [. . .]" (*Desengaños amorosos* 124).

Después de establecer su línea de pensamiento y sus objetivos, sus novelas le sirven para desarrollarlos e ilustrarlos. Como Maroto Camino explica, en ellas vemos cómo, al contrario que sus contemporáneos, la autora rechaza el convencional final del matrimonio entre los amantes como única solución al desorden creado por los personajes:

> Not only does [Zayas] eschew the demarcation of the boundaries between masculine and feminine roles in relation to the honour topos but she also contests openly the masculine idea of order epitomized by the quasi-cosmic social harmony of the *comedia*'s happy marriages. That she realized the dialectical role marriage was playing in masculinist discourse is illustrated by the evolution of this denouement from the first to the second set of novellas.
> ("Spindles for Swords" 530–31)

La violencia que sufren las mujeres en manos de sus padres, hermanos, parientes y autoridades es una constante de todas sus novelas. De hecho, al hombre lo presenta como a un ser peligroso y a la mujer como a un miembro de la sociedad cuya vida está en constante peligro debido al poder que se le ha dado al hombre sobre ella. En este sentido, el código del honor en sus novelas no se puede desvincular del maltrato que sufre la mujer, sobre la que recae la honorabilidad de la familia. Como José María Roca Franquesa (302), Vollendorf (*Reclaiming the Body* 110) y Maroto Camino (302–303) explican, para Zayas a la mujer se la podrá considerar responsable de sus actos sólo cuando estos sean producto de su propia voluntad y no se deban a una imposición familiar y, por extensión, del orden patriarcal. Para ella el matrimonio no puede ser una institución útil para conservar el orden social siempre y cuando la mujer no forme parte de ésta en igualdad de condiciones que el hombre y se le niegue el derecho a elegir cónyuge. Estamos, apunta Vollendorf, ante una cultura del honor que hace a la mujer única responsable de la reputación y masculinidad del hombre y que tiene consecuencias para ella que van desde la muerte y el castigo físico a impedir que defienda su honor por sí sola. De hecho, hacer al hombre responsable de la custodia del honor o, en otras palabras, el paternalismo de la sociedad para con la mujer, tiene el propósito de boicotear su capacidad de empoderamiento: "Frustrated in their attempts at self-protection, speech, and survival, the female characters are denied empowerment" (Vollendorf, *Reclaiming the Body* 110). Amy Williamsen llega a la conclusión de que este es precisamente el motivo por el que la escritora ataca el código del honor, ya que es lo que ha garantizado el dominio del hombre y que la mujer cumpla con unas normas morales que él no se exige a sí mismo (139). Para Zayas el código del honor es, en definitiva, lo que mantiene inalterable el orden patriarcal (148).

La violencia que ejercen sus personajes, tanto masculinos como femeninos, no se debe entender simplemente como un aspecto estético de la autora. Su interés no se reduce a crear escenas sensacionalistas tan del gusto de la época, sino mas bien se sirve de esta técnica literaria para plasmar el fracaso de todo un sistema social que valora más la humanidad del hombre que la de la mujer y que necesita reafirmar la autoestima de sus miembros masculinos permitiendo que sean ellos los que garanticen el orden social y el buen comportamiento de la mujer por medio de la agresividad (Vollendorf, *Reclaiming the Body* 169). La ideología pro-mujer de Zayas queda igualmente patente en el aspecto formal de sus novelas. Como se ha dicho, la escritora hace que la organizadora del sarao silencie a los personajes masculinos del marco de *Desengaños amorosos*. El objetivo es hacerles escuchar y reflexionar sobre las trágicas consecuencias de sus engaños. La decisión de darles voz sólo a las damas que asisten al sarao es todo un acto subversivo por parte de una anfitriona (y de una autora) que vive en una sociedad que se ha encargado de callar y castigar a la mujer contestataria. Todas las narradoras por ello se solidarizan con Lisis y con su ideología y se comprometen con ella a llevar a cabo la misma agenda política: advertir a la mujer, limpiar su fama y crear conciencia sobre la situación de su grupo social:

> Using women's voices, Zayas tells the story of the collective feminine body and of a society; she thus lays the tenets of an early modern corporeal feminism that engages and politicizes the female body in order to mobilize male and female readers and society at large to enact reform that would improve the treatment of women.
> (Vollendorf, "Fleshing out Feminism" 89)

Es importante subrayar que el feminismo de Zayas no se puede desvincular de una estética barroca que, en su caso, no sólo busca la manera de impactar, sino también la de hacer pensar y la de crear aliados para su causa. Observa Rudat que la autora, para lograr este efecto, construye una sociedad y unos personajes perversos que maltratan tanto física como emocionalmente a la mujer y se ayuda de enredos insensatos que desembocan en tragedia y de binomios opuestos tales como "la ilusión y el desengaño, la magia y el milagro, lo diabólico y lo angélico, el vicio y la inocencia" (37) con los que enfatiza el daño causado y, a la vez, impresiona a sus lectores.

Amar sólo por vencer y el amor heterosexual cuestionado

En la trama del *Desengaño sexto* están presentes los enredos, las intrigas, la violencia, el engaño, la venganza, unos personajes movidos por el deseo y los celos y temas tales como el amor, el honor y la obediencia al poder patriarcal. Vollendorf divide *Amar sólo por vencer* en dos partes que no son argumentalmente independientes pero sí temáticamente diferentes. La primera, se construye alrededor de un elaborado engaño planeado por Esteban, truhán de ciudad, que se disfraza de mujer para entrar a trabajar en casa de Laurela, joven dama noble de Madrid, seducirla y fugarse con ella. Una vez logrado su objetivo y satisfecho su deseo sexual, Esteban le revela al detalle la burla de la que ha sido víctima y la abandona, no sin antes robarle sus joyas. La segunda parte presta atención al castigo organizado por don Bernardo —padre de Laurela— y ejecutado por sus tíos para vengar el honor del cabeza de familia.

El travestismo como herramienta literaria no era un recurso literario novedoso, sino todo lo contrario, era un elemento muy socorrido a la hora de crear confusión y "encuentros y desencuentros de los amantes" (Goytisolo 78); de hecho, como ocurre en esta novela, una vez cumplida la función del personaje vestido con la ropa del otro sexo, éste "desaparece y cae en el olvido" (Goytisolo 74) para dejar paso a otros personajes masculinos que tienen el cometido de llevar el texto a su desenlace final, el cual en *Amar sólo por vencer* es limpiar el honor del padre y restablecer el orden. A esta herramienta habían recurrido a lo largo del siglo XVII tanto escritores de comedias como de novelas debido a las posibilidades que dicho personaje ofrecía dentro de la trama y al entusiasmo que, en especial la mujer vestida de hombre, despertaba entre el público y los lectores. No debe sorprender por ello que Zayas echara mano en varias ocasiones de esta técnica. Pero, a pesar de que se trataba de un cliché literario, no hay que subestimar el papel de este personaje y lo que su presencia supuso en el escenario del siglo XVII. El rechazo que el o la travestí sufría por parte de las autoridades nos indica que su existencia resultaba problemática y que, como piensa Maroto Camino, tuvo que haber sido considerada relativamente subversiva (529). Esto explica que, en la mayoría de los casos, los escritores y las escritoras optaran por resolver el conflicto de sus obras y restaurar el orden de manera convencional; es decir, con la boda de los protagonistas.

La polémica que despertaba este personaje tenía una razón de ser. Marjorie Garber, con respecto a la presencia del travestí en la producción artística, observa que éste señala la existencia de una "crisis de categoría" genérica. Según ella, la ropa cumple el papel de marcar el cuerpo de las personas señalando su estado civil e identificándolo genérica, social, religiosa y profesionalmente. La misma imposición de estas rígidas normas del vestir hace, sin embargo, factible que fácilmente puedan ser violadas y que con ellas se pueda poner en tela de juicio su propia validez: "[. . .] the transvestite is the figure of and for that crisis, the uncanny supplement that marks the place of desire" (28). Judith Butler avanza la teoría de Garber y entiende que el travestí, además, cuestiona la categoría de género porque demuestra que el comportamiento genérico de los sexos no es una condición biológica, sino todo lo contrario. Se trata de una conducta artificial culturalmente impuesta y que, por consiguiente, se puede imitar.

El éxito del travestismo del personaje de Esteban, quien se transforma en Estefanía en el momento que se enfunda la ropa de mujer y sale a la calle en dirección a la casa de don

Bernardo, es innegable. De hecho, la capacidad que tiene de imitar el género femenino y de cumplir con las expectativas genéricas que se tienen de éste le permite engañar a todos los miembros de esa casa. Estefanía realiza en ese "escenario" doméstico la perfecta representación de lo que "es" ser mujer y provoca dentro del mismo una crisis que va a cuestionar los papeles genéricos y la heterosexualidad como el deseo natural de los sexos. Estefanía con su belleza y sus encantos enamora desde el primer momento al criado de la casa y a don Bernardo y con su voz, su capacidad de componer poesía y de tocar instrumentos musicales cautiva a Laurela —la joven que desea—, a su madre, a sus hermanas y a las criadas de la casa. Sorprendentemente, durante el año que convive con esta familia, Estefanía no esconde sus sentimientos por la hija menor de don Bernardo. Sus declaraciones de amor "homoerótico," aunque son motivo de risa y diversión, abren múltiples debates sobre la posibilidad de amor entre mujeres; debates que son intelectualmente más elaborados conforme pasa el tiempo y Estefanía ve peligrar su plan con la aparición de otro pretendiente.

El travestismo en *Amar sólo por vencer* es una herramienta literaria que adquiere complejidad conforme se desarrollan los acontecimientos. Para Amy Katz Kaminsky, la ropa además de ser "an economical rhetorical device. The rich usual image, pleasurable on itself, is a synecdoche evocative of place and circumstance. At the same time, clothing reveals or masks identity, signals a character's intention, or serves as a device on which the action turns" (381), también es un recurso artístico que funciona para cuestionar el concepto de hombre y mujer culturalmente establecido. Es decir, si por un lado, ayuda a la autora a crear confusión, a diseñar un personaje masculino perverso y lujurioso y a poner en marcha los acontecimientos, por otro, le sirve para plantear la posibilidad de amor entre mujeres (Mary Gossy 25) y para proponer la posibilidad de elegir una identidad genérica determinada (Laura Gorfkle 86). La importancia que la cultura española —y europea— del siglo XVII le concedía a la apariencia va a facilitar la labor de un personaje, cuya destreza a la hora de representar al sexo femenino va a hacer posible que el deseo sexual y la identidad genérica confluyan y entren en conflicto. De esta forma, si la capacidad de seducción de Estefanía (Esteban) y sus continuas manifestaciones de amor hacen que Laurela cuestione la naturaleza de su deseo sexual ("Cierto, Estefanía, que me tienes fuera de mí, y que no sé a qué atribuya las cosas que te veo hacer después que estás en casa), la efectiva "puesta en escena" de Estefanía lleva a la joven madrileña al borde de la locura cuando es informada del engaño del que ha sido víctima durante todo un año. De hecho, el impacto que produce en Laurela lo que acaba de escuchar, obliga a Estefanía a darle la posibilidad de elegir para él/ella la identidad genérica que prefiera. Así describe la narradora la reacción de Laurela en este momento: "Mas don Esteban [. . .] viéndola tan rematada, la suplicó que se quietase, [. . .] que no se precipitase, que Estefanía sería mientras ella gustase que no fuese don Esteban." Como explica Gorfkle, el travestismo en esta novela tiene unas consecuencias subversivas que seguramente la autora no previó. Y es que el disfraz, acompañado por el discurso y el comportamiento, además de ser lo que facilita que Laurela sólo vea a su criada como mujer y que dude de su propia sexualidad -"[. . .] through her words (the articulation of masculine desire), she provides her with a rhythm of oscillating exploration of gender and of the nature of her sexuality" (81)-, simultáneamente, cuestiona la idea del origen biológico del comportamiento genérico porque "[. . .] it functions to deprive hegemonic culture of the claim to naturalized or essentialist (gender) identities" (86).

El travestismo le permite a Esteban/Estefanía ocultar, además de su sexo, su deseo. Las palabras de Esteban: "¿Es posible que has estado tan ciega que en mi amor, en mis celos, en mis suspiros y lágrimas, en los sentimientos de mis versos y canciones no has conocido que soy lo que digo y no lo que parezco?" descolocan a una mujer que culturalmente ha aprendido a identificar al otro basándose en su apariencia y, por consiguiente, nunca pensó en separar "discourse and performance into separate categories" (Gossy 27). La ropa de mujer, por tanto, asiste al engañador a ocultar la naturaleza de lo que realmente desea: satisfacer su lujuria (Kaminsky 388). Así, si como mujer, Estefanía defendía el amor puro entre mujeres, Esteban, como hombre, se desdice y se burla de sus propias palabras ("¿Quién ha visto que una dama se enamore de otra?"). Como indica Sherry Velasco, la relación entre iguales que quería establecer con Laurela se transforma a partir de ahora en una relación de poder desigual y peligrosa de la que la enamorada —y víctima— Laurela no puede —ni desea— escapar: "Not only does Esteban change his tune with the change of dress, but also the general tone of the story shifts from jovial and pleasant discussion of lesbian desire to the ominous and sinister chain of events involved in heterosexual passion that results in a violent homicide" (29). Los pensamientos que esa noche angustian a nuestra protagonista son causados por el complicado y temerario entramado que Esteban había construido para poseerla y por su incapacidad de salir del mismo (un entramado diseñado alrededor de un código del honor que considera a la mujer única responsable de la deshonra del hombre y que se ha implementado para controlarla). Las circunstancias en las que se encuentra Laurela es ejemplo de ello. La joven noble, después de un análisis pormenorizado de su situación, considera inviable confesar el engaño del que ha sido víctima; de ahí que opte por dejarse cegar por la pasión que siente y por creer que las manifestaciones de amor de Estefanía son también las de Esteban al tratarse ambos de la misma persona. La joven, obviamente, erra al no entender que la íntima relación que su cultura había establecido entre sexo biológico-género hacía imposible tal razonamiento. Como la narradora dice, Laurela es víctima de su ignorancia: "Y lo peor es que se halló enamorada de don Esteban; que como era niña *mal leída en desengaños*, aquel rapaz, enemigo común de la vida, [. . .] asestó el dorado arpón al blando pecho de la delicada niña."

Laurela no es el único personaje que ve en Estefanía a una bella mujer. Como mujer la vieron también todos los miembros de la casa, incluido don Bernardo. De hecho, llama la atención que las múltiples declaraciones de amor que realizó Estefanía no inquietaran a ninguno de ellos, ni posteriormente impidieran que el padre le encargara a Estefanía ser la camarera de su hija. Resulta significativo que en una sociedad que castigaba severamente las relaciones ilícitas (las relaciones sexuales entre personas del mismo sexo, el adulterio o el matrimonio sin consentimiento paternal), sus padres desestimaran el amor que Estefanía le proponía a Laurela. La actitud de la familia se tiene que entender dentro de un contexto cultural que sólo concebía como relación sexual aquella en la que había penetración con eyaculación *in situ*. Como observa Sherry Velasco, la estrecha vigilancia y regulación que se ejercía sobre el comportamiento sexual de la mujer se debía precisamente a que de ella dependía tener descendencia, perpetuar el linaje, incrementar el patrimonio y acumular poder político, por lo que las relaciones no aprobadas tenían serias repercusiones políticas, sociales y económicas. Se trataba pues de todo un sistema de valores que consideraba el deseo entre mujeres inofensivo al no alterar el orden patriarcal (29). Tiene sentido, por tanto, que el amor entre mujeres no presentara para los padres de Laurela ningún peligro, sobre todo, cuando Estefanía lo ubicaba dentro del marco del amor neoplatónico con el objetivo no sólo de cuestionar la capacidad de amar del hombre, sino de hacerlo moralmente superior al amor heterosexual. Las continuas declaraciones de amor por parte de Estefanía dan pie a entretenidos, aunque calculados, debates sobre la posibilidad de crear relaciones amorosas entre mujeres. Su respuesta a la pregunta de por qué los hombres no perseveran en el amor demuestra su elocuencia a la hora de defender su postura con respecto al amor entre mujeres y a la capacidad de amar del hombre: "Porque no aman [. . .] que si amaran, no olvidaran.

Que amor verdadero es el carácter del alma, y mientras el alma no muriere, no morirá el amor. [...] y como amando sólo con el cuerpo, al cuerpo no le alcanzan, aborrecen o olvidan luego."

Se trata de todo un discurso amoroso que, al igual que el disfraz de mujer, sólo tiene el objetivo de enmascarar su lujuria: "[...] the discourse of platonic love is itself a kind of philophical cross-dressing, a strategic veiling of physical desire that men use to seduce the women they pursue" (Rich Greer 227–228). Para Gossy, el hecho de que Zayas enuncie y elabore sobre la posibilidad de este amor es significativo, ya que, a pesar de que el objetivo final de Esteban/Estefanía era un amor carnal y fálico, la autora demuestra que la sociedad del siglo XVII tenía conciencia del amor entre mujeres. De hecho, las conversaciones sobre este amor progresivamente perturban a una joven que ve cómo su manera de entender el mundo se tambalea:

> Zayas's first concern is [...] to represent a possibility. For as long as Laurela believes that Estefanía is a woman who loves her erotically, the love of a woman for another woman is accomplished in writing. The reader knows that this love [...] is a fiction, but that fiction also sustains the acknowledgment that such a love can be put into discourse [...] Laurela's reception of a discourse of erotic love from a person who she believes is a woman in love with her is of primary importance.
>
> (24)

Nuestra escritora construye un personaje masculino cuya crueldad, determinación, perseverancia y lujuria tienen consecuencias nefastas para la mujer. La intervención de Lisis después del engaño y de la posterior venganza de su padre, llama la atención sobre la naturaleza de Esteban/Estefanía para, a continuación, extenderla a todos los hombres: "Dirán ahora los caballeros: [...] ¡Cuántos males ¡ay! causamos nosotros! [...] y que hubiese en él perseverancia para que en tanto tiempo no se cansase de engañar, o no se redujese a querer de veras." Matilde describe la muerte de la protagonista prestando especial atención al castigo que sufre el cuerpo femenino. Vollendorf considera que Zayas emplea el cuerpo de mujer y la violencia que se ejerce sobre él como metáfora que le va a ayudar, por un lado, a sustituir el concepto que se tenía de la mujer "with humanized representations of individual women's lives and of the lived body" (*Reclaiming the Body* 87) y, por otro, a presentar una sociedad que se desintegraba en el fondo y en la forma. El castigo mortal que recibe la protagonista hace obvio el fracaso de un sistema patriarcal que necesita imponer su orden por medio de la violencia y el fracaso de un amor heterosexual que, como Esteban demuestra, no es amor sino engaño, lujuria y maldad. Estefanía tiene que ser eliminada por haber desobedecido a su padre y por haberlo humillado, ya que, nos recuerda Gorfkle, ella compitió con él por Estefanía/Esteban o, en otras palabras, fue ella quien, provocando el auto-desenmascaramiento de Estefanía, hizo que su padre dudara de su propio deseo sexual: "Laurela's father articulates the travesty of gender by exposing her father's fragmented masculinity (84). Resulta difícil entender que Zayas, cuya voz se levanta en defensa de la mujer y contra la violencia de género, castigara a su personaje femenino con el objetivo de cimentar el orden heterosexual y patriarcal. Mas bien, con su asesinato la escritora expone la vulnerabilidad de la mujer dentro de dicho orden y la imperfecta sociedad que ha creado el hombre (Vollendorf, *Reclaiming the Body* 198):

> Through the aesthetic of embodiment and violence, the text guides readings of pervasive cultural injustice. [...] By showing women's lack of recourse to justice and

self-protection, Zayas outlines the material disadvantages of a society in which women are subordinated to men.

(*Reclaiming the Body* 199)

La detallada descripción que nos ofrece la narradora del homicidio descubre un vil y trabajado plan que ayuda a poner el acento sobre la maldad y el ansia de venganza del padre y de los parientes de Laurela. La familia se presenta como un microcosmo creado a imagen y semejanza de la organización social y por ello adquiere en las novelas de Zayas un papel relevante. En este sentido, en *Amar sólo por vencer*, el derrumbe de la pared que mata a Laurela, metafóricamente, representa el entierro del problemático deseo de su padre (Gorfkle 84) y, a la vez, el desplome de un sistema patriarcal que no se sostiene con los cimientos de las normas sociales y morales impuestas por el hombre, normas que le niegan a la mujer el derecho a elegir en el amor y a equivocarse (Williamsen 144).

Nota Sobre la Modernización del Texto

Se moderniza la puntuación y la ubicación de los pronombres, como por ejemplo, "queréllanse," o "faltáronme." Se regulariza la ortografía de palabras como "oy" por "hoy," "ay" por "hay," "àzia" por "hacia," "hōbres" por "hombres," "avia" por "había," "aora" por "ahora" o contracciones tales como "desto;" se han eliminado grafías arcaicas, como por ejemplo, la *x* por la *j* ("dexando" o "dixo"), la *ç* por la *z* ("mançana," "esperança"), la *z* por la *c* ("decir," "cozina"), la *v* por la *b* ("cavalleros," "hablaba," "Estevan"), la *q* por la *c* ("quanto," "quando"), la *y* por la *i* ("descuydado"), o la *g* por la *j* ("muger"); también se han simplificado la *ss* ("dissimulan," "essa" o "hermosissima") y se han corregido errores del copista tales como "Eellos" por "ellos." Se han empleado corchetes cuando se ha considerado necesario tener que incluir una palabra. Se indica con corchetes las partes del texto que se han dejado fuera de esta modernización.

Noche Sexta[4]

Cuando dio fin la música, ya la hermosa Matilde[5] estaba prevenida para referir su desengaño;[6] bien incierta de que luciese,[7] como los que ya quedaban dichos.[8] Mas ella era tan linda y donairosa, que solas sus gracias bastaban a desengañar a cuantos la miraban, de que ninguno la merecía; y así cuando no fuera su desengaño de los más realzados,[9] la falta de él supliera su donaire;[10] y viendo que todos suspensos callaban, dijo así:

— Cierto, hermosas damas, y bien entendidos caballeros,[11] que cuando me dispuse a ocupar este asiento, dejé a la puerta prevenida una posta,[12] y yo traigo las espuelas calzadas,[13] porque el decir verdad, es lo mismo que desengañar, y en el tiempo que hoy alcanzamos, quien ha de decir verdades, ha de estar resuelto a irse del mundo, porque si nos han de desterrar[14] de él los que las escuchan, más vale irnos nosotros, pues la mayor suerte[15] es vencerse uno a sí mismo, que no dejarse vencer de otros. De esto nació el matarse los gentiles, porque como no alcanzaban la inmortalidad del alma, en cambio de no verse abatidos y ultrajados[16] de sus enemigos, no estimaban la vida y tenían por más honrosa victoria morir a sus mismas manos, que no a las de sus enemigos; y de esta misma causa nace hoy el decir mal los hombres de las mujeres, porque los desengañan, si no con las palabras, con las obras. Hablo de las que tratan de engañar y desengañar. Los hombres fueron los autores de los desengaños, historias divinas y humanas nos lo dicen, que aunque pudiera citar algunas no quiero, porque quiero granjear[17] nombre de desengañadora, mas no de escolástica, que ya que los hombres nos han usurpado este título con afeminarnos más que naturaleza nos afeminó, que ella,[18] si nos dio flacas fuerzas y corazones tiernos, por lo menos nos infundió el alma tan capaz para todo, como la de los varones; y supuesto esto, gocen su imperio, aunque tiranamente adquirido, y que yo, por lo menos, me excusaré de cuestiones de escuelas.

Digo en fin, que como las mujeres vieron que los hombres habían de más a más inventado contra ellas los engaños, les hurtaron,[19] no el arte, sino el modo. Entra un hombre engañando (como es la verdad, que todos los saben hacer bien), la mujer finge engañarse, pues cuando ve, que ya el hombre trata de deshacer el engaño, se adelanta a ser primera. ¿Quién es tu enemigo? (El adagio lo dice.) Ellos, por no declararse por engañadores, disimulan, y se querellan de que no hay que fiar[20] de ellas, porque todas engañan. Veis cómo la verdad está mal recibida; ellas por no morir a manos de los engaños de los hombres, desengañan, y quieren más morir a las suyas, que bien cruelmente es la mala opinión en que las[21] tienen porque, ¿qué mayor desengaño, que quitarles su dinero y ponerlos en la calle? El daño es, que los hombres, como están tan hechos a engañar, que ya se hereda como mayorazgo,[22] hacen lo mismo la vez que pueden con la buena,[23] como con la que no lo es. Ellos dicen que de escarmentados, y este es el mayor engaño suyo, que no es sino, que pueden más. Miren las que no traten de los deleites[24] vulgares, lo que les sucede a otras, y será el verdadero acierto. Mas el mal, que como las que digo no van con el dictamen de las demás, que es engañar y desengañar, entran en el engaño y se están en él toda la vida, y aun de esto se les ha conseguido[25] a muchas la muerte, como se verá en mi desengaño, pues si hoy las que estamos señaladas para desengañar, hemos de decir verdades, y queremos ser muestras de ellas: ¿qué esperamos, si no odios y rencillas?[26] Que aseguraré hay más de dos que están deseando salir de este lugar, para verter de palabra[27] y escrito la ponzoña[28] que le ha ocasionado nuestro sarao; luego bien prevenida está la posta, y bien dispuesto el traer puestas las espuelas, y con todo esto no he de morir de miedo, ya estoy en este asiento, desengañar tengo a todas, y guardarme[29] de no ser engañada.

Paciencia caballeros, que todo viene a ser una satirilla más o menos, y eso no hará novedad, porque ya sé que no puede faltar, mas en esto me la ganen, porque jamás dije mal de las obras ajenas, que hay poetas y escritores que se pudren de que los otros escriban.[30] Todo lo alabo, todo lo estimo, si es levantadísimo[31] lo envidio, no que lo haya trabajado su dueño, sino no haber sido yo la que lo haya alcanzado, y juzgo, en siendo obra del entendimiento, que cuando no se estime de ella otra cosa, sino el desvelo de quien la hizo, hay mucho que estimar, y supuesto que yo no atropello,[32] ni digo mal de los trabajos ajenos, mereceré de cortesía, que se diga viendo los míos. Y en esta conformidad, digo así.

En la Babilonia de España, en la nueva maravilla de Europa, en la madre de la nobleza, en el jardín de los divinos entendimientos, en el amparo[33] de todas las naciones, en la progenitora[34] de la belleza, en el retrato de la gloria, en el archivo de todas las gracias, en la escuela de las ciencias, en el cielo tan parecido al cielo, que es locura dejarse[35] sino es para irse al cielo. Y para decirlo todo de una vez, en la ilustre villa de Madrid, Babilonia, madre, maravilla, jardín, archivo, escuela, progenitora, retrato y cielo. En fin, retiro[36] de todas las grandezas del mundo. Nació la hermosísima Laurela, no en estos tiempos, que en ellos no fuera admiración el ser tan desgraciada como ella, por haber tantas bellas y desgraciadas de padres ilustres y ricos, siendo la tercera[37] en su casa, por haberse adelantado la primera y segunda hermana, no en hermosura, sino en nacer antes que Laurela. Ya se entiende que siendo sus padres nobles y ricos, la criarían y doctrinarían bien, enseñándola todos los ejercicios y habilidades convenientes, pues sobre los caseros, labrar, bordar y lo demás, que es bien que una mujer sepa para no estar ociosa,[38] fue leer y escribir, tañer y cantar a una arpa, en que salió tan única, que oída sin ser vista, parecía un ángel, y visto y oída un serafín.[39] Aun no tenía Laurela doce años, cuando ya tenía doce mil gracias. Tanto, que ya las gastaba como desperdicios y la llamaban el milagro de naturaleza; y si bien criada con el recogimiento y recato que era justo, ni se pudo esconder de los ojos de la desdicha,[40] ni de los de D. Esteban, mozo libre, galán, músico, poeta y, como dicen, baldío.[41] Pues su más conocida renta era, servir y en faltando esto, faltaba todo. No se le conocía tierra, ni pariente, porque él encubría[42] en la que había nacido, quizá para disimular algunos defectos de bajeza. Servía a un caballero de hábito,[43] y era de él bien querido por sus habilidades y solicitud.

Tendría don Esteban al tiempo que vio a Laurela, de diez y nueve a veinte años, edad floreciente y en la que mejor asesta[44] sus tiros el amor, y así fue, pues viendo un día a la hermosa niña en un coche en compañía de su madre y hermanas, se enamoró tan locamente (si se puede decir así) que perdió el entendimiento y la razón, que no pudo ser menos pues informado de quién era Laurela, no desistió de su propósito, conociéndole tan imposible, pues ni aun para escudero le estimaran sus padres. Andaba loco y desesperado y tan divertido en sus pensamientos, que faltaba [a] la asistencia de su dueño;[45] si bien, como había otros criados, no se conocía de todo punto su falta. En fin, viéndose naturalmente morir, se determinó a solicitar y servir a Laurela y probar, si por ella parte, podía alcanzar lo que no conseguía por otra, supuesto que no alcanzaba más bienes que los de su talle[46] y gracias, que en cuanto a esto no había que desperdiciar en él, paseaba la calle, la[47] daba músicas de noche, y componiendo él mismo los versos, alabando su hermosura y gentileza, porque en esto era tan pronto, que si cuanto hablaba, lo quería decir en versos, tenía caudal para todo, mas de nada de esto hacía caso, ni lo sentía Laurela, porque era tan niña, que no reparaba en ello, ni aunque a esta sazón[48] tenía catorce años, porque todo este tiempo pasó don Esteban en sus necios desvelos,[49] no había llegado a su noticia, qué era amar, ni ser amada, antes su desvelo era en dejando la labor acudir al arpa, junto con criadas, que tenía buscadas a posta,[50] que sabían cantar, y con ellas entretener y pasar el tiempo, aunque no sé para qué buscamos ocasiones de pasarse, que él[51] se pasa bien por la posta.

Todo el tiempo que he dicho pasó don Esteban en esta suspensa[52] y triste vida, sin hallar modo, ni manera para descubrir a Laurela su amor; unas veces por falta de atrevimiento y las más por no hallar ocasión, porque las veces que salía de casa era con su madre y hermanas, y cuando no fuera esto, ella atendía tan poco a sus criados, que los pagaba con un descuidado descuido.[53] Pues considerando el atrevido mozo lo poco que granjeaba aguardando que por milagro supiera Laurela su amor, intentó uno de los mayores atrevimientos[54] que se puede imaginar, y que no se pusiera en él, sino un hombre que no estimara la vida, y fue, que hallándose un día en casa de un amigo casado, estaba allí una mujer que había sido criada de la casa de Laurela, a quien él reconoció, como quien medianamente, por su asistencia, conocía de vista a todas, que haciéndose algo desentendido,[55] le dijo:

— Me parece, señora, haberos visto, más no me puedo acordar dónde.

La moza, reconociendo haberle visto algunas veces en aquella calle, le respondió:

— Me habréis visto, señor, hacia el Carmen, que allí cerca he servido algunos meses en casa de don Bernardo.

– Así es – dijo él –, que en esa misma casa os he visto, y no me acordaba.
– Y yo a vos – dijo la moza – os he visto algunas veces pasar por esta misma calle.
– Tengo en ella – dijo don Esteban – un galanteo,[56] y por eso la paso a menudo. Mas, ¿por qué os salisteis de esa casa, que tengo noticia ser buena?
– Y como que lo es, mas en habiendo muchas criadas, fácil cosa es encontrarse[57] unas con otras, y así me sucedió a mí. Yo servía en la cocina, hay en casa otras tres doncellas, reñimos una de ella y yo, y la una por la otra nos despedimos, y cierto, que me ha pesado, porque los señores son unos ángeles, en particular, mi señora Laurela, que es la menor de tres hijas que hay, que sólo por ella se puede servir de balde,[58] porque como es muchacha, toda la vida anda jugando con las criadas.
– Hermosa es esa dama – respondió don Esteban –, más que sus hermanas.
– Qué tiene que hacer, ay Señor mío, vale más la gracia, el donaire[59] y el agrado de mi señora Laurela, que todas las demás, y más cuando toma el arpa y canta, que no parece sino un ángel.
– ¿También canta? – dijo don Esteban.
– Excelentísimamente – respondió la moza –. Y es tan aficionada a la música, que cuantas reciben criadas, gusta que sepan cantar y tañer,[60] y sino lo saben, y tienen voz, las hace enseñar, y como lo sepan, no se les da nada a sus padres, que no sepan otra labor, porque aman tan tiernamente esta hija, que no tratan sino de agradarla y servirla, y en siendo músicas no regatean con ellas el salario. Y yo, aseguro, que habrá sentido harto,[61] mi señora Laurela, la ida de la que riñó conmigo, porque cantaba muy bien; y aun yo con no saber, cómo se entona, si mucho estuviera allá, saliera cantora, que como la oía a todas horas, también yo en la cocina, al son de mis platos entonaba y decía mil letrillas.[62]

Oído esto por don Esteban, al punto fundó[63] en ello su remedio, porque despedido de allí, se fue a la platería, y vendiendo algunas cosillas que tenía granjeadas, compró todo lo necesario para transformarse en doncella, y no teniendo necesidad de buscar cabelleras postizas,[64] porque en todos tiempos han sido los hombres aficionados a melenas,[65] aunque no tanto como ahora, apercibiéndose una navaja,[66] para cuando el tierno bello del rostro le desmintiese[67] su traje, dejando sus golillas[68] a guardar a un amigo, sin darle parte de su intento, se vistió, y aderezó[69] de modo que nadie juzgara, sino que era mujer, ayudando más al engaño tener muy buena cara, que con el traje que digo, daba mucho que desear a cuantos la veían.[70] Hecho esto, se fue en casa de Laurela, y dijo a un criado, que avisase a su señora, que quería recibir[71] una doncella, porque venía avisada que se había despedido una. Los criados, como su ejercicio es murmurar[72] de los amos, que les parece que sólo para eso los sustentan,[73] le dijeron burlando de la condición de Laurela, que si no sabía tañer y cantar, que bien se podía volver por donde había venido, porque en aquella casa no se pedía otra labor, y que siendo música[74] la recibirían al punto.

– Siempre oí, dijo D. Esteban – que tañer y cantar, no es ajuar, más si en esta casa gusta de eso, les ha venido lo que desean, que a Dios gracias, mis padres, como me criaron para monja, casi no me enseñaron otro ejercicio.[75] Me faltaron al mejor tiempo, con que he venido de ser señora a servir, y me acomodo mejor a esto, que a no hacer otra flaqueza.[76]
– En verdad – dijo el uno de los criados –, que tenéis cara más para eso, que para lo que pretendéis, y que gastara yo de mejor gana con vos, mi jornalejo,[77] que con el guardián de San Francisco.
– En lo uno, ni el no otro le envidio la ganancia de hidalgo – dijo don Esteban –, y ahorremos de chanzas,[78] y entre a decir si me han menester, porque si

no, tengo otras dos casas en venta, y me iré a la que más me diere gusto.

— Yo le tendré muy grande, en que quedéis en casa, Señora hermosa, porque me habéis parecido un pino de oro, y así entraré a decirlo, mas ha de ser con una condición, que me habéis de tener por muy vuestro.

— Entre galán, y dígalo, que se verá su pleito – respondió don Esteban.

Y con esto el criado entró donde estaban sus señoras, y les dijo, como afuera estaba una doncella, que preguntaba si la querían recibir para servir en lugar de la[79] que se despidió.

— Y os prometo, señoras, ha,[80] – medió[81] el amartelado[82] escudero – que su cara, despejo y donaire, más merece que la[83] sirvan, no que sirva, y demás de esto dice, que sabe tañer y cantar.

Le sonó bien a Laurela esta habilidad, como quien era tan llevada de ella, y [a] las demás no desagradó,[84] que luego mandaron que entrase, que como madre y hermanas querían ternísimas a Laurela, todas le seguían la inclinación,[85] no juzgándola viciosa, no advirtiendo, que el demonio teje sus telas, tomando para hacerlo de cada uno la inclinación que tiene. Dada, pues, la licencia[86] entró la doncella, y vista e informadas de lo que sabía hacer, agradadas de su brío[87] y desenvoltura,[88] a pocos lances quedó en casa, porque si a todas agradó, a Laurela enamoró, tanto era el agrado de la doncella. No fue este amor de calidad[89] de don Esteban, porque Laurela, sin advertir engaño, creyó que era mujer. La preguntaron el nombre, y dijo, que se llamaba Estefanía, sin don,[90] que entonces no debía de ser la vanidad de las señoras tanta como la de ahora, que si tiene picaza, la llaman doña Urraca, y si papagayo don Loro, hasta a una perrita llamó una dama, doña Marquesa, y a una gata doña Miza.[91]

— Pues Estefanía – dijo Laurela –, yo quiero oír tu voz para ver si me agrada tanto como tu cara.

— Ay, señora mía, – respondió Estefanía –, si la voz no es mejor que la cara, buena medra[92] sacaré. Y habiéndole dado una guitarra, templó, sin enfadar y cantó sin ser rogada. Falta tan grande de los cantores, cuando vienen a conceder, ya tienen enfadado al género humano de rogarlos, mas Estefanía cantó así.

Después que pasó

de la edad dorada
las cosas que cuentan
las viejas honradas.

Y después que al cielo

fueron desterradas
la verdad hermosa,
la inocencia santa.

Porque acá las gentes

ya las maltrataban,
o por ser mujeres,
o por no imitarlas.

Cuando las encinas

la miel destilaban,
y daba el ganado
hilos de oro, y plata.

Ofrecían los prados

finas esmeraldas,
y la gente entonces
sin malicia estaba.

Cuando no traían

fregonas, ni damas
guardainfantes,[93] moños,
guardapiés, y enaguas.

Cuando los galanes,

calzaban albarcas,[94]
no medias de pelo,
que estén abrasadas.

La[95] de plata vino

donde ya empezaban
a saber malicias,
y a maquinar trazas.

Esta pasó, y luego

    la[96] de alambre falsa
    mostró en sus engaños
    maliciosas trazas.[97]

Llegó la de hierro,

    tan pobre y tan falta
    de amistad, que en esta
    no hay más que marañas.[98]
    [...]

Cantó esta sátira Estefanía con tanto donaire y desenvoltura, que dejó a todas embelesadas, creyendo que tenían en ella una preciosa joya, que a saber que era el caballo[99] Troyano, pudiera ser no les diera tanto gusto. Pues como Laurela era niña, y tan inclinada a la música, fuera de sí de gozo,[100] se levantó del estrado, y cruzando los brazos al cuello de Estefanía, juntando su hermosa boca con la mejilla,[101] favor que no entendió ella llegar a merecerle, le dijo:

— ¡Ay amiga! y qué alegre estoy de tenerte conmigo, y como no [te] tengo de tener por criada, sino por hermana y amiga.

Le tomó Estefanía una de sus hermosas manos, y besándosela, por el favor que le hacía, dio por bien empleado su disfraz, que la hacía merecedora de tantos favores, y le dijo:

— Señora mía, yo sé que te merezco, y mereceré toda la merced[102] que me hicieres, como lo conocerás con el tiempo: porque te aseguro, que desde el punto que vi tu hermosura, estoy tan enamorada.[103] Poco digo. Tan perdida, que maldigo mi mala suerte, en no haberme hecho hombre.

— Y a serlo – dijo Laurela –, ¿qué hicieras?

— Amarte y servirte hasta merecerte, como lo haré mientras viviere, que el poder de amor también se entiende de mujer a mujer como de galán a dama.

Las dio a todas gran risa oír a Estefanía decir esto, dando un lastimoso suspiro, juzgando que se había enamorado de Laurela. Preguntó Estefanía si había más doncellas en casa.

— Otras dos – dijo Laurela –, y una criada que guisa de comer.

Y oído esto pidió a sus señoras, que se sirvieran de darle cama aparte, porque no estaba enseñada a dormir acompañada, y que demás de eso era apasionada de melancolía, cosa usada de los que hacen versos, y que se hallaba[104] mejor con la soledad.

— Luego ¿también tiene esa habilidad? – dijo Laurela.

— Por mis pecados – respondió Estefanía –, para que estuviese condenada a eterna pobreza.

— Cada día me parece que descubrirás nuevas habilidades – respondió Laurela – ; mas en cuanto a tu pobreza has vencido[105] a tu fortuna en haber venido a mi poder, que yo te haré rica, para que te cases como tú mereces.

— Ya soy la más rica del mundo, pues estoy en tu poder, que yo no quiero más riqueza, que gozar de tu hermosa vista, y en lo que toca a casarme, no tienes que tratarme[106] tal cosa, que la divina imagen que hoy ha tomado asiento en mi corazón, no daré lugar a que se aposente en él otra ninguna.

Se volvieron a reír todas, confirmando el pensamiento que tenían, de que Estefanía estaba enamorada de Laurela, y en fin, para más agradarle, le dieron su aposento,[107] y cama dividido[108] de las demás, con que Estefanía quedó muy contenta, por poder al desnudarse y vestirse no dar alguna sospecha, y remediar cuando las flores[109] del rostro empezasen a descubrir lo contrario de su hábito,[110] que aunque hasta entonces no le habían apuntado,[111] se temía no tardarían mucho. Gran fiesta hicieron las demás a Estefanía, ofreciéndosele todas por amigas, si bien envidiosas de los favores que le[112] hacía Laurela. Vino su padre a cenar, que era un caballero de hasta cuarenta años, discreto y no de gusto melancólico, sino jovial y agradable, y dándole cuenta de la nueva doncella que había traído a casa, y de sus gracias y habilidades, y diciendo la quería ver, vino Estefanía, y con mucha desenvoltura y agrado besó a su señor la mano, y él muy pagado de ella, lo más que ponderó[113] fue la hermosura, con tal afecto, que al punto conoció Estefanía que se había enamorado, y no le pesó, aunque temió verse perseguida de él. La mandó que cantase, que no lo rehusó,[114] que como no era mujer, más que en el hábito, no la ocupó la vergüenza, y así pidiendo una guitarra, con la prontitud[115] del ingenio y la facilidad que tenía en hacer versos, que era cosa maravillosa, cantó así.

> Se ausentó mi sol, y en negro luto
>> me dejó triste, y de dolor cercada,
>> volvió a salir la aurora aljofarada,[116]
>> y le di en feudo[117] lágrimas por fruto.
>
> Nunca mi rostro de este llanto enjuto
>> le da la norabuena a su llegada,
>> que si ella ve su sol, yo desdichada,
>> al mío doy querellas por tributo.[118]

— Competencia puede haber, Estefanía, sobre cual ha de llevar el laurel, entre tu voz y tu hermosura – dijo don Bernardo –, que así se llamaba el padre de Laurela.
— Y más – dijo doña Leonor –, que este es el nombre de su madre – que lo que canta ella misma, es lo que compone. Y en este soneto parece que estaba enamorada Estefanía cuando le[119] hizo.
— Señora mía – respondió ella –, lo estaba, y lo estoy, y estaré hasta morir, y aun ruego a Dios no pase mi amor más allá del sepulcro; y en verdad, que como se iban cantando los versos, se iban haciendo, que a todo esto obliga la belleza de mi señora Laurela, que como se salió acá fuera, y me dejó a oscuras, y yo la tengo por mi sol, me soltó[120] este asunto ahora que me mandó don Bernardo mi señor, que cantase.

Empezaron todas a reírse, y don Bernardo preguntó, ¿qué enigmas eran aquellas?

— ¿Qué enigmas han de ser? – dijo doña Leonor –, sino que Estefanía está enamorada de Laurela desde el punto[121] que la vio, y lamenta su ausencia, celebrando su amor, como habéis visto.

Bien me parece – respondió don Bernardo –, pues de tan castos[122] amores bien podemos esperar hermosos nietos.

— No quiso mi dicha, señor mío – dijo Estefanía –, que yo fuera hombre, que a serlo sirviera como Jacob por tan linda Raquel.[123]
— Más te quiero yo mujer que no hombre – dijo D. Bernardo.
— Cada uno busca y desea lo que ha menester[124] – respondió Estefanía.

Con estos, y otras burlas, que pararon en amargas veras,[125] se llegó la hora de acostarse, diciendo Laurela a Estefanía, la viniese a desnudar, porque desde luego la hacía favor del oficio de camarera. Se fueron, y Estefanía con su señora, asistiéndola hasta que se puso en la cama, gozando sus ojos, en virtud de su engaño, lo que no se le permitiera, menos que con su engañoso disfraz enamorándose más que estaba, juzgando a Laurela aun más linda desnuda que vestida.

Más de un año pasó en esta vida Estefanía, sin hallar[126] modo como descubrir a Laurela quién era, temiendo su indignación y perder los favores que gozaba, que de creer es, que a entender Laurela, que era hombre, no pasar por tal atrevimiento, que aunque en todas ocasiones le daba a entender su amor ella, y todas lo juzgaban a locura, antes le servía de entretenimiento y motivo de risa, siempre que la veían hacer extremos[127] y finezas de amante; llorar celos y sentir desdenes,[128] admirando, que una mujer estuviese enamorada de otra, sin llegar a su imaginación que pudiese ser lo contrario, y muchas veces Laurela se enfadaba de tanto querer y celar, porque se salía fuera, aunque fuese con su madre y hermanas, cuando venía la pedía celos. Y si tal vez salía con ellas, le pedía que se echase el manto en el rostro,[129] porque no la viesen, diciendo, que a nadie era bien fuese permitido ver su hermosura. Si estaba a la ventana, la hacía quitar, y si no se entraba, se enojaba y lloraba, y le decía tan sentidas palabras, que Laurela se enojaba y la decía, que la dejase, que ya se cansaba de tan impertinente amor. Pues que, si le trataban algún casamiento, que como era su belleza tanta, antes la deseaban a ella que a sus hermanas, aunque eran mayores, y no feas. Allí eran las ansias,[130] las congojas,[131] las lágrimas, y los desmayos, que la terneza de su amor, vencía la fiereza de hombre, y se tenía entendido, que Estefanía se había de morir el día que se casase Laurela.

No le faltaban a Estefanía, sin las penas de su amor otros tormentos que la tenían bien disgustada,[132] que era la persecución de su amo,[133] que en todas ocasiones que se ofrecían la perseguía, prometiendo la casaría muy bien si hacía por él lo que deseaba. Y si bien se excusaba con decirle era doncella,[134] no se atrevía a estar un punto sola en estando en casa, porque no fuese con ella atrevido y se descubriese la maraña.[135] Se abrasaba Estefanía en celos, de un caballero que vivía en la misma casa, mozo y galán, con cuya madre y hermanas tenía Laurela y su madre y las demás grande amistad, y se comunicaban muy familiarmente, pasando por momentos los unos al cuarto de los otros, porque sabía que estaba muy enamorado de Laurela y la deseaba esposa, y la había pedido a su padre,[136] si bien no se había efectuado, porque como Laurela era muy niña, quisiera su padre acomodar[137] primero a las mayores, y era de modo lo que Estefanía sentía que fuese allá Laurela, que no le faltaba sino perder el juicio,[138] y lo dio bien a entender una tarde, que estaba Laurela con las amigas que digo en su cuarto, que habiendo algún espacio que estaba allá, la mandó llamar su madre, que como vino, las halló a todas en una sala sentadas a los bastidores, y Estefanía con ellas bordando, que aunque no era muy cursada[139] en aquel ejercicio, con su buen entendimiento se aplicaba a todo. Llegó Laurela, y sentándose con las demás, miró a Estefanía que estaba muy melancólica y ceñuda,[140] y se empezó a reír, y sus hermanas y las demás doncellas de la misma suerte, de que Estefanía con mucho enojo, enfadada dijo:

— Graciosa cosa es que se rían de lo que llore yo.
— Pues no llores – respondió Laurela, riéndose –, sino canta un poco que me parece, según estás de melancólica, que un tono grave le cantarás del cielo.
— Por eso te llamé yo – dijo su madre –, para que mandándoselo tú, no se excusase, que aunque se lo hemos rogado, no ha querido y me ha admirado. Porque nunca la he visto hacerse de rogar si no hoy.
— En verdad, que me tiene mi señora Laurela muy sazonada,[141] para que haga lo que su merced me manda.
— Ay amiga – dijo Laurela –, ¿y en qué te he ofendido que tan enojada estás?
— En el alma – respondió Estefanía.
— Deja esas locuras – replicó Laurela –, y canta un poco, que es disparate creer que yo te tengo de agraviar en el alma, ni en el cuerpo, siquiera porque sea verdad lo que mi madre dice, que cantarás mandándolo yo, y de no hacerlo, te desdices[142] de lo que tantas veces has dicho, que eres mía.
— No me desdigo ni vuelvo atrás de lo que he dicho – dijo Estefanía – ; que una cosa es ser de cuya soy, y otra estar enojada y sé que no estoy cantando y hablando sino para decir desaciertos;[143] más algún día me vengaré de todo. Reían todas.

— Canta ahora – dijo Laurela –, aunque sea cuánto quisieres, que después yo llevaré con gusto tu castigo, como no sea perderte, que lo sentiré mucho.
— Así supiera yo – dijo Estefanía – que esto se había de sentir como no estuviera un infante más en casa.
— Dios me libre de tal – respondió Laurela –. Mas dime: queriéndome tanto, ¿tuvieras corazón para dejarme?
— Soy tan vengativa que por matarme matara, y más cuando estoy rabiosa[144] como ahora.
— Canta por tu vida – dijo Laurela –, que después averiguaremos este enojo.

Pues como Estefanía era de tan presto[145] ingenio, y más en hacer versos, en un instante, apercibió cantando decirle su celosa pasión en estas canciones.

O soberana Diosa
   así a tu Endimión[146] goces segura,
   sin que vivas celosa,
   ni desprecies por otra tu hermosura

que te duela mi llanto,
pues sabes que es amor, y amaste tanto,
ya ves que mis desvelos
nacen de fieros, y rabiosos celos.
Se fue mi dueño ingrato,
   a no sé qué concierto[147] de su gusto.
   Ay Dios, y qué mal trato,
   castigue amor un caso tan injusto,
   y tú, Diana bella,
   mira mi llanto, escucha mi querella,
   y sus veredas[148] sigue,
   y con tu luz divina le persigue.
   [...]

Admiradas estaban doña Leonor, y sus hijas con todas las demás de oír a Estefanía, y Laurela, que de rato en rato ponía ella sus hermosos ojos, amando los sentimientos con que cantaba, tomando y dejando los colores en el rostro conforme lo que sentía, y ella de industria[149] en su canción ya parecía que hablaba con dama, ya con galán, por divertir a las demás, y viendo había dado fin con eternísimo suspiro, Laurela, riéndose, le dijo:

— Cierto, Estefanía, que si fueras, como eres mujer, hombre, que dichosa se pudiera llamar, la que tú amaras.
— Y aun así como así – dijo Estefanía –, pues para amar, supuesto que el alma es toda una en varón y en hembra, no se me da más ser hombre que mujer, que las almas no son hombres, ni mujeres, y el verdadero amor en el alma está, que no en el cuerpo, y el que amare el cuerpo con el cuerpo, no puede decir que es amor, sino apetito, y de esto nace arrepentirse en poseyendo,[150] porque como no estaba el amor en el alma, el cuerpo como mortal se cansa siempre de un manjar,[151] y el alma, como espíritu no se puede enhastiar[152] de nada.
— Sí, mas es amor sin provecho,[153] amar una mujer a otra – dijo una de las criadas.
— Ese – dijo Estefanía – es el verdadero amor, pues amor sin premio es mayor fineza.
— Pues ¿cómo los hombres – dijo una de las hermanas de Laurela – a cuatro días que aman, le piden,[154] y sino se le dan, no perseveran?
— Porque no aman – respondió Estefanía –; que si amaran, aunque no los apremiaran, no olvidaran, que amor verdadero es el carácter del alma, y mientras el alma no muriere, no morirá el amor. Luego, siendo el alma inmortal, también lo será[155] el amor; y como amando sólo con el cuerpo, el cuerpo no le alcanzan, aborrecen o olvidan luego, por tener lugar para buscar alimento en otra parte, y si alcanzan ahítos, buscan lo mismo.
— Pues según eso – dijo otra doncella –, los hombres de ahora todos deben de amar sólo con el cuerpo, y no con el alma, pues luego olvidan, y tras eso dicen mal de las mujeres, sin reservar a las buenas ni a las malas.

– Amiga – respondió Estefanía –: de las buenas dicen mal porque no las pueden alcanzar,[156] y de las malas, porque están ahítos de ellas.[157]
– Pues ¿por qué las buscan? – dijo la otra hermana de Laurela.
– Porque las han menester[158] – dijo Estefanía –; y por excusar un buen día a los muchachos, por que los maestros no los suelten temprano.
– Pues si sólo por necesidad aman, y son tan malas para ellos, las unas como las otras, más vale – respondió Laurela – ser buena y no admitirlos.[159]
– Todo es malo – dijo Estefanía –, que ni han de ser las damas tan desdeñosas[160] que tropiecen en crueles, ni tan desenvueltas,[161] que caigan en desestimación.
– Sí, mas yo quisiera saber – replicó la otra doncella – qué piensa sacar Estefanía de amar a mi señora Laurela, que muchas veces, a no ver su hermosura y haberla visto algunas veces desnuda, me da una vuelta el corazón pensando que es hombre.
– Placiera a Dios,[162] aunque tú, mi amiga, dieras cuatro en los infiernos, mas eso es vivir de esperanza. Qué sé yo si algún día hará, viéndome morir de imposible, algún milagro conmigo.
– El cielo excuse ese milagro, por darme a mí gusto – dijo Laurela –, porque no soy amiga de prodigios, y de eso no pudieras ganar más de perderme para siempre.

Con esto pasaban, teniendo todas chacota[163] y risa, con los amores de Estefanía, que aunque disimulaba, no la traía poco penada, ver que ya las compañeras, entre burlas y veras, juzgando unas con otras, procuraban ver si era mujer o hombre, demás que había menester andar con demasiada cuenta con las barbas que empezaban a nacer.[164] Y no sabía cómo declararse con Laurela, ni menos librarse con su padre, que, perdido[165] por ella, era sombra suya en todas las ocasiones que podía.

Pues sucedió, porque la fatal ruina de Laurela venía a toda diligencia, que aquel caballero que vivía en casa y amaba a Laurela con mortales celos de Estefanía, tornó a pedírsela por esposa a su padre, diciendo, por que no se la negase, que no quería otro dote con ella más que el de su hermosura y virtudes, que don Bernardo codicioso, aceptó luego, y tratándolo con su mujer e hija, la hermosa Laurela obedeció a su padre, diciendo, que no tenía más gusto que el suyo. Y con esto muy contenta, entró donde estaba Estefanía y las demás criadas, y le dijo:

– Ya, Estefanía, ha llegado la ocasión en que podré hacer por ti y pagarte el amor que me tienes.
– ¿En qué forma, señora mía? – respondió ella.
– En que me caso –; tornó a responder Laurela – que ahora me lo acaba de decir mi padre, que me ha prometido por esposa a don Enrique.

Apenas oyó estas últimas palabras, Estefanía, cuando con un mortal desmayo cayó en el suelo, con que todas se alborotaron, y más Laurela, que sentándose y tomándole la cabeza en su regazo,[166] empezó a desabrocharle el pecho, apretarle las manos y pedir aprisa agua, confusa, sin saber qué decir de tal amor y sentimiento. Al cabo de un rato, con los remedios que se le hicieron, Estefanía volvió en sí, con que ya consoladas todas, las mandó Laurela ir a acostar, sin preguntarle nada, ella lo dijera, porque estaba tal, que parecía que ya se le acababa la vida.

Laurela mientras las demás fueron a que le acostase, quedó revolviendo en su pensamiento mil quimeras,[167] no sabiendo dar color[168] de lo que veía hacer a aquella mujer. Mas que fuese hombre, jamás llegó a su imaginación, que si tal pensara, no hay duda, sino que resueltamente la apartara de sí, sin tornarla a ver, y no le valiera menos que la vida. Acostada Estefanía, y las criadas ocupadas en prevenir la cena, Laurela entró donde estaba y sentándose sobre la cama la[169] dijo:

– Cierto, Estefanía, que me tienes fuera de mí, y que no sé a qué atribuya las cosas que te veo hacer después que estás en casa. Y a caso pensar, a no ser caso imposible, y que pudiera ocasionar muchos riesgos, o que no eres lo que pareces o que no tienes juicio. ¿Qué perjuicio[170] te viene de que yo tome estado,[171] para que hagas los extremos[172] que esta noche he visto?
– El de mi muerte – respondió Estefanía –. Y pues morir viéndote casada o morir a tus manos, todo es morir, mátame o haz lo que quisieres, que ya no puedo callar, ni quiero. Tan aborrecida tengo la vida, que por no verte en poder de otro dueño, la quiero de una vez perder. No soy Estefanía, no; don Esteban soy: un caballero de Burgos, que enamorado de la extremada belleza que te dio el cielo, tomé este hábito por ver si te podía obligar con estas finezas a que fueses mía, porque aunque tengo nobleza con que igualarte, soy tan pobre, que no he tenido atrevimiento de pedirte a tu padre, teniendo por seguro, que el granjear tu voluntad era lo más esencial, pues una vez casado contigo, tu padre había de tenerse por contento, pues no me excede más que en los bienes de fortuna, que el cielo los da y los quita. Ya te he sacado de confusión, cuerda eres, obligada estás de mi amor, mira lo que quieres disponer, porque apenas habrás pronunciado la sentencia de mi muerte, con negarme el premio que merezco, cuando yo me la daré con esta daga que tengo debajo de esta almohada para este efecto.

Figura de mármol parecía Laurela tan helada y elevada[173] estaba oyendo a Estefanía, que apenas se osaba[174] apartar de ella los ojos, pareciéndola que en aquel breve instante que la perdiese de vista, se le había de transformar, como lo había hecho de Estefanía en don Esteban, en algún monstruo o serpiente. Y visto que callaba, no sabiendo si eran burlas, o veras sus razones, le dijo (ya más cobrada del susto que le había dado con ellas:)

– Si no imaginara, Estefanía, que te estás burlando conmigo, la misma daga con que estás amenazando tu vida fuera verdugo de la mía y castigo de tu atrevimiento.
– No son burlas, Laurela, no son burlas[175] – respondió Estefanía –. Ya no es tiempo de burlarme; que si hasta aquí lo han sido, y he podido vivir de ellas, era con las esperanzas, de que habían de llegar las veras,[176] y habías de ser mía. Y si esto no llegara a merecer, me consolara con que si no lo fueras, por lo menos no te hicieras ajena entregándote a otro dueño, mas ya casada o concertada, ¿qué tengo que esperar sino morir? ¿Es posible que has estado tan ciega que en mi amor, en mis celos, en mis suspiros y lágrimas, en los sentimientos de mis versos y canciones, no has conocido que soy lo que digo, y no lo que parezco? Porque, ¿quién ha visto que una dama se enamore de otra? Y supuesto esto, o determínate[177] a ser mía, dándome la mano de esposa, o que apenas saldrás con intento contrario por aquella puerta, cuando yo me haya quitado la vida. Y veremos luego qué harás, o cómo cumplirás con tu honor para entregarte a tu esposo y para disculparte con tus padres y con todo el mundo. Que claro es, que hallándome sin vida, y que violentamente me la he quitado, y viendo que no soy mujer, si primero, creyendo que lo era, solemnizaban por burlas mis amores, conociendo las veras de ellos, ¿no han de creer que tú estabas ignorante, sino que con tu voluntad[178] me transformé contigo?

¿Quién podrá ponderar[179] la turbación,[180] y enojo de Laurela oyendo lo que don Esteban con tanta resolución decía? Ninguno, por cierto. Mas en lo que hizo se conocerá, que fue casi fuera de juicio, asir[181] la daga que en la mano tenía, diciendo:

– Matándome yo, excusaré todas estas afrentas[182] y excusaré que lo hagan mis padres.

Mas don Esteban, que estaba con el mismo cuidado, la tuvo tan firme que las flacas[183] fuerzas de la tierna dama no bastaron a sacarla de sus manos. Y viéndola tan rematada,[184] la suplicó se quietase, que todo era burla, que lo que era la verdad, era ser Estefanía y no más, y que se mirase muy bien en todo, que no se precipitase, que Estefanía sería mientras ella gustase que no fuese don Esteban. Con esto Laurela, sin hablarle palabra, con muy grande enojo se salió y la dejó contenta con haber vencido la mayor dificultad, pues ya por lo menos sabía quién era Laurela, la cual, ni segura de que fuese Estefanía ni cierta de que era don Esteban, se fue a su aposento, con grandísima pasión, y sin llamar a nadie se desnudó y acostó, mandando dijesen a sus padres, que no salía a cenar por no sentirse buena.

Dormían todas tres hermanas, aunque en camas distintas, en una misma cuadra, con lo que Laurela se aseguró de que Estefanía no se pondría en ningún atrevimiento, caso que fuese don Esteban, y ya todos recogidos y hermanas acostadas, y aun dormidas, sola Laurela desvelada y sin sosiego,[185] dando vueltas por la cama, empezó a pensar qué salida tendría de un caso tan escandaloso como el que le estaba sucediendo. Unas veces se determinaba a avisar a su padre de ello; otras, si sería mejor decir a su madre que despidiese a Estefanía, y otras miraba los inconvenientes que podían resultar si su padre creería que ella de tal atrevimiento estaba inocente. Ya se aseguraba en lo mucho que la querían sus padres y cuán ciertos estaban de su virtuosa y honesta vida. Ya reparaba,[186] que cuando sus padres se asegurasen, no lo había de quedar, el que había de ser su esposo; pues comunicación de tanto tiempo con Estefanía había de criar[187] en él[188] celosos pensamientos, y que o había de ser para perderle, o para vivir siempre mal casada, que no se podía esperar menos de marido que entraba a serlo por la puerta del agravio y no de la confianza.

Consideraba luego las bellas partes de don Esteban, y le parecía que no le aventajaba don Enrique más que en la hacienda, y para esta falta, (que no era pequeña) echaba en la balanza de su corazón por contrapeso, para que igualase el amor de don Esteban, la fineza de haberse puesto por ella en un caso tan arduo,[189] las lágrimas que le había visto verter, los suspiros que le había oído desperdiciar, las palabras que le había dicho aquella noche, que con estas cosas, y otras, tocantes a[190] su talle, y gracias, igualaba el peso, y aun hacía ventaja. Ya se alegraba, pareciéndole[191] que si le tuviera por esposo todas podían envidiar su dicha. Ya se entristecía, pareciéndole que su padre no le estimaría, aunque más noble fuese, siendo pobre. En estos pensamientos y otros muchos, vertiendo lágrimas y dando suspiros, sin haber dormido sueño, la halló la mañana; y lo que peor es, que se halló enamorada de don Esteban; que como era niña, mal leída en desengaños, aquel rapaz,[192] enemigo común de la vida, del sosiego,[193] de la honestidad y del honor, el que tiene tantas vidas a cargo como la muerte, el que pintándole ciego ve adónde, cómo y cuándo ha de dar la herida, asestó el dorado arpón[194] al blando pecho de la delicada niña y la hirió con tanto rigor, que ya cuantos inconvenientes hallaba antes de amar, las miraba facilidades.[195] Ya le pesara,[196] que fuera Estefanía, y no don Esteban; ya se reprendía de haberle hablado con aspereza; ya temía si se había muerto, como le había de hacer, y al menor ruido sentía[197] fuera, le parecía que eran las nuevas[198] de la muerte.

Todas estas penas la ocasionaron un accidente de calentura[199] que puso a todos en gran cuidado, como tan amada de todos, y más a Estefanía, que como lo supo, conociendo procedía de la pena que había recibido con lo que le había dicho, se vistió y fue a ver a su señora muy triste y los ojos muy rojos de llorar, que notó muy bien Laurela, como quien ya no la miraba como Estefanía, sino como a don Esteban. Vino el médico que habían ido a llamar, y mandó sangrar[200] a Laurela, que ejecutado este remedio y habiéndose ido todos de allí, juzgando, que donde Estefanía asistía, todos sobraban en el servir a Laurela. En fin, por ir dando fin a este discurso, tanto hizo Estefanía puesta de rodillas delante de la cama, tanto rogó y tanto lloró, y todo con tan ternísimos afectos y sentimientos, que ya cierta[201] Laurela de ser D. Esteban, perdió el enojo y perdonó el atrevimiento del disfraz. Y prometiéndose el uno al otro palabra de esposo, concertaron se disimulase, hasta que ella estuviese buena, que entonces determinarían lo que se había de hacer, para que no tuviesen trágico fin tan extraños y prodigiosos amores. ¡Ay Laurela, y si supieras cuán trágicos serán! No hay duda sino que antes te dejaras morir, que aceptar tal, mas escusado es querer excusar lo que ha de ser, y así le sucedió a esta mal aconsejada niña. ¡O traidor, don Esteban, en qué te ofendió la candidez de esta inocencia, que tan aprisa le vas diligenciando su perdición![202]

Más de un mes estuvo Laurela en la cama, bien apretada[203] de su mal, que valiera más que la acabara.[204] Mas ya sana y convalecida, concertaron ella y su amante, viendo con la prisa que se facilitaba[205] su matrimonio con don Enrique, que hechas las capitulaciones[206] y corridas dos amonestaciones,[207] no aguardaban a más que pasase la tercera para desposarlos, y cuán imposible era estorbarlo,[208] ni persuadir a sus padres que trocasen[209] a don Enrique por don Esteban, ni era lance ajustado descubrir en tal ocasión el engaño de Estefanía, menos que estando los dos seguros de la indignación de don Bernardo y don Enrique, que ya como hijo era admitido, que se ausentasen una noche; que puestos en cobro[210] y ya casados, sería fuerza aprovecharse del sufrimiento, pues no había otro remedio, que pondrían[211] personas que con su autoridad alcanzasen el perdón de su padre.

Y suspendiendo la ejecución para de allí a tres días, Estefanía, con licencia[212] de su señora,[213] diciendo, iba a ver una amiga o parienta salió a prevenir la parte adonde había de llevar a Laurela, como quien no tenía más casa ni bienes que su persona, y en ésa había más males que bienes, que fue en casa de un amigo, que aunque era mancebo[214] por casar, no tenía mal alhajado[215] un cuartico de casa en que vivía, que era el mismo donde don Esteban había dejado a guardar un vestido y otras cosillas no de mucho valor, que cuando el tal amigo le vio en el hábito de dama, que él creía no estaba en el lugar, santiguándose le preguntó: ¿qué embeleco[216] era aquél? A quien don Esteban satisfizo contándole todo lo que queda dicho, si bien no le dijo quién era la dama. En fin, le pidió lugar para traerla allí, que el amigo le concedió voluntariamente, no sólo por una noche, sino por todas las que gustase, y le dio una de dos llaves que tenía el cuarto, quedando advertido que de allí a dos noches, él se iría a dormir fuera, porque con más comodidad gozase amores que le costaban tantas invenciones, con que se volvió muy alegre en casa de Laurela, la cual aquellos días juntó todas las joyas y dineros que pudo, que serían de valor de dos mil ducados, por tener, mientras su padre se desenojase, con qué pasar.[217]

Llegada la desdichada[218] noche escribió Laurela un papel a su padre dándole cuenta de quién era Estefanía y cómo ella se iba con su esposo, que por dudar que no le admitiría por pobre, aunque en nobleza no le debía nada, y otras muchas razones en disculpa de su atrevimiento,[219] pidiéndole perdón, con tierno sentimiento, aguardó a que todos estuviesen acostados y dormidos, y habiendo de nuevo don Esteban prometido ser su esposo, que con menos seguridad no se arrojara Laurela a tan atrevida acción, dejando el papel sobre las almohadas de su cama y Estefanía el vestido de mujer en su aposento, tomando la llave se salieron, cerrando por de fuera la puerta, se llevaron la llave por que si fuesen sentidos, no pudiesen salir tras ellos, hasta que estuviesen en salvo. Se fueron a la casa que D. Esteban tenía apercibida, dando el traidor a entender a la desdichada Laurela que era suya, donde se acostaron con mucho reposo, Laurela creyendo que con su esposo y él imaginando lo que había de hacer, que fue lo que ahora se dirá.

Apenas se empezó a reír la mañana, cuando se levantó[220] e hizo vestir a Laurela, pareciéndole que a esta hora no había riesgo que temer, como quien sabía que en casa de Laurela las criadas no se levantaban hasta las ocho y los señores a las diez, si no era el criado que iba a comprar, vestido él y Laurela bien temerosa, que sería tanto madrugar, facción[221] bien diferente de la que ella esperaba, la hizo cubrir el manto, y tomando las joyas y dineros, salieron de casa y la llevó a Santa María, iglesia mayor de esta Corte, y en estando allí le dijo estas razones:

— Las cosas, hermosa Laurela, que se hacen sin más acuerdo[222] que por cumplir con la sensualidad del apetito, no pueden durar, y más cuando hay tanto riesgo como el que a mí me corre, sujeto al rigor de tu padre y esposo y de la justicia, que no me amenaza menos que la horca. Yo te amé desde que te vi, y hice lo que has visto, y te amo, por cierto; mas no con aquella locura que antes, que no miraba en riesgo ninguno, mas ya lo ven[223] todos, y a todos los temo, con que es fuerza[224] desengañarte. Yo, Laurela, no soy de Burgos, ni caballero, porque soy hijo de un pobre oficial de carpintería, que por no inclinarme al trabajo me vine a este lugar, donde sirviendo he pasado fingiendo nobleza y caballería. Te vi y te amé, y busqué la invención[225] que has visto, hasta conseguir mi deseo. Y si bien no fueras la primera en el mundo que casándose humildemente ha venido de alto a bajo estado, y trocando la seda en sayal[226] ha vivido con su marido contenta. Cuando quisiera yo hacer esto es imposible, porque soy casado en mi tierra, que no es veinte leguas de aquí, y mi mujer la tienen mis padres en su casa, sustentándola con su pobre trabajo. Esto soy; que no hay tal potro como el miedo, que en él se confiesan verdades. Tú puedes[227] considerar cómo me atreveré a ser hallado de tu padre, que a este punto ya seré buscado, donde no puedo esperar, sino la muerte, que tan merecida tengo por la traición que en su casa he cometido. Nada miraba con el deseo de alcanzar tu hermosura; mas ya es fuerza que lo mire, y así, vengo determinado a dejarte[228] aquí y ponerme en salvo, y para hacerlo tengo necesidad de estas joyas, que tú no has menester, pues te quedas en tu tierra, donde tienes deudos[229] que te ampararán, y ellos reportarán el enojo de tu padre, que al fin eres su hija, y considerará la poca culpa que tienes, pues has sido engañada. Aquí no hay que gastar palabras ni verter lágrimas, pues con nada de esto me has de enternecer,[230] porque primero es mi vida que todo; antes tú misma, si me tienes voluntad, me aconsejarás lo mismo, pues no remedias nada de tu pérdida, con verme morir delante de tus ojos, y todo lo que me detengo aquí contigo, pierdo de tiempo para salvarme. Sabe Dios que si no fuera casado, no te desamparara, aunque fuera echarme una esportilla al hombro para sustentarte, que ya pudiera ser que tu padre, por no deshonrarse, gustara de tenerme por hijo; mas si tengo mujer, mal lo puedo hacer, y más que cada día hay aquí gente de mi tierra, que me conocen, y luego han de llevar allá las nuevas, y de todas maneras tengo de perecer.[231] Te he dicho[232] lo que importa; con esto, quédate a Dios, que yo me voy a poner al punto a caballo, para, en partiendo de Madrid, excusarme el peligro que me amenaza. Dicho esto, sin aguardar respuesta de la desdichada Laurela, sin obligarse de su lindeza, sin enternecerse de sus lágrimas, sin apiadarse de sus tiernos suspiros, sin dolerse del riesgo y desamparo[233] en que la dejaba, como civil y ruin, que quiso más la vida infame[234] que la muerte honrosa, pues muriendo a su lado cumplía con su obligación, la dejó tan desconsolada como se puede imaginar, vertiendo perlas[235] y pidiendo a Dios la enviase la muerte, y se fue donde hasta hoy no se sabe nuevas de él, si bien, piadosamente podemos creer que no le dejaría Dios sin castigo.

Dejemos a Laurela en la parte dicha, adonde la trajo su ingrato[236] amante, o donde se trajo[237] ella misma, por dejarse tan fácilmente engañar, implorando justicias contra el traidor, y temiendo las iras de su padre, sin saber qué hacer ni dónde irse. Y vamos a su casa, que hay bien qué contar en lo que pasaba en ella, que como fue a hora que el criado, que tenía a cargo ir a comprar lo necesario, se vistió, fue a tomar la llave (que siempre para este efecto, quedaba en la puerta por la parte de adentro porque no inquietasen a los señores que dormían) y no la halló, pensó que Estefanía, que era la que cerraba, la habría llevado, hubo de aguardar hasta que, ya las criadas vestidas, salieron a aliñar[238] la casa, y les dijo[239] fuesen a pedir la llave a Estefanía, de que enfadadas, como envidiosas de ver que ella lo mandaba todo. Después de haber murmurado un rato, como se acostumbra entre este género de gente, entraron a su aposento, y como no la hallaron, sino solos los vestidos sobre la cama, creyeron se habría ido a dormir con Laurela, de quien no se apartaba de noche, ni de día; mas como vieron que todas[240] reposaban, no se atrevieron a entrar, y volviéndose afuera, empezaron a decir bellezas sobre la curiosidad de quitar la llave. Y así estuvieron hasta que fue hora, que entrando en la cámara y abriendo las ventanas para que sus señoras despertasen, viendo las cortinas de la cama tiradas,[241] fueron, y abriéndolas, diciendo: "Estefanía, ¿dónde puso anoche la llave de la puerta?" Ni hallaron a Estefanía ni a Laurela, ni otra cosa, más del papel sobre las almohadas. Y viendo un caso como éste, dieron voces, a las cuales las hermanas, que estaban durmiendo con el descuido[242] que su inocencia pedía, despertaron despavoridas,[243] y sabido el caso saltaron de las camas y fueron a la de Laurela entendiendo era burla que les hacían las doncellas, y mirando, no sólo en ella, mas debajo y hasta los más pequeños dobleces,[244] creyendo en alguno las habían de hallar, con que desengañadas, tomaron el papel, que visto, decía el sobrescrito a su padre, llorando, viendo por esta seña, que no había que buscar a Laurela, se le fueron a llevar, contándole lo que pasaba, se le dieron, que por no ser cansada no refiero lo que decía, más de como he dicho: le contaba quién era Estefanía y la causa por que se había transformado de caballero en dama; cómo era don Esteban de Fei, caballero de Burgos, y como a su esposo le había dado posesión de su persona, y se iban hasta que se moderase la ira,[245] y otras cosas a este modo, parando en pedirle perdón, pues el yerro[246] sólo tocaba en la hacienda, que en la calidad no había ninguno.

La pena que don Bernardo sintió, leído el papel, no hay para qué ponderarla, mas era cuerdo[247] y tenía honor, y consideró que con voces[248] y sentimientos no se remediaba nada, antes era espantar la caza[249] para que no se viniese a su poder. Consideró esto en un instante, pareciéndole mejor modo para cogerlos y vengarse, el disimular, y así, entre enojado y risueño, viendo a D. Leonor y sus hijas deshacerse en llanto, las mandó callar y que no alborotasen[250] la casa, ni don Enrique entendiese el caso, hasta que con más acuerdo se le dijese, que para qué habían ellas de llorarle el gusto a Laurela,[251] que pues ella había escogido esposo, y le parecía que era mejor que el que le daba, que Dios la hiciese bien casada; que cuando quisiese venir a él, claro está que la había de recibir y amparar[252] como a hija. Con esta disimulación, pareciéndole que no se le encubrirían para darlas el merecido castigo, mandó a los criados que, pena de su indignación, no dijesen a nadie nada, y a su mujer e hijas, que callasen. Ya que no los excusó la pena, moderó[253] los llantos y escándalo, juzgando todos que, pues no mostraba rigor, que presto[254] se le pasaría el enojo, si tenía alguno, y los perdonaría y volvería a su casa, si bien su madre y hermanas, a lo sordo,[255] se deshacían en lágrimas, ponderando entre ellas las palabras y acciones de la engañosa Estefanía, advirtiendo entonces, lo que valiera más que hicieran antes.

Tenía don Bernardo una hermana casada, cuya casa era cerca de Santa María, y su marido oía todos los días misa en la dicha iglesia. Pues éste, como los demás días, llevado de su devoción entró casi a las once en ella, donde halló a Laurela, que aunque le vio y pudiera encubrirse, estaba tan desesperada y aborrecida de la vida que no lo quiso hacer, que como la vio tan lejos de su casa, sola, sin su madre ni hermanas, ni criada ninguna y, sobre todo, tan llorosa, le preguntó la causa, y ella, con el dolor de su desdicha, se la contó, pareciéndole que era imposible encubrirlo, supuesto que ya por el papel que había dejado a su padre, estaría público.

Algunos habrá que digan, fue ignorancia, mas bien mirado,[256] qué podía hacer, supuesto que su desdicha era tan sin remedio, porque como creyó que su atrevimiento no tenía de yerro más de casarse sin gusto de su padre, con esa seguridad se había declarado tanto en el papel, y así, en esta ocasión no le encubrió a su tío nada, antes le pidió su amparo. Y el que le dio fue que, diciéndole palabras bien pesadas,[257] la llevó a su casa y la entregó a su tía, diciéndole lo que pasaba, que aun con más rigor[258] que su marido la trató, poniendo en ella violentamente las manos, con que la desdichada Laurela, demás de sus penas, se halló bien desconsolada y afligida.[259] Fue el tío al punto en casa de su cuñado, dándole cuenta de lo que pasaba. Con esta segunda pena se renovó la primera en las que aún no tenían los ojos enjutos[260] de ella.

En fin por gusto de su padre, Laurela quedó en casa de su tía, hasta que se determinase lo que se debía hacer, y por ver si se podía coger al engañador, y los dos juntos contaron a don Enrique lo que había sucedido, del cual fue tan tierno el sentimiento, que fue milagro no perder la vida, además que les pidió, que pasasen adelante los conciertos[261] sin que sus padres supiesen lo que pasaba, que si Laurela había sido engañada, el mismo engaño le servía de disculpa, tan enamorado está don Enrique. A quien su padre respondió que no tratase[262] de eso, que ya Laurela no estaba más que para un convento.

Más de un año estuvo Laurela con sus tíos, sin ver a sus padres, ni hermanas, porque su padre no consintió[263] que la viesen, ni él, aunque iba algunas veces a casa de su hermana, no la veía, ni ella se atrevía a ponérsele delante, antes se escondía, temerosa de su indignación, pasando una triste y desconsolada vida, sin que hubiese persona que la viese, ni en ventana, ni en la calle, porque no salía si no era muy de mañana a misa, ni aun reír, ni cantar, como solía, hasta que, al cabo de este tiempo, un día de Nuestra Señora de Agosto, con su tía y criadas, madrugaron y se fueron a Nuestra Señora de Atocha, donde para ganar el jubileo[264] que en este día hay en aquella Santa Iglesia, confesaron y comulgaron; Laurela, con buena intención (quién lo duda), mas la cruel tía no sé cómo la llevaba, pues no ignoraba la sentencia que estaba dada contra Laurela, antes había sido uno de los jueces de ella. Mucho nos sufre Dios, y nosotros, por el mismo caso, le ofendemos más. Cruel mujer, por cierto, que ya que su marido y hermano eran cómplices en la muerte de la dama, ella, que la pudiera librar[265] llevándola a un convento, no lo hizo. Mas era tía, que es lo mismo que suegra, cuñada o madrastra.[266] Con esto lo he dicho todo.

Mientras ellas estaban en Atocha, entre el padre y el tío, por un aposento que servía de despensa,[267] donde no entraban sino a sacar lo necesario de ella, cuyas espaldas caían a la parte donde su tía tenía el estrado,[268] desencajaron todo el tabique, y lo pusieron[269] de modo que no se echase de ver. Venidas de Atocha, se sentaron en el estrado, pidiendo las diesen de almorzar, con mucho sosiego, y a la mitad del almuerzo, fingiendo la tía una necesidad precisa, se levantó y entró en otra cuadra[270] desviada de la sala, quedando Laurela y una doncella que había recibido para que la sirviese, bien descuidadas[271] de la desdicha que les estaba amenazando, y si bien pudieron salvar a la doncella, no lo hicieron, por hacer mejor su hecho. Pues apenas se apartó la tía, cuando los que estaban de la otra parte derribaron la pared sobre las dos, y saliéndose fuera cerraron la puerta, y el padre se fue a su casa y el tío dio la vuelta por otra parte, para venir a su tiempo a la suya.

Pues como la pared cayó y cogió [a] las pobres damas, a los gritos que dieron las desdichadas acudieron todas dando voces, las criadas con inocencia, mas la tía con malicia, al mismo tiempo que el tío entró con los vecinos que acudieron al golpe[272] y alboroto,[273] que hallando el fracaso y ponderando la desgracia, llamaron gente que apartase[274] la tierra y cascotes,[275] que no se pudo hacer tan aprisa que cuando surtió efecto,[276] hallaron a la sin ventura Laurela de todo punto muerta, porque la pared la había abierto la cabeza, y con la tierra se acabó de ahogar. La doncella[277] estaba viva, mas tan maltratada, que no duró más de dos días. La gente que acudió se lastimaba de tal desgracia, y su tía y tío la lloraban, por cumplir con todos; mas a una desdicha de Fortuna, ¿qué se podía hacer sino darles pésames y consolarlos? En fin, pasó por desgracia la que era malicia. Y aquella noche llevaron la mal lograda[278] hermosura a San Martín, donde tenía su padre entierro.

Fueron las nuevas a su padre, que no era necesario dárselas, que las recibió con severidad, y él mismo las llevó a su madre y hermanas, diciendo que ya la Fortuna había hecho de Laurela lo que él había de hacer en castigo de su atrevimiento, en cuyas palabras conocieron que no había sido acaso el suceso,[279] que los tiernos sentimientos que hacían, lastimaban a cuantos la miraban. Y para que su dolor fuese mayor, una criada de sus tíos de Laurela, que servía en la cocina y se quedó en casa cuando fueron a Atocha,

oyó los golpes que daban para desencajar la pared, en la despensa, y saliendo a ver qué era, acechó[280] por la llave y vio a su amo y cuñado que lo hacían y decían:

—Páguelo la traidora, que se dejó engañar y vencer, pues no hemos podido hallar al engañador para que lo pagaran juntos.

La moza, como oyó esto y sabía el caso de Laurela, luego vio que lo decían por ella, y con gran miedo, temiendo no la matasen porque lo había visto, sin hablar palabra se volvió a la cocina, ni menos, o no se atrevió, o no pudo avisar a Laurela, antes aquella misma noche, mientras se andaba previniendo[281] el entierro, cogió su hatillo[282] y se fue, sin atreverse a descubrir el caso a nadie. Y aguardando tiempo pudo hablar en secreto a la hermana mayor de Laurela y le contó lo que había visto y oído, y ella a su madre y a la otra hermana, que fue causa de que su sentimiento y dolor se renovase, que les duró mientras vivieron, sin poder jamás consolarse.

Las hermanas de Laurela entraron a pocos meses monjas, que no se pudo acabar con ellas se casasen, diciendo que su desdichada hermana las había dejado buen desengaño de lo que había que fiar de los hombres; y su madre, después que enviudó con ellas,[283] las cuales contaban este suceso como yo le he dicho, para que sirva a las damas de desengaño, para no fiarse de los bien fingidos engaños de los cautelosos[284] amantes que no les dura de voluntad más de hasta vencerlas.

—Dirán ahora los caballeros presentes, dijo la hermosa Lisis, viendo que Matilde había dado fin a su desengaño: ¡Cuántos males causamos nosotros! Y si bien hablaran irónicamente, dirán bien, pues en lo que acabamos de oír se prueba bastantemente la cautela con que se gobiernan con las desdichadas mujeres, no llevando la mira[285] a más que vencerlas, y luego darles el pago que dio don Esteban a Laurela, sin perdonar el engaño de transformarse en

Estefanía, y que hubiese en él perseverancia para que en tanto tiempo no se cansase de engañar, o no se redujese[286] a querer de veras, quien le vio tan enamorado, tan fino, tan celoso, tan firme, tan hecho Petrarca de Laurela como el mismo Petrarca de Laurela,[287] que no tuviera, entre tantas desdichadas y engañadas como en las edades pasadas y presentes ha habido y hay, como lo hemos ventilado[288] en nuestros desengaños, que había de ser Laurela la más dichosa de cuantas han nacido y que había de quitarnos a todos con su dicha, la acedia[289] de a tantas desdichas.

Ha[290] señores caballeros, no digo yo que todos seáis malos, mas que no sé cómo se ha de conocer el bueno, demás que yo no os culpo de otros vicios, que eso fuera disparate, sólo para con las mujeres no hallo con qué disculparos. Conocida cosa es, que habéis dado todos en este vicio, y hallaréis más transformaciones que Prometeo[291] por traer una mujer a vuestra voluntad.[292] Y si esto fuese para perseverar amándola y estimándola, no fuera culpable; mas para engañarla y deshonrarla, ¿qué disculpa habrá que lo sea? Vosotros hacéis a las mujeres malas, y os ponéis a mil riesgos, porque sean malas, y no miráis que si las quitáis el ser buenas, como queréis que lo sean, si inquietáis la casada, y ella persuadida de las finezas que hacéis, pues no son las mujeres mármoles, la derribáis y hacéis violar la fe que prometió a su esposo. ¿Cómo será ésta[293] buena? Diréis, siéndolo, que no se hallan ya a cada paso santas Teodoras Alejandrinas, que por sólo un yerro que cometió contra su esposo, hizo tantos años de penitencia. Antes hoy, en haciendo uno, procuran hacer otro, por ver si les sale mejor; que no le hicieran sino hubieran caído en el primero.

Déjase vencer la viuda honesta de vuestros ruegos. Responderéis: no se rinda. Que no hay mujeres Tórtolas,[294] que siempre lamentan el muerto esposo, ni Artemisas[295] que mueran llorándole sobre el sepulcro. ¿Cómo queréis que ésta sea buena, si la hicisteis mala y la enseñasteis a serlo? Veis la simple doncella, criada al abrigo de sus padres, y traéis ya el gusto tan desenfadado que no hacéis ascos de nada. Lo mismo es que sea doncella que no lo sea, dijeras linda, y desahogadamente cualquiera yerro por pesado, y fuerte que sea. La solicitáis, la regaláis, y aun, si estos tiros[296] no bastan, la amagáis[297] con casamiento. Cae, que no son las murallas de Babilonia que tan a costa labró Semiramis. La dais mal pago, faltando[298] lo que prometisteis, y lo peor es que faltáis a Dios, a quien habéis hecho la promesa. ¿Qué queréis que haga ésta? Proseguir con el oficio que la enseñasteis, si se libra del castigo a que está condenada si lo saben sus padres y deudos.

Luego cierto es, que vosotros las hacéis malas; y no sólo eso, mas decís que lo son. Pues ya que sois los hombres el instrumento de que lo sean, dejadlas, no las deshonréis, que sus delitos y el castigo de ellos a cuenta del cielo están,[299] mas no sé si vosotros os libraréis también de ellos, pues lo habéis causado, como se ve cada día en tantos como pagan con la vida. Pues lo cierto es, que a ninguno matan que no lo merezca, y si en la presente justicia no lo debía, de atrás tendría hecho por donde pagase; que como a Dios no hay nada encubierto, y son sus secretos tan incomprensibles, castiga cuando más es su voluntad, o quizá cansado, de que apenas salís de una cuando os entráis en otra.[300] Y es, que como no amáis de verdad en ninguna parte, para todas os halláis desembarazados.[301]

Oí preguntar una vez a un desembarazado de amor (porque aunque dicen que le tiene, es engaño, supuesto que en él la lealtad está tan achacosa como en todos) que de qué color es el amor. Y le respondí, que el que mis padres y abuelos, y las historias que son más antiguas dicen se usaba en otros tiempos, no tenía color, ni el verdadero amor le ha de tener, porque ni ha de tener el alegre carmesí, porque no ha de esperar el alegría de alcanzar; ni el negro, porque no se ha de entristecer de que no se alcance; ni el verde, porque ha de vivir sin esperanzas; ni el amarillo, porque no ha de tener desesperaciones; ni el pardo, porque no ha de darle nada de esto pena. Solas dos le competen, que es el blanco puro, cándido y casto, y el dorado, por la firmeza que en esto ha de tener. Este es el verdadero amor, el que no es delito tenerle ni merece castigo. Hay otro modo de amar; unos, que no manchan jamás la lealtad.[302] Este es el amor imitador de la pureza. Otro, que tal vez violado, arrepentido de haber quebrado la lealtad, vuelve por este mérito a granjear lugar en amor; mas no por puro, sino por continente.[303] El amor de ahora, que usáis, señores caballeros, tiene muchas colores, ya es rubio, ya pelinegro, ya moreno, ya blanco, ya casado, ya soltero, ya civil, ya mecánico y ya ilustre y alto. Y Dios os tenga de su mano; no le busquéis barbado, que andáis tan de mezcla, que ya no sabéis de qué color vestirle. Para conseguir esto, es fuerza que hagáis muchas mujeres malas, y ya muchas que lo son por desdicha, y no por accidente, ni gusto, y a éstas no es razón que las deis ese nombre, que si es culpa sin perdón dársele, aun a las más comunes. Pues el honrar a las mujeres comunes es deuda, ¿qué será en las que no lo son? Que entre tantos como hoy las vituperan,[304] y ultrajan, no se halle ninguno que las defienda, ¿puede ser mayor desdicha que ni aun los caballeros, que cuando los señalan por tales prometen la defensa de las mujeres, se dejen también llevar de la vulgaridad, sin mirar que faltan a lo mismo que son y la fe que prometieron? No hay más que ponderar, y que ya que las hacéis malas y estudiáis astucias[305] para que lo sean, ocasionando sus desdichas, deshonradas y muertas, ¿que gustéis de castigarlas con las obras y afrentarlas con las palabras? ¿Y que no os corráis[306] de que sea así? Decid bien de ellas, y ya os perdonaremos el mal que las hacéis. Esto es lo que os pido; que si lo miráis sin pasión, en favor vuestro es más que en el suyo;[307] y los más nobles más afectuosos, haréis que los que no lo son, por imitaros, hagan lo mismo. Y creed, que aunque os parece que hay muchas, hay muchas más inculpables,[308] y que no todas las que han sido muertas, violentamente lo debían, que si muchas padecen con causa, hay tantas más que no la[309] han dado, y si la dieron, fue por haber sido engañadas.

Más dijera Lisis, y aun creo, que no fuera mal escuchada, porque los nobles y cuerdos presto se sujetan a la razón, como se vio en esta ocasión, que están los caballeros tan colgados de[310] sus palabras, que no hubo ahí tal que quisiese ni contradecirla, ni estorbarla. Mas viendo la linda D. Isabel que era tarde y faltaban dos desengaños para dar fin a la noche, y también que D. Luisa se prevenía[311] para dar principio al que le tocaba, haciendo señas a los músicos, cantó así:

Si amados pagan mal los hombres, Gila,

dime qué harán si son aborrecidos,
Si no se obligan cuando son queridos,
¿por qué tu lengua su traición perfila?

Su pecho es una Caravis[312] y una Escila[313]

donde nuestros deseos van perdidos,
no te engañen, que no han de ser creídos
cuando su boca más dulzor destila.

Si la que adoran tienen hoy consigo,

que mejor es llamarla la engañada,
pues engañada está quien de ellos fía.

A la que encuentran, como soy testigo,

dentro de un hora dicen que es la amada;
conclúyase con esto tu porfía.

Su cruel tiranía,

huir pienso animosa;
no he de ser de sus giros mariposa.

En sólo un hombre creo,

cuya verdad estimo por empleo.
Y éste no está en la tierra,
porque es un hombre Dios, que el cielo encierra.

Éste sí que no engaña,

éste es hermoso y sabio,
y que jamás hizo a ninguna agravio.

Preguntas de comprensión.

1. ¿Quién es la narradora de *Amar sólo por vencer*?
2. ¿Qué opinión tiene la narradora de los hombres?
3. Explique las palabras de la narradora al final de su introducción: "[. . .] luego bien prevenida está la posta, y bien dispuesto el traer puestas las espuelas, y con todo eso no he de morir de miedo. Ya estoy en este asiento: desengañar tengo a todas y guardarme de no ser engañada."
4. ¿Qué información se nos ofrece de Laurela? ¿y de Esteban?
5. ¿Qué aspecto de Estefanía enamoró a Laurela?
6. ¿Qué reacción provoca entre las mujeres de la casa la primera declaración de amor de Estefanía?
7. ¿Por qué contrató don Bernardo a Estefanía?
8. ¿Cómo reacciona don Bernardo cuando su esposa le dice que la nueva criada está enamorada de su hija?
9. ¿Qué experiencia tuvo Estefanía en esta casa que pudo haberle ayudado a entender la situación de la mujer en la sociedad?
10. La segunda declaración de amor de Estefanía provoca un interesante y largo debate. Explique los temas sobre los que hablan.
11. ¿Qué necesitan hacer las criadas para poder entender el amor de Estefanía por Laurela?
12. ¿Qué noticia cambia el desarrollo de la historia?
13. ¿Cómo manipula Esteban a Laurela?
14. Explique el dilema que tiene desvelada a Laurela después de escuchar a Esteban y la conclusión a la que la joven llega.
15. ¿Cuánto tiempo estuvo Laurela enferma y qué ocurrió durante este tiempo?
16. Después de escaparse los amantes de casa de don Bernardo y de consumar su relación, Esteban le revela a Laurela quién es él en realidad. ¿Qué explicaciones da el joven para justificar su engaño?
17. ¿Por qué es importante la carta que Laurela le escribió a su padre?
18. Explique la reacción de don Bernardo.
19. ¿Quién localizó a la hija de don Bernardo y dónde? ¿Cómo reaccionaron los parientes a la historia de Laurela?
20. ¿Quiénes y cómo se planeó el castigo de Laurela?
21. ¿Hubo algún testigo del asesinato de Laurela y la criada? ¿Por qué es importante el punto de vista de este personaje?
22. ¿Por qué decidieron sus hermanas y su madre entrar en un convento?

Preguntas de debate.

1. Identifique las intervenciones de la autora en la novela. ¿Por qué cree que la autora considera necesario incluir su propia voz?
2. En dos ocasiones la narradora comenta sobre los criados. ¿Cree que la opinión que tiene de ellos es válida?
3. Basándose en el texto, ¿estaba Laurela enamorada de Esteban o de Estefanía? ¿Por qué se equivocó perdonando y aceptando a Esteban?
4. Identifique y explique el punto culminante (*climax*) de la novela.

Temas para escribir.

1 Explique qué tipo de narradora tenemos en esta novela. A continuación identifique las intervenciones de ésta que sirven para dirigir la atención de los lectores y las intervenciones en las que ofrece su opinión sobre el comportamiento de los personajes. Explique si sus intervenciones son pertinentes y relevantes y por qué Zayas consideró necesario incluirlas.

2 Una vez Matilde termina de narrar su novela, Lisis (la joven que organiza el sarao) hace un alegato en defensa de la mujer.

    a   Explique con sus propias palabras su intervención.
    b   ¿Cree que hoy en día es necesario defender a la mujer en nuestra sociedad?
    c   Ponga atención al estilo y retórica empleada por Lisis y escriba un discurso en defensa de la mujer (incluya una introducción, un argumento y una conclusión convincente) que sea relevante para la mujer occidental del siglo XXI.

3 ¿Cómo ejemplifica el personaje de Esteban/Estefanía la siguiente definición de "género" de Judith Butler? ¿Cuestiona Zayas con este personaje el comportamiento genérico establecido y aceptado como normal?: "In what sense, then, is gender an act? As in other ritual social dramas, the action of gender requires a performance that is repeated. This repetition is at once a reenactment and reexperiencing of a set of meanings already socially established; and it is the mundane and ritualized form of their legitimation. Although there are individual bodies that enact these significations by becoming stylized into gendered modes, this 'action' is a public action. There are temporal and collective dimensions to these actions, and their public character is not inconsequential; indeed, the performance is effected with the strategic aim of maintaining gender within its binary frame – an aim that cannot be attributed to a subject, but, rather, must be understood to found and consolidate the subject." (140)

4 Lea los debates que se tienen en la casa sobre el amor entre mujeres. Analice el razonamiento de Estefanía y explique si hay algún aspecto problemático en la defensa que realiza sobre este tipo de relaciones.

5 El orden patriarcal al final se impone con severidad. Basándose en el texto, explique si *Amar sólo por vencer* es o no una novela subversiva.

6 Mercedes Maroto Camino indica que Zayas fue la primera intelectual que señaló la violencia contra la mujer como un grave problema que se extendía a todos los niveles de la sociedad y un síntoma producto de una "misoginia institucionalizada." ¿Está de acuerdo con Maroto Camino? Y ¿piensa que esta idea tiene validez hoy en día? Razone su respuesta.

Documentales relacionado con el tema.

Mujeres de la historia: "María de Zayas. Una mujer sin rostro." www.rtve.es/alacarta/videos/mujeres-en-la-historia/mujeres-historia-maria-zayas-mujer-sin-rostro-sxviii/821216/

Notas

1 Las mismas palabras de la autora en su "Al que leyere" de *Novelas amorosas y ejemplares* indican que ésta era consciente de su popularidad: "Lector cruel o benigno [. . .] este libro te ofrece un claro ingenio de nuestra nación, un portento de nuestras edades, una admiración de estos siglos y un pasmo de los vivientes."

2 Proclamar que lo que se narra es "verdad" es normal entre los escritores del pasado y del presente y tiene la función de "reforzar la ilusión realista del lector, tratando de hacerle olvidar de este modo la presencia ubicua del escritor que, entre bastidores, no deja de mover y cruzar los diferentes hilos de la trama" (Goytisolo 67).
3 "[. . .] porque si de esta materia que nos componemos los hombres y las mujeres, ya sea una trabazón de fuego y barro, o ya una mas de espíritus y terrones, no tiene más nobleza en ellos que en nosotras, si es una misma la sangre, los sentidos, las potencias y los órganos por donde se obran sus efectos son unos mismos, las mismas almas porque las almas ni son hombres ni mujeres: ¿qué razón hay para que ellos sean sabios y presuman que nosotras no podemos serlo?"
4 Modernizo la edición de Joseph Texidò de 1705 que se encuentra en la Biblioteca Nacional de España.
5 Narradora de "Amar sólo por vencer."
6 "referir su desengaño": narrar su novela.
7 De "lucirse." En forma reflexiva significa "brillar" o "sobresalir."
8 "los": pronombre objeto directo, se refiere a los desengaños narrados por otras narradoras.
9 Sobresalientes.
10 Gracia.
11 Sabios.
12 La milicia a la centinela que se pone de noche (D.A.).
13 "Espuelas calzadas": espuelas puestas. Las espuelas son un trozo de metal en forma de estrella que se ajusta al tacón de la bota para picar el caballo.
14 Expulsar.
15 Situación.
16 Despreciados, injuriados, ofendidos.
17 Cultivar, ganar (RAE).
18 "ella": se refiere a la naturaleza.
19 Robaron.
20 Confiar.
21 "Las": pronombre objeto directo. Se refiere a las mujeres.
22 Rigurosamente significa el derecho de suceder el primogénito en los bienes, que se dejan con la calidad de que se hayan de conservar perpetuamente en alguna familia (D.A.). En este contexto, el "mayorazgo" que heredan todos los hombres es la habilidad de engañar.
23 "La buena": la mujer buena.
24 Placeres.
25 "se les ha conseguido": se les (a las mujeres) ha dado.
26 Hostilidad.
27 "de palabra": verbalmente.
28 Sustancia venenosa. Aquí se emplea metafóricamente para referirse al sentimiento que va a producir el desengaño de Matilde. Explica Moliner que este sentimiento puede afectar gravemente el espíritu.
29 Cuidarme.
30 "y escritores que se pudren de que otros los escriban": escritores a los que les molesta que otros escriban.
31 "Levantadísimo": "elevado, sublime" (RAE).
32 "Atropello": agravio.
33 Considera a Madrid protectora de todas las naciones.
34 Madre.
35 Apartarse (de Madrid).
36 Lugar donde se encuentran todas las grandezas del mundo.
37 La tercera hija.
38 Desocupada.
39 "Espíritu miembro del coro celestial y primera jerarquía de espíritus que contempla directamente a Dios. También se refiere a una persona muy bella" (RAE).
40 Desgracia.
41 Pobre y sin oficio.
42 Inf. "encubrir." Esconder.
43 "caballero de hábito": miembro de la Iglesia.

44 Inf. "asestar." Descargar.
45 "que faltaba la asistencia de su dueño": no cumplía con las obligaciones que tenía con su señor.
46 Metáfora para referir al cuerpo de don Esteban.
47 "La": pronombre objeto directo que se refiere a la calle.
48 "Ocasión, tiempo oportuno o coyuntura" (D.A.).
49 Pasar la noche sin dormir.
50 "A posta": a propósito.
51 "Él": se refiere al tiempo.
52 "Admirada, perpleja" (RAE).
53 "Descuidado descuido": cuidaba muy mal de los criados.
54 Acciones arriesgadas.
55 Esteban finge no estar muy interesado.
56 Mujer a la que corteja.
57 "Encontrarse": en forma reflexiva significa tener problemas, conflictos.
58 "de balde": gratis.
59 Gallardía.
60 "Tocar un instrumento musical de percusión o cuerda" (RAE).
61 Mucho.
62 Poemas.
63 Dar forma a los metales empleando calor. Aquí se emplea metafóricamente para indicar que Esteban pensó en una solución a su problema.
64 "cabelleras postizas": peluca.
65 Pelo largo.
66 Tipo de cuchillo.
67 Inf. desmentir: delatar.
68 "Adorno hecho de cartón forrado de tafetán u otra tela negra, que circundaba el cuello, y sobre el cual se ponía una valona de gasa u otra tela blanca engomada o almidonada, usado antiguamente por los ministros togados y demás curiales" (RAE).
69 Arregló.
70 El vestido de Esteban no era bonito ni le favorecía.
71 "Recibir": admitir (D.A.).
72 Hablar mal a espaldas de alguien.
73 Mantienen.
74 Persona que sabe tocar música.
75 Actividad, profesión.
76 Debilidad, falta, infracción. Tiene connotación sexual.
77 Despectivo. Jornal, dinero que gana una persona después de un día de trabajo.
78 "Hablar aparentando sinceridad" (RAE).
79 Pronombre objeto directo; se refiere a la criada que la familia despidió.
80 Arcaísmo, ¡ah!
81 Inf. "mediar." Interceder.
82 "Amartelado": "el que quiere y ama mucho al otro" (D.A.).
83 "La": pronombre objeto directo; se refiere a Esteban ahora vestido de (y transformado en) mujer.
84 Se adopta la transcripción de Yllera. En el manuscrito de 1705 aparece: "como quien era tan llevada de ella, y las demás. No desagradó, que luego mandaron que entrase [. . .]."
85 Sus preferencias, sus gustos.
86 Permiso, autorización.
87 Energía.
88 Facilidad con la que inventaba versos y tocaba instrumentos musicales.
89 "Amor de calidad": el que hay entre hombre y mujer y es bueno porque da hijos.
90 Tratamiento que empleaban personas de clase social alta.
91 La escritora critica el empleo abusivo del título de "don."
92 "El aumento, mejora, adelantamiento o progreso de alguna cosa" (D.A.).
93 Falda muy ancha que hacía posible que la mujer escondiera su embarazo.
94 Suela de cuero que se ataba al tobillo (RAE).
95 Pronombre objeto directo. Se refiere a la edad (de plata).
96 Se refiere ahora a la edad (de alambre).

97 Planes (RAE).
 98 "Embuste inventado para enredar" (RAE).
 99 En el texto: "gavallo."
100 Felicidad.
101 Lado de la cara.
102 Regalos, beneficios.
103 Amar y desear sexualmente.
104 "se hallaba": se encontraba, estaba.
105 En texto: "vencido has."
106 Arreglarme.
107 Cuarto.
108 Separado.
109 Metáfora. Se refiere al primer bello facial del adolescente Esteban.
110 Vestido.
111 "que aunque hasta entonces no le habían apuntado": a Bernardo todavía no le había salido barba.
112 Pronombre objeto indirecto. Se refiere a Estefanía.
113 Inf. "ponderar." Examinar, pensar, valorar.
114 Inf. "rehusar." No negarse.
115 Rapidez.
116 "Aurora aljofarada": amanecer adornado.
117 Metáfora. "Feudo" es el impuesto que un vasallo le paga a su señor o señora feudal.
118 Metáfora. "Tributo" es el dinero que todo ciudadano está obligado a pagar.
119 Leísmo: "lo [el soneto] hizo."
120 Inf. "soltar." Declarar, decir.
121 "El punto": el momento.
122 Puros.
123 Ver Génesis 29. Se refiere al encuentro emocionado entre Jacobo y su prima Raquel en Harán.
124 Necesita.
125 Verdades.
126 Encontrar.
127 "Extremos": excesos (D.A.).
128 Rechazos.
129 Cara.
130 Ansiedades.
131 Penas.
132 Enfadada, enojada.
133 Se refiere a don Bernardo.
134 "era doncella": era virgen.
135 "Maraña": hilos enredados. Metáfora para referirse a la confusión.
136 "la había pedido a su padre": la había pedido en matrimonio.
137 "Acomodar": "arreglar y concertar alguna cosa" (D.A.). En este contexto: dar en matrimonio.
138 Perder la razón.
139 "no era muy cursada en aquel ejercicio": no sabía bordar.
140 Disgustada.
141 Participio pasado de "sazonar": aliñar: "Vale también poner las cosas en el punto y madurez que deben tener: y así se dice, que el Sol sazona los frutos: y por translación se dice también de las cosas del ánimo" (D.A.).
142 Inf. "desdecir." Retraerse, negar lo dicho anteriormente.
143 Cosas poco acertadas.
144 Enfadadísima.
145 Tan rápido.
146 En el texto de la edición de Texidò: "Indimión." Se adopta la transcripción de Yllera: "[...] pastor de gran belleza de quien se enamora Selene (la luna) [...]" (311).
147 "Concierto": "ajuste, pacto, convenio" (D.A.).
148 Camino estrecho.
149 "Destreza o habilidad en cualquier arte" (D.A.).
150 Inf. "poseer." En este contexto significa poseer sexualmente.

151 Comida deliciosa. La narradora habla metafóricamente.
152 Aburrir o molestar (Moliner).
153 Sin premio.
154 "le piden": (los hombres) piden gozar de la dama.
155 En edición Texidò: "hará." Se emplea la transcripción de Yllera, "será."
156 "no las pueden alcanzar": (los hombres) no pueden gozar de ellas.
157 Con indigestión en el estómago por haber comido con exceso, particularmente cosas groseras e indigestas (D.A.).
158 "porque las han menester": porque tienen necesidad.
159 "no admitirlos": no rendirse a la insistencia de los hombres.
160 Adjetivo de "desdeñar": despreciar.
161 Sin recato (Moliner).
162 "Plubiera a Dios": "Pluguiera a Dios": arcaísmo, "placiera a Dios" (D.P.D.).
163 "Chacota": "bulla y alegría llena de risa, chanzas, voces y carcajadas, con que se celebra algún festejo, o se divierte alguna conversación" (D.A.).
164 En la edición de Texidò: "hacer." Se emplea la transcripción de Yllera, "nacer."
165 Locamente enamorado.
166 En las faldas.
167 En este contexto, sospechas infundada de algo desagradable (Moliner).
168 "Pretexto, motivo o razón aparente para ejecutar una cosa" (D.A.).
169 Laísmo.
170 ¿Cómo te perjudica . . .?
171 Estado de casada.
172 Los exagerados lamentos, llantos, desmayos.
173 Transportada.
174 Inf. "osar." Atreverse.
175 Engaños.
176 "Las veras": las verdades.
177 Inf. "determinarse." Decidirse.
178 Libre albedrío.
179 Pensar detenidamente, examinar.
180 Confusión.
181 En el texto aparece "así."
182 Ofensas.
183 Débiles.
184 "viéndola tan rematada": viendo que estaba perdiendo la razón o a punto de volverse loca.
185 Nerviosa, intranquila.
186 Detenerse, antes de hacer cierta cosa, considerando las dificultades, los inconvenientes, etc. de ella (D.A.).
187 Producir.
188 En don Enrique.
189 Complicado.
190 "Tocantes a": respecto a, relacionadas con.
191 Pensando.
192 Ladrón.
193 Tranquilidad.
194 "dorado arpón": hace referencia a las flechas de Cupido.
195 "que ya cuantos inconvenientes hallaba antes de amar las miraba facilidades": donde antes veía inconvenientes (dificultades), ahora encuentra facilidades.
196 "Ya le pesara": ya le hiciera daño emocionalmente.
197 Oía.
198 Noticias.
199 Fiebre.
200 "Abrir la vena y dejar salir la sangre, que conviene a la necesidad, para lo que se aplica este medicamento" (D.A.).
201 "que ya cierta": que ya segura.
202 "Ruina o daño grave en lo temporal o espiritual" (RAE).

203 Apurado, en un aprieto (Moliner).
204 La matara.
205 Se preparaba.
206 "Los conciertos, condiciones y pactos, que se dan por escrito para convenir unos con otros, especialmente en casamientos" (Covarrubias).
207 "Los mandatos que se dan y publican antes de desposarse los que han tratado casamiento en sí, y también las tales diligencias que se hacen para el que ha de tomar orden sacro" (Covarrubias).
208 Impedirlo.
209 Inf. "trocar." Cambiar.
210 "puestos en cobro": puestos a salvo.
211 Buscarían.
212 "con licencia": con permiso.
213 Su madre.
214 Muchacho.
215 *Esta bien alhajado uno* es "tener su casa bien aderezada y adornada de todo lo perteneciente a ella" (Covarrubias).
216 Embuste, fingimiento, mentira disfrazada con razones aparentes (D.A.).
217 Vivir.
218 Desgraciada.
219 Acción arriesgada.
220 "Empezó a reír la mañana": empezó a amanecer.
221 Acción.
222 "sin más acuerdo": sin más razón.
223 "mas ya lo ven": mas ya lo saben.
224 Obligación.
225 Engaño.
226 "y trocando la seda en sayal": Esteban habla metafóricamente. Cambiando la riqueza por la pobreza.
227 En el texto se emplea la forma del presente de subjuntivo, "puedas."
228 Abandonarte.
229 Parientes (D.A.).
230 Provocar compasión.
231 En la edición de Texidò: "parecer." Se adopta la transcripción de Yllera, "perecer": morir.
232 En la edición de Texidò "Dicho te he."
233 Sin protección.
234 Sin honra.
235 Metáfora, lágrimas.
236 Desagradecido.
237 Se llevó ella misma.
238 Limpiar.
239 En la edición de Texidò: "dícholes" sin el verbo auxiliar "había."
240 Todas las hermanas.
241 Cerradas.
242 En la edición de Texidò: "que durmiendo con el descuido que su inocencia pedía, estaban, despertaron despavoridas."
243 Asustadas.
244 Pliegues. Aquí se emplea metafóricamente para indicar que buscaron por todos lados de la cama.
245 Furia.
246 Falta, delito.
247 "Mas era cuerdo": tenía juicio, tenía la capacidad de razonar.
248 Gritos.
249 Pieza de caza. Se refiere con este término a su hija. Don Bernardo no quiere que ella tenga conocimiento del enfado que le ha causado, para que no se asuste y regrese a casa.
250 Inf. "alborotar." Perturbar.
251 "que para qué habían ellas de llorarle el gusto a Laurela": para qué llorar por Laurela.
252 Cuidar.
253 Controló.

254 Con rapidez.
255 "a lo sordo": en silencio.
256 "Mas bien mirado": mas bien pensado.
257 "Diciéndole palabras bien pesadas": regañándole en extremo.
258 En la edición de Texidò: "riguridad."
259 Angustiada, atormentada.
260 "Enjuto": "Lo que está seco y sin humedad" (Covarrubias).
261 "Conciertos": "Acuerdo. Cosa concertada" (Moliner).
262 Llegar a un acuerdo con otra persona.
263 "no consintió": no permitió.
264 "Rigurosamente significa la solemnidad y ceremonia Eclesiástica, con que el papa publica la concesión que hace de gracias e indulgencias, a la Iglesia universal. La cual al principio se hacía de cien en cien años: después se redujo a cincuenta, y últimamente a veinticinco" (D.A.).
265 Salvar.
266 O sea, parientes políticos.
267 Cuarto pequeño de la casa donde se almacena comida.
268 Era el espacio donde las mujeres se sentaban sobre cojines.
269 En la edición de Texidò: "puéstolo."
270 La pieza de la casa que está más adentro de la sala, y por la forma que tiene, cuadrada, se llama cuadra (Covarrubias).
271 Sin saber.
272 Al momento.
273 Escándalo.
274 Inf. "apartar." Quitarse, retirarse.
275 Trozos, pedazos.
276 Surtió efecto": expresión. Hizo efecto.
277 Se refiere a la criada.
278 "la mal lograda": la fallecida Laurela.
279 "que no había sido acaso el suceso": que no había sido un accidente.
280 Inf. "acechar." Espiar.
281 Preparando.
282 Lío de ropa pequeño (Moliner).
283 La madre, tras la muerte de su esposo, entró en el convento con sus hijas.
284 Poner medios para lograr un objetivo o para evitar un peligro. El adjetivo "cauteloso" describe a los caballeros como personas que ponen gran cuidado en la preparación de sus engaños.
285 En la edición de Texidò: "no llenando la mira a mas que a vencerlas." Por el contexto, debe ser "llevando la mira." En Moliner, se explica "llevar la mira": "Intención u objetivo en el que alguien piensa al hacer una cosa."
286 Inf. "reducir," rendirse.
287 Laurela: Laura.
288 Hecho público.
289 Acidez. Metafóricamente: desazón, disgusto (D.A.).
290 ¡Ah!
291 Yllera explica que es Zeus a quien se le conocen transformaciones para sus conquistas amorosas (332).
292 "por traer una mujer a vuestra voluntad": por dominar, controlar a una mujer.
293 En el texto: "éste."
294 Ave. "Símbolo de mujer viuda que, muerto su marido, no se vuelve a casar y guarda castidad" (Covarrubias).
295 Artemisa: diosa romana que permaneció virgen (*Diccionario de mitología griega y romana*, Pierre Grimal 53).
296 "Tiros": metáfora. Intentos.
297 Inf. "amagar." En este contexto, proponer falsamente.
298 Inf. "faltar." Incumplir.
299 "a cuenta del cielo están": Dios las juzgará.
300 Lisis comenta que quizás Dios esté cansado de que los hombres cometan una maldad tras otra.
301 Participio pasado de "desembarazar." Falto de amor.
302 Fidelidad.

303 Moderado (Moliner).
304 Inf. "vituperar." "Decir mal de una cosa, notándola de viciosa o indigna" (D.A.).
305 Engaños.
306 Inf. "correr." Burlar, confundir, avergonzar (D.A.).
307 Lisis invita a los hombres a hablar bien de las mujeres porque más le va a beneficiar a ellos que a ellas.
308 Inocentes.
309 En la edición de Texidò: "lo."
310 "Colgados de": ensimismados con.
311 Preparaba.
312 Yllera transcribe "Carabdis": hija de la Tierra y Poseidón. Devoró los animales de Heracles y Zeus la convirtió en un monstruo marino (Grimal).
313 Escila: se enamoró de Minos, extranjero que tomó su tierra, y traicionó a su padre. Minos, horrorizado por lo que hizo, le dio muerte. Los dioses se apiadaron y la convirtieron en ave (Grimal).

Obras citadas y lecturas recomendadas

Blanqué, Andrea. "María de Zayas o la versión de 'las noveleras.'" *Nueva Revisa de Filología Hispánica*, vol. 39, núm. 2, 1991, pp. 921–50.
Brownlee, Marina S. *The Cultural Labyrinth of María de Zayas*. U of Pennsylvania P, 2000.
Butler, Judith. *Gender Trouble*. Routledge, 1990.
Caballé, Anna, directora. *La vida escrita por mujeres I. Por mi alma os digo. De la Edad Media a la Ilustración*. Círculo de lectores, 2003.
Clamurro, William. "Ideological contradiction and imperial decline. Toward a Reading of Zayas's *Desengaños amorosos*." *South Central Review*, vol. 5, núm. 2, 1988, pp. 43–50.
Cocozella, Peter. "María de Zayas y Sotomayor: Writer of the Baroque Novela Ejemplar." *Women Writers of the Seventeenth Century*, editado por Katharina M. Wilson y Frank J. Warnke, U of Georgia P, 1989, pp. 189–227.
Costa-Pascal, Anne-Gaëlle. "La escritura femenina de María de Zayas: Entre subversión y tradición literaria." *Actas del XVI Congreso de la Asociación Internacional de Hispanistas, 9–11 de julio, 2007, Paris*, editado por Pierre Civil y Françoise Crémoux, Juan de la Cuesta, 2007.
Crompton, Louis. "The Myth of Lesbian Impunity: Capital Laws from 1270 to 1791." *Journal of Homosexuality*, vol. 6, núm. 1–2, 1981, pp. 11–25.
El Saffar, Ruth. "Ana/Lysis and Zayas: Reflections on Courtship and Literary Women in the Novelas amorosas y ejemplares." *María de Zayas: The Dynamics of Discourse*, editado por Amy Williamsen y Judith Whitenack, Fairleigh Dickinson University Press 1995, pp. 192–218.
Foa, Sandra. *Feminismo y forma narrativa: Estudio del tema y las técnicas de María de Zayas y Sotomayor*. Albatros Hispanofilia, 1979.
Garber, Marjorie. *Vested Interest. Cross-Dressing and Cultural Anxiety*. Routledge, 1997.
García Gavilán, Inmaculada. "El cuerpo femenino como metáfora en *Amar sólo por vencer*." *Estudios humanísticos. Filología*, núm. 23, 2001, pp. 279–92.
Gorfkle, Laura. "Re-constructing the Feminine in *Amar sólo por vencer*." *The Dynamics of Discourse*, editado por Amy R. Williamsen y Judith Whitenack, Fairleigh Dickinson UP, 1995, pp. 75–89.
Gossy, Mary. "Skirting the Question: Lesbians and María de Zayas." *Hispanisms and Homosexuality*, editado por Sylvia Molloy y Robert McKee Irwin, Duke UP, 1998, pp. 19–28.
Goytisolo, Juan. "El mundo erótico de María de Zayas." *Disidencias*, 1977, pp. 63–115.
Greer, Margaret R. *María de Zayas: Tells Baroque Tales of Love and the Cruelty of Men*. The Pennsylvania State UP, 2000.
Griswold, S.C. "Topoi and Rhetorical Distance: The 'Feminism' of María de Zayas." *Revista de Estudios Hispánicos*, 14.2 (May 1980): pp. 97–116.
Gutiérrez, Carlos. "The Challenges of Freedom. Social Reflexibility in the 17th Century." *Hispanic Baroque: Reading Cultures in Context*, editado por Nicholas Spadaccini y Luis Martín-Estudillo, Vanderbilt University Press, 2005 pp. 137–61.

Heiple. "Protofeminist reactions to Huarte's misogyny in Lope de Vega's La prueba de los ingenios and María de Zayas's Novelas amorosas y ejemplares." *Gender, Identity and Representation in Spain Golden Age*, editado por Anita K. Stoll y Dawn L. Smith, Bucknell University Press pp. 121–34.

Howard, Jane. "Cross-dressing the Theatre and Gender Struggle in Early Modern England." *Shakespeare Quarterly*, vol. 39, núm. 4, 1988, pp. 518–540.

Howe, Elizabeth Teresa. *Education and Women in the Early Modern Hispanic World*. Ashgate Pub. Co., 2008.

Jehenson, Yvonne y Marcia Welles. "María de Zayas's Wounded Women: A Semiotic of Violence." *Gender, Identity and Representation in Spain's Golden Age*, editado por Anita Stoll y Dawn Smith, Bucknell UP, 2000, pp. 178–202.

Jordan, Constance. *Renaissance feminism. Literary Text and Political Models*. Cornell UP, 1990.

Kahiluoto Rudat, Eva. "El Feminismo Barroco de María de Zayas y Sotomayor." *Letras femeninas*, vol. 1, núm. 1, 1975, pp. 27–43.

Kaminsky, Amy. "Dress and Redress: Clothing in the *Desengaños amorosos* of María de Zayas y Sotomayor." *Romanic Review*, vol. 79, núm. 2, 1988, pp. 377–91.

———. "Zayas and the Invention of Women Writing Community." *Revista de Estudios Hispánicos*, vol. 35, 2001, pp. 487–88.

Kelly, Joan. "Early Feminist Theory and the Querelle des Femmes. 1400–1789." *Signs*, vol. 8, núm. 1, 1982, pp. 4–28.

Lerner, Gerda. *The Creation of Feminist Consciousness. From the Middle Ages to 1870*. Oxford UP, 1994.

Maravall, José Antonio. *La cultura del Barroco*. Editorial Ariel, 1975.

Maroto Camino, Mercedes. "Spindles for Swords: The Re/Discovery of María de Zayas's Presence." *Hispanic Review*, vol. 62, núm. 4, 1994, pp. 519–36.

———. "María de Zayas and Ana Caro: The Space of Woman's Solidarity in the Spanish Golden Age." *Hispanic Review*, vol. 67, núm. 1, 1999, pp. 1–16.

Martínez Arrizabalaga, María Victoria. "Rasgos de la escritura de mujer de María de Zayas." *Actas del IV Congreso virtual sobre Historia de las Mujeres, 15–31 de octubre del 2012*, editado por Manuel Cabrera Espinosa y Juan Antonio López Cordero, Archivo Histórico Diocesano de Jaén, 2012.

Merrim, Stephanie. *Early Modern Women's Writing and Sor Juana Inés de la Cruz*. Vanderbilt UP, 1999.

Milanesio, Adriana Cecilia. "La literatura como herramientas para hacerse oír: Dos voces femeninas del 1600: Sor Juana y María de Zayas." *Actas del V Congreso Virtual sobre Historia de las Mujeres, 15–31 de octubre, 2013*, editado por Manuel Cabrera Espinosa y Juan Antonio López Cordero, Archivo Histórico Diocesano de Jaén, 2013.

Montesa Peydró, Salvador. *Texto y contexto en la narrativa de María de Zayas*. Dirección General de la Juventud y Promoción Sociocultural, 1981.

Mújica, Bárbara. *Women Writers of Early Modern Spain*. Yale UP, 2004.

Ordóñez, Elizabeth. "Women and Her Text in the Works of María de Zayas." *Revista de Estudios Hispánicos*, vol. 19, núm. 1, 2006 pp. 3–15.

Ozmen. "Deseo y autoridad: La tensión de la autoría en Zayas." *Criticón*, vol. 128, 2016, pp. 37–51.

Parrilla, Osvaldo. "Comparación y contraste del erotismo en la ficción breve de María de Zayas y Sotomayor y Carmen Riera." Texas Tech University, tesis doctoral, 1999.

Paun de García, Susan. "Zayas's Ideal of the Masculine: Clothes Make the Man." *Women in the Discourse of Early Modern Spain*, editado por Joan Cammarata, UP of Florida, 2003 pp. 253–71.

Prieto, Char. "María de Zayas o la forja de la novela de autora en los albores del nuevo milenio." *Memoria de la palabra. Actas del VI Congreso de la Asociación Internacional de Siglo de Oro, 15–19 de julio, 2002, Burgos – La Rioja*, vol. 2, coordinado por Francisco Rodríguez Matito y María Luisa Lobato López, Iberoamericana 2004, pp. 1477–1484.

Profeti, María Grazia. "Mujer y escritura en la España del Siglo de Oro." *Breve historia feminista de la literatura española (en lengua castellana)*, coordinado por Iris Závala, Anthropos 1993, pp. 235–84.

Quintana, Benito. "La poesía de los *Desengaños amorosos* de María de Zayas y su función unificadora en el marco narrativo." *Etiópicas* vol. 7, 2011, pp. 105–19.

Roca Franquesa, José María. "Ideología feminista en doña María de Zayas." *Archivum: Revista de la Facultad de Filología*, vol. 26, 1976, pp. 293–311.

Rodríguez Mancilla, Fernando. "*Amar sólo por vencer*: la 'picaresca' de María de Zayas." *Acta poética*, vol. 37, núm. 1, enero-junio 2016, pp. 79–98.

Romero Díaz, Nieves. "Revisiting the Culture of the Baroque. Nobility, City and Post-Cervantine Novella." *Hispanic Baroque. Hispanic Baroque: Reading Cultures in Context*, editado por Nicholas Spadaccini y Luis Martín-Estudillo, Vanderbilt University Press 2005, pp. 162–86.

Serrano y Sanz, Manuel. *Apuntes para una biblioteca de escritoras españolas*, vol. II, Establecimiento Tipolitográfico, 1903–1905, pp. 583–89.

Smith, Paul Julian. "Writing Women in Golden Age Spain: Saint Teresa and María de Zayas." *MLN*, vol. 102, núm. 2, Hispanic Issue, 1987, pp. 220–40.

———. *The Body Hispanic*. Clarendon Press, 1989.

Solana Segura, Carmen. "Las heroínas de las Novelas amorosas y ejemplares de María de Zayas frente al *modelo femenino* humanista." *Lemir*, vol. 14, 2010, pp. 27–33.

Teruel, José. "El triunfo del desengaño. Marco y desengaño postrero de la *Parte segunda del sarao y entretenimiento honesto* de María de Zayas." *Edad de Oro*, vol. XXXIII, 2014, pp. 317–33.

Traub, Valery. "The (In)Significance of 'Lesbian' Desire in Early Modern England." *Erotic Politics. Desire on the Renaissance Stage*, editado por Susan Zimmerman, Routledge, 1992, pp. 150–69.

Vasilleski, Irma. *María de Zayas: Su época y su obra*. Plaza Mayor, 1972.

Velasco, Sherry. "María de Zayas and Lesbian Desire in Early Modern Spain." *Reading and Writing the Ambiente*, editado por Susana Chávez-Silverman y Librada Hernández, U of Wisconsin P, 2000, pp. 21–42.

Vélez-Sainz, Julio. *La defensa de la mujer en la literatura hispánica. Siglos XV – XVII*. Ediciones Cátedra, 2015.

Vollendorf, Lisa. "Fleshing Out Feminism in Early Modern Spain: María de Zayas's Corporeal Politics." *Revista canadiense de estudios hispánicos*, vol. 22, núm. 1, 1997, pp. 87–108.

———. "No Doubt It Will Amaze You': María de Zayas's Early Modern Feminism." *Recovering Spain's Feminist Tradition*, Lisa Vollendorf (ed.) Modern Language Association of America, 2001, pp. 103–119.

———. *Reclaiming the Body. María de Zayas Early Modern Feminism*. U of Carolina P, 2001.

Welles, Marcia. "María de Zayas and Her Novela Cortesana: A Re-evaluation." *Bulletin of Hispanic Studies*, vol. LV, 1978, pp. 301–10.

———. "María de Zayas's Wounded Women: A Semiotic of Violence." *Gender, Identity and Representation in Spain's Golden Age*, editado por Anita Stoll y Dawn Smith, 2000 pp. 178–202.

Williamsen, Amy. "Challenging the Code: Honor in María de Zayas." *The Dynamic of Discourse*, editado por Amy Williamsen y Judith Whitenack, Fairleigh Dickinson UP, 1995, pp. 133–54.

Williamsen, Amy y Judith Whitenack, editoras. *María de Zayas. The Dynamic of Discourse*. Fairleigh Dickinson UP, 1995.

Yllera, Alicia. "Introducción." *Desengaños amorosos* de María de Zayas, editado por Alicia Yllera. Catedra, 1983.

Zayas y Sotomayor, María de. *Primera y segunda parte de las novelas amorosas de doña María de Zayas y Sotomayor*. 1705. R/17893.

———. *Desengaños amorosos*, editado por Alicia Yllera. Cátedra, 1983.

7 Catalina de Erauso

Contexto histórico y cultural

Con Catalina de Erauso se demuestra la artificialidad de la construcción genérica que a lo largo de la historia se ha hecho del hombre y de la mujer. Joan Wallach Scott en *Gender and the Politics of History* explica cómo el concepto de género ha determinado las relaciones sociales entre los sexos, ha definido la idea contemporánea del hombre y de la mujer y ha establecido la "naturaleza," el comportamiento y la función de los individuos en la sociedad: "Gender becomes a way of denoting 'cultural construction,' the entirely social creation of ideas about appropiate roles for women and men. [. . .] Gender is, in this definition, a social category imposed on a sexed body (32). Judith Butler amplia el concepto de "género" en *Gender Trouble* y lo liga a la idea de *performance* ("puesta en escena"). Para ella el "género" se ha construido, y se construye, a través de la imitación y la repetición mecánica del comportamiento, del discurso y de la sexualidad establecidos por la cultura heterosexual y patriarcal. El hecho de que haya sido algo impuesto y, por consiguiente, artificial es lo que hace factible su imitación y, por tanto, transgresión:

> In what senses [. . .] is gender an act? As in other ritual social dramas, the action of gender requires a performance that is *repeated*. This repetition is at once a reenactment and reexperiencing of a set of meanings already socially established; and it is the mundane and ritualized form of their legitimation.
>
> (Butler 140–41)

La sociedad del siglo XVII entendió a Catalina de Erauso partiendo de unos principios médicos y teológicos sobre el sexo biológico y la sexualidad que durante siglos habían estado informando a la sociedad española (y occidental). El *Examen de ingenios para las ciencias* (1575) de Juan Huarte de San Juan (¿1529?–1588) fue un trabajo que no pasó desapercibido durante los siglos XVI y XVII. Este estudio médico se publicó en 1575 y para 1581 ya se habían realizado tres ediciones (Belarde Lombraña 451).[1] En su trabajo Huarte de San Juan expone la teoría de un único sexo y de la mutabilidad de éste según la temperatura de los humores que participan en su formación. Según el médico navarro, hombres y mujeres tenían los mismos órganos reproductivos y se diferenciaban sólo en la ubicación de estos en el cuerpo. El cambio de temperatura de los humores del cuerpo afectaba la formación de los genitales y determinaba el comportamiento masculino o femenino de la persona. De esta forma, una mujer que hubiera nacido con un nivel bajo de frialdad y humedad sería más inteligente pero también más agresiva y contestataria y poseería rasgos físicos característicos del hombre, como por ejemplo, vello facial, musculatura y mayor fortaleza física. Esta alteración también se podía producir a la inversa y afectar a la masculinidad del hombre. De igual manera, basándose en esta teoría también se pudo explicar el cuerpo híbrido del hermafrodita y el deseo sexual del homosexual, siendo, también, en estos casos, el cambio de temperatura en el útero, lo que impidió que el desarrollo de los genitales siguiera su curso normal. Partiendo de este razonamiento, la mujer atraída al mismo sexo había estado destinada a ser hombre en su gestación, pero un cambio de temperatura de los humores propició la alteración de sus genitales antes de nacer (Merrim 14–17; Maclean 31). La descripción que Pedro del Valle hace de Catalina de Erauso es un ejemplo de cómo se entendían los sexos en aquella época: "De rostro no es fea, pero no es hermosa [. . .] Los cabellos son negros i cortos como de hombre . . . en efecto parece más capón, que mujer [. . .] Sólo en las manos se la puede conocer que es muger, porque las tiene abultadas y carnosas, i robustas i fuertes, bien que las mueve algo como muger" (Rima de Vallbona 128).

La creencia de que el cuerpo del hombre era la manifestación del sexo perfecto y superior influyó en la manera en que la sociedad recibió a la mujer que quería "ser" hombre o al hombre que quería "ser" mujer. Si a la primera se la podía admirar porque deseaba, como en el caso de Erauso, ser como o sobrepasar al hombre, al segundo se le rechazaba por querer degradar su persona al desear ser como el sexo considerado imperfecto e inferior (Merrim 15). Partiendo del argumento de un único sexo y de su mutabilidad, Merrim se pregunta: "if the body of a woman is a natural transvestite containing the male organs within, was not transvestism but a natural social extension of the 'myth of mobility' intrinsic to the sliding scale?" (15). Es decir, si los seres humanos tenían los mismos órganos genitales y lo que determinaba el ser hombre o mujer era la ubicación de estos, entonces, según la investigadora, el pene, al igual que la ropa, tenía la mera función de "marcar" el género. Según esta tesis, el comportamiento de la persona —"theatricalized gender"—, además de otras diferencias fisiológicas, también tuvo que haber servido para "marcar" el género de la persona. Esto explicaría que Erauso pudiera pasar por hombre con relativa facilidad y sin que nadie cuestionara su género, pues su varonil comportamiento y su ropa, los indicadores de su género, confirmaban que debajo del atuendo había un hombre:

> Whether it was the theater or the theatricalized gender that conditioned the "transformative agency of clothing," the fact remains that the weight with which both paradigms invest external signs naturalizes a seemingly implausible dimension of Erauso's crossdressing as presented in her texts: how it was that in fashioning her nun's habit into male garb she could henceforth be wholly accepted as a male.
>
> (16)

Los estudios de Ruddolf Dekker y Lotte Van de Pol (1989), Julie Wheelwright (1989), Malveena McKendrick (1974), Marjorie Garber (1992), Simon Shepherd (1981) y Carmen Bravo Villasante (1955) han sacado a la luz la existencia de mujeres que vivieron vestidas de hombre y que, en muchos casos, pasaron desapercibidas. En España y en el Nuevo Mundo se han registrado en documentos históricos a mujeres que empuñaron las armas: Inés Rosales, María Estrada, Mariño de Lobera o Juliana de los Cobos (Velasco, *The Lieutenant Nun* 34). Dekker y Van de Pol en *The Tradition of Female Transvestism in Early Modern Europe* (1989) plantean que el simbolismo que se le dio a la ropa para identificar el cuerpo del ser humano hizo posible que la mujer pudiera recurrir a la indumentaria del hombre para adquirir autonomía. La mujer noble y la burguesa tenían en el matrimonio y los votos religiosos alternativas respetables para vivir; sin embargo, la situación de la mujer pobre era diferente y trabajar fue para ella su único medio de subsistencia. Ésta trabajó en el servicio doméstico, en la venta ambulante, en la producción de alimentos, en los talleres y en la prostitución. Como demuestran Dekker y Van de Pol, para algunas la ropa de hombre fue la herramienta que les ayudó a evitar este denigrante oficio y les ofreció la posibilidad de adquirir movilidad geográfica, social e, incluso, como en el caso de Erauso, de transgredir el espacio genérico del hombre.[2] En *Vested Interests: Cross-dressing and Cultural Anxiety* (1992), Garber explica que el/la travestí produce lo que ella denomina el "efecto travestí" ("*transvestite effect*"). Este es un fenómeno cultural, histórico y psico-social que provoca una crisis en la organización social ("*a category crisis*"), ya que anuncia la artificialidad de la clasificación de los géneros e introduce una tercera categoría que ofrece un nuevo espacio de posibilidades (9–11): "The transvestite in this scenario is both terrifying and seductive precisely because s/he incarnates and emblematizes this disruptive element that intervenes, signaling not just another category crisis, but – much more disquietingly – a crisis of 'category itself'" (32).

La mujer vestida de hombre no era un personaje desconocido en la cultura literaria española del siglo XVII. Ya en el siglo XV aparece el personaje de la mujer guerrera en la novela de caballería.[3] Posteriormente, Lope de Vega, junto a Tirso de Molina, Calderón de la Barca, Vélez de Guevara y Juan Pérez de Montalbán, entre otros, popularizaron y explotaron el personaje de la *mujer varonil*.[4] Las ciento trece comedias (Velasco, *The Lieutenant Nun* 36) en las que aparece este personaje y el que los dramaturgos se resistieran a sacarlo de las tablas, a pesar de la oposición que recibieron de la Iglesia, demuestra que la mujer vestida de hombre fue todo un fenómeno cultural y, en cierta medida, social que amenazaba el orden establecido.[5]

La mujer travestí también forma parte de la tradición católica. Merrim explica que en la literatura religiosa no son pocos los casos de santas que justificaron la necesidad de vestir ropa de hombre con el deseo de imitar la vida de Jesús y de mantener su virginidad. De hecho, fue a través de la virginidad como estas mujeres llegaron a demostrar que poseían una fortaleza física y espiritual que se consideraba exclusiva del hombre. La relación entre la virginidad, lo "viril" y la "virtud" fue lo que hizo posible que espiritualmente las mujeres pudieran ser consideradas "varoniles." Ese fue el caso de Santa Teodora de Apolonia, Anastasia de Antioquia, Eugenia de Alejandría o Juana de Arco, entre otras. Esto explica que autores como fray Luis de León o Teresa de Ávila emplearan el adjetivo "varonil" para referirse a mujeres que habían superado las "limitaciones" de su sexo y vivían en busca de la perfección espiritual. Vestir la ropa del otro género fue para algunas de ellas la manera de lograr esa perfección espiritual considerada sólo al alcance del hombre (13–18).

La situación de la lesbiana a lo largo de la historia está íntimamente ligada a la figura de la mujer travestí. Louis Crompton en su artículo "The Myth of Lesbian Impunity" demuestra que durante la Edad Media y el Renacimiento la vida de la lesbiana podía ser tan trágica como la del hombre homosexual (17). Según él, los españoles fueron los expertos en este asunto durante este periodo. La carta de San Pablo a los romanos, aunque hay que ubicarla en un contexto pagano, ya condenaba la relación sexual entre mujeres e iba a influir en la forma en que el lesbianismo iba a ser entendido en el futuro tanto en documentos religiosos como legales (12): "Por eso Dios permitió que fueran esclavos de pasiones vergonzosas: sus mujeres cambiaron las relaciones sexuales normales por relaciones contra la naturaleza. Igualmente los hombres, abandonando la relación natural con la mujer, [. . .] recibiendo en sí mismos el castigo merecido por el extravío" (Libro II, Artículo 26–28). San Agustín en *Contra Jovinianam* y Santo Tomás de Aquino en *Summa Theologica*, al igual que otros comentaristas de San Pablo, entendieron la relación sexual entre mujeres en los mismo términos (13). En *Li Livres di jostice et de pret* (1270) aparece la primera legislación secular que condena con la pena de muerte en la hoguera a la mujer que tuviera relaciones sexuales con otra mujer (13). Para Crompton, con este documento se confirma que en Francia en el siglo

XIII el lesbianismo ya se había criminalizado en la conciencia popular (14). La legislación en España no era diferente. Los Reyes Católicos proclamaron en 1497 la primera *pragmática* contra la sodomía y endurecieron la pena a muerte en la hoguera, aplicándola tanto al hombre como a la mujer (Eva Mendieta 181). Posteriormente, en la edición de Salamanca de *Las Siete Partidas* de Alfonso X preparada por Gregorio López en 1555 se adopta la misma normativa (Crompton 18). Como se ha visto en el capítulo anterior, a pesar de que la ley era muy clara con respecto al castigo que se debía aplicar, la idea fálica que se tenía de la sexualidad, la cual se limitaba a la penetración con eyaculación *in situ*, hizo que el Estado y la Iglesia subestimaran las relaciones sexuales entre mujeres y tuvieran una actitud relativamente más tolerante al entender que no existía la posibilidad de contaminación entre mujeres (Crompton 18).[6] Merrim, al igual que Dekker y Van de Pol, llega a la misma conclusión y añade que el otro aspecto que determinaba la dureza del castigo dependía de la amenaza que esta mujer presentaba a la institución matrimonial, es decir, si reemplazaba al hombre en el matrimonio o en el acto sexual ("From Anomaly to Icon" 17).[7] La heterosexualidad era pues la única manifestación sexual válida; de hecho, la inherente relación entre género y sexualidad hacía imposible concebir un deseo que no fuera entre mujer y hombre. El travestismo fue, por tanto, para la mujer que deseaba a otra mujer, lo que hizo posible que psicológicamente ella misma pudiera entender su propia sexualidad (Dekker y Van de Pol 57). Esta podría haber sido la situación de Catalina, para quien el atuendo masculino y su identificación con el sexo masculino tuvieron que haber sido fundamental no sólo para coquetear con otras mujeres sino para poder entenderse a sí misma y su atracción por el mismo sexo.

En la cultura de la época el deseo sexual entre mujeres tuvo sus manifestaciones tanto en las artes plásticas, como en la música y la literatura. Como Velasco explica, escritoras y escritores españoles de los siglos XVI y XVII exploraron y explotaron el homoerotismo femenino en sus trabajos. En la literatura española no sobran ejemplos: Fernando de Rojas en *La Celestina*, Jorge de Montemayor en *La Diana*, Cubillo de Aragón en el *Añasco de Talavera*, María de Zayas y Sotomayor en *Amar sólo por vencer* o en obras de teatro en las que, en ocasiones, la ropa de hombre de la *mujer varonil* llevaba a la confusión y provocaba escenas homoeróticas (*The Lieutenant Nun* 16). El hecho de que éste fuera un tema que los autores trataran en sus obras literarias, con más o menos sutileza, demuestra que la sociedad española sabía de la posibilidad de amor y pasión entre mujeres: "Whether or not the images of same-sex attraction between women were intended as mere titillation for male readers and spectators, the effect of such images upholds the idea of woman as the object of desire for other women" (*The Lieutenant Nun* 16).[8]

Problema de autoría

No se conoce copia del texto original de su autobiografía, *Vida i sucesos de la monja alférez*. Según Vallbona, el manuscrito de *Vida i sucesos* se entregó a Bernardino de Guzmán en 1625. El texto que hoy en día se conoce lo transcribió Juan Bautista Muñoz en 1784 de una copia que poseía Cándido María Trigueros (1737–1801).[9] Pedro Rubio Merino publicó en 1995 otras dos versiones del manuscrito que localizó en el Archivo Capitular de Sevilla. La primera edición crítica de la autobiografía de Catalina de Erauso la publicó en 1829 Joaquín María Ferrer. Las posteriores ediciones de José Berruezo (1975), Vallbona (1992), Ignacio Tellechea Idígoras (1992) y Ángel Esteban (2002) aportan documentación que ha ayudado a reconstruir históricamente a Erauso.

La autoría de Erauso es una de las incógnitas que aún quedan por resolver. Los muchos hechos y personajes históricos que Vallbona ha identificado en sus memorias llevan a la mayoría de los investigadores a concluir que, a pesar de los errores encontrados en el texto, Erauso tuvo que estar implicada en la producción del mismo. Merrim en *Early Modern Women's Writing and Sor Juana Inés de la Cruz* añade otros dos elementos que la convencen de la participación del alférez en la redacción de *Vida i sucesos*. Por un lado, considera el memorial de servicios que le presentó a Felipe IV el punto de partida del texto y, por otro, la preocupación que Erauso tenía por su imagen, tanto antes como después de descubrirse su verdadera identidad:

> she had a direct hand in it. Moreover, and to my mind of equal importance, the text reflects–*be it metonimically or metaphoricallly*–Erauso's larger strategy *vis-a-vis* her own anomaly. And that strategy entailed her actively seeking to convert anomaly into notoriety, notoriety into gainful celebrity.
>
> (27)

Merrim resume las tres posibilidades hasta ahora barajadas con respecto al problema de la autoría de *Vida i sucesos*. Según los investigadores, puede ser que la colonizadora vasca fuera la autora de sus memorias; también cabe la posibilidad de que se las contara o dictara a un escritor anónimo o que existiera un autor anónimo que incluyera episodios sensacionalistas partiendo del original. Esta última hipótesis explicaría que los títulos de los episodios estén escritos en tercera persona, los errores biográficos e históricos y la influencia en el texto de géneros literarios muy populares en la España del siglo XVII, tales como la *comedia nueva*, la novela picaresca y las crónicas y relaciones de soldados. Así, el personaje de la mujer vestida de hombre, la confusión, el homoerotismo de algunas escenas, los engaños y los constantes duelos recuerdan a la *comedia nueva*. De la novela picaresca parece tomar prestados la organización de la biografía en episodios, la naturaleza de la protagonista, los constantes viajes, el constante cambio de patrón y la presencia del mundo del crimen y de las casas de juego. Y de las crónicas y relaciones de soldados adopta el gusto por narrar sus hechos heroicos y por plasmar la naturaleza, la sociedad y el mundo que se estaba construyendo en América (Ángel Esteban 16).[10]

Biografía

Varios son los documentos que han servido para ampliar la información sobre la vida de esta colonizadora vasca. Entre ellos tenemos: su partida de nacimiento; su memorial de servicio; dos peticiones que le presentó a la Corona española (en la primera, le solicitaba una pensión anual y permiso para vestir ropa de hombre y en la segunda requería compensación económica por haber sido encarcelada en el Piamontes bajo la falsa sospecha de ser espía); la recomendación del Consejo de Indias; certificaciones de sus superiores; testimonios de personas que la conocieron; y un documento notarial en el que renuncia de su herencia.[11]

Catalina de Erauso nació, según su partida de nacimiento, en 1592 en el seno de una familia noble de San Sebastián.[12] Sus padres fueron Miguel de Erauso y María Pérez de Galarraga. El matrimonio tuvo cuatro hijos que se alistaron en la Armada española y cinco hijas, de las cuales todas, excepto una, entraron en la vida religiosa. A la edad de cuatro años, Erauso entró en el convento de las monjas dominicas de su ciudad. En 1607, cuando tenía quince años, se escapó de éste después de una pelea con una de las monjas. Así nos narra la protagonista y narradora la que quizás fue la decisión más importante y temeraria de su vida: "tomé las llaves del convento y salí, y fui abriendo puertas y emparejándo[las], y en la última que fue la de la calle, dejé mi escapulario, y salí a la calle, sin haberla visto, ni saber por dónde echar, ni adónde me

Figure 7.1 Catalina de Erauso
Source: Juan van der Hamen de la Fundación Kutxa

ir. Tiré no sé por dónde." A partir de este momento su vida cambió radicalmente y, aunque no habla de ello, sus palabras revelan el desconcierto que le produjo encontrarse en un mundo desconocido. Una vez en el exterior tardó tres días en cambiar su apariencia y en empezar a experimentar con su nueva identidad masculina: "estuve tres días, trazando y acomodándome y cortando de vestir: corté y me hice de una basquiña de paño azul con que me hallaba, unos calzones de un faldellín verde de perpetuán, que traía debajo, una ropilla y polainas: el hábito me lo dejé por allí por no ver qué hacer de él." Durante los tres años que estuvo en España sirviendo en casas de ilustres miembros de la sociedad bajo el noble apellido vasco de Loyola, fue buscada incesantemente por su padre. La imagen que durante este tiempo la joven Erauso se creó fue fundamental para poder ocultar su identidad, encontrar trabajo en casas de hombres respetables y, como ella misma nos dice, ser tratada dignamente. Antes de viajar al Nuevo Mundo quiso poner a prueba su nueva apariencia y decidió viajar a San Sebastián "bien vestida y galana" para ver a su madre oír misa en el mismo convento donde ella vivió los primeros quince años de su vida: "Un día oí misa en mi Convento, la cual oyó también mi madre, y vi que me miraba, y no me conoció, y acabada la misa, unas Monjas me llamaron al coro, y yo, no dándome por entendida, les hice muchas cortesías y me fui." Así, después de haber estado tres años experimentando con su nueva identidad, se enroló de grumete en el navío que capitaneaba su tío Esteban Ciguino con destino a Cartagena de Indias (Colombia). Ya en el Nuevo Mundo se encargó de los negocios de los mercaderes Juan de Urquisa y Diego de Solarte. La necesidad de huir de la propuesta matrimonial de su último patrón, la llevó a enlistarse en el ejército, sirviendo durante cinco años en las ciudades chilenas de Concepción y Valdivia a las órdenes de su hermano Miguel de Erauso, con quien entabló una gran amistad sin nunca llegar a revelarle su identidad. Con él estuvo hasta que un asunto de mujeres (uno de los constantes problemas de su vida, además del juego y las peleas), los enemistó y Miguel la destinó por tres años a Paicaví, peligroso puesto militar de Chile, y donde recibiría el rango de Alférez por su valentía. Poco después, mató a su hermano en un duelo y se vio obligada a huir y dejar el ejército. Catalina se pasó años recorriendo las áreas más ricas del continente americano y colocándose con distintos señores. Sin embargo, las venganzas, los duelos y las reyertas, en las que se involucraba a la primera de cambio, la obligaron a estar siempre en movimiento. Erauso estuvo en prisión en múltiples ocasiones. En los últimos capítulos de *Vida i sucesos* se nos informa que sobre ella había una orden de busca y captura que, posteriormente, iba a precipitar los acontecimientos. Así, en 1620 fue arrestada en la ciudad de Guamanga (Perú). Este arresto sería el que interrumpiría y alteraría su estilo de vida, ya que acabó con la identidad masculina que se había construido por y para sí misma durante tantos años. Irónicamente, la revelación de su condición de mujer-virgen al obispo de la ciudad en este crítico momento fue lo que la salvó de la justicia civil. Catalina volvió a la vida conventual durante tres años en espera de que llegara de España la documentación que confirmara que nunca llegó a tomar los votos religiosos, por lo que la Iglesia no tenía jurisdicción sobre ella. Una vez que pudo incorporarse a la sociedad civil, regresó a su patria con el objetivo de promocionar su vida y su persona. La joven que abandonó España para no ser encontrada por su familia y cosecharse un futuro, regresaría a su tierra casi veinte años después (1607–1626) convertida en un héroe militar y exhibiendo sin reparo su identidad masculina. Paradójicamente, tampoco tuvo ningún inconveniente en informar de su condición de mujer-virgen a quien considerase pertinente. Así, en 1624 desembarcó en Cádiz y de allí viajó a Sevilla (ambas ciudades del sur de España), donde le resultó insoportable tolerar la atención que su persona despertaba: "De Cádiz me fui a Sevilla, y estuve allí quince días, escondiéndome cuanto pude, huyendo del concurso que acudía a verme vestida en hábito de hombre." En 1625, consiguió que Felipe IV le reinstaurara el rango de Alférez y le concediera una pensión anual de ochocientos escudos. Un año después viajó a Roma y el Papa Urbano VIII le otorgó licencia para vestir ropa de hombre (Vallbona 123).[13] A partir de este momento Catalina cambia oficialmente de identidad genérica y adopta el nombre de Antonio de Erauso. En 1630, antes de volver a embarcar a Las Indias, posó para el pintor Juan van der Hamen. La información que tenemos de Antonio después de abandonar España es mínima. Se sabe que vivió en Veracruz, estado ubicado en el golfo de México, donde fue propietario de un negocio de arriero y de un grupo de esclavos. Catalina/Antonio murió en Quitlaxtla, ciudad del estado de Veracruz, en 1650 durante uno de sus viajes.[14]

Como apunta Mendieta, en realidad, su manera de proceder en la vida, aunque parezca extraordinaria, fue como la de otros jóvenes e hijos no primogénitos de hidalgos quienes, no pudiendo heredar el título nobiliario de la familia e incapaces de abrirse camino en una sociedad española sumergida en la pobreza, encontraron en Las Indias un lugar donde hacer fortuna y hacerse a sí mismos. Estos hombres (y mujeres) construirían a su medida una nueva sociedad que, debido a la distancia entre la metrópolis y la Colonia y a la inmensidad de esta tierra, se escapaba del control del Estado y de la Iglesia.[15] Estos dos aspectos del Nuevo Mundo facilitaron, en gran medida, la transformación y el estilo de vida de la conquistadora vasca.

Travestismo, lesbianismo e identidad genérica

En *Vida i sucesos* el personaje de Catalina de Erauso desconcierta al lector contemporáneo de la misma manera que desconcertó y maravilló a la sociedad de su época. En cada etapa de su vida demostró tener la capacidad de adaptar su comportamiento, apariencia y discurso; de hecho los giros que tomó su vida se plasman en el texto con flexibilidad y espontaneidad. Con el transcurso de los años Erauso evolucionó y se adaptó a las diferentes situaciones que le tocó vivir. Así, en *Vida i sucesos* vemos a la desorientada adolescente de quince años, que nunca había puesto un pie en la calle, transformarse en cuestión de tres días en un muchacho que supo buscarse la vida por el norte de España y que, posteriormente, se enroló como grumete para cruzar el Atlántico, al hombre valiente y pendenciero, a la monja que disfruta de la atención que recibe de la sociedad de la Colonia y de los miembros de la Iglesia y a la mujer-virgen que vestida de hombre pasea orgullosa por América y Europa la persona que ella sola se había forjado.

Como se dijo anteriormente, *Vida i sucesos* fue parte de ese proyecto de auto-fabricación y auto-promoción que quiso hacer de sí misma. El memorial de servicios que escribió y el expediente que preparó con declaraciones y certificaciones de quienes la conocieron forman parte de la persona pública que se construyó una vez se dio a conocer su verdadera identidad. Para la protagonista y narradora su imagen fue un aspecto fundamental de su persona y, por consiguiente, una constante preocupación. Las continuas referencias en el texto a la ropa que le regalan sus amos y a su aspecto físico así lo demuestran. Encarnación Juárez Almendros en *El cuerpo vestido y la construcción de la identidad en las narrativas autobiográficas*, explica que los cambios que se produjeron en la sociedad española renacentista alteraron el concepto que las personas tenían de sí mismas. Por un lado, el *yo* adquiere protagonismo y, por otro, la apertura al mercado exterior le da al individuo mayor poder adquisitivo y, por consiguiente, la capacidad de transformar su imagen, reinventarse y ser reconocido en la sociedad por sus logros y no sólo por su estirpe (12):[16] "La ropa es un testimonio del componente histórico y de las prácticas sociales, culturales y políticas, al mismo tiempo que revela la conducta ética y sugiere pensamientos y sentimientos internos de los protagonistas" (17). Como individuo de su época, la apariencia es, por tanto, un aspecto inherente de nuestra protagonista y, como dice Pérez-Villanueva, en su caso representa su verdadero ser: "Ironically, the outward male clothing is harmoniously portrayed with the inner development of character. Clothing helps the protagonist to gain experience and develop" (87). Nuestra protagonista, consciente del valor simbólico de la apariencia en una sociedad que recurría a la ropa para identificar a sus miembros, necesitaba vestir con clase no sólo para construir su identidad masculina, sino también para ser respetada en el espacio público. Vestirse bien era, por tanto, un aspecto importante de esa puesta en escena tan trabajada y que le permite mantenerse dentro del estatus social al que ella, hija de hidalgos, pertenece.

Tal y como se lee en los documentos que se tienen del Alférez, la ropa de hombre es a lo que hacen referencia todos los que la apoyaron en su petición al rey y tuvieron que explicar su transgresión. Luis de Céspedes Xeria, Juan Cortés de Monrroy y Francisco Pérez de Navarrete en sus certificaciones justifican con la ropa que una mujer hubiera servido en la Armada española sin ser descubierta (Vallbona 134) y el Maestre de Campo Juan Recio de León en su declaración alaba y elabora extensamente sobre el servicio que realizó bajo su mando y considera importante indicar que no sabía de su condición de mujer (Vallbona 146). En la recomendación del Consejo de Indias también se percibe la confusión que creó entre sus miembros la preferencia de Erauso por la ropa de hombre y, aunque en un principio, no se oponen a ello debido a que con esa ropa sirvió con valor durante años a la Corona,[17] en una enmienda al documento fechada ese mismo día se retractan y recomiendan que "[. . .] será bien q[ue] vuelva al hábito de mujer" (Vallbona 132). Por su parte, la misma Catalina en *Vida i sucesos* se ve obligada a justificar su travestismo apelando a su naturaleza aventurera: "era mi natural inclinación andar y ver mundo" (Vallbona 52), y en su petición a Felipe IV recurre a su cristianismo y patriotismo para, en sus propias palabras, "ejercitar las armas en defensa de la fe católica, y emplearse en servicio de vuestra merced [. . .]" (Vallbona 132).

Durante los veinte años que vivió sin ser descubierta, nuestra protagonista internalizó la cultura heterosexual del hombre y se adaptó al mundo que le rodeaba. Esto supuso hacer suyos, además de la ropa, el comportamiento, el discurso y la cultura del hombre (heterosexual). Así, conforme se fue complicando su vida, su discurso progresivamente se endureció y aprendió a reproducir las expresiones típicas de un tipo pendenciero, agresivo e insolente. Erauso en Las Indias sobresalió como soldado, pero también realizó a la perfección otros trabajos, como el de arriero, encargado de negocio, agente comercial o alguacil;[18] trabajos que consiguió gracias a las cartas de recomendación que presentaba a los distintos señores y que profesionalmente le abrieron muchas puertas. De la siguiente manera narra cómo se presentó al mercader Diego de Solarte:

> Di mi carta a Diego de Solarte, Mercader muy rico, que es ahora Cónsul mayor de Lima, a quien me remitió mi amo Juan de Urquisa, el cual luego me recibió en su casa con mucho agrado y afabilidad, y a pocos días me entregó su tienda, y me señaló 600 pesos al año: y allí lo fui haciendo muy a su agrado y contento.

Como empleado vemos que fue muy respetado por todos sus patronos. Estos valoraron su trabajo y, además de pagarle unos sueldos nada despreciables, la ayudaron a entablar contactos con otros mercaderes y a salir de situaciones problemáticas como, por ejemplo, de la cárcel. En el ejército sus superiores también tenían un buen concepto de ella/él debido al patriotismo y valentía que demostró en múltiples ocasiones. El episodio más significativo y que mejor demuestra su valor tiene lugar en Paicaví, donde recuperó sin ayuda de nadie la bandera que robaron los indios araucanos.

> Viéndola [la bandera] llevar, partimos tras ella yo y dos soldados de caballo por medio de grande multitud, atropellando y matando, y recibiendo daño: en breve cayó de un bote de lanza mi compañero. Yo recibí un mal golpe en una pierna. Maté al cacique que la llevaba y se la quité, y apreté con mi caballo, atropellando, matando e hiriendo a infinidad, pero mal herido, y pasado de tres flechas, y de una lanza en el hombro izquierdo que sentía mucho. En fin, llegué a mucha gente y caí luego del caballo.
>
> (Vallbona 58–59)

Wheelwright en *Amazons and Military Maids* expresa la dificultad que tenía la mujer vestida de hombre que se enrolaba en el ejército para ser aceptada por sus compañeros: "Because their lives were dependent on their 'comrades'' approval, it was never something they could take for granted. Rather, the women endured endless self-imposed tests of their masculinity, proving over again that they measured up" (51). El concepto de "capón" que se tenía de Erauso ejemplifica las palabras de la investigadora y, quizás, fue lo que la llevó a cosecharse la reputación de pendenciero fácilmente irritable y que reaccionaba desproporcionadamente ante cualquier insulto. Formar parte de un mundo de hombres careciendo de una fisonomía masculina tuvo, sin duda, que haberle planteado muchos retos en su día a día y puede ser que fuera la razón por la que se convirtió en el blanco de muchas provocaciones. La percepción que el peregrino, Pedro del Valle, tenía de Erauso era la que debía haber tenido la sociedad que lo rodeaba. Así, en una carta en la que el italiano describe su encuentro con el alférez vizcaíno, éste se refiere a él empleando el término de "capón" (Vallbona 128). De igual manera la describe el Capitán Domingo de Urbizo, quien, según Bartolomé Pérez Navarro, anotó en un cuaderno que "era tenida por capón" (126). Lógicamente, para Erauso tolerar estas humillaciones habría significado admitir lo que se pensaba de ella, de ahí la constante necesidad de tener que demostrar su virilidad, ya fuera en la guerra, batiéndose en duelos o vengándose de cualquiera que lo deshonrara mínimamente en público, aunque ello significara ser arrestado y poner en peligro su identidad, como así ocurrió al final. El incidente que tuvo lugar en Sana cuando asistía a una obra de teatro, ilustra a la perfección el carácter de nuestro personaje, quien no dudó en cortarle la cara a un vecino llamado Reyes por haberle contestado bruscamente la noche anterior:[19]

> El lunes, por la mañana siguiente, estando yo en mi tienda vendiendo, pasó por la puerta el Reyes, y volvió a pasar. Yo reparé en ello, cerré mi tienda, tomé un cuchillo, me fui a un barbero y lo hice amolar y picar el filo como sierra; me puse mi espada, que fue la primera que ceñí; vi a Reyes delante de la iglesia paseando con otro, me fui a él por detrás y le dije:
>
> – a[h], señor Reyes – volvió él, y dijo:
> – [¡]Qué quiere! – Dije yo:
> – Esta es la cara que se corta [. . .]"

La imagen que Catalina se construyó de joven procedente de buena familia, junto a la formación intelectual que recibió en el convento, no sólo le abrió las puertas para entrar a trabajar en casas de señores socialmente establecidos en España y en Las Indias, sino que también hizo posible que recibiera propuestas matrimoniales nada desdeñables. En su caso, el travestismo también le sirvió para transgredir el comportamiento sexual, el cual debía corresponderse con el género que su ropa representaba. En este sentido, nuestra protagonista también cumplió (en su caso con gusto) y se arriesgó en exceso. Obviamente, el miedo a que se descubriera su identidad, la obligó a escapar de todas estas relaciones y a poner, literalmente, tierra de por medio. El que la cultura heterosexual y fálica de su época subestimara el contacto sexual entre mujeres y el que nunca llegara a usurpar el papel del hombre contrayendo matrimonio o en las relaciones sexuales, podría explicar que en *Vida i sucesos* se atreviera a describir escenas comprometedoras y en las que manifiesta con total naturalidad su preferencia por las mujeres. Así, durante los nueve meses que trabaja para el mercader Diego de Solarte en Lima, visita y coquetea con sus dos cuñadas; ambas, declara ella misma, eran muy de su gusto. En Concepción de Chile el gran interés que muestra por la dama de su hermano tiene graves consecuencias, pues acaba siendo castigada físicamente y destinada a Paicaví, un puesto militar sumamente peligroso. Más adelante, su comportamiento con dos damas —una mestiza y una española— sorprende al lector por la desfachatez con la que se burla de ellas. Los acontecimientos de este episodio ilustran la naturaleza sexista, clasista y racista de Erauso y de la cultura de este periodo y nos informan sobre la relevante función social del matrimonio en la España y en la Colonia del siglo XVII.[20] A diferencia de lo que había ocurrido en sus previas aventuras amorosas, en las que la atracción entre Erauso y las otras damas era mutua, en este episodio ambas propuestas matrimoniales son de conveniencia. Para Sherry Velasco, la complejidad de la estructura social de la Colonia complica la lectura de este episodio y la persona de Erauso: "It is in this intersection of race, class, gender, and sexuality that the early modern audience is forced to reconcile the inherent conflicts between the orthodox repulsion of the New World *mestiza* and the deviant (yet celebrated) lesbian imperialist" ("Interracial Lesbian Erotics" 220). La reducción de la mujer a mero objeto de valor es obvia en ambas situaciones, sin embargo su discurso como ser superior y colonizador blanco con respecto a la mestiza, ser colonizado y, por consiguiente, inferior, hace que la cosificación de esta mujer adquiera una doble dimensión.[21] El final de este episodio no puede ser otro que el del alférez huyendo de Tucumán, amén de llevarse consigo todos los regalos que recibió y, como de costumbre, sin consumar la relación con estas mujeres: "monté el cabo, y me desaparecí: y no he sabido cómo se hubieron después la negra y la provisora." La última aventura amorosa que se narra en *Vida i sucesos* es la que insinúa que tuvo con María de Dávalos, a quien llevó a un convento en la Ciudad de la Plata para evitar que su esposo, Pedro de Chavarría, la matara por haber cometido adulterio. No se puede asumir que Erauso dejara de tener relaciones homoeróticas cuando tuvo que regresar a la vida conventual. Sus comentarios sobre su experiencia en estos conventos parecen indicar todo lo contrario; de hecho, no disimula ni la satisfacción que le produjo vivir entre tantas mujeres (en el convento de la Trinidad había ciento ochenta y seis mujeres), ni calla el cariño con el que la trataron las monjas. Velasco y Michelle Stepo no dudan en leer con suspicacia la estancia de Catalina en estos dos conventos:

> Although affection among nuns was a common feature in convent narratives, a conceivable homoerotic reading should not be overlooked, especially in light of the numerous same-sex flirtation scenes in Erauso's life narrative as well as the potential for erotic relationships in monastic settings [. . .]"
>
> (Velasco, *The Lieutenant Nun* 59–60).

Aunque sea paradójico, el concepto que se tenía del sexo, del hombre y de la mujer y el simbolismo de la ropa fue lo que hizo posible que Erauso, vestida de hombre y con su magistral "puesta en escena," pudiera pasar desapercibida en la sociedad que le tocó vivir.

La virginidad de Erauso es otro aspecto relevante del éxito de su transgresión. Durante esos quince años que vivió en San Sebastián en el convento de Santo Domingo, debió haber aprendido el valor que en el cristianismo tiene la virginidad. Pero, quizás, la experiencia que tuvo que haber sido más reveladora para ella fue la que vivió en la Ciudad de la Plata, donde, después de haber sido arrestada por matar a un hombre y de confesar antes de ser ejecutada, recibió la protección y la ayuda de un fraile franciscano y del obispo para escapar de la ciudad. El trato que recibió de la Iglesia nos obliga a especular sobre el contenido de su confesión: ¿le contaría al fraile su condición de mujer virgen? Sus palabras, al menos, eso parecen indicar cuando narra esta historia y habla de los "consejos" que le dio el fraile después de absolverla de sus pecados. El convencimiento con el que promovió su masculinidad y su virginidad para que el rey y el papa la recompensaran, demuestra que conocía la cultura en la que vivía y lo que un fenómeno como el suyo significaba. De hecho, la satisfacción con la que narra la admiración que despertó en la Colonia, donde empezó a ser conocida como la "monja alférez" a los seis días de haber sido descubierta su identidad, así lo indica: "Salió su Ilustrísima de casa llevándome a su lado con un concurso tan grande, que no hubo de quedar persona alguna en la ciudad que no viniese, de suerte que se tardó mucho en llegar allá."

Hasta cierto punto, y al igual que las actrices que representaban los papeles de la *mujer varonil*, se puede leer en *Vida i sucesos* que el alférez disfrutó y presumió de la admiración que su "rareza" despertó y de la atención y agasajo que recibió de altos miembros de la sociedad europea. Erauso fue recibido por el Felipe IV, Urbano VIII, príncipes, obispos y cardenales. La fama, no obstante, también tuvo sus inconvenientes y, si por un lado, le ayudó a conseguir los objetivos que se había marcado; por otro, supuso una gran frustración pues debajo de la ropa de soldado ya no se veía a un hombre sino a una mujer (Velasco, *The Lieutenant Nun* 77). La intervención del General Tomás de la Raspuru en la reyerta que tuvo lugar en el barco que la llevaba de vuelta a España demuestra su disgusto por ser tratada como mujer: "y el General se vio obligado a apartarme de allí y pasarme a la Almiranta donde yo tenía paisanos. Yo de eso no gusté, y le pedí paso al patache San Telmo." La sociedad colonial del siglo XVII se dio prisa en identificar a Erauso como a un ser híbrido, una rareza, no porque biológicamente lo fuera, pues las matronas corroboraron que era mujer y virgen, sino porque con su travestismo, agresividad y lesbianismo se revelaba contra la naturaleza de su género femenino. Al convertirla en un ser raro y maravilloso, Erauso quedó fichada (Velasco, *The Lieutenant Nun* 85) y, a partir de ese momento, iba a ser reconocida por todos. Como Velasco explica, una vez identificado el sujeto que transgrede las normas sociales, genéricas o sexuales es fácil vigilarlo; vigilancia que lleva a cabo el Estado a través de los miembros de la comunidad quienes, una vez entienden el travestismo y el lesbianismo como actos pecaminosos e ilegales, mediante la burla o el desprecio controlan y mantienen socialmente marginado al ser que se considera una amenaza al orden establecido (*The Lieutenant Nun* 10–11): "In this sense, transvestism spectacles serve to police gender-bending by reaffirming the body as the location of fixed sexual identity. Once the 'truth' of sexual differences is established, the transvestite no longer threatens the 'natural' order of things" (*The Lieutenant Nun* 10). La última escena de *Vida i sucesos* ilustra las palabras de Velasco. En ella la narradora-protagonista se niega a soportar la burla de dos prostitutas con las que se cruza en Nápoles:

> En Nápoles, un día, paseándome en el muelle, reparé en las risadas de dos damiselas que parlaban con dos mozos, y me miraban. Y mirándolas, me dijo una: – Señora Catalina, [¿]dónde está el camino? Respondí: – Señora puta, a darles a vuestras Mercedes cien pescozadas y cien cuchilladas a quien lo quisiere defender. Callaron y se fueron de allí.

Catalina de Erauso o la monja alférez, como popularmente se la conocía, demostró que la estructura social de su época tenía fisuras por las que ella pudo colarse y construirse genéricamente. Nuestra protagonista manipuló la dicotomía genérica y demostró que la idea de mujer que artificialmente le construyó el hombre no encajaba con la suya de mujer independiente, aventurera y guerrera. Las distintas identidades que adoptó a lo largo de su vida le permitieron sobrevivir y adquirir una capacidad económica y una movilidad social y geográfica inaccesibles para la mujer de su época que quisiera ser autosuficiente. Vemos que su vida se puede dividir en varias etapas según el papel genérico que adoptó en cada una de ellas: La primera abarcaría los años que vivió en el convento de las monjas dominicas de San Sebastián y en la que realizó el papel genérico que se esperaba de ella como mujer. La segunda se extendería durante los años que vivió como hombre en España y en Las Indias sin que su verdadera identidad fuera detectada. La tercera ocuparía los tres años que estuvo en los conventos de Santa Clara y de La Trinidad en Lima. Y la cuarta se iniciaría cuando abandonó la vida conventual y volvió a enfundarse la ropa de hombre hasta el último día de su vida.

El alférez demostró que supo adaptarse genéricamente a los múltiples y complejos escenarios que le presentó la vida; no obstante, sus palabras al obispo don Julián de Cortázar cuando éste le dio permiso para salir del convento de la Trinidad son un rechazo absoluto a vivir ordenada en ninguna religión o, en otras palabras, a llevar vida de monja y, por consiguiente, a ser y hacer vida de mujer: "Yo le dije que no tenía yo orden ni religión."[22] No cabe duda de que la decisión que tomó de cortarse el pelo se debió a la necesidad y al deseo de eliminar de su cuerpo aquello que culturalmente "marcaba"-para emplear el término de Merrim-su sexo femenino. La facilidad con la que en tres días, según narra en *Vida i sucesos*, supo pasar por hombre, nos indica que se sentía cómoda y se identificaba con su nueva identidad masculina. Erauso volvería a trasformar su cuerpo años después cuando, según Pedro del Valle, se intentó aplanar el pecho con un emplasto que le dio una italiana (Vallbona 128) para, de esta forma, borrar de su cuerpo aquello que visible y biológicamente la identificaba y delataba como mujer. Reclamar posteriormente del rey y del papa el derecho a conservar su identidad masculina fue el último trámite que le quedaba para hacer oficial dicha identidad. Antonio de Erauso es el nombre con el que consta en la mayoría de los documentos oficiales que existen de ella y que demuestra que fue considerada hombre y tratada como tal por la sociedad y las autoridades (Mendieta 196). Así figura, por ejemplo, en las declaraciones que realizaron por escrito los testigos del encarcelamiento que sufrió en Piamonte, en la certificación del Maestre de Campo Recio de León o en una diligencia del capitán Juan Pérez de Aguirre de 1640. Como mujer militar tuvo sentido que oficialmente tomara el apellido de su padre y de sus hermanos y se identificara con la carrera de estos cinco militares vascos. En esta decisión se puede entrever, no sólo el orgullo de ser hija de nobles militares, sino el subconsciente de una mujer que quiere transgredir el orden genérico en su total expresión, ya que no sólo transforma el cuerpo como símbolo del género al que pertenece, sino que también trata de emplear el lenguaje, es decir, el orden simbólico (para emplear el término del filósofo francés Lacan) que mantiene la jerarquía de los géneros en la sociedad. Según Lacan, el papel simbólico del padre (o el Nombre-del-Padre) funciona para marcar las prohibiciones del orden establecido y así garantizar la felicidad. Al tomar el apellido de Erauso, Catalina se asegura de entrar en el orden simbólico como hombre, optando por la posición privilegiada dentro de la jerarquía social. De esta forma, con este gesto de autonombrarse, usurpando la posición del padre, se niega a ser limitada por su cuerpo y por el lenguaje.

Muchas son las razones por las que Erauso recibió un trato especial: La cultura hispana estaba acostumbrada a ver a la "mujer varonil" en los escenarios y Catalina recordaba, y hacía realidad, este popular personaje que puso de moda la comedia española; haber nacido en el seno de una familia de nobles y militares vascos; y, también, su exitosa carrera militar, su patriotismo y su virginidad fueron fundamentales para que sus muchas transgresiones no tuvieran consecuencias negativas. Como se puede leer en los últimos capítulos de *Vida i sucesos*, su virginidad fue un factor determinante; de hecho este estado la ubicó en una situación de superioridad moral que la absolvió de todas sus transgresiones y, automáticamente, pasó de ser un criminal buscado por la justicia de la Colonia a ser una protegida de la Iglesia, en concreto, del obispo de Guamanga y del arzobispo de Lima. Como explica Elizabeth Perry: "Maintaining the purity of his corporeal boundaries [. . .] Erauso could present himself as free from pollution. Her special position, as that of other virginal women, came not from the power to pollute and disorder, but from the power to renounce sexuality" (406). Su virginidad asombró a todos y no se entendió como un rechazo a su condición de mujer ni al deseo heterosexual, sino como símbolo de la fortaleza espiritual de una mujer que superó la supuesta naturaleza moralmente frágil e inconstante del sexo femenino. Las palabras del obispo de Guamanga después de haber escuchado su vida ilustran la admiración y el respeto que la Iglesia le tenía:

> Hija, ahora *creo sin duda* lo que me dijiste y *creeré en adelante* cuanto me dijereis; y os venero como una de las personas notables de este mundo y os prometo asistiros en cuanto pueda [y cuidar] de vuestra conveniencia y del servicio de Dios.

Adoptar la identidad del otro género le dio a Erauso la oportunidad de obtener una osada independencia y auto-realización personal que, como mujer, le habría sido imposible adquirir. La monja alférez supo manipular la dicotomía genérica demostrando la artificialidad de la misma: en la vida civil sedujo a las mujeres y se ganó el respeto y cariño de sus patronos con su profesionalidad; en la vida militar consiguió ser un soldado admirado por todos, incluidos el rey y el papa; y en la vida religiosa su estado de mujer virgen la ubicó en una categoría a la que pertenecían seres considerados moralmente superiores. Su éxito radicó en la capacidad de convencer a su sociedad y a los que estuvieron en contacto directo con ella de que su naturaleza era varonil tanto moral, por haber conservado su cuerpo de mujer impoluto, como físicamente, por haber luchado con la fortaleza de un hombre, logrando demostrar que la persona que se construyó a lo largo de los años era en realidad su verdadero ser.

Notas sobre la modernización del texto

Se han modernizado los sustantivos que aparecen en el texto en mayúsculas, como por ejemplo, los días de la semana y palabras tales como *Obispo, Padres, Rey, Capitán, Monjas, Provisora, Negra, Abadesa, Español, Damiselas* o *Religión*, excepto *Viernes Santo* o *Lunes Santo*; la acentuación como en el caso de *déme*; la ubicación de los pronombres como *fuime, pareme, vanme* o *entrome*; la conjunción *i*; y la alternancia de las grafías s/x (*escusar*), g/j (*muger*), x/j (*dexe, caxas, Truxillo*), z/c (*zerbantes*), s/z (*pescosadas*), b/v (*haviendo, havía, estava, bolverme, cavallero*), o q/c (*quanto, qual*); y latinismos como *vide*. Se indica con corchetes las partes del texto que no se han modernizado.

Vida i Sucesos de la monja alférez

Vida y sucesos de la monja alférez, o Alférez Catarina, Dª Catarina de Araujo, doncella, natural de San Sebastián, provincia de Guipúzcoa. Escrita por ella misma en 18 de septiembre de 1646 volviendo de las Indias a España en el galeón San Josef, capitán Andrés Otón, en la flota de Nueva España, general, D. Juan de Benavides, general de la armada, Tomás de la Raspuru, que llegó a Cádiz en 18 de noviembre 1646.[23]

Capítulo I

Su patria, padres, nacimiento, educación, fuga

Nací yo, Dª Catalina de Araujo, en la villa de San Sebastián, provincia de Guipúzcoa, en el año 1585: hija del capitán Miguel de Araujo y de María Pérez de Galarraga y Arce, naturales[24] y vecinos de dicha villa.

Me criaron mis padres en su casa con otros mis hermanos hasta tener 4 años. En el de 1589 me entraron en el Convento de San Sebastián el Antiguo de dicha villa, que es de monjas dominicanas, con mi tía Dª Ursola de Sarauste, hermana de mi madre, priora de aquel convento, donde me crié hasta tener quince años, y entonces se trató de profesión.[25]

Estando en el año de noviciado,[26] ya cerca del fin, se ofreció una reyerta[27] con una monja profesa llamada Dª Catarina Alici, que viuda entró y profesó, la cual, que era robusta, y yo muchacha, me maltrató de manos, y yo lo sentí.

A la noche 18 de marzo de 1600, víspera de San Josef, levantándose el convento a media noche a maitines,[28] entré en el coro y hallé allí arrodillada a mi tía, la cual me llamó, y dándome la llave de su celda,[29] me mandó traerle el breviario;[30] yo fui por él, y lo tomé, y vi allí en un clavo colgadas las llaves del convento: me dejé la celda abierta y le volví[31] a mi tía su llave y el breviario.

Estando ya todas las monjas en el coro, y comenzados maitines con solemnidad, a la primera lección, llegué a mi tía y le pedí licencia[32] porque estaba mala. Mi tía, tocándome con la mano la cabeza, me dijo:

– Anda, acuéstate.

Salí del coro, tomé una luz, fui a la celda de mi tía, tomé allí unas tijeras e hilo, y una aguja; tomé unos reales de a ocho[33] que allí estaban, tomé las llaves del convento y salí, y fui abriendo puertas y emparejándolas, y en la última que fue la de la callé, dejé mi escapulario, y salí a la calle, sin haberla visto, ni saber por dónde echar, ni adónde irme. Tiré no sé por dónde, y fui a dar en un castañar que está fuera y cerca, a las espaldas del convento, y me acogí[34] allí; estuve tres días, trazando[35] y acomodándome y cortando de vestir: corté y me hice de una basquiña[36] de paño azul con que me hallaba, unos calzones[37] de un faldellín[38] verde de perpetuán,[39] que traía debajo, una ropilla[40] y polainas:[41] el hábito me lo dejé por allí por no ver qué hacer de él. Me corté el cabello y lo eché por allí, y partí la tercera noche, y eché no sé por dónde, y fui colando caminos y pasando lugares por alejarme, y vine a dar a Vitoria que dista de San Sebastián cerca de 20 leguas,[42] a pie y cansada, y sin haber comido más que yerbas que topaba por el camino.

1 *Entra en Vitoria*

Entré en Vitoria sin saber adónde acogerme: a pocos días me hallé allí al Dr. Francisco de Zeralta, catedrático allí, el cual me recibió fácilmente sin conocerme, y me vistió. Era casado con una prima hermana de mi madre, según luego entendí, pero no me di a conocer. Estuve con él cosa de tres meses, en los cuales él, viéndome leer bien latín, se me inclinó[43] más, y me quiso dar estudio, y viéndome rehusarlo,[44] me porfió[45] y me instaba hasta venir a ponerme la mano.[46] Yo con esto determiné dejarlo, y lo hice así: le cogí unos cuartos,[47] me concerté[48] con un arriero que partía para Valladolid en doce reales, y partí con él, que dista 45 leguas.

2 *Entra en Valladolid*

Entrada en Valladolid, donde estaba entonces la corte, me acomodé luego en breve por paje[49] de D. Juan de Ydianquez, secretario del rey, el cual me vistió luego bien, y me llamé allí Francisco de Loyola, y estuve allí bien hallado siete meses.

Al cabo de ellos, estando una noche a la puerta con otro paje compañero, ¡llegó mi padre y nos preguntó si estaba en casa el señor D. Juan! Respondió mi compañero que sí. Dijo mi padre que le avisase que estaba allí. Subió el paje, quedándome yo allí con mi padre sin hablarnos palabra, ni él conocerme. Volvió el paje diciendo que subiese, y subió, yendo yo detrás de él. Salió D. Juan a la escalera, y abrazándolo, dijo:

– ¡Señor capitán, qué venida es ésta!

Mi padre habló de modo que él lo conoció que traía disgusto; entró y despidió una visita con que estaba, y volvió y se sentaron: le preguntó qué había de nuevo, y mi padre le dijo cómo se le había ido del convento aquella muchacha, y eso lo traía por los contornos en su búsqueda. D. Juan mostró sentirlo mucho por el disgusto de mi padre, y porque a mí me quería mucho, y por la parte de aquel convento, de donde era él patrono por fundación de sus pasados, y por la parte de aquel lugar de donde era él natural.

Yo, que oí la conversación y sentimientos de mi padre, me salí atrás y me fui a mi aposento, cogí mi ropa y me salí, llevándome cosa de ocho doblones con que me hallaba, y me fui a un mesón donde dormí aquella noche, y donde entendí de un arriero que partía por la mañana a Bilbao, y ajustándome con él, partimos a la mañana, sin saberme yo qué hacer, ni adónde ir, sino dejarme llevar del viento como una pluma.

3 *Entra en Bilbao*

Pasado un largo camino, me parece como de 40 leguas, entré en Bilbao donde no hallé albergue ni comodidad, ni sabía qué hacerme. Me vieron allí entretanto unos muchachos en reparar, y cercarme, y perseguirme, hasta verme fastidiado, y hube de aliar unas piedras y tirarles, y hube a uno de lastimar, no sé dónde, porque no le vi, y me prendieron y me tuvieron en la cárcel un largo mes, hasta que él hubo de sanar y me soltaron, quedándoseme por allá unos cuartos, sin mi gasto preciso. De allí luego salí, y me pasé a Navarra, que distará 20 leguas.

4 *Entra en Estella*

Entré en Estella, que distará, me parece, 20 leguas dentro de Navarra, donde me acomodé por paje de D. Carlos de Arellano, del hábito de Santiago, en cuya casa y servicio estuve dos años, bien tratada y vestida.

5 *Entra en San Sebastián*

Pasado ese tiempo, sin más causa que mi gusto, dejé aquella comodidad y me pasé a San Sebastián, mi patria, diez leguas distante de allí, y allí me estuve sin ser de nadie conocida, bien vestida y galana, y un día oí misa en mi convento, la cual oyó también mi madre, y vi que me miraba, y no me conoció, y acabada la misa, unas monjas me llamaron al coro, y yo, no dándome por entendida, les hice muchas cortesías y me fui. Era esto entrado ya el año 1602.

6 *Entra en el Pasaje*

Me pasé de allí al puerto del Pasaje, que dista de allí una legua. Me hallé allí al capitán Miguel de Berroiz de partida con un navío suyo para Sevilla. Le pedí que me llevase, y me ajusté con él en 40 reales, y me embarqué y partimos, y bien en breve llegamos a Sanlúcar.

7 Desembarca en Sanlúcar, va a Sevilla, vuelve a Sanlúcar y se embarca

Desembarcada en Sanlúcar, partí a ver a Sevilla, y aunque me convidaba a detenerme, estuve allí solos dos días, y luego me volví a Sanlúcar. Hallé allí al capitán Miguel de Chasarreta, natural de mi tierra, que lo era de un patache de galeones, de que era general D. Luis Fernández de Córdoba, y de la armada, D. Luis Fajardo, año de 1602 que partía para la punta de Araya.

Senté plaza de grumete[50] en un galeón del capitán Esteban Ciguino, tío mío, hermano de mi madre, que vive hoy en San Sebastián, y me embarqué y partimos de Sanlúcar, Lunes Santo, año de 1602.

Capítulo II

Parte de Sanlúcar, año 1602

Pasé algunos trabajos en el camino por ser nuevo en el oficio. Se me inclinó mi tío sin conocerme y me hacía agasajos,[51] oído de dónde era, y los nombres supuestos de mis padres, que yo di, y no conoció, y tuve en él algún ánimo. Llegamos a la punta de Araya, y hallamos allí una armadilla enemiga fortificada en tierra, y nuestra armada la echó de allí.

1 Llega a Cartagena y a Nombre de Dios, Pasa a Panamá

Llegamos finalmente a Cartagena de las Indias, y estuvimos allí ocho días. Me hice allí borrar la plaza de grumete, y pasé a servir al dicho capitán Ciguino, mi tío. De allí pasamos a Nombre de Dios,[52] y estuvimos allí nueve días, muriéndosenos en ellos mucha gente, lo cual hizo dar mucha prisa a partir.[53]

Estando ya embarcada la plata, y aprestado todo para partir la vuelta de España, yo le hice un tiro[54] cuantioso a mi tío cogiéndole quinientos pesos a las diez de la noche, cuando él estaba durmiendo, salí y dije a los guardas que me enviaba el capitán a un negocio a tierra. Me dejaron llanamente pasar, como me conocían. Salté en tierra y nunca me vieron más. De allí a una hora dispararon pieza de leva,[55] y zarparon hechos a la vela.[56]

Allí levada[57] ya la armada, me acomodé con el capitán Juan de Ybarra, factor[58] de las Cajas Reales de Panamá, que hoy vive. De allí a cuatro o seis días nos partimos para Panamá donde él vivía. Allí estuve con él cosa de tres meses. Me hacía poca comodidad, que era escaso, y hube allí de gastar cuanto de mi tío había traído, hasta no quedarme un cuarto, con lo cual me hube de despedir, para buscar por otra parte mi remedio. Haciendo mi diligencia[59] descubrí a Juan de Urquisa, mercader de Trujillo, y me acomodé con él, y con él me fue bien, y estuvimos allí en Panamá tres meses.

Capítulo III

De Panamá pasa con el amo Urquisa, mercader de Trujillo, al puerto de Paita[60] y de allí a la Villa de Sana

De Panamá partí con mi amo Juan de Urquisa en una fragata[61] para el puerto de Paita donde él tenía una gran cargazón.[62] Llegando al de Manta[63] nos cargó un tiempo tan fuerte, que dimos al través,[64] y los que supimos nadar como yo y mi amo, y otros pocos, salimos a tierra, y los demás perecieron.[65]

En el dicho puerto de Manta nos volvimos a embarcar en un galeón del rey que allí hallamos, y costó dinero, y en él partimos de allí, y llegamos al dicho puerto de Paita,[66] y allí halló mi amo toda su hacienda[67] como esperaba, cargada en una nao[68] del capitán Alonso Cerrato, y dándome a mí orden de que toda[69] por sus números la fuese descargando, y toda por sus números se la fuese remitiendo[70] a la Villa de Sana, adonde él iba, se la fuese allí remitiendo y partió.

Yo puse luego por obra lo que me mandó:[71] fui descargando la hacienda por sus números: la fui por ellos remitiendo. Mi amo en Sana por ellos fue recibiendo (la cual Villa de Sana dista de Paita ochenta leguas) y a lo último, con las últimas cargas yo partí de Paita y llegué a Sana.

Llegada, me recibió mi amo con gran cariño, mostrándome contento de lo bien que lo había hecho: me hizo luego al punto[72] dos vestidos muy buenos, uno negro, y otro de color, con todo buen trato. Me puso en una tienda suya entregándome por géneros y por cuenta mucha hacienda,[73] que importó más de ciento y treinta mil pesos, poniéndome por escrito en un libro los precios a cómo había de vender cada cosa; me dejó dos esclavos que me sirviesen, y una negra que guisase,[74] y tres pesos señalados para el gasto de cada día; y hecho esto, cargó él con la demás hacienda, y se fue con ella de allí a la ciudad de Trujillo, que allí distante 32 leguas.

Me dejó también escrito en el dicho libro, y advertido de las personas a quienes podía fiar[75] la hacienda que pidiesen y quisiesen llevar, por ser de su satisfacción y seguras, pero con cuenta y razón,[76] y asentando[77] cada partida[78] en el libro.

Y especialmente me advirtió esto para en cuanto a mi señora Dª Beatriz de Cárdenas, persona de toda su satisfacción y obligación,[79] y se fue a Trujillo.

Yo me quedé en Sana con mi tienda: fui vendiendo conforme a la pauta[80] que me quedó: fui cobrando y asentando en mi libro, con día, mes y año, género, varas,[81] y nombres de compradores y precios, y de la misma suerte lo fiado.

Comenzó mi Sra. Beatriz de Cárdenas a sacar ropa. Prosiguió y fue sacando tan largamente,[82] que yo llegué a dudar, y sin dárselo a ella a entender,[83] se lo escribí todo por extenso al amo a Trujillo. Me respondió: que estaba muy bien todo, y que en este particular de esta señora, si toda la tienda entera me la pidiese, se la podía entregar, con lo cual, y guardando yo esta carta, proseguí.

¡Quién me dijera que esta serenidad me durase poco, y que presto[84] de ella había de pasar a grandes trabajos!

Me estaba un día de fiesta en la comedia[85] en mi asiento que había tomado, y sin más atención, un fulano Reyes vino y me puso otro tan delante y tan arrimado que me impedía la vista. Le pedí que lo apartase un poco, respondió desabridamente;[86] y yo a él; y me dijo que me fuese de ahí, que me cortaría la cara. Yo me hallé sin armas, más que una daga,[87] me salí de allí con sentimiento.[88] Entendido por unos amigos, me siguieron y sosegaron.[89]

El lunes, por la mañana siguiente, estando yo en mi tienda vendiendo, pasó por la puerta el Reyes, y volvió a pasar. Yo reparé en ello, cerré mi tienda, tomé un cuchillo, me fui a un barbero y lo hice amolar y picar el filo como sierra; me puse mi espada, que fue la primera que ceñí; vi a Reyes delante de la iglesia paseando con otro, me fui a él por detrás y le dije:

– Ah, señor Reyes –. Volvió él, y dijo:
– ¡Qué quiere! – Dije yo:
– Esta es la cara que se corta –, y le di con el cuchillo un refilón, de que le dieron diez puntos. Él acudió con las manos a su herida. Su amigo sacó la espada y se vino a mí, yo a él con la mía: tiramos las dos,[90] y yo le entré una punta por el lado izquierdo que lo pasó[91] y cayó. Yo al punto me entré en la iglesia que estaba allí.

Al punto entró el corregidor[92] D. Mendo de Quiñones del hábito de Alcántara, y me sacó arrastrando, y me llevó a la cárcel (la primera que tuve) y me echó grillos[93] y metió en un cepo.[94]

Yo avisé a mi amo, Juan de Urquisa, que estaba en Trujillo 32 leguas de Sana. Vino al punto,[95] habló al corregidor, e hizo otras buenas diligencias conque alcanzó el alivio de las prisiones.

Fue siguiendo; fui restituido a la iglesia de donde fui sacado, después de tres meses de pleito[96] y procedimiento del señor obispo.

Estando esto en este estado, dijo mi amo que discurría[97] que para salir de este conflicto y no perder la tierra, y salir del sobresalto de que me matasen, había pensado una cosa conveniente, que era que me casase yo con Dª Beatriz de Cárdenas, con cuya sobrina era casado aquel fulano Reyes a quien corté la cara, y que con eso se sosegaría todo. Es de saber que esta Dª Beatriz de Cárdenas era dama de mi amo, y él miraba a tenernos seguros,[98] a mí, para servicio, y a ella, para gusto,[99] y parece que eso tratado entre los dos[100] lo acordaron, porque después que fui a la iglesia restituido,[101] salía de noche e iba a casa de aquella señora, y ella me acariciaba mucho, y con son[102] de temor de la Justicia me pedía que no volviese a la iglesia de noche, y me quedase allá, y una noche me encerró y se declaró en que a pesar del diablo[103] había de dormir con ella, y me apretó en esto tanto que hube de alargar la mano[104] y salirme: y dije luego a mi amo que de tal casamiento no había que tratar, porque por todo el mundo yo no lo haría. A lo cual él porfió, y me prometió montes de oro, representándome la hermosura y prendas de la dama, y la salida de aquel pesado negocio, y otras conveniencias. Sin embargo de lo cual persistí en lo dicho.

Visto lo cual, trató mi amo de pasarme a Trujillo con la misma tienda y comodidad, y vine en ello.[105]

[. . .]

Capítulo V

Parte de Trujillo a Lima

Partido de Trujillo y andadas más de ochenta leguas, entré en la ciudad de Lima, cabeza del opulento Reino del Perú, (que comprende 102 ciudades de españoles sin muchas villas, 28 obispados y arzobispados, 136 corregidores, las audiencias reales de Valladolid, Granada, Charcas, Quito, Chile y la Paz), tiene arzobispo, iglesia catedral parecida a la de Sevilla, aunque no tan grande, con cinco dignidades, diez canónigos,[106] seis raciones[107] enteras, y seis medias, cuatro curas, siete parroquias, doce conventos de frailes y de monjas, ocho hospitales, una ermita, Inquisición (y otra en Cartagena), universidad. Tiene virrey y audiencia real que gobiernan el resto del Perú, y otras grandiosidades.

Di mi carta a Diego de Solarte, mercader[108] muy rico, que es ahora cónsul mayor de Lima, a quien me remitió en su casa con mucho agrado y afabilidad, y a pocos días me entregó su tienda, y me señaló 600 pesos al año: y allí lo fui haciendo muy a su agrado y contento.

Al cabo de nueve meses me dijo que buscase mi vida en otra parte: y fue la causa, que tenía en casa dos doncellas hermanas de su mujer, con las cuales, y más con una, que más se me inclinó, solía yo más jugar y triscar:[109] y un día, estando en el estrado peinándome acostado en sus faldas y andándole en las piernas, llegó acaso a una reja por donde nos vio; y oyó a ella que me decía que fuese al Potosí[110] y buscase dineros, y nos casaríamos. Se retiró, y de allí a un poco me llamó, y me pidió y tomó cuentas, y me despidió, y me fui.

Me hallaba desacomodada[111] y muy remota de favor.[112] Se estaban allí entonces levantando seis compañías[113] para Chile. Yo me llegué a una, y asenté plaza de soldado, y recibí luego 280 pesos que me dieron de sueldo.

Mi amo, Diego de Solarte, que lo supo, lo sintió mucho, que parece no lo decía por tanto; me ofreció hacer diligencia con los oficiales que me borrasen la plaza, y volver[114] el dinero que recibí, y no vine en ello,[115] diciendo era mi inclinación andar y ver mundo.

En fin, asentada la plaza en la compañía del capitán Gonzalo Rodríguez, partí de Lima en tropa de 1600 hombres, de que iba por maese de campo Diego Bravo de Sarabia, para la ciudad de la Concepción que dista de Lima quinientas cuarenta leguas.

Capítulo VI

Llega a la Concepción: halla allí a su hermano

Llegamos al puerto de la Concepción en 20 días que se tardó en el camino: es ciudad razonable, con título de noble y leal; tiene obispo.

Fuimos bien recibidos por la falta de gente que había en Chile. Llegó luego orden del gobernador Alonso de Ribera para desembarcarnos: la[116] trajo su secretario, el capitán Miguel de Araujo. Luego que oí su nombre me alegré, y vi que era mi hermano: porque aunque no le conocía, ni había visto, porque partió de San Sebastián para estas partes[117] siendo yo de dos años, tenía noticia de él, si no de su residencia.

Tomó la lista de la gente: fue pasando y preguntando a cada uno su nombre y patria; y llegando a mí, y oyendo mi nombre y patria, soltó la pluma y me abrazó, y fue haciendo preguntas, y por su padre y madre y hermanas, y por su hermanita Catarina,[118] la monja; y fui a todo respondiendo como podía, sin descubrirme ni caer en ello. Fue prosiguiendo la lista, y en acabando, me llevó a comer a su casa, y me sentó a comer. Me dijo que aquel presidio que yo llevaba de Paicabí, era de mala pasadía[119] de soldados; que él hablaría al gobernador para que me mudase la plaza.[120] Subió al gobernador en cuanto comió,[121] llevándome consigo. Le dio cuenta de la gente que venía, y le pidió de merced[122] que mudase a su compañía a un mancebito[123] que venía allí de su tierra, que no había visto otro de allá, desde que salió. Me mandó entrar el gobernador, y en cuanto me vio,[124] no sé por qué, dijo que no me podía mudar. Mi hermano lo sintió y se salió. De allí a un rato llamó a mi hermano el gobernador, y le dijo que fuese como pedía.

Así, yéndose las compañías, quedé yo con mi hermano por su soldado, comiendo a su mesa casi tres años, sin haber dado en ello. Fui con él algunas veces a casa de una dama que allí tenía, y de ahí algunas otras veces me fui sin él: él alcanzó a saberlo, y concibió mal,[125] y me dijo que allí no entrase. Me acechó,[126] y me cogió otra vez: me esperó, y al salir, me embistió a cintarazos y me hirió en una mano. Me fue forzoso defenderme, y al ruido acudió el capitán D. Francisco de Aillón, y metió paz; pero yo me hube de entrar[127] en San Francisco por temor del gobernador, que era fuerte, y lo estuvo en esto, aunque más mi hermano intercedió, hasta que vino a desterrarme a Paicabí, y sin remedio hube de ir al puerto de Paicabí[128] y estuve allí tres años.

I *De Paicabí sale a la batalla de Valdivia, gana bandera: se retira al Nacimiento: va al Valle de Purén; vuelve a la Concepción*

Hube de salir a Paicabí, y pasar allí algunos trabajos por tres años, habiendo antes vivido alegremente: estábamos siempre con las armas en la mano por la gran invasión de indios que allí hay. Vino allí finalmente el gobernador Alonso de Sarabia con todas las compañías de Chile; nos juntamos otros cuantos con él, y nos alojamos en los llanos de Valdivia en campaña raza, cinco mil hombres con harta[129] incomodidad. Tomaron y asolaron[130] los indios de la dicha Valdivia: salimos a ellos y batallamos tres o cuatro veces, maltratándolos siempre y destrozando, pero llegándoles la vez última socorro, nos fue mal y nos mataron mucha gente y capitanes, y a mi Alférez, y llevaron la bandera. Viéndola llevar, partimos tras ella yo y dos soldados de caballo por medio de grande multitud, atropellando y matando, y recibiendo daño:[131] en breve cayó muerto uno de los tres. Proseguimos los dos. Llegamos a la bandera, cayó de un bote[132] de lanza mi compañero. Yo recibí un mal golpe en una pierna. Maté al cacique[133] que la llevaba y se la quité, y apreté con mi caballo, atropellando, matando e hiriendo a infinidad, pero mal herido, y pasado de tres flechas, y de una lanza en el hombro izquierdo que sentía mucho.[134] En fin, llegué a mucha gente y caí luego del caballo. Me acudieron algunos, y entre ellos, mi hermano, a quien no había visto, y me fue de consuelo. Me curaron, y quedamos allí alojados nueve meses. Al cabo de ellos mi hermano me sacó del gobernador la bandera que yo gané y quedé Alférez de la compañía de Alonso Moreno, la cual poco después se dio al capitán Gonzalo Rodríguez, primero capitán que yo conocí, y holgué mucho.

Fui alférez[135] cinco años . . .

II En la Concepción mata a dos, y a su hermano

Jugaba conmigo la fortuna trocando las dichas en azares. Me estaba quieto en la Concepción. Me estaba un día en el cuerpo de guardia,[136] y me entré con otro amigo alférez en una casa de juego allí junto: nos pusimos a jugar, fue corriendo el juego y en una diferencia[137] que se ofreció, presentes muchos alrededor, me dijo que mentía como cornudo:[138] yo saqué la espada y se la entré por el pecho. Cargaron tantos sobre mí, y tantos que entraron al ruido, que no pude moverme: me tenía en particular asido[139] un ayudante. Entró el auditor general, Francisco de Parraga, y me asió también fuertemente, y me zamarreaba[140] haciéndome no sé qué preguntas; yo decía que delante del gobernador declararía. Entró en esto mi hermano, y me dijo en vascuence que procurase salvar la vida. El auditor me cogió por el cuello de la ropilla, yo con la daga en la mano le dije que me soltase: me zamarreó; le tiré un golpe y le atravesé los carrillos;[141] me tenía; le tiré otro y me soltó; saqué la espada, cargaron muchas sobre mí, me retiré hacia la puerta; había algún embarazo,[142] lo allané[143] y salí; y me entré en San Francisco que es allí cerca,[144] y supe allí que quedaban muertos el alférez y el auditor. Acudió luego el gobernador Alonso García Romón: cercó la iglesia con soldados, y así la tuvo seis meses. Echó bando[145] prometiendo premio a quien me diese preso, y que en ningún puerto se me diese embarcación, y avisó a los presidios[146] y plazas e hizo otras diligencias: hasta que con el tiempo, que lo cura todo, fue templándose este rigor[147] y fueron arrimándose intercesiones y se quitaron las guardas y fue cesando el sobresalto, y fue quedándome más desahogo, y me fui hallando amigos que me visitaron, y se fue cayendo en la urgente provocación desde el principio, y en el aprieto encadenado del lance.

A este tiempo, y entre otros, vino un día D. Juan de Silva, mi amigo alférez vivo, y me dijo que había tenido unas palabras con D. Francisco de Rojas del hábito de Santiago, y lo había desafiado para aquella noche a las once, llevando cada uno a un amigo, y que él no tenía otro para eso sino a mí. Yo quedé un poco suspenso,[148] recelando[149] si habría allí forjada[150] alguna treta[151] para prenderme.[152] Él, que lo advirtió, me dijo:

– Si no os parece, no sea. Yo me iré solo, que a otro no he yo de fiar mi lado –. Yo dije en qué reparaba, y acepté.

En dando la oración, salí del convento y me fui a su casa: cenamos y parlamos hasta las diez, y en oyéndolas,[153] tomamos las espadas y capas y salimos al puesto señalado. Era la obscuridad tan suma que no nos veíamos las manos; y advirtiéndolo yo, hice con mi amigo que para no desconocernos[154] en lo que se pudiese ofrecer, nos pusiésemos cada uno en el brazo atado su lenzuelo.

Llegaron los dos, y dijo el uno (conocido en la voz por D. Francisco de Rojas):

– ¡D. Juan de Silva! – D. Juan respondió:
– Aquí estoy.

Metieron ambos manos a las espadas y se embistieron: parados el otro y yo, fueron bregando,[155] y a poco rato sentí que se sintió[156] mi amigo de punta que le había entrado. Me puse luego a su lado, y al punto el otro al lado de D. Francisco. Nos tiramos[157] dos a dos, y a breve rato cayeron D. Francisco y D. Juan. Proseguimos yo y mi contrario batallando; le entré yo una punta por bajo, según después pareció, de la tetilla izquierda, pasándole, según sentí, coleto de dos antes, y cayó.

– ¡Ha, traidor!, ¡que me has muerto!

Yo quise reconocer el[158] habla de quien yo no conocía. ¡Le pregunté quién era! Dijo:

– El capitán Miguel de Araujo.

Yo quedé atónito. Pedía a voces confesión, y la pedían los otros. Fui corriendo a San Francisco y envié dos religiosos: los confesaron a todos. Los dos espiraron luego. A mi hermano lo llevaron a casa de gobernador, de quien era secretario de guerra. Acudieron luego con médico y cirujano a la curación, hicieron cuanto alcanzaron en breve. Se hizo lo judicial, preguntándole el homicida. El clamaba por un poco de vino, el doctor Robledo se lo negaba, diciendo que no convenía: El porfió. El doctor negó. Dijo él:

– Más cruel anda vuestra merced conmigo, que el alférez Días –, y de ahí a un rato espiró.

Acudió con esto el gobernador a cercar el convento, y se arrojó dentro con su guardia. Resistieron los frailes con su provincial fray Francisco de Otálora, que hoy vive en Lima. Se altercó[159] mucho sobre esto, hasta decirle resueltos[160] unos frailes que mirase que si entraba, no había de volver a salir, con lo cual se reportó[161] y retiró, dejando los guardas.

Muerto el dicho capitán Miguel de Araujo, lo enterraron en el dicho Convento de San Francisco, viéndolo yo desde el coro: sabe Dios con qué dolor.

Me estuve allí ocho meses, siguiéndose entretanto la causa en rebeldía, no dándome lugar el negocio para presentarme. Me hallé ocasión con el amparo de D. Juan Ponce de León, que me dio caballo y armas, y avío[162] para salir de la Concepción, y partí a Valdivia y a Tucumán.

Capítulo VII

Parte de la Concepción a Tucumán

Comencé a caminar por toda la costa del mar, pasando grandes trabajos[163] y falta de agua, que no hallé en todo aquello; por allí me topé[164] en el camino con otros dos soldados de mal andar, y seguimos los tres el camino, determinados todos a morir antes que dejarnos prender. Llevábamos nuestros caballos, armas blancas y de fuego, y la alta providencia de Dios.

Seguimos la cordillera arriba por subida de más de 30 leguas, sin topar en ellas ni en otras 300 que anduvimos, un bocado de pan, y rara vez agua, y algunas yerbezuelas[165] y animalejos,[166] y tal o tal raizuela[167] de que mantenernos,[168] y tal o cual indio que huía. Hubimos de matar uno de nuestros caballos, y hacerlo tasajos,[169] pero le hallamos sólo huesos y pellejos, y de la misma suerte, poco a poco, y caminando, fuimos haciendo lo mismo de los otros, quedándonos a pie, y sin podernos tener. Entramos en una tierra fría, tanto que nos helaba. Topamos dos hombres arrimados[170] a una peña, y nos alegramos; fuimos a ellos, saludándolos antes de llegar, y preguntándoles qué hacían allí, no respondieron; llegamos allá, y estaban muertos, helados, las bocas abiertas como riendo, y nos causó eso pavor.

Pasamos adelante, y la noche tercera, arrimándonos a una peña, el uno de nosotros no pudo más y espiró. Seguimos los dos, y el día siguiente, como a las cuatro de la tarde, mi compañero, llorando, se dejó caer sin poder más andar y espiró. Le hallé en la faltriquera[171] ocho pesos, y proseguí mi camino sin ver adónde, cargada de arcabuz,[172] y del pedazo de tasajo que me quedaba, y esperando lo mismo que vi en mis compañeros; y ya se ve mi aflicción, cansada, descalza, lastimados los pies. Me arrimé a un árbol, lloré, y pienso que fue la primera vez. Recé el rosario, encomendándome a la Santísima Virgen, y al glorioso Joseph, su esposo. Descansé un poco; me volví a levantar y a caminar, y parece salí del reino de Chile, y entré en el de Tucumán, según en el temple[173] reconocí.

Fui caminando, y la mañana siguiente, rendida en aquel suelo del cansancio y hambre, vi venir dos hombres a caballo. Ni supe si afligirme o si alegrarme, no sabiendo si eran caribes,[174] o si gente de paz. Previne mi arcabuz sin poder con él. Llegaron y me preguntaron adónde iba por allí tan apartado.[175] Los conocí cristianos, y vi el cielo abierto. Les dije que iba perdido, y no sabía dónde estaba, y que me hallaba rendido y muerto de hambre, y sin fuerzas para levantarme. Se dolieron de verme, se apearon,[176] me dieron de comer lo que llevaban, me subieron en un caballo, y me llevaron a una heredad[177] tres leguas de allí, donde dijeron estaba su señor y llegamos como a las cinco de la tarde.

Era la señora una mestiza, hija de español y de india, viuda, buena mujer, que viéndome y oyendo mi derrota y desamparo, se condolió[178] y me recibió bien, y compadecida, y me hizo luego acostar en razonable cama, y me dio bien de cenar, y me dejó reposar y dormir, conque me restauré.[179] La mañana siguiente me dio bien de almorzar, y me dio un vestido razonable de paño,[180] viéndome totalmente falto, y fue así tratándome muy bien, y regalando mucho. Era bien acomodada, y tenía muy muchas bestias y ganados: y como parece que aportan por allí pocos españoles, parece que me apeteció[181] para una hija.

Al cabo de ocho días que allí me tuvo, me dijo la buena mujer, que me quedase allí para gobernar su casa. Yo mostré grande estimación de la merced que me hacía en mi descarrío,[182] y me ofrecí a servirla cuanto bien yo alcanzase.[183] A pocos más días me dio a entender que tendría a bien que me casase con su hija que allí consigo tenía, la cual era una negra fea como unos diablos, muy contraria a mi gusto que siempre fue de buenas caras. Le mostré grande alegría de tanto bien sin merecerlo yo, y ofreciéndome a sus pies para que dispusiese de mí como de cosa suya adquirida en derrota, fui sirviéndola lo mejor que supe. Me vistió muy galán, y me entregó francamente su casa y su hacienda. Pasados dos meses nos venimos a Tucumán para allí efectuar el casamiento: y allí estuve otros dos meses, dilatando el efecto con varios pretextos, hasta que no pude más, y tomando una mula me partí, y no me han visto más.

Me sucedió a este tiempo en Tucumán otro caso a esta manera: y fue que en aquellos dos meses que allí estuve entreteniendo a mi india, me amisté casualmente con el secretario del obispo, el cual me festejó[184] y llevó a su casa varias veces, y allí jugamos, y vine a introducirme allí también con D. Antonio de Cervantes, canónigo[185] de aquella iglesia y provisor[186] del obispo, el cual también se me inclinó, y acarició[187] y regaló, y convidó[188] varias veces a comer, y vino finalmente a declararse diciéndome que tenía una sobrina en casa, mocita de mi edad, de muy relevantes prendas, y con buen dote, y que le había parecido desposarla[189] conmigo, que también le había agradado. Yo me mostré muy rendido al favor y a su voluntad: vi a la moza, y me pareció bien, y me envió un vestido de terciopelo[190] bueno, y doce camisas, seis pares de calzones de ruan,[191] unos cuellos de Holanda, una docena de lenzuelos,[192] y 200 pesos en una fuente, y esto de regalo y galantería, no entendiéndose[193] dote. Yo lo recibí con grande estimación, y compuse la respuesta lo mejor que supe, remitiéndome a la ida a besarle la mano y ponerme a sus pies. Oculté lo que pude a la india, y en lo demás le di a entender que era para solemnizar el casamiento con su hija, de que aquel caballero había sabido, y estimaba mucho habiéndoseme inclinado. Y hasta aquí llegaba esto cuando monté el cabo y me desaparecí; y no he sabido cómo se hubieron[194] después la negra y la provisora.[195]

[...]

Capítulo XX

Entra en Guamanga: y lo que allí le sucedió hasta descubrirse el Obispo

Entré en Guamanga, me fui a una posada: me hallé allí un soldado pasajero que se aficionó[196] al caballo y se lo vendí en doscientos pesos. Salí a ver la ciudad; me pareció bien y de buenos edificios, los mejores que vi en el Perú; vi tres conventos, de franciscanos, mercedarios,[197] y dominicanos;[198] y uno de monjas y un hospital. Muchísimos vecinos indios y muchos españoles. Bello temple de tierra, fundada en un llano, sin frío ni calor: de grande cosecha de trigo, vino, y frutas y semillas. Buena iglesia con tres dignidades y dos canónigos y un santo obispo fraile Agustino D. Fray Agustín de Carvajal, que fue mi remedio, aunque me faltó muriendo de repente el año de veinte y decían que lo había sido allí desde el año de doce.

Me estuve allí unos días y quiso mi desgracia que me entré unas veces en una casa de juego, donde estando un día, entró el corregidor don Baltasar de Quiñones, y mirándome y desconociéndome, me preguntó ¡de dónde era! Dije que vizcaíno. Dijo:

– ¡De dónde viene ahora!

Dije:

– Del Cuzco –. Se suspendió un poco mirándome, y dijo:
– Sea preso –. Dije:
– De buena gana –, y saqué la espada retirándome[199] a la puerta. El dio voces pidiendo favor[200] al rey. Hallé en la puerta tal resistencia, que no pude salir. Saqué una pistola de tres bocas, y salí y me desaparecí, entrándome en casa de un amigo que ya me había hallado.[201] Partió el corregidor y me embargó[202] la mula y no sé qué cosillas que tenía en la posada.[203]

Me estuve allí unos días, habiendo descubierto que aquel amigo era vizcaíno, y entretanto no sonaba ruido del caso,[204] ni se sentía que la Justicia tratase de ello: pero todavía nos pareció ser forzoso mudar tierra, pues tenía allí lo mismo que en otra parte. Resuelto en ello, salí un día a boca de noche y a breve rato quiere mi desgracia que topo[205] [con] dos alguaciles. Me preguntan:

– ¿Qué gente? –, y respondo:
– Amigos.

Me piden el nombre, y digo:

- El diablo –, que no debí decir. Me van a echar mano.[206] Saco la espada y se arma un gran ruido. Ellos dan voces:
- Favor a la Justicia –. Va acudiendo gente, sale el corregidor que estaba en casa del obispo, me avanzan más ministros: me hallo afligido, y disparo una pistola, y derribo a uno. Crece más el empeño:[207] me hallo al lado aquel vizcaíno, mi amigo, y otros paisanos con él. Daba voces el corregidor que me matasen. Sonaron muchos traquidos[208] de ambas partes. Salió el obispo con cuatro hachas[209] y se entró[210] por miedo. Lo encaminó hacia mí su secretario Juan Baptista de Arteaga. Llegó y me dijo:
- Señor alférez, deme las armas –. Dije:
- Señor, hay aquí muchos contrarios –. Dijo:
- Démelas que seguro está conmigo, y le doy palabra de sacarlo a salvo aunque me cueste cuanto soy.

Dije:

- Señor ilustrísimo, en estando en la iglesia besaré los pies de vuestra señoría ilustrísima.

En esto me acometen[211] cuatro esclavos del corregidor y me aprietan tirándome ferozmente, sin respecto a la presencia de su ilustrísima, de modo que defendiéndome hube de entrar[212] la mano y derribar a uno. Me acudió el secretario del señor obispo con espada y broquel,[213] con otros de la familia, dando muchas voces ponderando[214] el desacato[215] en presencia de su ilustrísima, y cesó algo la puja.[216] Me asió su ilustrísima por el brazo, me quitó las armas y poniéndome a su lado, me llevó consigo y me entró en su casa. Me hizo luego curar una pequeña herida que llevaba, y me mandó dar de cenar y recoger, cerrándome con llave que se llevó.

Vino luego el corregidor y hubo su ilustrísima larga conversación y altercación sobre esto con él, lo cual después por mayor entendí.

A la mañana, como a las diez, su ilustrísima me hizo llevar a su presencia, y me preguntó quién era, y de dónde, hijo de quién y de todo el curso de mi vida, y causas[217] y caminos por donde vine a parar allí, y fue en esto desmenuzando[218] tanto, y mezclando buenos consejos, y los riesgos de la vida y espantos[219] de la muerte y contingencias de ella, y el asombro de la otra, si no me coge bien: procurándome sosegar y reducir a quietarme,[220] y arrodillarme a Dios, que yo me puse tamañito,[221] y me descubro[222] viéndolo tan santo varón y pareciendo estar yo en la presencia de Dios. Y le digo:

- Señor, todo esto que he referido[223] a vuestra señoría ilustrísima no es así; la verdad es ésta: que soy mujer, que nací en tal parte, hija de fulano y zutana, que me entraron de tal edad en tal convento con fulana mi tía, que allí me crié; que tomé el hábito, que tuve noviciado; que estando para profesar, por tal ocasión me salí; que me fui a tal parte, me desnudé, me vestí, me corté el cabello; partí allí, y acullá,[224] me embarqué, aporté,[225] trajiné,[226] maté, herí, maleé,[227] correteé,[228] hasta venir a parar en lo presente y a los pies de su señoría ilustrísima.

El santo señor entretanto que esta relación[229] duró, que fue hasta la una, se estuvo suspenso, sin hablar ni pestañear escuchándome; y después que acabé, se quedó también sin hablar y llorando a lágrima viva. Después me envió a descansar y a comer. Tocó una campanilla, hizo venir a un capellán[230] anciano y me envió a su oratorio,[231] y allí me pusieron la mesa y me cerraron, y un trasportín,[232] en el que me acosté y dormí.

A la tarde, como a las cuatro, me volvió a llamar el señor obispo y me habló con gran bondad de espíritu, conduciéndome a dar muchas gracias a Dios por la merced usada conmigo, dándome a ver el camino perdido[233] que llevaba, derecho a las penas eternas, y me exhortó a recorrer mi vida y hacer una buena confesión, pues ya por lo más la tenía hecha y me sería fácil: después ayudaría Dios para que viésemos lo que se debía hacer; y en esto y en cosas ocurrentes[234] se acabó la tarde. Me retiré, me dieron bien de cenar, y me acosté.

A la mañana dijo misa el señor obispo; yo la oí, después dio gracias. Se retiró a un desayuno y me llevó consigo. Fue moviendo y siguiendo su discurso, y vino a decir que tenía éste[235] por el caso más notable en este género que había oído en su vida y remató[236] diciendo:

– ¿En fin, esto es así? – Dije:
– Sí señor –. Replicó:
– No se espante que inquiete la credulidad[237] su rareza. Dije:
– Señor, es así; y si quiere salir de duda vuestra señoría ilustrísima por experiencia de matronas, yo llana[238] estoy. Dijo:
– Pues vengo en ello y me contenta oírlo.

Y me retiré por ser hora del despacho. A mediodía comí, después reposé un rato.

A la tarde, como a las cuatro, entraron dos matronas y me miraron y satisficieron y declararon después ante el obispo con juramento, haberme visto y reconocido cuanto fue menester para certificarse y haberme hallado virgen intacta, como el día en que nací. Su ilustrísima se enterneció y despidió a las comadres, y me hizo comparecer y delante del capellán que vino conmigo, me abrazó enternecido y en pie, y me dijo:

– Hija, ahora creo sin duda lo que me dijisteis y creeré en adelante cuanto me dijereis, y os venero[239] como una de las personas notables de este mundo y os prometo asistiros en cuanto pueda y cuidar de vuestra conveniencia y del servicio de Dios.

Me mandó poner cuarto decente y estuve en él con comodidad, y ajustando mi confesión, la cual hice en cuanto pude bien, y después su ilustrísima me dio la comunión. Parece que el caso se divulgó[240] y era inmenso el concurso[241] que allí acudió sin poderse excusar[242] la entrada a personajes, por más que yo lo sentía y su ilustrísima también.

En fin, pasados seis días acordó su ilustrísima entrarme en el Convento de Monjas de Santa Clara de Guamanga, que allí de religiosas no hay otro. Me puso el hábito. Salió su ilustrísima de casa llevándome a su lado con un concurso tan grande, que no hubo de quedar persona alguna en la ciudad que no viniese, de suerte que se tardó mucho en llegar allá. Llegamos finalmente a la portería (porque a la iglesia donde pensaba su ilustrísima antes entrar, no fue posible, porque entendido así se había llenado). Estaba allí todo el convento con velas encendidas. Se otorgó allí por la abadesa y ancianas, una escritura en que prometía el convento volverme a entregar a su ilustrísima o prelado[243] sucesor, cada vez que me pidiesen. Me abrazó su ilustrísima y me echó su bendición y entré. Me llevaron al coro[244] en procesión, hice oración allí. Besé la mano a la señora abadesa. Fui abrazando y me fueron abrazando las monjas y me llevaron a un locutorio[245] donde su ilustrísima me estaba esperando. Allí me dio buenos consejos y exhortó[246] a ser buena cristiana y dar gracias a nuestro Señor y frecuentar[247] los sacramentos, ofreciéndose su ilustrísima a venir a ello, como vino muchas veces, y ofreciéndome largamente todo cuanto hubiese menester,[248] y se fue. Corrió la noticia de este suceso por todas las Indias, y los que antes me vieron, y los que antes y después supieron mis cosas, se maravillaron en todas las Indias.

Dentro de cinco meses, año de 1620, repentinamente se quedó muerto mi santo obispo, que me hizo gran falta.[249]

[. . .]

Entra en Lima en el Convento de la Trinidad de Bernardas

Allí me estuve cabales dos años y cinco meses, hasta que volvió de España razón bastante de cómo no era yo, ni había sido monja profesa, con lo cual se me permitió salir del Convento con sentimiento común de todas las monjas, y me puse en camino para España.

Parte de Lima a Guamanga, a Santa Fe de Bogotá, a Tenerife, Cartagena, y a España

Partí luego a Guamanga a ver y despedirme de aquellas señoras del Convento de Santa Clara, las cuales me detuvieron[250] allí ocho días, con muchos agrados y regalos y lágrimas a la partida.

Proseguí mi viaje a la ciudad de Santa Fe de Bogotá en el nuevo Reino de Granada: vi al señor obispo D. Julián de Cortázar, el cual me instó mucho a que me quedase allí en el convento de mi orden. Yo le dije que no tenía yo orden ni religión,[251] y que trataba de volverme a mi patria, donde haría lo que pareciese más convenirme para mi salvación: y con esto, y con un buen regalo que me hizo, me despedí.

Pasé a Zaragoza por el río de la Magdalena arriba. Caí allí enferma, y me pareció mala tierra para españoles, y llegué a punto de muerte: y después de unos días convaleciendo, algo antes de poderme tener,[252] me hizo un médico partir; y salí por el río y me fui a Tenerife, donde en breve me recobré.

[. . .]

Parte de Cádiz a Sevilla, de Sevilla a Madrid, de allí a Pamplona

De Cádiz me fui a Sevilla, y estuve allí quince días, escondiéndome cuanto pude, huyendo del concurso que acudía a verme vestida en hábito de hombre.

De allí pasé a Madrid y estuve allí veinte días sin descubrirme. Allí me prendieron[253] por mandado del vicario, no sé por qué, y me hizo luego soltar[254] el conde de Olivares. Me acomodé[255] allí con el conde de Xavier que partía para Pamplona, y fui y le asistí cosa de dos meses.

[. . .]

Llega a Madrid, forma su pretensión y la consigue

Me vine a Madrid: me presenté ante su majestad suplicándole me premiase mis servicios. Me remitió su majestad al Consejo de Indias. Allí acudí y presenté los papeles[256] que me habían quedado de la derrota. Los vieron aquellos señores, y favoreciéndome, con consulta, su majestad me señaló 800 escudos de renta por mi vida, que fueron poco menos de lo que pedí. Lo cual fue en el mes de agosto de 1625. Me sucedieron entretanto en la corte algunas cosas, que por leves[257] aquí omito.[258]

Partió poco después su majestad de Madrid para las cortes de Aragón y llegó a Zaragoza a los principios de enero de 1626.

Parte de Madrid a Barcelona

Me puse en camino para Barcelona con otros tres amigos que partían para allá. Llegamos a Lérida. Reposamos[259] allí un poco, y proseguimos nuestro camino el Jueves Santo por la tarde. Llegando un poco antes de Velpuche, como a las cuatro de la tarde, bien contentos y ajenos de azar,[260] de una vuelta y breñal[261] al lado derecho del camino, nos salen de repente nueve hombres, con sus escopetas, los gatos[262] levantados, y nos cercan y mandan apear:[263] no pudimos hacer otra cosa, teniendo a merced apearnos vivos. Desmontamos, nos quitaron las armas y los caballos, y los vestidos y cuanto llevábamos, sin dejarnos más que los papeles, que les pedimos de merced, y viéndolos, nos los dieron sin dejar otra hilacha.[264]

Proseguimos nuestro camino a pie, desnudos, avergonzados, y entramos en Barcelona el Sábado Santo de 1626 en la noche, sin saber, a lo menos yo, qué hacer. Mis compañeros tiraron[265] no sé por dónde, a buscar su remedio. Yo, por allí, de casa en casa, plagueando[266] mi robo, adquirí unos malos trapajos,[267] y una mala capilla conque cubrirme. Me acogí,[268] entrada más la noche, debajo de un portal, donde estaban tendidos otros miserables, donde llego a entender que estaba el rey allí, y que estaba allí en su servicio el marqués de Montes-Claros, buen caballero y caritativo, a quien conocí y hablé en Madrid. A la mañana me fui a él, y le conté mi fracaso, y se dolió de verme y luego me mandó vestir y me hizo entrar a su majestad agenciándome[269] el buen caballero la ocasión.

Entré y referí a su majestad mi suceso, como me pasó. Me escuchó y dijo:

– ¡Pues cómo os dejastéis vis robar! – Respondí:
– Señor, no pude más.

Me preguntó cuántos eran. Dije:

– Señor, nueve con escopetas, altos los gatos, que nos cogieron de repente al pasar una breña.

Mostró su majestad con la mano querer el memorial. Lo besé y lo puse en ella, y dijo su majestad:

– Yo lo veré.

Estaba entonces su majestad en pie y se fue. Yo me salí y en breve hallé al despacho, en que mandaba su majestad darme cuatro raciones de alférez reformado, y 30 ducados de ayuda de costa.[270]

Con lo cual me despedí del marqués de Montes-Claros a quien tanto debí: y me embarqué en la galera San Martín la nueva de Sicilia, que de allí partía para Génova.

[...]

Pasa de Génova a Roma

Partí de Génova a Roma. Besé el pie a la Santidad de Urbano VIII, le referí en breve, y lo mejor que supe, mi vida y corridas, mi sexo, y virginidad, y mostró su santidad extrañar tal caso y con afabilidad me concedió licencia para proseguir mi vida en hábito de hombre, encargándome la prosecución[271] honesta en adelante, y la abstinencia en ofender al prójimo,[272] temiendo la ulción[273] de Dios sobre su mandamiento, *Non occides*,[274] y me volví.

Se hizo el caso allí notorio, y fue notable al concurso de que me vi cercado de personajes, príncipes, obispos, cardenales, y el lugar que me hallé abierto donde quería, de suerte que en mes y medio que estuve en Roma, fue raro el día en que no fuese convidado y regalado de príncipes, y especialmente un viernes fui convidado y regalado por unos caballeros, por orden particular y encargo del senado romano, y me asentaron en un libro por ciudadano romano. Y día de San Pedro, 29 de junio de 1626, me entraron en la Capilla de San Pedro donde vi [a] los cardenales con las ceremonias que se acostumbran aquel día. Y todos, o los más, me mostraron notable agrado y caricia, y me hablaron muchos. Y a la tarde, hallándome en rueda[275] con tres cardenales, me dijo uno de ellos, que fue el cardenal Magalón, que no tenía más falta[276] que ser español, a lo cual le dije:

— A mí me parece, señor, debajo de la corrección de vuestra señoría ilustrísima, que no tengo otra cosa buena.

De Roma viene a Nápoles

Pasado mes y medio que estuve en Roma, me partí de allí para Nápoles el día 5 de julio de 1626. Nos embarcamos en Ripa. En Nápoles, un día, paseándome en el muelle, reparé en las risadas de dos damiselas[277] que parlaban[278] con dos mozos, y me miraban. Y mirándolas, me dijo una:

— Señora Catalina, ¿dónde es el camino?[279]

Respondí:

— Señora puta, a darles a vuestras mercedes cien pescozadas[280] y cien cuchilladas a quien lo quisiere defender.

Callaron y se fueron de allí.

Preguntas de comprensión.

1. ¿Qué incidente provocó la escapada Catalina de Erauso del convento de las monjas dominicas de San Sebastián?
2. ¿Qué hizo durante esos tres días que estuvo escondida para transformar su imagen?
3. ¿Cómo vivió durante esos tres años que estuvo viajando por el norte de España escondiéndose de sus padres?
4. Explique los trabajos que realizó con Juan Urquiza y Diego de Solarte y los hechos que impidieron que continuara trabajando con ellos.
5. ¿Qué le llama la atención sobre las aventuras amorosas que tuvo con Beatriz de Cárdenas, con las cuñadas de Diego de Solarte y con la dama de su hermano?
6. El hecho de ser mujer le impidió aceptar las diferentes propuestas matrimoniales que tuvo y, obviamente, la narradora no se puede referir a ello cuando las rechaza. ¿Cómo justifica entonces sus negativas?
7. Identifique los diferentes incidentes que la llevaron a huir de la justicia y los que acabaron con Erauso en la cárcel.
8. ¿Qué personajes la ayudaron durante estos años que vivió haciéndose pasar por hombre?
9. ¿Cómo describe la narradora-protagonista las ciudades de la Colonia?
10. La escena en la que Erauso recupera la bandera en Paicaví es un momento importante en su vida militar. ¿A qué elementos retóricos recurre para darle plasticidad a la escena y, a la vez, centrar la atención sobre su persona?

11 Explique el contexto que rodea la muerte de su hermano.
12 ¿Cómo describe la narradora la naturaleza de la cordillera de los Andes?
13 ¿Cuál fue el motivo de su último arresto en la Colonia?
14 ¿Qué aspecto de su confesión sorprendió al obispo de Guamanga?
15 ¿Cómo cambió a partir de este momento su vida?
16 ¿Cómo fue recibida en Europa y qué autoridades quisieron conocerla?

Preguntas de debate y temas para escribir.

1 ¿Se puede comparar a Erauso con algún héroe ficticio de nuestra época?
2 A pesar de que *Vida i Sucesos* se centra en el personaje de Erauso, la narradora-protagonista nos deja una imagen de sí misma que no se puede desconectar del mundo que la rodea. ¿Cómo es la sociedad (colonial) que nos presenta? Analice la vida social, la dinámica entre sus miembros, el funcionamiento de la justicia; es decir, todos esos aspectos que ayudan a recrear un mundo desconocido para los lectores de la metrópolis y para los lectores del siglo XXI.
3 Uno de los aspectos que llama la atención de nuestro personaje es el que filtre hechos de su vida que no ayudan a engrandecer su persona. Haga un análisis de la personalidad y de la psicología del personaje basándose en su comportamiento y en su actitud.
4 Imagine que usted está encargado de la sección de "sucesos" de un periódico de su ciudad. Haga un seguimiento de los acontecimientos que tienen lugar en la vida de Erauso y, manteniendo un orden cronológico, escriba cuatro breves artículos (de 250 palabras cada uno) en el que usted narre y analice los hechos de su vida que considere más relevantes para sus lectores.
5 La homosexualidad, el travestismo y la transexualidad son todavía hoy en día temas de debate en nuestra sociedad. Por ejemplo, en la película *Boys Don't Cry* (1999) dirigida por Kimberly Peirce y Andy Bienen, se presenta el drama de un joven transgénero, Brandon Teena. ¿Se pueden establecer paralelismos entre un personaje del siglo XVII y otro de finales del siglo XX? ¿Cómo se puede explicar el desenlace final tan dispar de ambas historias y la reacción de ambas sociedades tras el descubrimiento de la verdadera identidad de los personajes?

Notas

1 Las dos ediciones anteriores fueron en 1578 y 1580. En 1581 se tradujo al francés y al italiano, en 1590 se publicó una edición subpríncipe y desde entonces se han realizado ochenta ediciones y se ha traducido a siete idiomas (Julián Belarde Lombraña 451).
2 La postura del Estado y de la Iglesia respecto al travestismo era clara. El Estado lo tenía terminantemente prohibido y en el Deuteronomio 22:5 se dicta: "La mujer no llevará vestido de hombre, ni el hombre vestido de mujer, porque el que hace tal cosa merece la reprobación de Yavé." No obstante, la justicia no castigó con el mismo rigor a la mujer que vistió ropa de hombre para poder sobrevivir y proteger su virginidad. De hecho, en la mayoría de los casos, fue su involucración en otras actividades ilegales lo que determinó la severidad de la sentencia (Dekker y Van de Pol 26).
3 Entre ellas tenemos a Calafia en *Las Sergas de Esplandián* de Garcí Rodríguez de Montalvo (1450–1504), la reina Pintiquinestra del libro séptimo del *Amadís de Gaula* de Feliciano de Silva (1491–1554) o Florinda en el *Palmerín de Olivia* (María Carmen Marín Pina 85–88).
4 El personaje de la *mujer varonil* recurría temporalmente a la ropa de hombre por diversos motivos, entre ellos, seguir a su amado, guerrear, estudiar, realizar una profesión o hacerse justicia y restablecer su honor. En la mayoría de estas comedias al final se imponía el orden social y la *mujer varonil* volvía al espacio y al papel social que como mujer le correspondía.
5 Conocidos son los sermones del padre Juan Ferrer condenando a la mujer travestí: "Otro daño es también el atrevimiento y desvergüenza que en nuestros tiempos se ha visto en muchas, y es andar

algunas mujeres disimuladas en hábito de hombres por las calles y por las casas [. . .]" (Bravo-Villasante 190).
6 Antonio Gómez, teólogo contemporáneo a López, es bastante específico con respecto a la legislación sobre las relaciones entre mujeres y al castigo que se les debe aplicar. Según él, si se demostraba que una mujer no había empleado ningún "objeto" para penetrar a otra, el castigo se podía reducir a galeras (Crompton 19).
7 Ver el artículo de Ursula Heise para más información sobre la posición de España con respecto a los sodomitas.
8 En *Don Gil de las Calzas Verdes* de Tirso de Molina, Caramanchel advierte a su amo don Gil (doña Inés) diciéndole: "Azotes dan en España / por menos que eso. ¿Quién vio / un hembri-macho, que afrenta / a su linaje?" (Acto III, Escena IX).
9 La transcripción de Juan Bautista Muñoz se encuentra en la Real Academia de la Historia en Madrid.
10 Sonia Pérez-Villanueva realiza un análisis sobre el género autobiográfico de *Vida i sucesos* y hace un estudio comparativo entre *Vida i sucesos*, la picaresca y las crónicas de soldados.
11 Estos documentos se recogen el la edición de Vallbona.
12 En sus memorias la narradora da el año 1585.
13 En 1626 el dramaturgo Juan Pérez de Montalbán estrenó la comedia titulada *La Monja Alférez* basada en la vida de Catalina de Erauso.
14 Junto a las copias de *Vida i sucesos,* hubo otros textos que contribuyeron a popularizar su persona y a hacer de ella un icono cultural español en el siglo XVII. Se conservan: cinco *Relaciones de sucesos* sobre ella —dos se publicaron en Madrid en 1625 y 1626 y éstas se reeditaron en México y se publicó una tercera escrita después de su muerte en 1653—; la versión hagiográfica de fray Diego de Rosales; la famosa comedia, *La Monja Alférez,* de Pérez de Montalbán de 1626; y el retrato que Juan van de Hamen (1596–1631) realizó de ella antes de embarcar a Las Indias. Para un estudio exhaustivo de la evolución del icono cultural de Catalina de Erauso, ver el trabajo de Sherry Velasco.
15 Mendieta estudia la corrupción en la Colonia en el capítulo 7.
16 Rodríguez Cacho observa que hubo moralistas —fray Francisco de Osuna, fray Diego de Yepes, fray Hernando de Talavera y fray Tomás de Trujillo— que escribieron sobre la excesiva atención que se le estaba dando a la apariencia en perjuicio del cuidado del alma (en Juárez Almendros 24–25).
17 "[. . .] si se le mandara que ande en hábito de mujer, remitirlo a vuestra majestad para que mande lo q[ue] fuere más servido, porq[ue] no se le conoce inclinación a mudar del que ahora trae, q[ue] es de varón" (Vallbona 131).
18 Ver el capítulo 5 de Mendieta.
19 Mendieta apunta que su origen vasco fue otro de los motivos por los que se involucraba tan frecuentemente en peleas callejeras y en conflictos con la ley. Los diferentes grupos, andaluces, castellanos y vascos establecidos en el Nuevo Mundo crearon un sistema de apoyo a través de todo el entramado social, que provocaba rivalidad y tensiones sociales entre ellos. En ocasiones, esta rivalidad desembocaba en peleas callejeras, levantamientos contra el sistema o en pequeñas guerras civiles para controlar las regiones más ricas del continente. Erauso fue acusada falsamente en tres ocasiones por habitantes de la Colonia que no eran de su lugar de origen. La ayuda que recibió de sus compatriotas vascos, en estas, y en otras, situaciones, resultó ser inestimable a lo largo de los veinte años que vivió bajo falsa identidad (ver Mendieta, capítulo 7).
20 Este episodio es considerado producto de la imaginación de un supuesto autor anónimo. *Vida i sucesos* se publicó en 1626 cuando Erauso estaba en España con la intención de solicitar del rey su pensión y, como Vallbona y Mendieta observan, no tiene sentido que corriera el riesgo de dañar su imagen narrando este tipo de transgresiones en este momento de su vida. William A. Douglass, por su parte, considera que la inclusión de este episodio se podría haber debido a un intento de humanizar al personaje o también como medida preventiva en caso de que las víctimas decidieran contar su versión de los hechos (citado en Mendieta 190).
21 Mary Elizabeth Perry no niega el racismo en las palabras de la monja alférez; no obstante, considera importante señalar el hecho de que estuvo con la mestiza hasta que el matrimonio era algo inevitable: "Here Erauso may have made an allusion to racism in the ideal of female beauty held by most Spanish male at that time. However she did not simply leave the dark-skinned mestiza, but continued to keep her company until she could no longer delay the marriage" (400).

22 No se pueden entender estas palabras de Erauso como un rechazo a la Iglesia después de la protección que había recibido de la jerarquía eclesiástica. Aquí, la protagonista y narradora simplemente se niega a tomar los votos religiosos.
23 Se moderniza la edición de Rima de Vallbona.
24 Nacidos en ese lugar.
25 Tomar los votos religiosos.
26 Periodo de tiempo en el que la mujer vive en el convento para decidir si desea tomar los votos religiosos. Esto no se puede realizar hasta que se adquiere la mayoría de edad.
27 Pelea.
28 Rezos que se realizan por la mañana.
29 Cuarto.
30 Libro que contiene los rezos eclesiásticos de todo el año (RAE).
31 Devolví.
32 Permiso.
33 Moneda.
34 Refugié.
35 Diseñando.
36 "Saya que usaban las mujeres sobre la ropa para salir a la calle" (RAE).
37 "Prenda de vestir con dos peneras, que cubren el cuerpo desde la cintura hasta una altura variable de los muslos" (RAE).
38 "Falda corta y con vuelo que usan las campesinas sobre las enaguas" (RAE).
39 Tela de lana, basta y muy duradera (RAE).
40 "Vestidura corta con mangas y brahones, de los cuales pendían otras mangas sueltas. Se vestía ajustada al medio cuerpo sobre el jubón" (RAE).
41 "Especie de media calza, hecha de paño de cuero, que cubre la pierna hasta la rodilla" (RAE).
42 "Medida itineraria. Definida por el camino que se anda en una hora. En el antiguo sistema español equivale a 5572,7m" (RAE).
43 Favoreció.
44 Rechazarlo.
45 Insistió con más fuerza.
46 "poner la mano encima": pegar.
47 "Moneda de cobre española cuyo valor era el de cuarto maravedís de vellón" (RAE).
48 Llegué a un acuerdo.
49 Criado.
50 Aprendiz de marinero.
51 Favores, elogios.
52 Sub-distrito en la costa atlántica de Panamá.
53 Marcharse.
54 Hacer un tiro: hacer una mala jugada, engañar.
55 Anunciaron con disparos la salida de la embarcación (Moliner).
56 Zarparon con las velas desplegadas.
57 Inf. "levar": en la náutica es lo mismo que "levantar" (D.A.).
58 Oficial (Moliner).
59 Gestión (Moliner).
60 Ciudad al noroeste de Perú.
61 Tipo de embarcación.
62 Cargamento.
63 Puerto de Manta en Ecuador.
64 Naufragamos.
65 Murieron.
66 Puerto al noroeste de Perú.
67 Cargamento.
68 "Del catalán *nau*. Nave, embarcación" (RAE).
69 Se refiere a toda su hacienda.
70 Enviando.
71 Erauso realizó todo lo que le mandó.
72 "Hacer al punto." Bordar (Moliner).

73 Le entregó en artículos para vender (mercancía) e importe (dinero) un gran capital.
74 Cocinase.
75 Vender sin cobrar en el momento de la venta.
76 Precio y explicación.
77 Anotando (RAE).
78 Cantidad determinada de alguna especie. Como una partida de azúcar (D.A.).
79 Persona de su gusto y a quien se debía.
80 Indicaciones.
81 Medida (Covarrubias).
82 En grandes cantidades.
83 Sin que ella lo supiera.
84 Pronto.
85 En el teatro.
86 De mala manera.
87 Puñal pequeño.
88 Ofendida.
89 Tranquilizaron.
90 Pelearon con los cuchillos.
91 Atravesó, hirió.
92 Magistrado que ejerce la ley.
93 Grilletes.
94 "Forma de tormento hecho con dos troncos de madera con los que se aprisionaba el cuello u otra parte del cuerpo o artefacto para sujetar los pies de los presos y que no puedan escapar" (Moliner). Erauso fue arrestada y quizás también torturada.
95 Al momento.
96 Litigio.
97 Pensaba, tenía la idea de que.
98 A no perdernos.
99 Placer.
100 Entre doña Beatriz y don Juan.
101 Devuelto.
102 Pretexto (RAE).
103 En el texto: "diacho." Rima de Vallbona explica en nota que se trata de un eufemismo por "diablo."
104 Pegarle.
105 Erauso aceptó la propuesta.
106 Eclesiástico que tiene un cargo y disfruta de una prebenda en una iglesia catedral (Moliner).
107 Prebenda, renta a una dignidad ecclesiastica.
108 En la edición de Rima de Vallbona: "mercador" (arcaísmo).
109 Enredando.
110 Zona minera de Bolivia.
111 Privada de comodidad (D.A.). En este contexto, sin trabajo.
112 Sin amparo (D.A.).
113 "Grupo de militares que forman parte de un batallón" (RAE).
114 Devolver.
115 Erauso no quiso renunciar a su plaza de soldado.
116 Pron. Objeto directo. Se refiere a la orden.
117 Para el Nuevo Mundo.
118 Catalina.
119 "Pasada." "Renta suficiente para mantenerse y pasar la vida" (RAE).
120 Puesto militar.
121 En el texto: "en comiendo." Forma en desuso (Moliner).
122 Favor.
123 Jovencito.
124 En la edición de Rima de Vallbona: "en viéndome."
125 Lo entendió mal.
126 Vigiló.
127 Tuve que coger refugio.

128 Puesto militar peligroso en Chile.
129 Mucha.
130 Arrasaron.
131 Heridas.
132 Golpe.
133 Jefe.
134 Dolía.
135 "Rango militar de menor graduación que llevaba la bandera" (RAE).
136 El lugar donde descansan los soldados que están de guardia.
137 Discrepancia.
138 Hombre al que su pareja le es infiel.
139 Agarrado.
140 Zarandeaba, golpeaba.
141 Mejilla, cara.
142 Obstrucción.
143 Superé, vencí.
144 Iglesia de San Francisco.
145 Mandato.
146 Prisiones.
147 Se fue relajando la orden de su arresto.
148 Asombrado.
149 Temiendo.
150 Organizada.
151 Artimaña.
152 Arrestarme.
153 Oyéndo*las*: las horas.
154 Confundirnos.
155 Luchando.
156 Dolió.
157 Luchamos.
158 En el texto: "la."
159 Discutió.
160 Decididos.
161 Moderó.
162 Prevención.
163 Dificultades.
164 Encontré (por casualidad).
165 Hierba.
166 Animal.
167 Raiz.
168 Alimentarnos.
169 "Pedazo de carne seco y salado o acecinado para que se conserve" (RAE).
170 Apoyados.
171 Bolsa que se ata a la cintura y se lleva debajo de la ropa.
172 Arma de fuego.
173 Naturaleza.
174 "Adjetivo que identifica a nativos de las Antillas y que se extendieron por el norte de América del Sur. También se emplea para referirse a persona cruel e inhumana" (RAE).
175 Alejado.
176 Desmontaron.
177 Finca, hacienda.
178 Compadeció.
179 Recuperé.
180 Tela.
181 Me quiso.
182 Desorientación.
183 Pudiese.
184 Agasajó.

185 "Eclesiástico que tiene una canonjía" (RAE).
186 Juez de la diócesis nombrado por el obispo (RAE).
187 Halagó (Moliner).
188 Invitó.
189 Casarla.
190 "Tela de seda velluda y tupida" (RAE).
191 Tela de algodón estampada en colores que se fabrica en Ruan, ciudad de Fracia (RAE).
192 Pañuelos de bolsillo (RAE).
193 Acordándose.
194 Estuvieron.
195 Capítulo VIII (Parte de Tucumán a Potosí), Capítulo IX (Parte del Potosí a los Chunchos), Capítulo X (Pasa a la ciudad de la Plata), Capítulo XI (Se pasa a las Charcas), Capítulo XII (Parte de las Charcas a Pisacobamba), Capítulo XIII (Pasa a la ciudad de Cochabamba y vuelve a la Plata), Capítulo XIV (Pasa de la Plata a Piscobamba y a Mizque), Capítulo XV (Pasa a la ciudad de la Paz: mata a uno), Capítulo XVI (Parte a la ciudad del Cuzco), Capítulo XVII (Pasa a Lima: de allí sale contra el holandés. Se pierde y se acoge a su armada: lo echan en la costa de Palta: de allí vuelve a Lima), Capítulo XVIII (Mata en el Cuzco al nuevo Cid quedando herida), Capítulo XIX (Parte del Cuzco para Guamanga: pasa por el puente de Apizerria, Anduguellas, Guancavélica).
196 Gustó.
197 De la Orden Real y Militar de Nuestra Señora de la Merced y la Redención de los Cautivos.
198 También dominicos. De la Orden de Predicadores.
199 Dirigiéndome.
200 Ayuda.
201 Inf. "hallar." "Encontrar" (Moliner).
202 Retenido.
203 Nesón.
204 No se oía nada del asunto.
205 Inf. "topar": "tropezar," "encontrarse con."
206 Arrestar.
207 Esfuerzo.
208 Disparos.
209 Antorchas.
210 Intervino (RAE).
211 Asaltan.
212 Tuve que.
213 "Escudo pequeño de madera o corcho" (RAE).
214 Examinando, pensando sobre.
215 Delito, infracción.
216 El forcejeo.
217 Obras.
218 Contando detalladamente.
219 Horrores.
220 Tranquilizarme.
221 Temeroso (D.A.).
222 Me desnudo (metafóricamente).
223 Relatado.
224 Allá.
225 Arribé.
226 "Ir de un lado a otro con cualquier ocupación o actividad" (RAE).
227 Inf. "malear." Hacer el mal.
228 Inf. "corretear." Andar de calle en calle o de casa en casa (RAE).
229 Relato.
230 El que goza renta eclesiástica por razón o título de capellanía (D.A.).
231 Espacio donde se reza.
232 En desuso. También "traspontín." "Colchoncillo" (RAE).
233 Inmoral, degenerado.
234 Graciosas, chistosas (RAE).
235 Se refiere a lo que le había narrado Erauso.

236 Terminó.
237 La veracidad, que sea creíble.
238 Virgen.
239 Inf. "venerar." Respetar mucho, en su caso, por ser virgen.
240 Se hizo pública su historia.
241 Cantidad de personas.
242 "Impedir" (RAE).
243 Superior eclesiástico.
244 Espacio en la capilla o iglesia del convento donde se reunen las monjas para cantar.
245 Habitación de los conventos o monasterios de clausura dividido por una reja y en el que las monjas pueden recibir visitas.
246 Suplicó.
247 Cumplir.
248 Necesario.
249 "Hacer falta": necesitar.
250 Tuvieron.
251 Con este comentario la narradora no está renegando a su religion sino simplemente diciendo que no quiere tomar los votos religiosos.
252 Valerse por sí misma.
253 Arrestaron.
254 Liberó.
255 "Acomodarse": colocarse con alguien al que se sirve.
256 Papeles en los que constan su servicio a la Corona.
257 De poca importancia.
258 Que no menciono.
259 Descansamos.
260 Sin saber de la desgracia que les esperaba.
261 Sitio áspero y oculto, lleno de breñas y maleza (D.A.). Los asaltantes estaban escondidos detras de la maleza.
262 Herramienta de hierro que sirve para mover cosas (RAE).
263 Bajar.
264 Hilo. Metafóricamente. Les robaron todo.
265 Se marcharon.
266 Infinitivo "plaguear." Quejarse.
267 Despectivo. "Trapos."
268 Protegerse.
269 Consiguiéndome.
270 Ayuda monetaria para costearse los gastos del trayecto.
271 "Acción y efecto de proseguir" (RAE).
272 "Del latín *proxīmus*. Prójimo" (Moliner).
273 Vallbona sigue la edición de Ferrer: "voz tomada de la latina, *ultio*, que significa 'venganza'" (116).
274 No mates.
275 En círculo, en corrillo.
276 Defecto.
277 Mujer joven con pretención de ser dama.
278 Hablaban.
279 ¿Adónde va?
280 "Golpe en el cuello o cabeza" (RAE).

Obras citadas y lecturas recomendadas

Belarde Lombroña, Julián. "Juan Huarte de San Juan, patrono de psicología." *Psicothema*, vol. 5, num. 2, 1993, pp. 451–58.

Blanco Mozo, Juan Luis. "El retrato de doña Catalina de Erauso, la monja alférez, obra de Juan van der Hamen (1596–1631)." *Boletín del Museo e Instituto Camón Aznar*, num. 71, 1998, pp. 25–52.

Bravo Villasante, Carmen. *La mujer vestida de hombre en el teatro español (Siglos XVI – XVII)*. Revista de Occidente, 1955.

Butler, Judith. *Gender Trouble: Feminism and the Subversion of Identity*. Routledge, 1990.
Crompton, Louis. "The Myth of the Lesbian Impunity." *Journal of Homosexuality*, vol. 6, num. 1/2, Fall/Winter 1980/81.
Dekker, Rudolf y Lotte Van de Pol. *The Tradition of Female Transvestism in Early Modern Europe*. Macmillan Press, 1989.
Erauso, Catalina de. *Historia de la Monja Alférez, doña Catalina de Erauso*, editado por Joaquín María de Ferrer, Imprenta Julio de Didot, 1829.
———. *La Monja Alférez (novela histórico-narrativa): su vida y sus hazañas.* editado por Luis Ángel Rodríguez, Ediciones Nucamondi, 1937.
———. *Vida I Sucesos de la monja alférez*, editado por Rima de Vallbona, Center for Latin America Studies, Arizona State University, 1992.
———. *Lieutenant Nun: Memoir of a Basque Transvestite in the New World*, traducido por Michelle Stepo y Gabriel Stepo, Beacon Press, 1996.
———. *Historia de la Monja Alférez, Catalina de Erauso, escrita por ella misma*, editado por Ángel Esteban, Cátedra, 2002.
Garber, Margory. *Vested Interest: Cross-Dressing and Culture Anxiety*. Routledge, 1992.
Goetz, Rainer H. "The Problematics of Gender/Genre in Vida i sucesos de la monja alférez." *Women in the Discourse of Early Modern Spain*, editado por Joan F. Cammarata, UP of Florida, 2003.
Heise, K. Ursula. "Transvestism and the Stage Controversy in Spain and England, 1580–1680." *Theatre Journal*, vol. 44, núm. 3, 1992, pp. 357–74.
Huarte de San Juan. *Examen de los ingenios para las ciencias*. Colección Austral. Espasa-Calpe, 1946.
Juárez Almendros, Encarnación. *El cuerpo vestido y la construcción de la identidad en las narrativas autobiográficas del Siglo de Oro*. Tamesis, 2006.
Marín Pina, Mari Carmen y Nieves Baranda Leturio. "Bibliografía de escritoras españolas (Edad Media – Siglo XVIII). Una base de datos." *Actas del VII Congreso de la Asociación Internacional Siglo de Oro, Cambridge, 18–22 junio de 2005*, editado por Anthony Close, AISO, 2006, pp. 425–35.
Márquez de la Plata y Vicenta María Ferrándiz. *Mujeres de Acción en el Siglo de Oro*. Editorial Castalia, 2006.
Maclean, Ian. *The Renaissance Notion of Woman*. Cambridge UP, 1980.
McKendrick, Malveena. *Women and Society in Golden Age Drama. A Study of the Mujer Varonil*. Cambridge UP, 1974.
Mendieta, Eva. *In Search of Catalina de Erauso. The National and Sexual Identity of the Lieutenant Nun*. Center for Basque Studies, 2009.
Merrim, Stephanie. "Catalina de Erauso: From Anomaly to Icon." *Coded Encounters. Writing, Gender, and Ethnicity in Colonial Latin America*, editado por Francisco Javier Cevallos-Candau, Jeffrey A. Cole, Nina M. Scott y Nicimedes Suárez-Aráuz, U of Massachusetts P, 1994, pp. 177–205.
———. *Early Modern Women's Writing and Sor Juana Inés de la Cruz*, Vanderbilt UP, 1999, pp. 3–37.
Molina, Tirso de. *Don Gil de las Calzas Verdes*, editado por Vicente Zamora, Clásicos Castalia, 1990.
Myers, Kathleen Ann. *Neither Saints nor Sinners. Writing the Lives of Women in Spanish America*. Oxford UP, 2003.
Pérez de Montalbán. *La Monja Alférez*, editado por Luzmila Camacho Platero, Juan de la Cuesta, 2007.
Pérez Villanueva, Sonia. *The Life of Catalina de Erauso, the Lieutenant Nun. An Early Modern Autobiography*. Fairleigh Dickinson UP, 2014.
Perry, Mary Elizabeth. "From Convent to Battlefield: Cross-Dressing and Gendering the Self in the New World of Imperial Spain." *Queer Iberia. Sexualities, Cultures, and Crossing from the Middle Ages to the Renaissance*, editado por Josiah Blacmore y Gregory S. Hutcheson, Duke UP, 1999, pp. 394–419.
Rex, Cathy. "Ungendering Empire: Catalina de Erauso and the Performance of Masculinity." *Women's Narrative of the Early Americas and the Formation of Empire*, editado por McAleer Balkun y Susan C. Imbarrato, Palgrave Macmillan, 2016, pp. 33–46.
Shepherd, Simon. *Amazon and Warrior Women. Varieties of Feminism in the Seventeenth-Century Drama*. The Havester Press, 1981.

Smith, Paul Julian. *Representing the Other. 'Race,' Text, and Gender in Spanish and Spanish American Narrative*. Clarendon Press, 1992.
Vega, Carlos. *Conquistadoras. Mujeres Heroicas de la Conquista de América*. McFarland & Company, Inc., Publishers, 2003.
Velasco, Sherry. *The Lieutenant Nun: Transgenderism, Lesbian Desire and Catalina de Erauso*. U of Texas P, 2000.
———. "Interracial Lesbian Erotics in Early Modern Spain: Catalina de Erauso and Elena/o de Céspedes." *Tortilleras. Hispanic and US Latina Lesbian Expression*, editado por Lourdes Torres y Inmaculada Pertusa, Temple UP, 2003, pp. 213–27.
Vigil, Mariló. *La vida de las mujeres en los siglos XVI y XVII*. Siglo ventiunoeditors S.A., 1986.
Wallach Scott, Joan. *Gender and the Politics of History*. Columbia UP, 1988.
Wheelwright, Julie. *Amazons and Military Maids. Women Who Dressed as Men in the Pursuit of Life, Liberty and Happiness*. Pandora, 1989.

8   Ana Caro Mallén de Torres

Biografía

La investigación llevada a cabo por Manuel Serrano y Sanz, José Sánchez Arjona, Jean Sentaurens y Lola Luna ha contribuido a catalogar la producción literaria de Ana Caro Mallén y a demostrar que fue una escritora "de oficio" muy vinculada con el poder político de su época. Las dos instituciones más potentes, la monarquía y la Iglesia, financiaron la publicación de su trabajo y la contrataron para que escribiera Autos Sacramentales y Relaciones que narraran y promocionaran acontecimientos religiosos, sociales y militares.[1] Gracias a la amplia documentación recientemente rastreada por Juana Escabias, y publicada en su artículo "Ana María Caro Mallén de Torres: Una esclava en los corrales de comedias del siglo XVII" y en su edición anotada de *El conde Partinuplés*, se ha podido llenar el vacío biográfico que había sobre la escritora y su familia.[2] El resumen que se ofrece de la vida de Caro Mallén parte, por tanto, de la minuciosa información que sobre ella nos ofrece Escabias. La partida de bautismo de la escritora nos revela unos datos hasta ahora desconocidos. Ana Caro Mallén fue una niña esclava adoptada por Gabriel Caro de Mallén (1569–¿?) y Ana María de Torres (1575–1606). Como consta en dicho documento, en 1601, cuando fue bautizada, ya era considerada una persona "adulta." Esta información confirma que la escritora creció en el seno de una familia acomodada y que era andaluza pero no de Sevilla, como hasta ahora se pensaba, sino de Granada. La fecha que aparece en su partida de bautismo lleva a Escabias a deducir que podría haber nacido alrededor de 1590, por lo que, en 1601 tendría unos diez años.[3] Su padre adoptivo nació en Sevilla y llegó a ser procurador de la Real Audiencia y Cancillería en Granada, donde contrajo matrimonio con Ana de Torres, hija de nobles granadinos. Con ella tuvo un hijo, Juan Caro de Mallén de Torres. Éste llegó a ser caballerizo mayor de la marquesa de Villanueva de Valdueza, dama muy vinculada a la Corona y camarera mayor de la Reina ("Ana María Caro" 185). Tras el fallecimiento de su primera esposa, el padre de Ana se casó con Alfonsa de Loyola. De esta relación nació Juan Mallén (¿?–1663). Este segundo hijo se hizo fraile dominico y llegó a ser vicario general de la provincia de Manila ("Ana María Caro" 184). Obviamente, el haber crecido en el seno de una familia de nobles españoles hizo posible que Ana pudiera formarse intelectualmente y que de adulta tuviera la oportunidad de conocer a mecenas pertenecientes a la nobleza española (Luna 121–13; Escabias, "Ana María Caro" 189–190). Como explica Escabias, la adopción de la autora hay que entenderla dentro del contexto histórico de los moriscos granadinos y su crítica situación entre 1568 y 1571. Los levantamientos que estos protagonizaron durante esos años tuvieron como consecuencia la persecución y expulsión del país de esta comunidad en 1609 (Escabias, "Ana María Caro" 187). Ana Caro Mallén de Torres fue uno de los niños moriscos que se libró de la esclavitud a la que fueron sometidos muchos de los menores que el Estado había separado de sus familias. Para evitar conflictos con el resto de la cristiandad europea y el papado, Felipe II lanzó una campaña de adopción entre los cristianos viejos. Esta iniciativa del monarca no se debe entender como un acto de compasión por su parte, sino como una estrategia que tenía dos objetivos políticos importantes: A nivel nacional, quería garantizar la "asimilación cultural" de estos ciudadanos y, a nivel internacional, necesitaba evitar conflictos con el resto de la cristiandad europea y el papado. Nuestra escritora fue uno de esos niños que se benefició de esta campaña de adopción (2012, 187–88). Como apunta Escabias, aunque adoptar y bautizar a Ana probablemente se debió al deseo de esta pareja de participar en ese proyecto de asimilación de los moriscos, sería injusto que nos limitásemos a cargar de connotaciones políticas la decisión de esta familia y no la reconociésemos como "un acto de acogimiento y protección hacia la niña" ("Ana María Caro" 188), ya que el matrimonio evitó de esta forma que fuera esclavizada o expulsada del país. En 1628, la familia se trasladó a Sevilla para que el hermano menor pudiera estudiar Teología. No es casualidad, por tanto, que sea en esta ciudad donde se publica, en ese mismo año, el primer trabajo de la escritora y donde profesionalmente se desarrolla su actividad literaria (Luna 14; Escabias, "Ana María Caro"190). Nueve años después, Ana se muda a Madrid por un corto periodo de tiempo para realizar un encargo literario del duque de Olivares (Luna 13).

La producción artística de la escritora, aunque es breve, demuestra la capacidad intelectual de una mujer que quiso y pudo vivir de la literatura. Serrano y Sanz cataloga los siguientes textos:[4] 1. dos obras de teatro, *Valor, agravio y mujer* y *El conde Partinuplés* (1653); 2. cinco poemas; 3. una *Loa sacramental* (1639); 4. cuatro relaciones, *Sobre los Santos Mártires del Japón* (1628), la *Grandiosa victoria que alcançó de los Moros de Tetuán* (1633), la *Relación de la fiesta y octava* (1635) y el *Contexto de las reales fiestas* (1637);[5] 5. las *Décimas a Doña María de Sayas y Sotomayor* (1638); 6. y tres autos sacramentales. Los títulos de dos de los autos los encontró Sánchez Arjona, *La puerta de la Macarena* de 1641 y *La cuesta de Castilleja* de 1642 (Lundelius 231) y Luna localizó el *Coloquio entre dos* (1645) (Escabias, "Ana María Caro" 178).[6] Las referencias que algunos escritores hacen en sus textos de ella demuestran que fue una escritora muy admirada entre sus contemporáneos. De hecho, la granadina se codeaba con los grandes intelectuales de su época y estuvo involucrada en la industria editorial, llegando a publicar y editar su propio trabajo (Escabias, "Introducción" 19). Así, María de Zayas en *Novelas amorosas y ejemplares* (1637) dice de su amiga que "ya Madrid ha visto y hecho experiencia de su entendimiento y excelentísimos versos, pues los teatros la han hecho estimada y los grandes entendimientos le han dado laureles y vítores, rotulando su nombre por las calles." Por su parte, Rodrigo Caro se refiere a ella como la "insigne poeta" y nos informa que "ha hecho muchas comedias representadas en Sevilla, Madrid y otras partes con grandísimo aplauso, entrando en muchas Justas Literarias en las cuales casi siempre se le ha dado el primer premio" (Escabias 2015, 19). La escritora también aparece como "sujeto historizado" —término empleado por Luna— en *La garduña de Sevilla y anzuelo de las bolsas* de Antonio de Castillo Solorzano, texto en el que se alaba a María de Zayas y en el que de Caro Mallén se dice que "[. . .] sus dulces y bien pensados versos suspenden y deleitan a quien los oye y lee," y Luis Vélez de Guevara en *El diablo cojuelo* la llama "la décima musa sevillana" (Luna 21). El que sus comedias se publicaran en antologías junto a trabajos de escritores del calibre de Pedro Calderón de la Barca, Tirso de Molina, Lope de Vega o Vélez de Guevara, nos confirma que los grandes intelectuales de su época reconocían su talento y que ninguno de ellos impidió su participación en estos volúmenes por el mero hecho de ser mujer (Escabias, "Introducción" 19).

Ana Caro Mallén de Torres murió en Sevilla el 6 de enero de 1646. Su nombre y la fecha de su fallecimiento constan en una lista de personas que murieron durante la epidemia de peste que arrasó la ciudad. Como Escabias observa, el protocolo sanitario de la época era el de quemar las pertenencias de estos enfermos, siendo éste el motivo por el que, quizás, no se hayan conservado más trabajos de la escritora (Escabias 2015, 17).

Valor, agravio y mujer: Transgresión genérica de la *mujer varonil* en defensa de su honor

La comedia de Ana Caro Mallén, *Valor, agravio y mujer*, parte de dos personajes bien conocidos por los espectadores y los lectores de su época: la mujer vestida de hombre, popularizado por Lope de Vega, y el don Juan de Tirso de Molina. No obstante y a pesar de que este personaje de Tirso y el tema del engaño inspiran a la escritora granadina, como indica Escabias, no se puede obviar la influencia de *Don Gil de las Calzas Verdes*, tanto en la complejidad de los personajes como en el complicado enredo que producen los engaños: "Se ha apuntado que la obra es una contestación a *El burlador de Sevilla* argumentando que guarda con ella paráfrasis de parlamentos, pero la relación no se sostiene. Las fuentes e influencias de *Valor, agravio y mujer* se encuentran en otra obra de Tirso de Molina, *Don Gil de las calzas verdes* ("Introducción" 22). De igual manera, Edward Friedman observa que "*Valor, agravio y mujer* properly belongs to a tradition exemplified by plays such as Tirso de Molina's *Don Gil de las calzas verdes*, in which cross-dressing is the norm and the most encompassing convention" (168).

Lo primero que llama la atención de *Valor, agravio y mujer* es que, desde un principio, se presenta a la víctima como líder de la comedia. El papel de la heroína —y *mujer varonil*— es fundamental en la organización de una serie de intrigas (o enredos) con los que ésta pretende vengarse de su deshonra. La protagonista es quien lleva la iniciativa desde el momento en que entra en escena y quien controla, manipula y engaña a todos los personajes para que se sepa la verdad sobre el caballero al que se entregó sexualmente. La dama vestida de hombre sorprende con su habilidad a la hora de desenmascarar a su burlador y de imitar al sexo opuesto. De hecho, la eficacia con la que lleva a cabo su empresa no sólo le permite hacerse justicia, sino que también es fundamental para dejar al descubierto la artificialidad de los géneros y las contradicciones del orden patriarcal. Contradicciones y valores que limitan su capacidad de acción y la han obligado a vestirse de hombre. Como se verá, la escritora granadina crea un personaje femenino multidimensional y dinámico. Los espectadores observan cómo su valentía y sus ansias de venganza crecen conforme evolucionan los acontecimientos. La ropa de hombre es, como la protagonista dice en su primera intervención, la herramienta necesaria para hacerse justicia, aunque ello suponga transgredir el orden social: "en este traje podré/cobrar mi honor perdido" (185).

La acción de *Valor, agravio y mujer* tiene lugar en Flandes. La primera escena se abre con don Juan de Córdoba entrando en la corte de Bruselas, ciudad a la que huye después de abandonar a Leonor, dama sevillana a la que le había prometido matrimonio. Su "heroica" intervención en defensa de Estela y su prima Lisarda le abre las puertas de la corte flamenca y le permite entablar amistad con Ludovico, príncipe de Pinoy, y don Fernando, caballero español que sirve en Bruselas y hermano de la dama ultrajada. Más adelante, Leonor llega a tierras flamencas tras el rastro de don Juan y decidida a vengar su deshonra. Vestida de hombre y bajo la falsa identidad de don Leonardo, se encuentra con su hermano y se presenta sin ser reconocida por éste. La noticia que recibe en esta conversación sobre el amor de don Juan por Estela solivianta e indigna a nuestra protagonista y, lógicamente, consolida su deseo de venganza. El primer acto se cierra con un monólogo de Leonor en el que establece los tres factores que determinan la identidad de su persona y que la han llevado a poner en marcha su complicada y peligrosa empresa:

> [. . .] Mi honor en la altiva cumbre
> de los cielos he de ver [. . .]
> *Valor, agravio y mujer*,
> si en un sujeto se incluyen
> (énfasis mío, 189)

En el segundo acto, con el objetivo de interferir en las pretensiones románticas de don Juan, Leonor elabora una serie de complicadas intrigas que la van a obligar a improvisar y a superarse en su capacidad interpretativa del otro sexo. Su habilidad imitativa la vuelve a poner a prueba en su primer encuentro con Estela, quien, prendada de la gallardía y del discurso seductor de Leonardo, lo invita esa noche a visitarla. Posteriormente, Leonor, aprovechándose del interés de Ludovico por la misma dama y como muestra de su amistad, le sugiere al príncipe que vaya a dicha cita fingiendo ser él (Leonardo). A continuación, con el objetivo de exponer el lado oscuro de don Juan y de acusarlo de traición, Leonor le hace llegar al cordobés una carta, supuestamente escrita por Estela, citándolo en el mismo lugar. Esa noche para evitar que Ludovico y don Juan se crucen, Leonor (Leonardo) sale al encuentro del segundo y, haciéndose pasar por un desconocido que conoce su pasado, provoca un enfrentamiento. La inesperada llegada de Ludovico y su decisión de involucrase en la pelea obliga a Leonor a defender a don Juan creando, aún si cabe, mayor confusión. El príncipe, al verse él solo luchando contra dos, se retira y la riña se disuelve. Después de este incidente, don Juan se dirige a su encuentro con Estela, sin saber que quien le espera no es ella, sino Leonor fingiendo ser la condesa. Para desconcierto de don Juan, ésta también sabe que abandonó a una dama en Sevilla. Mientras tanto, la verdadera Estela, pensando que habla con Leonardo, le confiesa a Ludovico estar enamorada del joven sevillano que ha conocido recientemente.

En el tercer acto, Leonardo, movido por su deseo de justicia y con el objetivo de llevar al límite a don Juan, se hace pasar por el amante de Leonor y le informa que le prometió vengarla antes de casarse con ella. En este choque físico y verbal entre los dos caballeros, don Juan se defiende diciendo que una mujer "fácil," como Leonor, no es digna de él y la hace a ella la única responsable de su situación. La entrada en escena de don Fernando y Ludovico interrumpe el duelo y Leonardo aprovecha la llegada de su hermano y del príncipe para denunciarlo. Esto obliga a don Juan a reconsiderar momentáneamente su postura: "De corrido/a mirarle no me atrevo./A saber que era tu hermana [. . .]" (210) para, a renglón seguido, volver a mantenerse en sus treces:

> ¡Qué celos!
> Yo no me puedo casar
> con doña Leonor, es cierto,
> aunque muera Leonardo;
> antes moriré primero.
> ¡Ah, si hubiera sido honrada!
> (210)

Al final, será un arrebato de celos lo que haga que don Juan confiese y acepte casarse con la sevillana. En este momento, Leonardo se retira de la escena para, a continuación, entrar como

Leonor. La comedia se cierra con cuatro matrimonios y el orden social restablecido por la víctima y heroína. Este, en teoría, final "feliz" no puede ocultar, sin embargo, el desorden moral que se acaba de llevar a cabo en la escena. Y es que, los espectadores acaban de presenciar una comedia en la que el hombre no se transforma en un ser virtuoso y en la que el código del honor se presenta totalmente desvirtuado debido a su doble moral. Una doble moral que, como Walthaus expone, por un lado, beneficia la imagen del burlador-mujeriego y, por otro, perjudica tanto a la mujer que es abandonada como a la que se atreve a amar a otro (339). Al final, no será el reconocimiento de haber actuado mal lo que haga que don Juan acepte a Leonor, sino su sentido de la lealtad para con el hombre o, en otras palabras, el miedo de haber dañado el honor de la familia de su amigo don Fernando y de haber transgredido las leyes que rigen la amistad entre hombres (Soufas, "Ana Caro's Re-evaluation" 95; Gibbons, 87).[7]

Como observan Stephanie Bates y Robert Lauer, a pesar de que éste es el final esperado por el público, no hay nada tradicional en el matrimonio entre el caballero y la dama, ya que no son los hombres, o sea, su hermano y don Juan, quienes lo conciertan, sino ella misma (43). Con respecto al matrimonio en esta obra de Caro, Beatriz Cortez, siguiendo a Lola Luna, explica que el matrimonio en la comedia del Siglo de Oro no se puede considerar exclusivamente un final formulario, ni tampoco la imposición del orden patriarcal. Al igual que el cine comercial y romántico de hoy en día, éste era el desenlace deseado por una audiencia femenina que pagaba por su entrada y quería ver sus fantasías hechas realidad. El matrimonio se consideraba tanto para los dramaturgos como para las dramaturgas, a las que les resultaba más difícil llevar su trabajo a las tablas, la solución idónea para, por un lado, resolver el conflicto presentado en la obra y, por otro, llenar el corral de comedias (379). Con respecto a esto, Catherine Connor explica que el discurso artístico de éste género literario estaba íntimamente ligado al contexto social de la mujer que asistía al teatro; de hecho, el derecho a elegir pareja era uno de los temas más recurrentes en la literatura del momento (24–25).[8] De ahí que, para la investigadora, sea un error limitarse a interpretar el enlace matrimonial en la comedia como la sumisión de la mujer a las normas sociales del patriarcado pues, aunque supone el fin del caos presentado en la escena, también demuestra que la autora, además de querer conectar con todas las espectadoras, era consciente de lo que significaba el matrimonio para la mujer de su época: "The real closure is not the way the play concludes or ends in a wedding, but rather it is the web of meanings attached to that marriage as an event that is significant in terms of the audience and the roles that a staged marriage might play in the lives of particular spectators" (31).[9] Es importante recordar que la mujer necesitaba casarse. El matrimonio, no sólo la protegía legalmente y le daba estabilidad económica (36), sino que también hacía posible que muchas de ellas trabajaran en el oficio del esposo y, de esta forma, colaboraran, aunque sin remuneración alguna, en el desarrollo económico de la familia y de la sociedad (39–40). Como Connor continúa explicando, culturalmente, el matrimonio marcaba el comienzo de una nueva etapa en la que tanto la mujer como el hombre entraban en un acuerdo legal que iba a regir la vida que iban a compartir juntos (32–33).[10] En *Valor, agravio y mujer* la dramaturga parece querer complacer tanto a la espectadora perteneciente a la clase trabajadora como a aquella que es miembro de la élite social. Así, mientras la primera ve con satisfacción cómo al personaje de Flora, criada de Estela, se le hace justicia y queda económicamente recompensada con una dote (Gibbons 89), la segunda —mujer más sujeta a la supervisión del hombre y a las normas debido a su posición social— disfruta de las transgresiones llevadas a cabo por una heroína que se aventura a viajar por Europa en compañía de su criado para hacerse justicia y que, al final, contrae matrimonio con quien ella quiere. Gibbons, al igual que Connor, no considera, por ello, relevantes las bodas en sí, sino el significado que éstas tienen para cada personaje femenino y para los espectadores

(90). El matrimonio de la mujer varonil, a pesar de que no sirve para maquillar el abuso de poder de los personajes masculinos, era, por tanto, el esperado por los espectadores, principalmente, por dos motivos: para restaurar el orden después del desorden llevado a cabo por los personajes y para satisfacer a un público femenino que veía cómo la protagonista ponía al hombre que la había deshonrado en una situación comprometida y lo obligaba a casarse con ella. Como concluye Escabias en su introducción de El conde Partinuplés, Leonor viaja a Flandes vestida de hombre "para recuperar al hombre del que está enamorada. Su objetivo es doble: o regresa con ella o le mata. Es la propia vengadora de su afrenta" (26).

El travestismo es un elemento esencial del personaje de Caro. La crítica coincide en que esta herramienta le da movilidad a la mujer agraviada haciendo posible que transgreda el espacio doméstico y que pueda enfrentarse al hombre. Para Teresa Scott Soufas, el travestismo cumple múltiples funciones: ayuda a la heroína a acceder al mundo de los hombres, es decir, a presenciar las relaciones que se establecen entre ellos y la facilidad con la que cometen transgresiones; asiste a la protagonista a crear confusión; y le proporciona una voz y una mirada de las que como mujer carecía: "The male disguise not only removes her from the position of observed object of male desire and critique but allows her to articulate, in the name of males, an alternative perspective on the treatment of women" (1997, 119). Ruth Lundelius aprecia que la dramaturga con la ropa del otro sexo construye "a parody of the egocentric male" (236). Por su parte, Mercedes Maroto Camino observa que si la función de la ropa en la sociedad era la de organizar a sus individuos y marcarlos según su sexo, profesión, religión o estatus social, irónicamente, aquí va a tener el efecto contrario, ya que es lo que permite que el sexo biológico de la mujer pase desapercibido (39). Beatriz Cortez entiende que la ropa de hombre es el instrumento que "desnaturaliza el concepto binario del género" (371) y permite cuestionar "la rigidez y esencialismo de las normas sociales" (371); es decir, el travestismo le proporciona a Leonor la "agencialidad" que, como mujer, el hombre le negaba y "le permite [. . .] experimentar posibilidades, acciones, miradas y todo tipo de elementos que forman parte de la construcción de la identidad y que [. . .] no podría experimentar desde la rigidez del patrón binario de la construcción patriarcal del género" (384). Y, en la misma línea, Gorfkle considera que la ropa de hombre es lo que hace factible que la protagonista adquiera "mobility, autonomy and participation in the public life of the court" (33) y encarne en la escena de la corte flamenca a un personaje masculino que sabe hacer buen uso de "la palabra y la espada" (384, mi traducción).

La habilidad de Leonor de representar a diferentes personajes (don Leonardo, un desconocido y Estela) demuestra la artificialidad de los géneros y corrobora la propuesta de género como "performance" que Judith Butler presenta en *Gender Trouble*:

> In what sense, then, is gender an act? As in other ritual social dramas, the action of gender requires a performance that is repeated. The repetition is at once a reenactment and reexperiencing of a set of meanings already socially established; and it is the mundane and ritualized form of their legitimation [. . .] this 'action' is a public action. There are temporal and collective dimensions to these actions, and their public character is not inconsequential; indeed, the performance is effected with the strategic aim of maintaining gender within its binary frame [. . .].
>
> (140)

Para la pensadora estadounidense, el éxito de la construcción cultural del género no se debe, exclusivamente, al hecho de que se ha establecido con éxito un discurso misógino que define a la mujer como un ser imperfecto e inferior al hombre física e intelectualmente

—justificando con ello el control sobre su persona—, sino también a la imposición por medio de la repetición de un determinado discurso, comportamiento y sexualidad. Con estos elementos se ha logrado consolidar la construcción binaria de los géneros y la aceptación universal de que hombre y mujer tienen unas características innatas y naturales propias del sexo biológico al que pertenecen. Según Butler, el género es una fantasía, una fabricación cultural que se inscribe en el cuerpo; en realidad no hay un género masculino o femenino, verdadero o falso, pero se ha construido e impuesto un discurso y un comportamiento determinados para crear la ilusión de una identidad genérica estable y, así, regular la conducta de las personas (136). Esta forma de entender al hombre y a la mujer ha tenido como consecuencia la alienación de esos miembros de la sociedad que no se ajustan a las expectativas que culturalmente se tiene de ellos (139–40). La marginación de estos individuos se debe a la amenaza que supone para el sistema patriarcal su forma de ser y estar en sociedad; ya que con su comportamiento cuestionan la jerarquía social que establece al hombre como ser superior y crean lo que Stephanie Bates y Robert Lauer denominan, traduciendo a Butler, un "conflicto de género" ("*gender trouble*") o, en otras palabras, una "crisis en el sistema genérico," pues demuestran la artificialidad y fragilidad de la estructura genérica y presentan la posibilidad de una conducta alternativa. No obstante, la repetitiva imitación de los comportamientos ha hecho posible que una determinada masculinidad y feminidad perdure en el tiempo, se naturalice, se universalice y se ignore la posibilidad de un papel genérico alternativo al establecido como "natural" (141).[11] Bates y Lauer en su análisis de *Valor, agravio y mujer* aplican la teoría de Butler y consideran que Leonor es un ejemplo de "gender trouble," es decir, la mujer varonil de Caro con sus acciones y palabras crea una crisis genérica que si, al final queda sofocada con el retorno de la mujer al espacio que le pertenece, dicha crisis ha quedado al descubierto por medio de todas sus transgresiones durante la comedia (36).

La entrada en escena de Leonor vestida de hombre es la primera transgresión que realiza la protagonista y heroína y ya nos desvela una identidad genérica que no se acomoda a las expectativas que se tienen de ella como mujer. Amy Williamsen observa que en esta obra el género es "the first social construction called into question" (24). No obstante, a Leonor le preocupa el concepto que se pueda tener de ella por vestirse de hombre, de ahí que, en su primera intervención necesite comunicarnos que no es la pasión, ni un capricho, ni la locura lo que la mueven a transgredir las normas sociales, sino la razón y el agravio sufrido:

>Cuando gobierna
>la fuerza de la pasión,
>no hay discurso cuerdo o sabio
>en quien ama; pero yo,
>mi razón, que mi amor no,
>consultada con mi agravio,
>voy siguiendo en las violencias
>de mi forzoso destino, [. . .]
>Ya pues me determiné [. . .]
>o he de morir o acabar
>la empresa que comencé,
>o a todos los cielos juro
>que nueva amazona intente,
>o Camila más valiente,
>vengarme de aquel perjuro
>aleve [. . .]
>   (185)

En una sociedad obsesionada con el honor y en la que no hay justicia para la mujer agraviada, nuestra protagonista no tiene otra opción que la de vengarse ella sola. Vemos que Leonor se propone hacerse justicia, ya sea casándose o matando a su burlador. Las palabras de su criado Ribete, quien, en un principio, reduce la transformación de la dama a la de la mera apariencia, provoca la respuesta de Leonor:

> Yo ¿soy quien soy?
> Engañaste si imaginas,
> Ribete, que soy mujer;
> mi agravio mudó mi ser.

Leonor ya no es la mujer inocente de la que se burló don Juan. Para ella, la transformación que ha hecho de sí misma no se limita a la apariencia, sino que representa un cambio más profundo: la ropa de hombre es la imagen de la mujer vengadora en la que el "agravio" sufrido la ha convertido. El personaje que se ha construido, valiéndose de la herramienta del disfraz, va a tener para Leonor dos funciones: vengar su deshonra y presentar una alternativa al concepto de mujer (y hombre) socialmente aceptado. La protagonista se niega a acatar la pasividad esperada de su sexo y con declaraciones tales como "Mataré/¡vive Dios!" o "[. . .] mi venganza/mi valor ha de lograr" y, más adelante, con sus actos va a demostrar su valentía, su naturaleza resolutiva e inteligencia. La protagonista evoluciona conforme se desarrollan los acontecimientos y sus dudas sobre su capacidad de continuar con su engaño la humanizan y nos recuerdan que está representando un papel genérico que no le pertenece. Las primeras vacilaciones surgen en el primer acto cuando articula su inseguridad con expresiones tales como "turbada estoy" (186) o "[m]uerta estoy" (188). Más adelante, sin embargo, vuelve a reaccionar con agresividad cuando Ribete pone en duda su valentía y su capacidad de llevar a cabo su plan. De hecho, la desconfianza de su criado la llevan a reafirmarse en su deseo de venganza:

> [. . .] Venganza, venganza,
> cielos! El mundo murmure,
> que ha de ver en mi valor,
> a pesar de las comunesopiniones, [. . .]
> Que he de morir o vencer [. . .]
> (189)

La transgresión que Leonor logra durante la obra es posible gracias a la universalización del discurso, de la actitud y de la apariencia de la mujer y del hombre en el sistema patriarcal; universalización que, para Butler, ha sido posible por medio de la "[. . .] sedimentation that over time has produced a set of corporeal styles which [. . .] appears as the natural configuration of bodies into sexes existing in a binary relation to one another" (140). Así, en el segundo acto, Ribete no sale de su asombro cuando presencia la capacidad seductora de Leonor y su habilidad imitando el discurso masculino. En esta escena, tanto él como Estela, quien ignora el engaño del que está siendo víctima, aplauden la elocuencia del discurso que el galán-seductor improvisa; un discurso que, como dice Edward Friedman, está "genéricamente marcado" (165, mi traducción) y demuestra la superioridad de Leonor al ser capaz de conquistar a la mujer que todos desean y no consiguen poseer (166). El éxito que hasta ahora Leonor ha tenido con su nueva identidad es lo que la anima a endurecer su lenguaje y a tomar riesgos. La confianza que tiene en su capacidad de actuar como hombre se hace patente, por ejemplo, cuando rechaza la asistencia de su criado en el primer enfrentamiento que va a tener con don Juan: "¡O, qué necedades!/Yo sé lo que puedo, amigo" (195). La convincente interpretación de Leonor confirma la propuesta de Butler y, como dicen Bates y Bauer: "La manera en que [. . .] convence a todos los otros personajes de su identidad masculina muestra precisamente que el género es completamente 'performative,' una construcción creada e impuesta por la sociedad y sus reglas binarias (40).

El personaje de Ribete también evoluciona y, a pesar de sus iniciales dudas, conforme progresan los acontecimientos y Leonor le demuestra su virilidad,[12] éste se convierte en su único aliado y defensor e insiste en participar activamente en el plan de venganza de la dama. El criado, de hecho, rechaza el papel innoble que le había adjudicado el canon de la comedia y reclama para sí características consideradas propias de los personajes nobles, tales como la lealtad y la valentía. El gracioso de Caro Mallén, al igual que la mujer varonil, tiene una función metateatral y transgresora, pues lo presenta no sólo como defensor de la dama, sino también de la mujer escritora y del personaje que él mismo encarna. De hecho, Ribete propone un modelo de gracioso respetable y moralmente superior al gracioso que la comedia había creado (Mujica 24; Ortiz; Friedman 165; Alcalde 183; Williamsen 27).[13]

Leonor, con la asistencia de su criado, organiza los acontecimientos que van a tener lugar y domina a todos los personajes para que, sin saber que están siendo engañados, colaboren con ella: Así, vemos cómo controla a Estela, a Ludovico, a don Fernando y a don Juan. Pilar Alcalde considera a Leonor la "creadora" o la "hacedora" de la obra interna y del personaje que ella misma se ha construido con el único objetivo de sacar la verdad a relucir:

> La característica esencial de la obra de Ana Caro es que el engaño ha sido ideado por Leonor, una mujer. Al presentar a Leonor como manipuladora de la trama y del desarrollo del argumento, ese personaje se convierte en hacedora de la obra misma, siendo no sólo un personaje activo sino una dramaturga que cambia los acontecimientos para sus propios fines.
>
> (179)

Pero, si el discurso y el comportamiento de Leonor han de ser los del hombre para pasar desapercibida, sus valores también han de estar genéricamente marcados. Su criado, consciente de las transgresiones que está cometiendo, la advierte en dos ocasiones: "mira lo que haces." Los miedos de Ribete son lógicos, ya que al fin y al cabo, su dama, como hombre, no se reprime a la hora de seducir y engañar a otros personajes femeninos. Así, por ejemplo, cuando Leonardo (Leonor) le ofrece a Ludovico la dama que está enamorada de él, simplemente, se está sirviendo del sistema de valores que ha hecho de la mujer objeto de intercambio entre los hombres, para, al igual que ellos, alcanzar su objetivo final, el cual, en su caso, no es satisfacer su deseo sexual, sino su deseo de hacer justicia. Es más, en el mundo ficticio de Caro, el hombre es el objeto de intercambio entre mujeres (Williamsen 26; Bates y Lauer 43): Leonor elige a don Juan y a Ribete para Flora, Estela rechaza a Ludovico, acepta a Leonardo y le propone matrimonio a don Fernando y Lisarda acepta al príncipe, hombre al que desde un principio había deseado.

Las acciones de Leonor crean el caos tanto dentro como fuera del texto y provocan una crisis del sistema de géneros, ya que demuestran que la estructura binaria sobre la que se ha construido la sociedad no tiene validez. La dramaturga con sus personajes nos hace pensar sobre la definición de hombre y mujer y nos ofrece una idea alternativa de los géneros. De esta manera, si, por un lado, cuestiona la superioridad moral del hombre con personajes masculinos lujuriosos, que abusan de su posición de poder, como don Juan,

Tomillo y Ludovico, o con personajes pasivos como Fernando, cuyo inadecuado sentido de la lealtad le impide denunciar el comportamiento indigno del caballero cordobés, por otro, con personajes femeninos virtuosos y audaces niega la inferioridad intelectual, moral y física de la mujer. Así, Estela detesta a Ludovico por su soberbia y arrogancia y rechaza de él aspectos que tienen gran valía en su sociedad, como la posición social o el poder económico, y, en cambio, se enamora de la gallardía y la discreción de Leonardo: "Por discreto y gallardo,/bien merece don Leonardo/amor" (190); su criada Flora, un personaje menor pero no por ello insignificante, consigue vengarse de Tomillo, criado de don Juan que planeaba "desflorarla"; y Leonor, con su perfecta imitación del hombre, se hace justicia y expone la hipocresía de los valores de la sociedad patriarcal, una sociedad cuyos miembros masculinos en vez de protegerla, la traicionan.[14] Como indica Soufas, a pesar de que Leonardo sopesa la idea de eliminar a don Juan —representante y portavoz del código moral del patriarcado— para contraer "matrimonio" con Leonor, al final, opta por presentar una alternativa a la violencia con la que el hombre resuelve las cuestiones de honor: "Caro's play, however, has been directed toward the intellectual trap that the protagonist prepares instead of the violence which, on the other hand, is the only solution the male characters seem to be able to envision" (Soufas, "Ana Caro's Re-evaluation" 96). Y es que, a pesar de que la escritora al presentar a Leonardo como pretendiente de Leonor propone a un hombre para defender la honorabilidad de la mujer, a la vez, plantea "a way of showing men how to better their role in that same social system" (Soufas, "Ana Caro's Re-evaluation" 97). Es decir, por medio del personaje de la mujer varonil, Caro Mallén no sólo apuesta por una moralidad diferente, sino que también rechaza el privilegio del hombre de imponer su código moral y presenta a la mujer como ser humano que merece una segunda oportunidad, en vez de considerarla un ser caído y digno de ser socialmente despreciado.

En *Valor, agravio y mujer*, la corte flamenca se convierte en el escenario en el que la heroína demuestra, por una parte, su habilidad a la hora de controlar las acciones y de manipular a los personajes con quienes interactúa y, por otra, su capacidad interpretativa del otro sexo. Como Bates y Lauer proponen, el que Estela, al final de la comedia, siga viendo a Leonardo debajo de la ropa de mujer con la que aparece en la última escena, demuestra la capacidad de interpretación de Leonor a la hora de representar el personaje de Leonardo y confirma que el género es una construcción artificial y, por consiguiente, fácil de caracterizar.

El personaje femenino que construye Caro Mallén sorprende por sus virtudes, su raciocinio, su valentía y su determinación. La escritora con Leonor cumple varios objetivos: dentro del marco de la ficción, propone que el comportamiento genérico del otro sexo se puede aprender e imitar con cierta facilidad y, fuera de éste, señala esos aspectos de su sociedad que privan a la mujer de autonomía, expone la hipocresía del código de honor y demuestra que la mujer, al igual que el hombre, es un ser que tiene la capacidad de pensar y crear. Una capacidad de crear que tanto la protagonista como la dramaturga demuestran tener con su ejercicio creativo dentro y fuera de la comedia.

Notas sobre la modernización del texto

La modernización que se realiza de esta comedia es mínima. Sólo se ha actualizado el empleo de las mayúsculas y los acentos. También se pone en minúscula la primera palabra de cada verso, a no ser que en el verso anterior hubiera punto. Las contracciones, latinismos o arcaísmos se han mantenido para no alterar ni la rima ni la medida de los versos. En las notas a pie

216 *Ana Caro Mallén de Torres*

de página se explican o modernizan las palabras. Sí se han modernizado la ubicación de los pronombres, siempre y cuando no alterara la rima, y las acotaciones. Indico con corchete las partes de la comedia que no se han incluido en esta modernización.

Figure 8.1 Valor, agravio y mujer
Source: Compañía de teatro El Repertorio Español

**Comedia Famosa de *Valor,
Agravio y Mujer*** [15]

HABLAN EN ELLA LAS PERSONAS SIGUIENTES:

DON FERNANDO DE RIBERA.
DOÑA LEONOR, su hermana.
RIBETE, lacayo.

DON JUAN DE CÓRDOBA.
TOMILLO, criado.

ESTELA, condesa.
LISARDA, su prima.
LUDOVICO, príncipe de Pinoy.
FLORA, criada.

FINEO, criado.

Tres bandoleros.

JORNADA PRIMERA

Han de estar a los dos lados del tablado escalerillas vestidas de murta,[16] a manera de riscos, que lleguen a lo alto del vestuario: por la una de ellas bajen Estela y Lisarda, de cazadoras, con venablos. Se fingirán truenos y torbellino al bajar.

LIS.   Por aquí, gallarda Estela,
       de ese inaccesible monte,
       de ese gigante soberbio,
       que a las estrellas se opone,
       podrás bajar a este valle,
       en tanto que los rigores
       del cielo, menos severos
       y más piadosos, deponen[17]
       negro encapotado ceño.
       Sígueme, prima.
EST.   ¿Por dónde?
       Qué soy de hielo. ¡Mal hayan
       mil veces mis ambiciones.

Van bajando poco a poco y hablando.

       Y el corzo[18] que dio, ligero,
       ocasión a que malogre,
       sus altiveces, mi brío,
       mi orgullo bizarro, el golpe
       felizmente ejecutado;
       pues sus pisadas veloces
       persuadieron mis alientos
       y repiten mis temores!
       ¡Válgame el cielo! ¿No miras
       cómo el cristalino móvil,
       de su asiento desencaja
       las columnas de sus orbes,
       y cómo turbado el cielo,
       entre asombros y entre
                              [horrores,
       segunda vez representa
       principios de Faetonte?[19]
       ¿Cómo, temblando sus ejes,
       se altera y se descompone
       la paz de los elementos,[20]
       que airados y desconformes
       granizan, ruidosos truenos
       fulminan, prestos vapores
       congelados en la esfera,
       ya rayos, ya exhalaciones?
       ¿No ves cómo, airado Eolo,[21]
       la intrépida cárcel rompe
       al Noto[22] y Boreas,[23] porque,
       desatadas sus prisiones,
       estremeciendo la tierra,
       en lo cóncavo rimbomben
       de sus maternas entrañas
       con prodigiosos temblores?
       ¿No ves vestidos de luto
       los azules pabellones,[24]
       y que las preñadas nubes,
       caliginosos[25] ardores
       que engendraron la violencia,
       hace que rayos se aborten?
       Todo está brotando miedos,
       todo penas y rigores,
       todo pesar, todo asombro,
       todo sustos y aflicciones;
       no se termina un celaje
       en el opuesto horizonte.
       ¿Qué hemos de hacer?
LIS.   No te aflijas.
EST.   Estatua de piedra inmóvil
       me ha hecho el temor, Lisarda.
       ¡Que así me entrase en el
                              [bosque!

Acaban de bajar.

LIS.	A la inclemencia del tiempo, debajo de aquestos[26] robles, nos negaremos,[27] Estela, en tanto que nos socorre el cielo, que ya descubre al Occidente arreboles.[28]

Se desvían a un lado, y salen Tibaldo, Rufino y Astolfo, bandoleros.

TIB.	¡Buenos bandidos, por Dios! De más tenemos el nombre, pues el ocio o la desgracia nos está dando lecciones de doncellas de labor. Bien se ejerce de Mavorte[29] la bélica disciplina en nuestras ejecuciones. ¡Bravo orgullo!
RUF.	Sin razón nos culpas: las ocasiones faltan, los ánimos no.
TIB.	Buscarlas porque se logren.
AST.	¡Por Dios, que si no me engaño, no es mala la que nos pone en las manos la ventura![30]
TIB.	¡Quiera el cielo que se goce!
AST.	Dos mujeres son, bizarras,[31] y hablando están; ¿no las oyes?
TIB.	Acerquémonos corteses.
EST.	Lisarda, ¿no ves tres hombres?
LIS.	Sí; hacia nosotras vienen.
EST.	¡Gracias al cielo! Señores, ¿está muy lejos de aquí la quinta[32] de Enrique, el Conde de Velflor?
TIB.	Bien cerca está.
EST.	¿Queréis decirnos por dónde?
TIB.	Vamos, venid con nosotros. Vuestra cortesía es norte que nos guía.
RUF.	Antes de mucho, con más miedos, más temores, zozobrará nuestra calma.

Las llevan, y baja D. Juan de Córdoba, muy galán, de camino, por el risco opuesto al que bajaron ellas, y dice:

D. JUAN.	¡Qué notables confusiones! ¡Qué impensado terremoto! ¡Qué tempestad tan disforme![33] Perdí el camino, en efecto. y ¿será dicha que tope quién me lo[34] enseñe? Tal es la soledad destos[35] montes...

Vaya bajando.

Ata esas mulas, Tomillo, a un árbol, y mientras comen baja a este llano.

Tomillo arriba, sin bajar:

TOM.	¿Qué llano? Un tigre, un rinoceronte, un cocodrilo, un caimán, un Polifemo ciclope,[36] un ánima condenada y un diablo, Dios me perdone, te ha de llevar.
D. JUAN.	Majadero,[37] ¿sobre qué das esas voces?
TOM.	Sobre que es fuerza que pagues sacrilegio tan enorme, como fue dejar a un ángel.
D. JUAN.	¿Hay disparates mayores?
TOM.	pues ¿qué puede sucedernos ni en cuando tú...
D. JUAN.	No me enojes, deja esas locuras.
TOM.	Bueno; locuras y sinrazones son las verdades.
D. JUAN.	Escucha; mal articuladas voces oigo.
TOM.	Algún sátiro o fauno.[38]

Salen los bandoleros con las damas, y para atarles las manos ponen en el suelo las pistolas y gabanes, y se está D. Juan retirado.

TIB.	Perdonen o no perdonen.
LIS.	Pues, bárbaros, ¿qué intentáis?
AST.	No es nada, no se alboroten, que será peor.
TOM.	Acaba de bajar.
D. JUAN.	Escucha, oye.
TOM.	¿Qué he de oír? ¿Hay algún [paso[39]

	de comedia, encanto, bosque
	o aventura, en que seamos
	yo Sancho, tú Don Quijote,
	porque busquemos la venta,
	los palos y Maritornes?
D. JUAN.	Paso es, y no poco estrecho,
	adonde es fuerza que apoye
	sus osadías mi orgullo.
TOM.	Mira, señor, no te arrojes.[40]
TIB.	Idles quitando las joyas.
EST.	Tomad las joyas, traidores,
	y dejadnos. ¡Ay, Lisarda!
D. JUAN.	¿No ves, Tomillo, dos soles[41]
	padeciendo injusto eclipse?[42]
	¿No miras sus resplandores
	turbados, y que a su lumbre
	bárbaramente se opone?
TOM.	Querrás decir que la tierra.
	No son sino salteadores,
	que quizá si nos descubren
	nos cenarán esta noche,
	sin dejarnos confesar,
	en picadillo[43] o jigote.[44]
D. JUAN.	Yo he de cumplir con quien [soy.
LIS.	¡Matadnos, ingratos hombres!
RUF.	No aspiramos a eso, reina.
EST.	¿Cómo su piedad esconde
	el cielo?

Se les pone D. Juan delante con la espada desnuda. Tomillo coge en tanto los gabanes[45] y pistolas, y se entra entre los ramos, y ellos se turban.

D. JUAN	Pues ¿a qué aspiran,
	a experimentar rigores
	de mi brazo y de mi espada?
EST.	¡Oh, qué irresistibles golpes!
D. JUAN.	¡Villanos, viles, cobardes!
TOM.	Aunque pese a mis temores,
	les he de quitar las armas
	para que el riesgo se estorbe,
	que de ayuda servirá.
TIB.	¡Dispara, Rufino!
RUF.	¿Dónde están las pistolas?
TOM.	Pistos[46] les será mejor que tomen.
AST.	No hay que esperar.
TIB.	¡Huye, Astolfo,
	que éste es demonio, no es hombre!
RUF.	¡Huye, Tibaldo!

Se van, y D. Juan tras ellos.

TOM.	¡Pardiez,[47]
	que los lleva a lindo trote
	el tal mi amo, y les da
	lindamente a trochemoche[48]
	cintarazo[49] como tierra,
	porque por fuerza la tomen!
	Eso sí: ¡plégate[50] Cristo,
	qué bien corrido galope!
EST.	¡Ay, Lisarda!
LIS.	Estela mía,
	ánimo, que bien disponen
	nuestro remedio los cielos.

Sale D. Fernando de Ribera, capitán de la Guarda, y gente.

D. FERN.	¡Que no parezcan, Godofre!
	¿Qué selva encantada, o qué
	laberinto las esconde?
	Mas ¿qué es esto?
EST.	¡Ay, don Fernando!
	rendidas a la desorden[51]
	de la suerte...
D. FERN.	¿Qué fue? ¿Cómo?
LIS.	Unos bandidos enormes
	nos han puesto...
D. FERN.	¿Hay tal desdicha?

Las desata.

LIS.	Mas un caballero noble
	nos libró.

Sale D. Juan.

D. JUAN.	Ahora verán
	los bárbaros que se oponen
	a la beldad[52] de esos cielos,
	sin venerar los candores
	de vuestras manos, el justo
	castigo.
D. FERN.	¡Muera!

Empuña la espada.

EST.	No borres
	con ingratitud, Fernando,
	mis tristes obligaciones;

	vida y honor le debemos.
D. FERN.	Dejad que a esos pies me [postre,
	y perdonad mi ignorancia.
TOM.	Y ¿será razón que monde
	nísperos Tomillo, en tanto?
	Estos testigos, conformes
	o contestes,[53] ¿no declaran
	mis alentados valores?
D. FERN.	Yo te premiaré.
D. JUAN.	Anda, necio.
	Guárdeos[54] Dios, porque se [abone
	en vuestro valor mi celo.
EST.	Decid vuestra patria y nombre,
	caballero, si no hay
	causa alguna que lo estorbe.
	Sepa yo a quién debo tanto,
	porque agradecida logre
	mi obligación en serviros,
	deseos por galardones.
D. FERN.	Lo mismo os pido; y si acaso
	de Bruselas en la corte
	se ofrece en qué os sirva, si
	no porque se reconoce
	obligada la Condesa,
	sino por inclinaciones
	naturales de mi estrella,
	venid, que cuanto os importe
	tendréis en mi voluntad.
TOM.	Más que doscientos Nestores[55]
	vivas. ¡Qué buen mocetón!
LIS.	Tan justas obligaciones
	como os tenemos las dos,
	más dilatará el informe
	que juntos os suplicamos.
D. JUAN.	Con el efecto responde
	mi obediencia agradecida.
D. FERN.	¡Qué galán! ¡Qué gentilhombre!
D. JUAN.	Nací en la ciudad famosa
	que la antigüedad celebra
	por madre de los ingenios,
	por origen de las letras,
	esplendor de los estudios,
	claro archivo de la ciencia,
	epílogo del valor
	y centro de la nobleza,
	la que en dos felices partos
	dio al mundo a Lucano y [Séneca
	este filósofo estoico,
	aquel insigne poeta.
	Otro Séneca y Aneo
	Galïón; aquél enseña
	moralidad virtuosa
	en memorables tragedias,
	y éste oraciones ilustres,
	sin otros muchos que deja
	mi justo afecto, y entre ellos
	el famoso Juan de Mena,
	en castellana poesía;
	como en la difícil ciencia
	de matemática, raro
	escudriñador de estrellas,
	aquel Marqués generoso,
	don Enrique de Villena,
	cuyos sucesos admiran,
	si bien tanto se adulteran
	en los vicios que hace el [tiempo:
	Rufo y Marcial, aunque queda
	el último en opiniones.
	mas porque de una vez sepas
	cuál es mi patria, nació
	don Luis de Góngora en ella,
	raro prodigio del orbe,
	que la castellana lengua
	enriqueció con su ingenio,
	frasis,[56] dulzura, agudeza.
	En Córdoba nací, al fin,
	cuyos muros hermosea
	el Betis,[57] y desatado
	tal vez en cristal,[58] los besa,
	por verle antiguo edificio
	de la romana soberbia,
	en quien ostentó Marcelo
	de su poder la grandeza.
	Heredé la noble sangre
	de los Córdobas en ella,
	nombre famoso que ilustra
	de España alguna excelencia.
	Gasté en Madrid de mis años
	floreciente primavera,
	en las lisonjas que acaban
	cuando el escarmiento empieza.
	La dejé porque es la envidia
	Hidra que no se sujeta
	a muerte, pues de un principio

saca infinitas cabezas.
Por sucesos amorosos
que no importan, me destierran,
y juntos poder y amor
mis favores atropellan.
Volví, en efecto, a la patria,
adonde triste y violenta
se hallaba la voluntad,
hecha a mayores grandezas,
y por divertir el gusto,
si hay alivio que divierta
El forzoso sentimiento
de una fortuna deshecha,
a Sevilla vine, donde
de mis deudos la nobleza
desahogo solicita
en su agrado a mis tristezas.
Divertirme en su hermosura,
en su alcázar, en sus huertas,
en su grandeza, en su río,
en su lonja, en su alameda,
en su iglesia mayor, que es
la maravilla primera.
Y la octava de las siete,
por más insigne y más bella
en su riqueza, y al fin . . .

Sale el príncipe Ludovico y gente.

LUD. Don Fernando de Ribera,
¿decís que está aquí? ¡Oh
[amigo!
D. FERN. ¿Qué hay, Príncipe?
LUD. Que Su Alteza,
a mí, a Fisberto, a Lucindo
y al duque Liseno, ordena,
por diferentes parajes,
que sin Lisarda y Estela
no volvamos; y pues ya
libres de las inclemencias
del tiempo con nos están,[59]
vuelvan presto a su presencia,
que al repecho[60] de ese valle
con una carroza esperan
caballeros y criados.
EST. Vamos, pues; haced que venga
ese hidalgo con nosotros.
D. FERN. Bueno es que tú me lo
[adviertas.
EST. ¡Que no acabase su historia! (Ap.)

D. FERN. Con el Príncipe, Condesa,
os adelantad[61] al coche,
que ya os seguimos.
EST. Con pena
voy, por no saber, Lisarda,
lo que del suceso queda.
LIS. Después lo sabrás.

Se van con el Príncipe y la gente.

D. FERN. Amigo,
alguna fuerza secreta
de inclinación natural,
de simpatía de estrellas,
me obliga a quereros bien;
venid conmigo a Bruselas.
D. JUAN. Por vos he de ser dichoso.
D. FERN. Mientras a la quinta llegan
y los seguimos a espacio,[62]
proseguid, ¡por vida vuestra!
¿Qué es lo que os trae a
[Flandes?
D. JUAN. Dicha tuve en que viniese
el Príncipe por Estela, (Ap.)
porque a su belleza el alma
ha rendido las potencias,
y podrá ser que me importe
que mi suceso no sepa.
Digo, pues, que divertido
y admirado en las grandezas
de Sevilla estaba, cuando
un martes, en una iglesia,
día de la Cruz de Mayo,
que tanto en mis hombros pesa,
vi una mujer, don Fernando,
y en ella tanta belleza,
que usurpó su gallardía
los aplausos de la fiesta.
No os pinto su hermosura
por no eslabonar cadenas
a los yerros de mi amor;
pero con aborrecerla,
si dijere que es un ángel,
no hayas miedo que encarezca[63]
lo más de su perfección.
Vila,[64] en efecto, y améla:[65]
supe su casa, su estado,
partes, calidad, hacienda,
y satisfecho de todo,
persuadí sus enterezas,[66]

                    Abreviatura por Aparte
solicité sus descuidos,[67]
facilité[68] mis promesas.
Favoreció mis deseos
de suerte, que una tercera[69]
fue testigo de mis dichas,[70]
si hay dichas en la violencia.
Le di palabra de esposo;
no es menester que os advierta
lo demás; discreto sois.
Yo muy ciego,[71] ella muy
                    [tierna,
y con ser bella en extremo
y con extremo discreta,
afable[72] para los gustos,
para los disgustos cuerda;[73]
contra mi propio designio,
cuanto los designios yerran,
obligaciones tan justas,
tan bien conocidas deudas,
o su estrella o su desdicha
desconocen o cancelan.[74]
cansado y arrepentido
la dejé, y seguí la fuerza,
si de mi fortuna no,
de mis mudables[75] estrellas.[76]
Sin despedirme ni hablarla,
con resolución grosera,
pasé a Lisboa, corrido
de la mudable influencia
que me obligó a despreciarla:
vi a Francia y a Inglaterra,
y al fin llegué a estos países
y a su corte de Bruselas,
donde halla centro el alma,
porque otra vez considera
las grandezas de Madrid.
Asiento tienen las treguas[77]
de las guerras con Holanda,
causa de que yo no pueda
ejercitarme en las armas;
mas pues ya vuestra nobleza
me ampara,[78] en tanto que a
                    [Flandes
algún socorro me llega,
favoreced mis intentos,
pues podéis con Sus Altezas,
porque ocupado en Palacio
algún tiempo me entretenga.
Don Juan de Córdoba soy,
andaluz; vos sois, Ribera,
noble, y andaluz también.
en esta ocasión, en ésta,
es bien que el ánimo luzca,
es bien que el valor se vea
de los andaluces pechos,
de la española nobleza.
Este es mi suceso: ahora,
como de una patria mesma,[79]
y como quien sois, honradme,
pues ya es obligación vuestra.

D. FERN. Me huelgo de conoceros,
señor don Juan, y quisiera
que a mi afecto[80] se igualara
el posible de mis fuerzas.
A vuestro heroico valor,
por alguna oculta fuerza
estoy inclinado tanto,
que he de hacer que Su Alteza,
como suya, satisfaga
la obligación en que Estela
y todos por ella estamos,
y en tanto, de mi hacienda
y de mi casa os servid.[81]
Vamos juntos donde os vea
la Infanta, para que os premie
y desempeñe las deudas
de mi voluntad.

D. JUAN. No sé
¡Por Dios! cómo os agradezca
tantos favores.

D. FERN. Venid.

Sale Tomillo.

TOM. Señor, las mulas esperan.
D. FERN. ¿Y la carroza?
TOM. Ya está
pienso que en la cuarta esfera,
por emular la de Apolo,
compitiendo con las selvas.

Sale Dª Leonor. Vestida de hombre, bizarra, y Ribete, lacayo.

LEON. En este traje podré
cobrar mi perdido honor.
RIB. Pareces el Dios de amor.

¡Que talle, qué pierna y pie!
notable resolución
fue la tuya, mujer tierna
y noble.

LEON. Cuando gobierna
la fuerza de la pasión,
no hay discurso cuerdo o sabio
en quien ama; pero yo,
mi razón, que mi amor no,
consultada con mi agravio,
voy siguiendo en las violencias
de mi forzoso destino,
porque al primer desatino[82]
se rindieron las potencias.
Supe que a Flandes venía
este ingrato que ha ofendido
tanto amor con tanto olvido,
tal fe con tal tiranía.
Fingí en el más recoleta[83]
monasterio mi retiro,
y sólo a ocultarme aspiro[84]
de mis deudos;[85] en efecto,
no tengo quién me visite
si no es mi hermana, y está
del caso avisada ya
para que me solicite
y vaya a ver con engaño,
de suerte que, aunque terrible
mi locura, es imposible
que se averigüe su engaño.
Ya, pues, me determiné,
y atrevida pasé el mar,
o he de morir, o acabar
la empresa que comencé,
o a todos los cielos juro
que, nueva amazona, intente,
o Camila más valiente,
vengarme de aquel perjuro[86]
aleve.[87]

RIB. Oyéndote estoy,
y ¡por Cristo! que he pensado
que el nuevo traje te ha dado
alientos.

LEON. Yo, ¿soy quién soy?
te engañas si imaginas,
Ribete, que soy mujer;
Mi agravio mudó mi ser.

RIB. Impresiones peregrinas
suele hacer un agravio:
ten que la verdad se prueba
de Ovidio, pues, Isis[88] nueva,
de oro guarneces el labio;
mas, volviendo a nuestro
 [intento,
¿le matarás?

LEON. Mataré.
¡Vive Dios!

RIB. ¿En buena fe?

LEON. ¡Por Cristo!

RIB. ¿Otro juramento?
Lástima es . . .

LEON. Flema gentil
gastas.

RIB. Señor Magallanes,
a él y a cuantos don Juanes,
ciento a ciento y mil a mil,
salieren.

LEON. Calla, inocente.

RIB. Escucha, así Dios te guarde:
¿por fuerza he de ser cobarde?
¿No habrá un lacayo valiente?

LEON. Pues ¿por eso te amohínas?[89]

RIB. Estoy mal con enfadosos
que introducen los graciosos
muertos de hambre y gallinas.
El que ha nacido alentado
¿no lo ha de ser si no es noble?
Que ¿no podrá serlo al doble
del caballero el criado?

LEON. Has dicho muy bien; no en vano
te he elegido por mi amigo,
no por criado.

RIB. Contigo
va Ribete el sevillano
bravo que tuvo a laceria
reñir con tres algún día,
y pendón rojo añadía
a los verdes de la feria;
pero tratemos del modo
de vivir que has de hacer
ahora.

LEON. Hemos menester,
para no perderlo todo,
buscar, Ribete, a mi hermano.

RIB. ¿Y si te conoce?

LEON. No

puede ser, que me dejó
de seis años, y está llano[90]
que no se puede acordar
y de mi rostro; y si privanza[91]
tengo con él, mi venganza
mi valor ha de lograr.

RIB. ¿Don Leonardo, en fin, te
[llamas,
Ponce de León?
LEON. Sí llamo.
RIB. ¡Cuántas veces, señor amo,
me han de importunar las
[damas
con el recado o billete!
Ya me parece comedia,
donde todo lo remedia
un bufón medio alcahuete.
No hay fábula, no hay tramoya,
adonde no venga al justo
un lacayo de buen gusto,
porque si no, ¡aquí fue Troya!
¿Hay mayor impropiedad
en graciosidades tales,
que haga un lacayo iguales
la almohaza[92] y majestad?
¡Que siendo rayo temido
un rey, haciendo mil gestos,
le obligue un lacayo déstos[93]
a que ría divertido!
LEON. Gente viene hacia esta parte.
Desvía.

Sale D. Fernando de Ribera y el Príncipe.

D. FERN. Esto ha pasado.
LUD. Me ha el suceso admirado.
D. FERN. Más pudieras admirarte
que de su dicha, aunque es
[tanta,
de su bizarro valor,
pues por él goza favor
en la gracia de la Infanta.
su mayordomo, en efecto,
don Juan de Córdoba es ya.
LEON. ¡Ay, Ribete!
LUD. Bien está,
pues lo merece el sujeto.
Y, al fin, ¿Estela se inclina
a don Juan?

D. FERN. Así lo siento,
por ser de agradecimiento
satisfacción peregrina.

Hablan aparte los dos.

LEON. Don Juan de Córdoba ¡ay Dios!
dijo. ¡Si es aquel ingrato!
mal disimula el recato[94]
tantos pesares.[95]
D. FERN. Por vos
la hablaré.
LUD. ¿Puede aspirar
Estela a mayor altura?
Su riqueza, su hermosura,
¿en quién la puede emplear
como en mí?
D. FERN. Decís muy bien.
LUD. ¿Hay en todo Flandes hombre
más galán, más gentilhombre?
RIB. ¡Maldígate[96] el cielo, amén!
D. FERN. Fiad esto a mi cuidado.
LUD. Que me está bien, sólo os digo;
haced, pues que sois mi amigo,
que tenga efecto.

Se va Ludovico.

D. FERN. ¡Qué enfado!
LEON. Ribete, llegarme quiero
a preguntar por mi hermano.
RIB. ¿Si le conocerá?
LEON. Es llano.
D. FERN. ¿Mandáis algo, caballero?
LEON. No, señor; saber quisiera
de un capitán.
D. FERN. ¿Capitán?
¿Qué nombre?
LEON. Éstas[97] lo dirán:
don Fernando de Ribera,
caballerizo mayor
y capitán de la Guarda
de Su Alteza.
D. FERN. ¡Qué gallarda
presencia! ¿Si es de Leonor?
[(Ap.)
haced cuenta que le veis;
dadme el pliego.
LEON. ¡Oh, cuánto gana
hoy mi dicha!

D. FERN. ¿Es de mi hermana?
Le da el pliego.
LEON. En la letra lo veréis;
Ribete, turbada estoy.

Lee D. Fernando.

RIB. ¿De qué?
LEON. De ver a mi hermano.
ese es valor sevillano.
has dicho bien: mi honor hoy
me ha de dar valor gallardo
para lucir su decoro,
que, sin honra, es vil el oro.
D. FERN. Yo he leído, don Leonardo,
esta carta, y sólo para
en que os ampare mi amor,
cuando por mil de favor
vuestra presencia bastara:
mi hermana lo pide así,
y yo, a su gusto obligado,
quedaré desempeñado
con vos, por ella y por mí.
¿Cómo está?
LEON. Siente tu ausencia,
como es justo.
D. FERN. ¿Es muy hermosa?
LEON. Es afable y virtuosa.
D. FERN. Eso le basta. ¿Y Laurencia,
la más pequeña?
LEON. Es un cielo,
una azucena, un jazmín,
un ángel, un serafín
mentido al humano velo.[98]
D. FERN. Decidme, por vida mía,
¿qué os trae a Flandes?
LEON. Intento,
con justo agradecimiento,
pagar vuestra cortesía,
y es imposible, pues vos,
liberalmente discreto,
acobardáis el concepto
en los labios.
D. FERN. Guárdeos[99] Dios.
LEON. Si es justa ley de obligación
    [forzosa
¡oh Ribera famoso! obedeceros,
escuchad mi fortuna rigurosa,
piadosa ya, pues me ha traído a
    [veros;
el valor de mi sangre generosa
no será menester encareceros,
pues por blasón de su nobleza muestro
el preciarme de ser muy deudo vuestro.
Serví una dama donde los primores
de toda la hermosura cifró el cielo;
gozó en secreto el alma sus favores,
vinculando la gloria en el desvelo;
me compitió el poder, y mis temores
apenas conocieron el recelo,
y no os admire, porque la firmeza
de Anarda sólo iguala a su belleza.
Atrevido mostró el marqués Ricardo
querer servir en público a mi dama;
mas no por eso el ánimo acobardo,
antes le aliento en la celosa llama.
presumiendo de rico y de gallardo
perder quiso el decoro de su fama:
inútil presunción, respetos justos,
ocasionando celos y disgustos.
Entre otras, una noche que a la puerta
de Anarda le hallé, sintiendo en vano
en flor marchita su esperanza muerta
al primero[100] verdor de su verano,
hallando en su asistencia ocasión cierta,
rayos hizo vibrar mi espada y mano,
tanto, que pude solo retirarle
a él y a otros dos valientes de la calle.
Disimuló este agravio; mas un día,
asistiendo los dos a la pelota,
sobre jugar la suerte suya o mía,
se enfada, se enfurece y alborota;
un ¡miente todo el mundo! al aire envía,
con que vi mi cordura tan remota,
que una mano lugar buscó en su cara,
y otra de mi furor rayos dispara.
Se desbarató el juego, y los parciales,
coléricos, trabaron civil guerra,
en tanto que mis golpes desiguales
hacen que bese mi rival la tierra.
uno, de meter paces da señales;
otro, animoso y despechado, cierra;
y al fin, entre vengados y ofendidos,
salieron uno muerto y tres heridos.
Ricardo, tantas veces despreciado
de mi dama, de mí, de su fortuna,

si no celoso ya, desesperado,
no perdona ocasión ni traza alguna;
a la venganza aspira, y agraviado,
sus amigos y deudos importuna,
haciendo de su ofensa vil alarde,
acción, si no de noble, de cobarde;
Mas yo, por no cansarte, dando medio
de su forzoso enojo a la violencia,
quise elegir por último remedio
hacer de la querida patria ausencia.
En efecto, poniendo tierra en medio,
objeto no seré de su impaciencia,
pues pudiera vengarse como sabio,
que no cabe traición donde hay agravio.
Previno nuestro tío mi jornada,
y antes de irme a embarcar, esta sortija
me dio por prenda rica y estimada,
de Victoria, su hermosa y noble hija.
del reino de Anfitrite la salada
región cerúlea[101] vi, sin la prolija
pensión de una tormenta, y con bonanza
tomó a tus plantas puerto mi esperanza.

D. FERN. De gustoso y satisfecho,
suspenso me habéis dejado.
no os dé la patria cuidado,
puesto que halláis en mi pecho
de pariente voluntad,
fineza de amigo, amor
de hermano, pues a Leonor
no amara con más verdad.
Esa sortija le di
a la hermosa Victoria,
mi prima, que sea en gloria
cuando de España partí;
y aunque sirve de testigo
que os abona y acredita,
la verdad no necesita
de prueba alguna conmigo.
Bien haya, amén, la ocasión
del disgusto sucedido,
pues ésta la causa ha sido
de veros.

LEON. No sin razón
vuestro valor tiene fama
en el mundo.

D. FERN. Don Leonardo,
mi hermano sois.

LEON. ¡Qué gallardo!
mas de tal ribera es rama.

D. FERN. En el cuarto de don Juan
de Córdoba estaréis bien.

LEON. ¿Quién es ese hidalgo?

D. FERN. ¿Quién?
Un caballero galán,
cordobés.

LEON. No será justo,
ni cortés urbanidad,[102]
que por mi comodidad
compre ese hidalgo un disgusto.

D. FERN. Don Juan tiene cuarto aparte
y le honra Su Alteza mucho
por su gran valor.

LEON. ¡Qué escucho! (Ap.)
Y ¿es persona de buen arte?

D. FERN. Es la primer[103] maravilla
su talle, y de afable trato,
aunque fácil, pues ingrato,
a una dama de Sevilla,
a quien gozó con cautela,
hoy la aborrece, y adora
a la Condesa de Sora;
que aunque es muy hermosa
[Estela,
no hay, en mi opinión, disculpa
para una injusta mudanza.

LEON. ¡Ánimo, altiva esperanza! (Ap.)
los hombres no tienen culpa
tal vez. . . .

D. FERN. Antes, de Leonor
repite mil perfecciones.

LEON. Y ¿la aborrece?

D. FERN. Opiniones
son del ciego lince amor;
por la Condesa el sentido
está perdiendo.

LEON. ¡Ah, cruel! (Ap.)
Y ella ¿corresponde fiel?

D. FERN. Con semblante agradecido
se muestra afable y cortés;
forzosa satisfacción
de la generosa acción,
de la facción que despúes
sabréis. Fineo . . .

Sale Fineo.

FIN. Señor . . .

D. FERN.	Aderezad aposento
	a don Leonardo al momento.
LEON.	Muerta estoy. (Ap.)
RIB.	Calla, Leonor.
D. FERN.	En el cuarto de don Juan.
FIN.	Voy al punto.
D. FERN.	Entrad, Leonardo.
LEON.	Ya os sigo.
D. FERN.	En el cuarto aguardo
	de Su Alteza.

Se va.

RIB.	Malos van
	los títeres. ¿A quién digo?
	¡Hola, hao! de allende[104] el mar
	volvámonos a embarcar,
	pues ya lo está aquel amigo.
	Centellas, furias, enojos,
	viboreznos,[105] basiliscos,
	iras, promontorios, discos
	está echando por los ojos.
	Si en los primeros ensayos
	hay arrobos,[106] hay desvelos,
	hay furores, rabias, celos,
	relámpagos, truenos, rayos,
	¿qué será después? Ahora
	está pensando, a mi ver,
	los estragos[107] que ha de hacer
	sobre el reto de Zamora.
	¡Ah, señora! ¿Con quién hablo?
LEON.	¡Déjame, villano infame!

Le da.

RIB.	Belcebú, que más te llame,
	demándetelo[108] el diablo.
	¿Miraste el retrato en mi
	de don Juan? Tal antuvión...[109]
	¡Qué bien das un pescozón![110]
LEON.	¡Déjame, vete de aquí!

Se va.

¿Adónde, cielos, adónde
vuestros rigores se encubren?
¿Para cuándo es el castigo?
la justicia, ¿dónde huye?
¿Dónde está? ¿Cómo es posible
que esta maldad disimule?
¡La piedad en un aleve,
injusta pasión arguye!
¿Dónde están, Jove, los rayos?
¿Ya vive ocioso e inútil
tu brazo? ¿Cómo traiciones
bárbaras y enormes sufre?
¿No te ministra Vulcano,[111]
de su fragua[112] y de su
　　　　　　　　　　　　　　[yunque,[113]
armas de fuego, de quien
sólo el laurel se asegure?
Némesis[114] ¿dónde se oculta?
¿A qué dios le sustituye
su poder, para que grato
mi venganza no ejecute?
Las desdichas, los agravios,
hace la suerte comunes.
No importa el mérito, no
tienen precio las virtudes.
¿Tan mal se premia el amor,
que a número no reduce
un hombre tantas finezas[115]
cuando de noble presume?
¿Que es esto, desdichas?
　　　　　　　　　　　　　　[¿Cómo
tanta verdad se desluce,[116]
tanto afecto se malogra,[117]
tal calidad se destruye,
tal sangre se deshonora,
tal recato[118] se reduce
a opiniones? Tal honor,
¿cómo se apura y consume?
¿Yo aborrecida y sin honra?
¿Tal maldad los cielos sufren?
¿Mi nobleza despreciada?
¿Mi cara opinión sin lustre?
¿Sin premio mi voluntad?
Mi fe, que las altas nubes
pasó, y llegó a las estrellas,
¿es posible que la injurie
don Juan? ¡Venganza,
　　　　　　　　　　　　　　[venganza,
cielos! El mundo murmure,
que ha de ver en mi valor,
a pesar de las comunes
opiniones, la más nueva
historia, la más ilustre
resolución que vio el orbe.
Y ¡juro por los azules

velos del cielo, y por cuantas
en ellos se miran luces,
que he de morir o vencer,
sin que me den pesadumbre[119]
iras,[120] olvidos, desprecios,
desdenes, ingratitudes,
aborrecimientos, odios!
Mi honor, en la altiva cumbre
de los cielos he de ver,
o hacer que se disculpen
en mis locuras mis yerros,[121]
o que ellas mismas apuren
con excesos cuanto pueden,
con errores cuanto lucen
valor, agravio y mujer,
si en un sujeto se incluyen.

Se va.

JORNADA SEGUNDA

Salen Estela y Lisarda.

LIS. ¿Qué te parece don Juan,
       Estela?
EST. Bien me parece.
LIS. Cualquier agrado merece
       por gentilhombre y galán.
       ¡Qué gallardo, qué brioso,
       qué alentado,[122] qué valiente
       anduvo!
EST. Forzosamente
       será bizarro y airoso,[123]
       que en la elección de tu gusto
       calificó su buen aire.
LIS. Bueno está, prima, el donaire.[124]
       ¿Y el de Pinoy?
EST. No hay disgusto
       para mí como su nombre.
       ¡Jesús! ¡Líbrenme los cielos
       de su ambición!
LIS. Mis desvelos
       premie amor.
EST. ¡Qué bárbaro hombre!
LIS. ¿Al fin no le quieres?
EST. No.
LIS. Por discreto y por gallardo,
       bien merece don Leonardo
       amor.
EST. Ya, prima, llegó
       a declararse el cuidado,
       pues en término tan breve
       tantos desvelos me debe,
       tantas penas me ha costado.
       La obligación de don Juan,
       bien solicita en mi intento
       forzoso agradecimiento.
       Mas este Adonis[125] galán,
       Este fénix español,
       este Ganimedes[126] nuevo,
       este dios de amor, mancebo,
       este Narciso,[127] este sol,
       de tal suerte en mi sentido
       mudanza su vista ha hecho,
       que no ha dejado en el pecho
       ni aun memorias de otro olvido.
LIS. ¡Gran mudanza!
EST. Yo confieso
       que lo es; mas si mi elección
       jamás tuvo inclinación
       declarada, no fue exceso
       rendirme.
LIS. A solicitar
       sus dichas[128] le trae amor.
       Las mías, mejor dirás.

Salen D. Fernando, Dª Leonor y Ribete.

D. FERN. Ludovico, hermosa Estela,
         me pide que os venga a hablar.
         Don Juan es mi amigo, y sé
         que os rinde el alma don Juan;
         y yo, humilde, a vuestras
                              [plantas . . .
         ¿por dónde he de comenzar?
         Que, ¡por Dios que no me atrevo!
         A pediros . . .
EST.   Que pidáis
         poco importa, don Fernando,
         cuando tan lejos está
         mi voluntad de elegir.
D. FERN. Basta.
EST.   No me digáis más
         de don Juan ni Ludovico.
D. FERN. ¡Qué dichoso desdeñar![129] (Ap.)
         pues me deja acción de amante.
LEON.   Pues aborrece a don Juan,
         ¡qué dichoso despedir!
EST.   Don Leonardo, ¿no me habláis?

	¿Vos sin verme tantos días?
	¡Oh, qué mal cumplís, qué mal,
	la ley de la cortesía,
	la obligación de galán!
D. FERN.	Pues no os resolvéis,[130] adiós.
EST.	Adiós.
D. FERN.	Leonardo, ¿os quedáis?
LEON.	Sí, primo.
EST.	A los dos por mí,
	don Fernando, les dirás
	que ni estoy enamorada,
	ni me pretendo casar.

Se va D. Fernando.

LEON.	Mi silencio, hermosa Estela,
	mucho os dice sin hablar,
	que es lengua el afecto mudo
	que está confesando ya
	los efectos que esos ojos
	sólo pudieron causar,
	soles[131] que imperiosamente
	de luz ostentando están,
	entre rayos y entre flechas,
	bonanza y serenidad,
	en el engaño, dulzura,
	extrañeza en la beldad,
	valentía en el donaire,
	y donaire en el mirar.
	¿En quién, sino en vos, se ve
	el rigor y la piedad
	con que dais pena y dais gloria.
	Con que dais vida y matáis?
	Poder sobre el albedrío[132]
	para inquietarle su paz,
	jurisdicción en el gusto,
	imperio en la voluntad,
	¿quién, como vos, le ha tenido?
	¿Quién, como vos, le tendrá?
	¿Quién, sino vos, que sois sola,
	o ya sol o ya deidad,
	es dueño de cuanto mira,
	pues cuando más libre estáis,
	parece que lisonjera
	con rendir y con matar,
	hacéis ociosa la pena,
	hacéis apacible el mal,
	apetecible el rigor,
	inexcusable el pensar?
	Pues si no es de esa belleza
	la imperiosa majestad,
	gustosos desasosiego[133]
	en el valle, ¿quién los da?
	Cuando más rendida el alma
	pide a esos ojos piedad,
	más rigores examina,
	desengaños siente más.
	Y si humilde a vuestras manos
	sagrado vine a buscar,
	atreviéndose al jazmín,
	mirándose en el cristal,
	desengañado y corrido,
	su designio vuelve atrás,
	pues gala haciendo el delito,
	y lisonja[134] la crueldad.
	El homicidio cautela,
	que son, publicando están,
	quien voluntades cautiva,
	quien roba la libertad.
	Discreta como hermosa,
	a un mismo tiempo ostentáis
	en el agrado aspereza,
	halago en la gravedad,
	en los desvíos cordura,
	entereza en la beldad,
	en el ofender disculpa,
	pues tenéis para matar
	altiveces[135] de hermosura
	con secretos de deidad.
	Gala[136] es en vos lo que pudo
	ser defecto en la que más
	se precia de airosa y bella,
	porque el herir y el matar
	a traición, jamás halló
	sólo en vos disculpa igual.
	Haced dichosa mi pena,
	dad licencia a mi humildad
	para que os sirva, si es justo
	que a mi amor lo permitáis;
	que estas venturas, aquestos[137]
	favores que el alma ya
	solicita en vuestra vista
	o busca en vuestra piedad,
	si vuestros ojos los niegan,
	¿dónde se podrán hallar?
RIB.	Aquí gracia y después gloria,
	amén, por siempre jamás.

¡Qué difícil asonante
buscó Leonor! No hizo mal;
dele versos en agudo,
pues que no le puede dar
otros agudos en prosa.
EST. Don Leonardo, bastan ya
las lisonjas, que imagino
que el ruiseñor imitáis,
que no canta enamorado
de sus celos al compás,
porque siente o porque quiere,
sino por querer cantar.
Estimo las cortesías,
y a tener seguridad,
las pagara con finezas.
LEON. Mi amor se acreditará
con experiencia; mas no
habéis comparado mal
al canto del ruiseñor
de mi afecto la verdad,
pues si dulcemente, grave,
sobre el jazmín o rosal
hace facistol,[138] adonde
suele contrapuntear
bienvenidas a la aurora,
aurora sois celestial,
dos soles son vuestros ojos,
un cielo es vuestra beldad.
¿Qué mucho que, ruiseñor
amante, quiera engañar,
en la gloria de miraros,
de no veros el penar?
EST. ¡Qué bien sabéis persuadir!
Basta, Leonardo, no más;
esta noche en el terrero
a solas os quiero hablar
por las rejas que al jardín
se corresponden.
LEON. Irá
a obedeceros el alma.
EST. Pues adiós.
LEON. Adiós. Mandad,
bella Lisarda, en qué os sirva.
LIS. Luego os veré.
Bien está.

Se van las damas.

LEON. ¿Qué te parece de Estela?
RIB. Que se va cumpliendo ya
mi vaticinio,[139] pues ciega,
fuego imagina sacar
de dos pedernales[140] fríos.
¡Qué bien que se entablará
el juego de amor, aunque ella
muestre que picada[141] está,
si para que se despique
no la puedes envidar[142]
si no es de falso, por ser
limitado tu caudal
para empeño[143] tan forzoso!
LEON . Amor de mi parte está.
El Príncipe de Pinoy
es éste; su vanidad
se está leyendo en su talle;
mas me importa su amistad.
RIB. ¡Linda alhaja![144]

Sale el Príncipe.

LUD. ¡Don Leonardo!
LEON. ¡Oh Príncipe! Un siglo ha
que no os veo.
LUD. Bien así
la amistad acreditáis.
LEON. ¡Yo os juro por vida vuestra . . .
LUD. Basta; ¿para qué juráis?
LEON. ¿Qué hay de Estela?
LUD. ¿Qué hay de Estela?
Fernando la vino a hablar
y respondió desdeñosa:
que la deje, que no está
del Príncipe enamorada
ni se pretende casar;
desaire que me ha enfadado,
por ser tan pública ya
mi pretensión.[145]
LEON. ¿Sois mi amigo?
LUD. ¿Quién merece la verdad
de mi amor sino vos solo?
LEON. Mucho tengo que hablar
con vos.
RIB. Mira lo que haces. (Ap.)
LEON. Esto me importa; escuchad:
Estela se ha declarado
conmigo; no la he de amar
por vos, aunque me importara
la vida, que la amistad

verdadera se conoce
en aquestos[146] lances; mas
del favor que me hiciere,
dueño mi gusto os hará;
y para que desde luego
la pretensión consigáis,
al terrero,[147] aquesta[148] noche,
quiero que la vais a hablar
disfrazado con mi nombre.

LUD.   ¿Qué decís?
LEON. Que me debáis
estas finezas; venid,
que yo os diré lo demás.

Se van los dos.

RIB.   ¿Qué intenta Leonor, qué es
       [esto?
mas es mujer; ¿qué no hará?
Que la más compuesta[149] tiene
mil pelos de Satanás.

Sale Tomillo.

TOM.   ¡Vive Dios, que no sé dónde
he de hallar a don Juan!
RIB.   Éste es el bufón que a Flora
imagina desflorar:
pregonadle[150] a uso de España.
TOM.   ¡Oh paisano! ¿Qué será
que las mismas pajarillas
se me alegran en pensar
que veo españoles?
RIB.   Esa
es fuerza del natural.
TOM.   Al cuarto de don Fernando
creo asistís.
RIB.   Es verdad;
criado soy de su primo
Don Leonardo; ¿queréis más?
TOM.   ¿Cómo va de paga?
RIB.   Paga
adelantado.
TOM.   Y ¿os da
ración?[151]
RIB.   Como yo la quiero.
TOM.   No hay tanto bien por acá.
¿De dónde sois?
RIB.   De Madrid.
TOM.   ¿Cuándo vinisteis de allá?

RIB.   ¡Bravo chasco![152] Habrá seis
       [meses.
TOM.   ¿Qué hay en el lugar de nuevo?
RIB.   Ya es todo muy viejo allá;
sólo en esto de poetas
hay notable novedad
por innumerables, tanto,
que aun quieren poetizar
las mujeres, y se atreven
hacer comedias ya.
TOM.   ¡Válgame Dios! Pues ¿no fuera
mejor coser y hilar?
¿Mujeres poetas?
RIB.   Sí;
mas no es nuevo, pues están
Argentaria, Safo, Areta,
Blesilla, y más de un millar
de modernas, que hoy a Italia
lustre soberano dan,
disculpando la osadía
de su nueva vanidad.
TOM.   Y decidme . . .
RIB.   ¡Voto a Cristo,
que eso es mucho preguntar!

Se van, y sale D. Juan solo.

D. JUAN. Tanta inquietud en el pecho,
tanta pasión en el alma,
en el sosiego tal calma,
en el vivir tal despecho;[153]
tal penar[154] mal satisfecho,
tal temblar y tal arder,
tal gusto en el padecer,
sobornando los desvelos,
sin duda, si no son celos,
que infiernos deben de ser.
¿De que sirvió la ocasión
en que me puso la suerte,
si della[155] misma se advierte
cuán pocas mis dichas son?
Mi amor y su obligación
reconoce Estela hermosa;
mas ¿qué importa, si dudosa,
o no quiere o no se atreve,
siendo a mis incendios nieve,
y a otro calor mariposa?[156]
Con justa causa acobardo
o el amor o la esperanza,

pues tan poca dicha alcanza
cuando tanto premio aguardo.
Este primo, este Leonardo,
de don Fernando, en rigor,
galán se ha opuesto a mi amor;
pero ¿no es bien que me asombre
si habla, rostro, talle[157] y
 [nombre
vino a tener de Leonor?
Que ¿quién, sino quien retrata
su aborrecido traslado,[158]
pudiera haber malogrado
suerte tan dichosa y grata?
Ausente me ofende y mata
con aparentes antojos,[159]
de suerte que a mis enojos
dice el gusto, y no se engaña,
que Leonor vino de España
sólo a quebrarme los ojos.
El de Pinoy sirve a Estela,
y amigo del de Pinoy
es don Leonardo, a quien hoy
su mudable gusto apela.
Yo, perdida centinela,
desde lejos miro el fuego,
y al temor concedo y niego
mis penas y mis favores,
el pecho un volcán de ardores,
el alma un Etna[160] de fuego.
"Más merece quien más ama,"
dijo un ingenio divino;
yo he de amar, porque imagino
que algún mérito me llama.
goce del laurel la rama
el que Fortuna eligió,
pues si indigno la gozó,
es cierto, si bien se advierte
que le pudo dar la suerte,
dicha sí, mérito no.

Sale Ribete.

RIB. ¡Qué ciegos intentos dan
a Leonor desasosiego!
Mas si van siguiendo a un
 [ciego,
¿qué vista tener podrán?
Me manda que dé a don Juan
este papel por Estela,
que como amor la desvela,
por desvanecer[161] su daño
busca engaño contra engaño,
cautela contra cautela.[162]
¡A qué buen tiempo le veo!
quiero darle el alegrón.[163]

D. JUAN. Yo he de amar sin galardón
y conquistar sin trofeo.

RIB. A cierto dichoso empleo
os llama fortuna ahora
por este papel.

D. JUAN. Ignora
la novedad mi desgracia.

RIB. Y es de Estela, por la gracia
de Dios, Condesa de Sora.

D. JUAN. El papel beso mil veces
por suyo; dejadme leer.

RIB. Leed, que a fe que ha de
 [ser (Ap.)
más el ruido que las nueces.

D. JUAN. Dichoso, fortuna, yo,
pues ya llego a persuadirme
a que merezco por firme,
si por venturoso no;
mi constancia al fin venció
de Estela hermosa el desdén.
Pues me llama: a espacio ven,
dicha, porque en gloria tal,
ya que no me mató el mal,
me podrá matar el bien.

RIB. Bien lo entiende.

D. JUAN. Esta cadena
os doy, y os quisiera dar
un mundo. ¡Dulce papel!

RIB. Pues a fe que lleva en él (Ap.)
menos de lo que ha pensado.

D. JUAN. No sé si es verdad o sueño,
ni me atrevo a responder.
Amigo, el obedecer
será mi gustoso empeño;[164]
decid a mi hermoso dueño
que soy suyo.

RIB. Pues adiós.

D. JUAN El mismo vaya con vos.
Oíd, procuradme hablar,
porque habemos de quedar
grandes amigos los dos.
El mismo vaya con vos.

	Oíd, procuradme hablar,
	porque habemos de quedar
	grandes amigos los dos.
RIB.	¡Oh! Pues eso claro está.

Se va.

D. JUAN.	Aprisa, luciente coche,
	da lugar al de la noche,
	que obscuro te sigue ya.
	Hoy mi esperanza hará
	de su dicha ostentación,
	pues Estela me da acción,
	y aunque el premio halle [tardanza,
	más vale una alta esperanza,
	que una humilde posesión.

Se va, y sale Dª Leonor, de noche.

LEON.	¿Dónde, ¡ay! locos desatinos,
	me lleva con paso errante[165]
	de amor la bárbara fuerza?
	¿Cómo en tantas ceguedades,
	atropellando imposibles,
	a creer me persuade
	que he de vencer? ¡Ay, honor,
	qué me cuestas de pesares,[166]
	qué me debes de zozobras,[167]
	en qué me pones de ultrajes!
	¡Oh, si Ribete acabase
	de venir, para saber
	si tuvo dicha de darle
	el papel a aquel ingrato
	que a tantos riesgos me trae!
	mas ya viene: ¿qué hay, Ribete?

Sale Ribete.

RIB.	Que llegué: que di a aquel ángel
	el papel; que me rindió
	este despojo brillante,
	pensando que era de Estela;
	que me dijo que dictase
	por ella a su dueño hermoso,
	que era suyo y vendrá a hablar.
LEON.	Bien está.
RIB.	Y ¿estás resuelta?[168]
LEON.	Esta noche ha de entablarse
	o mi remedio, o mi muerte.
RIB.	Mira, Leonor, lo que haces.
LEON.	Esto ha de ser.
RIB.	¡Quiera Dios
	que no des con todo al traste!
LEON.	¡Qué mal conoces mi brío!
RIB.	¿Quién dice que eres cobarde?
	Cátate[169] aquí muy valiente,
	muy diestra, muy arrogante,
	muy alentada, y, al fin,
	un sepan cuantos de Marte,
	que hace a diestros y a [siniestros
	estragos y mortandades
	con el ánimo.[170] Y la fuerza,
	di, señora, ¿dónde está?
LEON.	Semíramis, ¿no fue heroica?
	Cenobia, Drusila, Draznes,
	Camila, y otras cien mil,
	¿No sirvieron de ejemplares
	mil varones famosos?
	Demás de que el encontrarle
	es contingente, que yo
	sólo quise adelantarme
	tan temprano, por hacer
	que el Príncipe a Estela hable
	sin ver a don Juan, Ribete.
RIB.	Pues ánimo y adelante,
	que ya estás en el terreno,
	y aquestas[171] ventanas salen
	al cuarto de la Condesa,
	que aquí me habló la otra tarde.
LEON.	Pues, Ribete, donde dije
	ten prevenidas las llaves
	que te dio Fineo.
RIB.	Bien:
	¿Son las que a este cuarto [hacen,
	junto al de Estela, que tiene
	balcones a esotra[172] parte
	de Palacio, y ahora está
	vacío e inhabitable?
LEON.	Sí; y con un vestido mío
	me has de esperar donde sabes,
	porque me importa el vivir.
RIB.	No; importa más el quedarme
	y defenderte, si acaso
	don Juan . . .
LEON.	¡Oh, qué necedades![173]
	Yo sé lo que puedo, amigo.

RIB. Pues si lo que puedes sabes,
quédate, señora, adiós.

Se va.

LEON. Temprano viene, por ver
si a don Juan también le trae
su desvelo; y quiera Dios
que Ludovico se tarde
por si viniere.

Sale D. Juan.

D. JUAN. No en vano
temí que el puesto ocupase
gente: un hombre solo es;
quiero reconocerle.
LEON. Buen talle
tiene aquéste. ¿Si es don Juan?
Quiero más cerca llegarme
y conocer, si es posible,
quién es.
D. JUAN. Si aquéste hablase,
sabré si es el de Pinoy.

Van llegando uno a otro.

LEON. Yo me determino a hablarle
para salir desta[174] duda.
¿Quién va, hidalgo?
D. JUAN. Quien sabe
ir adonde le parece.[175]
LEON. Él es. ¡Respuesta galante! (Ap.)
No irá sino quiero yo.
D. JUAN. ¿Quién sois vos para estorbarme
que me esté o me vaya?
LEON. El diablo.
D. JUAN. ¿El diablo? ¡Lindo descarte![176]
Es poco un diablo.
LEON. Ciento,
mil millares de millares
soy si me enojo.
D. JUAN. ¡Gran tropa!
LEON. ¿Os burláis?
D. JUAN. No soy bastante
defenderme de tantos;
y así, os pido, si humildades
corteses valen con diablos,
que los llevéis a otra parte,
que aquí, ¿qué pueden querer?
Estime que aquí me halle (Ap.)
este alentado,[177] y que temo
perder el dichoso lance[178]
de hablar a Estela esta noche.
LEON. Digo yo que querrán darles
a los como vos ingratos
dos docenas de pesares.
D. JUAN. ¿Y si no los quiero?
LEON. ¿No?
D. JUAN. Demonios muy criminales
traéis; moderaos un poco.
LEON. Vos muy civiles donaires.
O nos hemos de matar,
o solo habéis de dejarme
en este puesto,[179] que importa.
D. JUAN. ¿Hay tal locura? Bastante
prueba es ya de mi cordura
sufrir estos disparates;[180]
pero me importa: el mataros
fuera desdicha[181] notable,
y el irme será mayor;
que los hombres de mis partes
jamás violentan su gusto
con tan precisos desaires;[182]
demás de que tengo dada
palabra aquí, de guardarle
el puesto a un amigo.
LEON. Bien;
si como es justo guardasen
los hombres de vuestras
 [prendas[183]
otros preceptos más graves
en la ley de la razón
y la justicia, ¡qué tarde
ocasionaran venganzas!
Mas ¿para qué quien no sabe
cumplir palabras, las da?
¿Es gentileza, es donaire,
es gala o es bizarría?
D. JUAN. Éste me tiene por alguien (Ap.)
que le ha ofendido; bien puedo
dejarle por ignorante;
no os entiendo, ¡por Dios vivo!
LEON. Pues yo sí me entiendo, y baste
saber que os conozco, pues
sabéis que hablo verdades.
D. JUAN. Vuestro arrojamiento[184] indica
ánimo y valor tan grande,
que os estoy aficionado.
LEON. Aficionado[185] es en balde;
no es ésta la vez primera

	que de mí os aficionasteis,
	mas fue ficción, porque sois
	aleve, ingrato, mudable,
	injusto, engañador, falso,
	perjuro,[186] bárbaro, fácil,
	sin Dios, sin fe, sin palabra.
D. JUAN.	Mirad que no he dado a nadie
	ocasión para que así
	en mi descrédito hable,
	y por estar donde estáis
	escucho de vos ultrajes[187]
	que no entiendo.
LEON.	¿No entendéis?
	¿No sois vos el inconstante[188]
	que finge, promete, jura,
	ruega, obliga, persuade,
	empeña palabra[189] y fe
	de noble, y falta a su sangre,
	a su honor y obligaciones,
	fugitivo al primer lance,
	que se va sin despedirse
	y que aborrece[190] sin darle
	ocasión?
D. JUAN.	Os engañáis.
LEON.	Más valdrá que yo me engañe.
	¡Gran hombre sois de una fuga!
D. JUAN.	Más cierto será que falte
	luz a los rayos del sol,
	que dejar yo de guardarle[191]
	mi palabra a quien la di.
LEON.	Pues mirad: yo sé quién sabe
	que disteis una palabra,
	que hicisteis pleito homenaje
	de no quebrarla, y apenas
	disteis al deseo alcance,
	cuando se acabó.
D. JUAN.	Os engañáis.
LEON.	Más valdrá que yo me engañe.
D. JUAN.	No entiendo lo que decís.
LEON.	Yo sí lo entiendo.
D. JUAN.	Escuchadme.
LEON.	No quiero de vuestros labios
	escuchar más falsedades,
	que dirán engaños nuevos.
D. JUAN.	Reparad...
LEON.	No hay que repare,
	pues no reparasteis vos;
	sacad la espada.
D. JUAN.	Excusarse

	no puede ya mi cordura
	ni mi valor, porque es lance
	forzoso.

Comienzan a reñir y sale el Príncipe.

LUD.	Aquí don Leonardo
	me dijo que le esperase,
	y sospecho que se tarda.
D. JUAN.	Ya procuró acreditarse
	mi paciencia de cortés,
	conociendo que me hablasteis
	por otro; pero no habéis
	querido excusar los lances.
LUD.	¡Espadas en el terrero!
LEON.	¡Ejemplo de desleales,
	Bien os conozco!
D. JUAN.	¡Ea, pues,
	riñamos!

Riñen.

LUD.	¡Fortuna, acabe
	mi competencial don Juan
	es éste, y podré matarle
	ayudando a su enemigo.
	Se pone al lado de Leonor.
	Pues estoy de vuestra parte,
	¡muera el villano!
LEON.	No hará,
	Se pone al lado de D. Juan.
	Que basta para librarle
	de mil muertes mi valor.
D. JUAN.	¿Hay suceso más notable?
LUD.	¿A quien procura ofenderos
	defendéis?
LEON.	Puede importarme
	su vida.
D. JUAN.	¿Qué es esto, cielos?
	¿Tal mudanza en un instante?
LUD.	¡Ah, quién matara a don Juan!
LEON.	No os habrá de ser muy fácil,
	que soy yo quien le defiende.
LUD.	¡Terribles golpes!
LEON.	Más vale,
	pues aquesto no os importa,
	iros, caballero, antes
	que os cueste...
LUD.	El primer consejo (Ap.)
	del contrario es favorable:
	a mí no me han conocido;

   mejor será retirarme,
   no espere Estela.
   Se va retirando, y Leonor tras él.
LEON. Eso sí.
D. JUAN. Vos sois bizarro y galante.
   ¡Válgame el cielo! ¿Qué es
           [esto?
   ¡Que este hombre me
          [ocasionase
   a reñir, y con la espada
   hiciese tan desiguales
   el enojo y la razón!
   ¡Que tan resuelto[192] jurase
   darme muerte, y que en un
            [punto
   me defendiese! Este es lance
   que lo imagino imposible.
   Que puede, dijo, importarle
   mi vida; y cuando brioso[193]
   a reñir me persuade,
   ¡al que me ofende resiste!
   ¡No entiendo estas novedades!

Sale Dª Leonor.

LEON. ¡Ea, ya se fue; volvamos
   a reñir!
D. JUAN. El obligarme
   y el ofenderme, quisiera
   saber ¡por Dios! de qué nace:
   yo no he de reñir con vos,
   hidalgo; prueba bastante
   de que soy agradecido.
LEON. Tendréis a favor muy grande
   el haberos defendido
   y ayudado. ¡Qué mal sabe
   conocer vuestro designio![194]
   La intención de mi dictamen,
   con justa causa ofendido
   de vos. ¡No quise que nadie
   tuviese parte en la gloria
   que ya espero con vengarme,
   pues no era victoria mía
   que otro valor me usurpase
   el triunfo, ni fuera gusto
   o lisonja el ayudarme,
   pues con eso mi venganza
   fuera menos memorable,
   cuando está toda mi dicha
   en mataros solo.

D. JUAN. Si alguien
   os ha ofendido, y creéis
   que soy yo, os engañáis.
LEON. Antes
   fui el engañado; ya no.
D. JUAN. Pues decid quién sois.
LEON. En balde[195]
   procura saber quién soy
   quien tan mal pagarme sabe.
   El Príncipe de Pinoy
   era el que seguí; bastante
   ocasión para que vuelva
   le he dado; quiero excusarme
   de verle; quedaos, que a mí
   no me importa aquesto, y si
            [antes
   os provoque, no fue acaso.
D. JUAN. ¿Quién sois? Decid.
LEON. No se hable
   en eso; creed que mi agravio
   os buscará en otra parte.
D. JUAN. Escuchad, oíd.
LEON. No es posible;
   yo os buscaré, aquesto baste.

Se va.

D. JUAN. ¡Vive Dios, que he dé seguirle
   sólo por saber si sabe
   que soy yo con quien habló,
   que recuerdos semejantes
   de mi suceso, no sé
   que pueda saberlos nadie.

Se va, y sale Estela a la ventana.

EST. Mucho Leonardo tarda;
   que se sosieguen en Palacio
    aguarda,
   si no es que de otros brazos
   le entretienen gustosos
    embarazos.[196]
   ¡Oh, qué mal en su ausencia me
    divierto!
   Haga el amor este temor incierto.
   Ya sospecho que viene.

Sale el de Pinoy.

LUD. ¡Válgame el cielo! ¿Dónde se detiene
   Leonardo a aquesta hora?

	Hablar oí.
EST.	¿Es Leonardo?
LUD.	Soy, señora
	(quiero fingirme él mismo), vues
	[tro esclavo,
	que ya por serlo mi ventura alabo.
EST.	Confusa os aguardaba mi
	[esperanza.
LUD.	Toda mi dicha ha estado en mi
	[tardanza.
EST.	¿Cómo?
LUD.	Porque os ha dado,
	hermosísima Estela, ese cuidado.
EST.	¿En qué os habéis entretenido?
LUD.	Un rato
	jugué.
EST.	¿Ganasteis?
LUD.	Sí.
EST.	Dadme barato.[197]
LUD.	¿Qué me queda que daros, si soy
	[todo
	vuestro?
EST.	Para excusaros buscáis modo;
	llegaos más cerca, oíd.
LUD.	¡Dichoso empleo!

Sale Dª Leonor.

LEONOR	Si le hablo, consigue mi deseo
	el más feliz engaño,
	pues teniendo de Estela desengaño,
	podrá dejar la pretensión . . .

Sale D. Juan.

D. JUAN.	¡Que fuese
	siguiéndole, y al cabo le perdiese
	al volver de Palacio!
LEON.	Éste es don Juan: ¡a espacio, amor,
	[aespacio
	que esta noche me pones
	de perderme y ganarme en
	[ocasiones!
D. JUAN.	Ésta es, sin duda, Estela.
LEON.	¿Quién es?
D. JUAN.	Una perdida centinela[198]
	de la guerra de amor.
LEON.	¡Bravo soldado!
	¿Es don Juan?
D. JUAN.	Es quien tiene a ese sol dado
	del alma el rendimiento,
	memoria, voluntad y
	[entendimiento,
	con gustosa violencia;
	de suerte que no hay acto de
	[potencia
	libre en mí, que ejercite,
	razón que juzgue, fuerza que
	[milite,
	que a vos no esté sujeta.
LEON.	Qué, ¿tanto me queréis?
D. JUAN.	Vos sois discreta,
	Y sabéis que adoraros
	es fuerza si al cristal[199] queréis
	[miraros.
LEON.	Desengaños me ofrece, si
	[ambiciosa
	tal vez estuvo en la pasión dudosa,
	la vanidad.
D. JUAN.	Será cristal obscuro . . .
LEON.	Ahora, señor don Juan, yo no
	[procuro[200]
	lisonjas[201] al pincel[202] de mi retrato,
	sólo os quisiera ver menos ingrato.
D. JUAN.	¿Yo ingrato? ¡Quiera el cielo,
	si no os adora mi amoroso celo,
	que sea aqueste mi último fracaso!
LEON.	Que ¿no me conocéis?, vamos al
	[caso:
	¿como queréis que os crea,
	si no era necia, fea,
	pobre, humilde, villana,
	doña Leonor, la dama sevillana?
	Y ya sabéis, ingrato, habéis
	[burlado
	con su honor la verdad de su
	[cuidado.
D. JUAN.	¿Qué Leonor o qué dama?
LEON.	Llegaos más cerca, oíd: nunca la
	[fama
	se engaña totalmente,
	y yo sé que no miente.
D. JUAN.	¡Que me haya don Fernando des
	[cubierto! (Ap.)
LUD.	De que soy vuestro esclavo estoy
	[bien cierto,
	mas no de que os desvela
	mi amor, hermosa Estela.
	(Quiero saber lo que a Leonardo
	[quiere.)

	Yo sé que el de Pinoy por vos se [muere;		del cielo, luciente y puro,
	es rico, es noble, es príncipe, en [efecto,		el lucero llama obscuro, viendo tan hermoso el sol,
	y aunque atropella amor todo [respeto,		así yo, que a Leonor vi, o de lucero o estrella,
	no me juzgo dichoso.		adoré su lumbre bella
EST.	Por cansado, soberbio y ambicioso, aun su nombre aborrezco.		y su mariposa fui; mas luego, mirando en ti
LUD.	¡Ah, ingrata, bien merezco que anticipéis mi amor a sus [favores!		del sol lucientes ensayos, hallé sombras y desmayos en la vista de mi amor,
LEON.	¿De qué sirven retóricos colores?[203] Ya confesáis su amor.		que es poca estrella Leonor, y eres sol con muchos rayos.
D. JUAN.	Ya lo confieso.	LUD.	Pues yo sé que a don Juan se vio [obligado
LEON.	Pues lo demás será traición, [exceso.	EST.	vuestro amante cuidado. Negarlo, engaño fuera;
D. JUAN.	Que la quise es muy cierto, mas no ofendí su honor, esto os [advierto.	LUD. EST.	mas fue . . . escuchad. Decid. Desta manera:
LEON.	Muy fácil sois, don Juan: pues ¿sin [gozarla pudisteis olvidarla?		como el que en la selva umbrosa o jardín, ve de colores una provincia de flores,
D. JUAN.	Sólo vuestra beldad tiene la culpa.		pura, fragante y hermosa,
LEON.	¿Mi beldad? ¡No está mala la [disculpa! Si os andáis a querer a las más [bellas, iréis dejando aquéstas por aquéllas.		que se aficiona a la rosa por su belleza, y al fin halla en la selva o jardín un jazmín, y porque sabe que es el jazmín más suave,
D. JUAN.	¡Oíd, por vida vuestra!		la deja y coge el jazmín,
EST.	Yo haré de mis finezas clara mues [tra. (Ap.)		así yo, que vi a don Juan, rosa que a la vista agrada,
LUD.	¿Qué decís de don Juan?		de su valor obligada,
EST.	Que no me agrada para quererle; sólo a vos os quiero.		pude admitirle galán; mas siendo tu vista imán
LUD.	De que así me queráis me [desespero.		de mi sentido, escogí lo que más hermoso vi;
D. JUAN.	¡Que ya lo sepa Estela! ¡Yo estoy [loco!		pues aunque la rosa admiro, eres el jazmín, y miro
LEON.	Decid, don Juan, decid.		más fragante gala en ti.
D. JUAN.	Oíd un poco: como el que ve de la aurora la estrella o claro lucero, de su lumbre mensajero, cuando el horizonte dora, que se admira, y se enamora. De su brillante arrebol, pero saliendo el farol	LEON. D. JUAN. LEON. D. JUAN.	De suerte, que la estrella precursora del sol, luciente y bella, ¿fue Leonor? Sí. ¡Con cuántas penas lucho! (Ap.) Pues escuchad. Decid, que ya os escucho.

LEON.	El que en la tiniebla obscura
	de alguna noche camina,
	adora por peregrina
	del lucero la luz pura;
	sólo en su lumbre asegura
	de su guía la esperanza,
	y aunque ya del sol le alcanza
	el rayo, está agradecido
	al lucero, porque ha sido
	de su tormenta bonanza.[204]
	Tú, en el obscuro contraste
	de la noche de tu amor,
	el lucero de Leonor,
	norte a tus penas miraste:
	te guió, mas olvidaste
	como ingrato la centella
	de su lumbre clara y bella
	antes de amar mi arrebol.
	¿Ves cómo sin ver el sol
	aborreciste la estrella?
LUD.	Metáfora curiosa
	ha sido, Estela, comparar la rosa
	a don Juan por su gala y bizarría.
EST.	Os engañáis.
LUD.	Oíd, ¡por vida mía!
	El que eligió en el jardín
	el jazmín, no fue discreto,
	que no tiene olor perfecto,
	si se marchita, el jazmín;
	la rosa hasta su fin,
	porque aun su morir le alabe,
	tiene olor muy dulce y grave,
	fragancia más olorosa;
	luego es mejor flor la rosa,
	y el jazmín menos suave.
	Tú, que rosa y jazmín ves,
	admites la pompa breve
	del jazmín, fragante nieve
	que un soplo al céfiro[205] es;
	mas conociendo después
	la altiva lisonja hermosa
	de la rosa codiciosa,
	la antepondrás a mi amor,
	que es el jazmín poca flor,
	mucha fragancia la rosa.
D. JUAN.	¡Sofístico[206] argumento!
LEON.	Perdonad, yo os he dicho lo que [siento:
	volved, volved a España,
	que no es honrosa hazaña
	burlar una mujer ilustre y noble.
D. JUAN.	Por sólo amaros, la aborrece al doble
	mi voluntad, y ved qué premio [alcanza.
LEON.	Pues perded la esperanza,
	que sólo os he llamado
	por dejaros, don Juan, [desengañado.
EST.	¡Fáciles paradojas
	intimas, don Leonardo, a mis [congojas!
	Yo he de quererte firme,
	sin poder persuadirme
	a que deje de amar, desdicha [alguna.
LUD.	Triunfo seré dichoso de fortuna,
	o ya jazmín o rosa.
EST.	Adiós, que sale ya la aurora hermosa
	entre luz y arreboles.
LUD.	No os vais, para que envidie [vuestros soles.
EST.	Lisonjas. Vedme luego,
	y adiós.

Se va.

LUD.	Sin vuestros rayos quedo ciego.
D. JUAN.	¡Que así se fuese Estela! ¿Hay tal [despecho?
	el corazón da golpes en el pecho
	por dejar la prisión en que se halla;
	la vida muere en la civil batalla
	de sus propios deseos.
	Al alma afligen locos devaneos,[207]
	y en un confuso caos está dudando;
	la culpa desto tiene don Fernando.
	¿Qué haré, Estela ingrata?
LUD.	Aunque tan mal me trata
	tu amor, ingrata Estela,
	mi engaño o mi cautela,
	ya que no el adorarte,
	mis desdichas tendrán la mayor [parte.

Se va.

D. JUAN.	Mas ¿cómo desconfío?
	¿Dónde está mi valor? ¿Dónde mi

[brío?
Yo he de seguir esta amorosa
[empresa,
yo he de amar la Condesa,
yo he de oponerme firme a todo el
[mundo,
yo he de hacer que mi afecto sin
[segundo
conquiste sus desdenes;[208]
yo he de adorar sus males por mis
[bienes.
Se confieren en mi daño
ira, enojos, tibieza, desengaño,
odio, aborrecimiento;
apóquese[209] la vida en el tormento
de mi pena importuna,
que si ayuda fortuna
al que osado se atreve,
sea la vida breve,
y el tormento crecido,
osado y atrevido,
con firmeza resuelta,
de su inconstancia me opondré a
[la vuelta.

JORNADA TERCERA

Sale D. Fernando y D. Juan.

D. FERN. Si para satisfaceros
a mi crédito importara
dar al peligro la vida,
arrojar al riesgo el alma,
no dudéis, don Juan, lo hiciera.
¿Yo a Estela? Mi propia espada
me mate si . . .
D. JUAN. Don Fernando,
paso: mil veces mal haya
quien malquistó[210] tantas
[dichas,
dando a tantos males causa.
Yo os creo; mas ¡vive Dios,
que no sé que en Flandes haya
hombre que sepa mi historia!
D. FERN. En mi valor fuera infamia,
cuanto más en mi afición
que se precia muy de hidalga
y amante vuestra.

D. JUAN. Es agravio,
después de desengañada[211]
la mía, satisfacerme.
¡Por Dios, que me sangra a
[pausas
la pena de no saber
quién tan descompuesto[212]
[habla
de mis cosas! ¡Yo estoy loco!
¡Qué de penas, miedos y ansias
me afligen!
D. FERN. Estela viene.

Salen Estela y Lisarda.

D. JUAN. Inquieta la espera el alma;
no le digáis nada vos.
D. FERN. Estela hermosa, Lisarda
bella, hoy amanece tarde,
pues juntas el sol y el alba
venís.
LIS. Hipérbole nueva.
D. JUAN. No es nueva, pues siempre
[abrasa
el sol de Estela, y da luz
vuestro rostro, aurora clara.
EST. Señor don Juan, bueno está.
¿Tantas veces obligada
a valor y a cortesías
queréis que esté?
D. JUAN. Mi desgracia
jamás acierta a agradaros,
pues siempre esquiva y ingrata
me castigáis.
EST. No, don Juan;
ingrata no, descuidada
puedo haber sido en serviros.
D. JUAN. Vuestros descuidos me matan.
EST. Siempre soy vuestra, don Juan:
y quiera Dios que yo valga
para serviros; veréis
cuán agradecida paga
mi voluntad vuestro afecto.
D. JUAN. Don Fernando, ¡gran mudanza!
D. FERN. ¿Ves cómo estás engañado?
hoy mis intentos acaban. (Ap.)
D. JUAN. Decidme ¡por vida vuestra!
una verdad.
EST. Preguntadla.

D. JUAN. ¿Diréisla?
EST. Sí, ¡por mi vida!
D. JUAN. ¿Quién os dijo que en España
serví, enamoré y gocé
a doña Leonor, la dama
de Sevilla?
EST. ¿Quién? Vos mismo.
D. JUAN. ¿Yo? ¿Cuándo?
EST. ¿Ahora no acaba
de despertar vuestra lengua
desengaño en mi ignorancia?
D. JUAN. Y antes, ¿quién?
EST. Nadie, a fe mía.
D. JUAN. Pues ¿cómo tan enojada
me hablasteis en el terrero
la otra noche?
EST. ¿Oyes, Lisarda?
Don Juan dice que le hablé.
LIS. Bien claro está que se engaña.
D. JUAN. ¿Cómo engaño? ¿No dijisteis
que una dama sevillana
fue trofeo de mi amor?
EST. Don Juan, para burla basta,
que no lo sé hasta ahora,
no, ¡por quien soy! ni palabra
os hablé desto en mi vida
en terrero ni en ventana.
D. JUAN. ¡Vive el cielo, que estoy loco!
sin duda Estela me ama
y quiere disimular
por don Fernando y Lisarda;
porque negar que me dijo
verdades tan declaradas,
no carece de misterio.
Ea, amor, ¡al arma, al arma!
¡Pensamientos amorosos,
volvamos a la batalla,
pues está animando Estela
vuestras dulces esperanzas.
Yo quiero disimular.
Perdonad, que me burlaba
para entretener el tiempo.
D. FERN. La burla ha sido extremada,
mas pienso que contra vos.
LIS. ¿Era, don Juan, vuestra dama
muy hermosa? Porque tienen
las sevillanas gran fama.
D. JUAN. Todo fue burla, ¡por Dios!

EST. Si acaso quedó burlada,
burla sería, don Juan.
D. JUAN. No, a fe. ¿Quién imaginara
este suceso? ¡Oh amor!
¿Qué es esto que por mí pasa?
Ya me favorece Estela,
ya me despide, y se agravia
de que la pretenda,[213] ya
me obliga y me desengaña,
ya niega el favorecerme,
ya se muestra afable y grata;
y yo, incontrastable[214] roca
al furor de sus mudanzas,
mar que siempre crece en olas,
no me canso en adorarla.
D. FERN. Sabe el cielo cuánto estimo
que favorezcáis mi causa
por lo que quiero a don Juan.
Este equivoco declara (Ap.)
amor a la bella Estela.
Y así os pido, a quien hablara
por sí mismo, que le honréis.
¡Oh amistad, y cuánto
[allanas.[215]
EST. Yo hablaré con vos después;
don Juan, tened con las damas
más firme correspondencia.
D. JUAN. Injustamente me agravia
vuestro desdén, bella Estela.
EST. Leonor fue la agraviada.
D. JUAN. No quiero dar a entender (Ap.)
que la entiendo, pues se cansa
de verme, Estela. Fernando,
vamos.
D. FERN. Venid. ¡Qué enojada
la tenéis! Adiós, señoras.
EST. Adiós. ¿Hay más sazonada
quimera?[216]
LIS. ¿Qué es esto, prima?
EST. No sé, ¡por tu vida! aguarda;
curiosidad de mujer
es ésta: a Tomillo llama
que él nos dirá la verdad.
LIS. Dices bien. Tomillo . . .
TOM. ¿Mandas
en que te pueda servir?
EST. Si una verdad me declaras,
aqueste bolsillo es tuyo.

TOM.   Ea, pregunta.
EST.   ¿Quién fue,
       dime, una Leonor que hablaba
       don Juan en Sevilla?
TOM.   ¿Quién?
       ¡Ah, sí! ¡Ah!, sí, No me
                          [acordaba:
       Norilla la Cantonera,
       que vivía en Cantarranas
       de resellar²¹⁷ cuartos falsos.
       ¿No dices, a cuya casa
       iba don Juan?
EST.   Sí, será.
TOM.   ¡Qué dulcemente se engaña!
                                [(Ap.)
EST.   ¿Qué mujer era?
TOM.   No era
       mujer, sino una fantasma:
       ancha de frente, y angosta
       de sienes, cejiencorvada.²¹⁸
EST.   El parabién²¹⁹ del empleo²²⁰
       pienso darle.
LIS.   Yo la vaya.
       Y ¿la quería?
TOM.   No sé;
       sólo sé que se alababa
       ella de ser su respecto.
EST.   ¿Hay tal hombre?
TOM.   ¿Esto te espanta?²²¹
       ¿No sabes que le parece
       hermosa quien sea dama?
EST.   Dices bien: éste es Leonardo.
TOM.   Yo le he dado por su carta.

Sale Dª Leonor.

LEON. Le pregunté a mi cuidado;
       Estela hermosa, por mí,
       y me respondió que en ti
       me pudiera haber hallado;
       dudó la dicha, el temor
       venció, al temor la humildad,
       se alentó la verdad,
       y me aseguró el amor;
       me busqué en ti, y declaré
       en mi dicha el silogismo,²²²
       pues no hallándome en mí
                          [mismo,
       en tus ojos me hallé.
EST.   Haberte, Leonardo, hallado
       en mis ojos, imagino
       que no acredita desino
       de tu desvelo el cuidado;
       y no parezcan antojos,
       pues viene a estar de mi parte,
       por mi afecto, el retratarte
       siempre mi amor en mis ojos;
       que claro está que mayor
       fineza viniera a ser
       que en ti me pudieras ver
       por transformación de amor,
       que sin mí hallarte en mí,
       pues con eso me apercibes²²³
       que sin mis memorias vives,
       pues no me hallas en ti;
       que es consecuencia notoria,
       que si me quisieras bien,
       como estás en mí, también
       estuviera en tu memoria.
LEON. Aunque más tu lengua intime
       esa engañosa opinión,
       no tiene el amante acción
       que en lo que ama no se anime;
       si amor de veras inflama.
       Un pecho, alienta y respira
       transformado en lo que mira,
       animado en lo que ama.
       Yo, aunque sé que estás en mí,
       en fe de mi amor, no creo,
       si en tus ojos no me veo,
       que merezco estar en ti.
EST.   En fin, no te hallas sin verme.
LEON. Como no está el merecer
       de mi parte, sé querer,
       pero no satisfacerme.
EST.   Y ¿es amor desconfiar?
LIS.   Es, al menos, discreción.
LEON. No hay en mí satisfacción
       de que me puedas amar
       si mis partes considero.
EST.   ¡Injusta desconfianza!
       alentad más la esperanza
       en los méritos: yo quiero
       salir al campo esta tarde;
       sigue la carroza.
LEON. Ajusto²²⁴
       a tu obediencia mi gusto.

EST. Pues queda adiós.

Se va.

LEON. Él te guarde.
En males tan declarados,
en daños tan descubiertos,
los peligros hallo ciertos,
los remedios ignorados;
no sé por dónde ¡ay de mí!
Acabar: amor intenta
la tragedia de mi afrenta.

Sale D. Juan.

D. JUAN. Sí, estaba Leonardo aquí;
parece que le halló
la fuerza de mi deseo.

LEON. ¡Que ha de tener otro empleo,
y yo burlada! ¡Eso no;
primero pienso morir!

D. JUAN. Señor don Leonardo...

LEON. Amigo
(Ap.)
¡Pluguiera a Dios que lo fueras!
Mas eres hombre. ¿En qué os
                          [sirvo?

D. JUAN. Favorecerme podréis;
mas escuchad: yo he venido,
como a noble, a suplicaros,
como a quien sois, a pediros...

LEON. ¡Ah, falso! ¿Cómo a muy
                          [vuestro
no decís, siendo el camino
más cierto para mandarme?

D. JUAN. Conózcoos por señor mío,
y, concluyendo argumentos,
quiero de una vez decirlo,
pues Estela me animó:
la Condesa...

LEON. ¡Buen principio!
Ea, pasad adelante.

D. JUAN. La condesa Estela, digo,
o ya por su gusto, o ya
porque dio forzoso indicio
mi valor en la ocasión
que ya sabéis, de mis bríos,
puso los ojos en mí;
en mujer no fue delito;
se vio obligada, bastó,
porque el común descuido
de las mujeres, comienza
por afecto agradecido:
dio ocasión a mis desvelos,
dio causa a mis desatinos,
aliento a mis esperanzas,
acogida a mis suspiros;
de suerte que me juzgué
dueño feliz ¡qué delirio!
De su belleza y su estado.
De España a este tiempo mismo
vinisteis, siendo a sus ojos
vuestra gallardía hechizo,[225]
que suspendió[226] de mis dichas
los amorosos principios.
Los semblantes de Estela,
Argos[227] velador he sido,
sacando de cierta ciencia,
que sus mudables indicios
acreditan que me estima;
y así, Leonardo, os suplico,
si algo os obliga mi ruego,
por lo que debe a sí mismo
quien es noble como vos,
que deis a mi pena alivio,
dejando su pretensión,
pues anterior habéis visto
la mía, y con tanta fuerza
de heroicos empeños míos.
Haced por mí esta fineza,[228]
porque nos rotule el siglo,
si por generoso a vos,
a mí por agradecido.

LEON. ¡Ah, ingrato, mal caballero! (Ap.)
¡Bien corresponde tu estilo
quien eres! Vuestras penas,
señor don Juan, habéis dicho
con tal afecto, tal ansia,
que quisiera ¡por Dios vivo!
poder sacaros el alma, (Ap.)
dar a su cuidado alivio;
confieso que la Condesa
una y mil veces me ha dicho
que ha de ser mía, y que soy
el dueño de su albedrío;
quien amorosa ofrece
por víctima y sacrificio
sus acciones; mas ¿qué importa,

si diferentes motivos,
si firmes obligaciones,
si lazos de amor altivos,
me tienen rendida el alma?
Que otra vez quisiera, digo,
por hacer algo por vos
como quien soy, por serviros
y daros gusto, querer
a Estela, y haberle sido
muy amante, muy fiel;
mas creed que en nada os sirvo,
pues mis dulces pensamientos
me tienen tan divertido,
que en ellos está mi gloria;
y así, don Juan, imagino
que nada hago por vos.

D. JUAN. ¿Es posible que ha podido
tan poco con vos Estela?
LEON. Si no basta a persuadiros
mi verdad, este retrato
diga si es objeto digno
de mis finezas. Ahora, (Ap.)
ingrato, llega el castigo
de tanto aborrecimiento.
D. JUAN. ¡Válgame el cielo! ¿Qué miro?
LEON. Mirad si esa perfección,
aquese[229] garbo,[230] ese aliño,[231]
ese donaire,[232] ese agrado[233]...
D. JUAN. ¡Perdiendo estoy el juicio!
LEON. Merecen que yo le olvide
por Estela.
D. JUAN. Basilisco
mortal[234] ha sido a mis ojos;
parece que en él he visto
la cabeza de Medusa,
que en piedra me ha convertido,
que me ha quitado la vida.
LEON. De conveniencias y arbitrios[235]
[(Ap.)
debe de tratar. Parece
que estáis suspenso.
D. JUAN. Imagino
que vi otra vez esta dama,
¡Ah, cielos! y que fue mío
este retrato. (Ap.) Se rindió
esta vez a los peligros
de la verdad la razón.
LEON. Advertid que le he traído
de España, y que es de una
[dama
quien deben mis sentidos
la gloria de un dulce empeño,
y a cuyas dichas, si vivo,
sucederán de Himeneo[236]
los lazos alternativos,
para cuya ejecución
a Bruselas he venido,
pues no he de poder casarme
si primero no castigo
con un rigor un agravio,
con una muerte un delito.
D. JUAN. ¿Qué es esto que por mí pasa?
[(Ap.)
¿Es posible que he tenido
valor para oír mi afrenta?
¿Cómo de una vez no rindo
la infamia, los discursos,
la vida, a los desperdicios
del honor? Leonor fue fácil;
y a los números lascivos
de infame, ¿tanta lealtad,
fe tan pura, ha reducido?
Mas fue con nombre de esposo.
Aquí de vosotros mismos,
celos, que ya la disculpa;
yo solo el culpado he sido,
yo la dejé, yo fui ingrato;
¿Qué he de hacer en el
[abismo[237]
de tan grandes confusiones?
don Leonardo...
LEON. A partido (Ap.)
quiere darse ya este aleve.
¿Qué decís?
D. JUAN. No sé qué digo:
que me abraso en rabia y celos,
que estoy en un laberinto
donde no es posible hallar,
si no es con mi muerte, el hilo,
pues Leonor no fue Ariadna.[238]
Con este retrato he visto
mi muerte.
LEON. (Ap.) ¡Ah, bárbaro, ingrato,
tan ciego, tan divertido
estás, que no me conoces!
¿Hay más loco desatino,

	que el original no mira,
	y el retrato ha conocido?
	tal le tienen sus engaños.
D. JUAN.	Mal mis pesares resisto.
	¿Qué empeños de amor debéis
	a esta dama?
LEON.	He merecido
	sus brazos y sus favores;
	a vuestro entender remito[239]
	lo demás.
D. JUAN.	Ahora es tiempo,
	locuras y desvaríos;
	ahora penas, ahora
	no quede lugar vacío
	en el alma; apoderaos
	de potencias y sentidos;
	Leonor, fue común desdicha;
	rompa mi silencio a gritos
	el respeto; esa mujer,
	ese monstruo, ese prodigio
	de facilidad, fue mía;
	la dejé, y aborrecido,
	pueden más celos que amor;
	ya la adoro, ya me rindo
	al rapaz arquero alado;[240]
	pero ni aun hallo camino
	matándoos para vivir,
	pues la ofensa que me hizo,
	siempre vivirá en mis odios
	¿Quién imaginara el limpio
	honor de Leonor manchado?
LEON.	Declaróse este testigo, (Ap.)
	aunque en mi contra, en mi
	[abono;[241]
	todo lo que sabe ha dicho;
	mas apretemos la cuerda.
	¿de suerte que mi enemigo
	sois vos, don Juan?
D. JUAN.	Sí, Leonardo.
LEON.	¡Que jamás Leonor me dijo
	vuestro nombre! Quizá fue
	porque el ilustre apellido
	de Córdoba no quedase
	en lo ingrato obscurecido;
	sólo dijo que en Bruselas
	os hallaría, y que aviso
	tendría en sus mismas cartas
	del nombre; ya le he tenido

	de vos, y es buena ocasión
	para matarnos.
Sale D. Fernando.	
D. FERN.	Mi primo
	y don Juan, de pesadumbre...
D. JUAN.	¡Don Fernando!
LEON.	¿Si habrá oído
	lo que hablábamos?
D. JUAN.	No sé;
	sépalo el mundo.
LEON.	Yo digo
	que os podré matar, don Juan,
	si no hacéis punto fijo
	en guardar aqueste punto.
D. JUAN.	Jamás a esos puntos sigo
	cuando me enojo, Leonardo.
LEON.	Yo tampoco cuando riño,
	porque el valor me gobierna,
	no del arte los caprichos,
	ángulos rectos[242] o curvos;
	mas a don Luis he visto,
	de Narváez, el famoso.
D. FERN.	Los ojos y los oídos
	se engañan.
D. JUAN.	Leonardo,
	¿de qué habláis?
LEON.	Del ejercicio
	de las armas.
D. FERN.	¿Cómo estáis,
	don Juan, tan descolorido?[243]
D. JUAN.	En tratando de reñir,
	no puedo más, a honor mío.
	Leonardo, vedme.
Yéndose.	
LEON.	Sí haré,
	que he de seguir los principios
	de vuestra doctrina. ¡Ah cielos!
	[(Ap.)
D. JUAN.	¡Que luego Fernando vino (Ap.)
	en esta ocasión!
LEON.	¡Que en esta
	ocasión haya venido (Ap.)
	mi hermano! ¡Infelice soy!
D. JUAN.	A los jardines de Armindo
	me voy esta tarde un rato;
	venid, si queréis, conmigo,

	llevarán espadas negras.
LEON.	Iré con gusto excesivo.
D. JUAN.	¿Os quedáis, Fernando?
D. FERN.	Sí.
D. JUAN.	Pues adiós: lo dicho, dicho,
	don Leonardo.
LEON.	Claro está.
D. FERN.	¿Se fue?
LEON.	Sí.
D. FERN.	Estela me dijo,
	no obstante, que la pretende
	el príncipe Ludovico
	de Pinoy, y que a don Juan
	debe estar agradecido . . .
	Sospecho que sólo a ti
	inclina el desdén esquivo
	de su condición, de suerte . . .
LEON.	No prosigas.
D. FERN.	No prosigo,
	pues ya lo entiendes, Leonardo.
	A favor tan conocido,
	¿qué le puedes responder,
	sino desdeñoso, tibio?
	Sabe el cielo cuánto siento, (Ap.)
	cuando de adorarla vivo,
	que me haga su tercero.
LEON.	Pues, Fernando, si he tenido
	acción al amor de Estela,
	desde luego me desisto[244]
	de su pretensión.
D. FERN.	¿Estás
	loco?
LEON.	No tengo juicio.
	Deseando estoy que llegue (Ap.)
	la tarde.
D. FERN.	De tus designios[245]
	quiero que me hagas dueño.
LEON.	Aún no es tiempo; divertirlo
	quiero con algún engaño.
	Ven conmigo.
D. FERN.	Voy contigo.
	Se van y sale Tomillo.
TOM.	Después que bebí de aquel
	negro chocolate, o mixto
	de varias cosas, que Flora
	me brindó, estoy aturdido.
	Los ojos no puedo abrir.

Sale Flora.

FLORA.	Siguiendo vengo a Tomillo
	por si ha obrado[246] el chocolate.
TOM.	Doy al diablo lo que miro
	si lo veo; aquí me acuesto
	un rato. ¡Qué bien mullido
	está el suelo, no parece

Se echa.

	sino que aposta[247] se hizo
	para quebrarme[248] los huesos!
	Esto es hecho; no he podido
	sustentar la competencia;
	sueño, a tus fuerzas me rindo.

Duerme.

FLORA.	Como una piedra ha quedado,
	lindamente ha obrado el pisto;
	pero vamos al expolio,[249]
	en nombre de San Cirilo.

Vale sacando de las faltriqueras.[250]

Comienzo: esta es bigotera,[251]
tendrá cuatrocientos siglos;
según parece, éste es
lienzo.[252] ¡Qué blanco, qué
   [limpio,
ostenta sucias ruinas
de tabaco y romadizo!
Ésta es taba.[253] ¡Gran reliquia
de mártir trae consigo
este menguado![254] Ésta es
baraja; devoto libro
de fray Luis de Granada,
de oraciones y ejercicios;
el bolsillo no parece,
y de hallarle desconfío,
que en tan ilustres despojos
ni le hallo ni le miro.
¿Qué es aquesto? Tabaquera
de cuerno. ¡Qué hermoso aliño,
parto, al fin, de su cosecha,
honor de su frontispicio!
Hombres, ¡que aquesto os dé
   [gusto!
Yo conozco cierto amigo
que se sorbió entre el tabaco

el polvo de dos ladrillos.
Le doy vuelta a este otro lado,
haré segundo escrutinio.²⁵⁶

Le vuelve.

¡Cómo pesa el picarón!
¡San Onofre, San Patricio,
que no despierte! Éstas son
marañas²⁵⁷ de seda e hilo,
y el cigarro del tabaco,
que no se le escapa vicio
a este sucio; éste, sin duda,
es el precioso bolsillo,
a quien mis miedos consagra
y mis cuidados dedico.
¡Jesús, cuántos trapos tiene!

Va quitando capas.

Uno, dos, tres, cuatro, cinco,
seis, siete, ocho; es imposible
contar; mas ¡oh dulce archivo
de escudos²⁵⁸ y de esperanza,

Le saca.

con reverencia te miro!
Depositario dichoso
de aquel metal atractivo
que a tantos Midas²⁵⁹ y
[Cresos²⁶⁰
puede ocasionar delitos,
al corazón te traslado,
metal generoso y rico,
y me voy antes que despierte,
y esas alhajas remito
a su cuidado el guardarlas
cuando olvide el parasismo.²⁶¹

Se va y sale Ribete.

RIB.   Leonor anda alborotada²⁶²
sin decirme la ocasión;
ni escucha con atención,
ni tiene sosiego en nada.
Me ha ocultado que va
aquesta tarde a un jardín
con don Juan, no sé a qué fin;
¡Válgame Dios! ¿Qué será?
Sus pasos seguir pretendo,
que no puedo presumir
bien de aquesto.
TOM.   Tal dormir . . .
Un año ha que estoy durmiendo
y no puedo despertar;
me vuelvo de este otro lado.
RIB.   Este pobrete ha tomado
algún lobo.
TOM.   No hay que hablar.
RIB.   ¡Ah, Tomillo! ¿Duermes?
TOM.   No.
RIB.   Pues qué, ¿sueñas?
TOM.   No, tampoco;
si duermo pregunta el loco,
cuando ya me desperté.
RIB.   ¿Son aquestas baratijas²⁶³
tuyas?

Se levanta.

TOM.   No sé; ¿qué es aquesto?
mi bolso.

Turbado, busque.

RIB.   ¿Dónde le has puesto?
TOM.   No sé.
RIB.   Aguarda, no te aflijas;²⁶⁴
busquémosle.
TOM.   ¿Qué es buscar?
Me ha quitado de cuidado
el que tan bien le ha buscado,
pues no le supe guardar.
¡Ay, bolso del alma mía!
RIB.   Hazle una prosopopeya.
TOM.   *Mira, Nero de Tarpeya
a Roma como se ardía.*
¿Partamos, quieres, Ribete,
hermanablemente?²⁶⁵
RIB.   ¿Qué?
¡Voto a Cristo, que le dé!
Mas le dejo por pobrete.
¿No me conoces?
TOM.   Ya estoy
al cabo: ¡ay, escudos míos!
RIB.   Por no hacer dos desvaríos
con este triste, me voy,
y porque no le suceda
a Leonor algún disgusto.

Se va.

TOM. Flora me ha dado este susto;
esta vez, vengada queda.

Se va y sale D. Juan.

D. JUAN. El tropel de mis desvelos
me trae confuso y loco,
que el discurso enfrena poco
si pican mucho los celos.
No es posible hallar medio
Mi desdicha en tanta pena;
Mi ingratitud me condena,
Y el morir sólo es remedio.
Pues morir, honor, morir,
Que la ocasión os advierte
Que vale una honrada muerte
Más que un infame vivir.
Bien se arguye mi cuidado,
¡Ay, honor! pues no reposo,[266]
Desesperado y celoso.

Sale Dª Leonor.

LEON. Perdóname si he tardado,
Que me ha detenido Estela
Mandándome que la siga.
D. JUAN. No me da su amor fatiga
cuando mi honor me desvela:
yo os he llamado, Leonardo,
para mataros muriendo.
LEON. Don Juan, lo mismo pretendo.

Ribete a la puerta.

RIB. ¡Grandes requiebros[267] ¿qué
                    [aguardo?
No he temido en vano; apriesa
a llamar su hermano voy,
De que está con Estela hoy.

Se va.

Leonor, se acaba tu empresa.
LEON. Hoy, don Juan, se ha de acabar
toda mi infamia ¡por Dios!
Porque matándoos a vos,
libre me podré casar
con quien deseo.
D. JUAN. Esa dicha
bien os podrá suceder,
mas no a mí, que vengo a ser
el todo de la desdicha;
de suerte, que aunque mi
                    [espada
llegue primero, no importa,
pues aunque muráis, no acorta
en mí esta afrenta pesada,
este infame deshonor;
porque no es razón que pase
por tal infamia, y me case,
habiendo sido Leonor
fácil después de ser mía,
con vos; y si me matáis,
con ella viuda os casáis;
mirad si dicha sería
vuestra; mas no ha de quedar
esta vez de aquesa[268] suerte,
yo os tengo de dar la muerte;
procuradme vos matar,
porque muriendo los dos,
con ambas vidas se acabe
un tormento en mí tan grave,
un bien tan dichoso en vos.
LEON. Don Juan, mataros deseo,
no morir, cuando imagino
de aquel objeto divino
ser el venturoso empleo.
Acortemos de razones,
que en afrentas declaradas
mejor hablan las espadas.

Sacan las espadas, y salen D. Fernando y Ludovico.

D. FERN. En este instante me avisa
Ribete, que a toda prisa
venga, Príncipe, y riñendo
están don Juan y Leonardo.
¿Qué es esto?
LUD. Pues, caballeros,
¿amigos, y los aceros
desnudos?
D. FERN. Si un punto[269] tardo
sucede . . .
D. JUAN. ¿Fuera posible?
Nada me sucede bien. (Ap.)
¡Ah, ingrata fortuna! ¿A quién
sino a mí, lance terrible . . .
D. FERN. ¿Fue aquesto probar las armas,
venir a ejercer fue aquesto
las espadas negras? ¿Son
estos los ángulos rectos
de don Luis de Narváez,

| | y el entretener el tiempo
en su loable[270] ejercicio?
Don Juan, ¿con mi primo [mesmo
reñís? ¿Esta es la amistad? |
| --- | --- |
| D. JUAN. | ¡En qué de afrentas me has [puesto,
Leonor! |
| D. FERN. | No hay más atención
a que es mi sangre, mi deudo,
a que es de mi propia casta,
ya que soy amigo vuestro.
¿Tan grande ha sido el agravio,
que para satisfacerlo
no basta el ser yo quien soy?
Vos, primo, ¿cómo tan necio
buscáis los peligros, cómo
os mostráis tan poco cuerdo? |
| LEON. | Yo hago lo que me toca;
sin razón le estás diciendo
oprobios[271] a mi justicia. |
| D. FERN. | Decidme, pues, el suceso. |
| LEON. | Don Juan lo dirá mejor. |
| D. JUAN. | ¿Cómo declararme puedo,
agraviado[272] en las afrentas[273]
y convencido en los riesgos |
| D. FERN. | ¿Qué es esto? ¿No respondéis? |
| D. JUAN. | ¡Que esto permitan los cielos!
Diga Leonardo la causa.
De pesar estoy muriendo. (Ap.) |
| LEON. | Pues gustas de que publique
de tus mudables excesos
el número, Ludovico
y Fernando, estad atentos:
pues ya te hizo don Juan
¡oh primo! de los secretos
de su amor y su mudanza,
como me dijiste, dueño,
que se vino, y lo demás
sucedido, y en efecto,
que sirvió a Estela, que aleve
intentó su casamiento,
óyeme y sabrás lo más
importante a nuestro cuento.
Doña Leonor de Ribera,
tu hermana, hermoso objeto
del vulgo y las pretensiones
de infinitos caballeros,
fue; no sé cómo lo diga . . . |
| D. FERN. | Acaba, Leonardo, presto. |
| D. JUAN. | Espera, espera, Leonardo.
Todo me ha cubierto un hielo;
¡si es hermana de Fernando,
¿hay más confuso tormento? |
| LEON. | Digo, pues, que fue tu hermana
doña Leonor, de los yerros
de don Juan causa. |
| D. JUAN. | Acabó
de echar la fortuna el resto
a mis desdichas. |
| D. FERN. | Prosigue,
prosigue, que estoy temiendo
que para oírte me falte
el juicio y el sufrimiento.
¡Ah, mal caballero, ingrato,
bien pagabas mis deseos
casándote con Estela! |
| LEON. | Palabra de casamiento
le dio don Juan, ya lo sabes,
disculpa que culpa ha hecho
la inocencia en las mujeres;
mas la dejo, ingrato, a tiempo
que yo la amaba, Fernando,
con tan notables afectos,
que el alma dudó tal vez
respiraciones y alientos
en el pecho, y animaba
la vida en el dulce incendio
de la beldad de Leonor
corrida[274] en los escarmientos
de la traición de don Juan:
y obligándome primero
con juramentos, que amando
todos hacen juramentos,
me declaró de su historia
el lastimoso suceso
con más perlas que palabras;
mas yo, amante verdadero,
la prometí de vengar
su agravio, y dando al silencio
con la muerte de don Juan
la ley forzosa del duelo,
ser su esposo; y lo he de ser,
don Fernando, si no muero
a manos de mi enemigo.
A Flandes vine, sabiendo
que estaba en Bruselas; soy
noble, honor sólo profeso; |

	ved si es forzoso que vengue
	este agravio, pues soy dueño
	de él, y de Leonor también.
D. JUAN.	No lo serás, ¡Vive el cielo!
D. FERN.	¿Hay mayores confusiones?
	¡Hoy la vida y honor pierdo!
	¡Ah, hermana fácil! Don Juan,
	mal pagaste de mi pecho
	las finezas.
D. JUAN.	De corrido
	a mirarle no me atrevo.
	A saber que era tu hermana . . .
D. FERN.	¿Qué hicieras? No hallo medio
	en tanto mal, Ludovico.
LEON.	Yo la adoro.
D. JUAN.	Yo la quiero.
LEON.	¡Qué gusto!
D. JUAN.	¡Qué pesadumbre!
LEON.	¡Qué satisfacción!
D. JUAN.	¡Qué celos!
	Yo no me puedo casar
	con doña Leonor, es cierto,
	aunque muera Leonardo;
	antes moriré primero.
	¡Ah, si hubiera sido honrada!
D. FERN.	¡Qué laberinto tan ciego!
	Dice bien don Juan, bien dice,
	pues si casarla pretendo
	con Leonardo, ¿cómo puede,
	vivo don Juan? Esto es hecho:
	todos hemos de matarnos,
	yo no hallo otro remedio.
LUD.	Ni yo le miro, ¡por Dios!
	y ése es bárbaro y sangriento.
LEON.	En efecto; si Leonor
	no rompiera el lazo estrecho
	de tu amor, y si no hubiera
	admitido mis empeños,
	¿La quisieras?
D. JUAN.	La adorara.
LEON.	Pues a Leonor verás presto,
	y quizá de tus engaños
	podrás quedar satisfecho.
D. JUAN.	¿Dónde está?
LEON.	En Bruselas.
D. JUAN.	¿Cómo?
LEON.	Esperad aquí un momento.

Se va, y salen Estela, Lisarda, Flora, Ribete y Tomillo.

EST.	¡Don Leonardo con don Juan
	de disgusto!
RIB.	Así lo entiendo.
TOM.	¡Ay, mi bolso y mis escudos!
LIS.	¿No está Leonardo con ellos?
EST.	Señores, ¿qué ha sucedido?
D. FERN.	No sé qué os diga, no puedo
	hablar.
LIS.	Ludovico, escucha.
LUD.	De ver a Estela me ofendo,
	después que oí a mis oídos
	tan desairados desprecios.
	¿Qué decís, Lisarda hermosa?
LIS.	Don Leonardo, ¿qué se ha
	[hecho?
	¿Dónde está?
LUD.	Escuchad aparte.
D. FERN.	¡Qué mal prevenidos riesgos!
	Hoy he de quedar sin vida,
	o ha de quedar satisfecho
	mi deshonor. ¡Ay, hermana,
	el juicio estoy perdiendo!
TOM.	Flora, vamos a la parte.
FLORA.	¿A qué parte, majadero?
TOM.	Ribete . . .
RIB.	¿Qué es lo que dice?
TOM.	Digo que soy un jumento.
RIB.	¿Dónde está Leonor? ¡Que se
	[haya
	metido en tales empeños!

Sale Doña Leonor, dama bizarra.

LEON.	Hermano, Príncipe, esposo,
	yo os perdono el mal concepto
	que habéis hecho de mi amor,
	si basta satisfaceros
	haber venido constante
	y resuelta . . .
RIB.	¿Qué es aquesto?
LEON.	Desde España hasta Flandes,
	y haberme arrojado al riesgo
	de matarme tantas veces;
	la primera, en el terrero,
	retirando a Ludovico
	y a mi propio esposo hiriendo,
	y hoy, cuando guardó a palacio

	mi valor justo respeto,	D. FERN.	Estas dichas
	y deslumbrando a mi hermano,		causó Leonor: yo soy vuestro.
	fingir pude engaños nuevos,	LUD.	Ganar quiero tu belleza,
	y ahora, arrojada y valiente,		Lisarda hermosa; pues pierdo
	por mi casto honor volviendo,		a Estela, dame tu mano.
	salí a quitarle la vida,	LIS.	La mano y el alma ofrezco.
	y lo hiciera, ¡vive el cielo!	RIB.	Flora, de tres para tres
	a no verle arrepentido,		han sido los casamientos;
	que tanto puede en un pecho		tú, quedas para los dos,
	valor, agravio y mujer.		y entrambos te dejaremos,
	Leonardo fui, mas ya vuelvo		para que te coman lobos
	a ser Leonor: ¿me querrás?		borrico de muchos dueños...
D. JUAN.	Te adoraré.	EST.	Yo te la doy, y seis mil
RIB.	Los enredos		escudos.
	de Leonor tuvieron fin.	RIB.	Digo que acepto
D. FERN.	Confuso, hermana, y		por los escudos, pues bien
	[suspenso²⁷⁵		los ha menester el necio
	me ha tenido tanto bien.		que se casa de paciencia.
LUD.	¿Hay más dichoso suceso?	TOM.	Sólo yo todo lo pierdo;
EST.	Leonardo, ¿así me engañabas?		Flora, bolsillo y escudos.
LEON.	Fue fuerza, Estela.	LEON.	Aquí, senado discreto,
EST.	Quedemos		Valor, agravio y mujer
	hermanas, Leonor hermosa;		acaban; os pide su dueño,
	Fernando, ¿de esposo y dueño		por mujer y por humilde,
	me das la mano?		que perdonéis sus defectos.
		FIN.	

Preguntas de comprensión.

1 ¿Cuál es el primer incidente al que tienen que hacer frente don Juan y Tomillo cuando llegan a tierras flamencas?
2 ¿Qué información le ofrecen don Juan y don Leonardo a don Fernando sobre ellos mismos?
3 ¿Qué le entrega Leonor a don Fernando?
4 ¿Qué información sobre don Juan provoca el arrebato de Leonor?
5 ¿Qué aspectos de la personalidad de Ludovico rechaza Estela? Y por el contrario, ¿qué la enamora de Leonardo?
6 ¿Dónde cita Estela a Leonardo?
7 ¿Cómo traiciona Leonardo a Estela?
8 ¿Con quién se enfrenta don Juan de camino a su encuentro con Estela? ¿Qué le reprocha este individuo a don Juan? ¿Qué personaje en esta escena hace peligrar el plan de Leonardo? Y ¿por qué decide Leonardo defender a don Juan?
9 ¿Qué confusión se crea en el encuentro entre don Juan y la supuesta Estela?
10 ¿Qué intenciones tenía Tomillo y cómo se venga Flora de él?
11 Explique cómo le afecta a don Juan la confusión creada por la protagonista.
12 En el acto III, ¿cómo consigue Leonor que la verdad salga, finalmente, a relucir?
13 De manera esquemática haga una crónica del desarrollo de los acontecimientos.

Preguntas de debate.

1 Explique si el papel de los personajes femeninos es transgresor o sumiso.

2 ¿Cómo se presentan los personajes masculinos? ¿Son todos ellos defensores a ultranza del *status quo*?
3 ¿Qué papel juega la oscuridad para facilitar el engaño de Leonor?
4 ¿Es el matrimonio un acto de conformismo por parte de la mujer?
5 Explique cómo los personajes secundarios de Ribete y de Tomillo reflejan el comportamiento de los personajes a los que sirven, Leonor y don Juan, respectivamente.
6 ¿Qué comentarios y acciones de *Valor, agravio y mujer* se consideran hoy en día feministas?

Temas para escribir.

1 "Columna de opinión": Como periodista del siglo XVII escriba una columna de opinión en la que resuma y reflexione sobre los hechos ocurridos en la corte flamenca.
2 Reflexione si aspectos de la doble moral que se aplicaban en el siglo XVII sobre el hombre y la mujer están presentes en la sociedad del siglo XXI. ¿Qué consecuencias tiene la doble moral en la percepción que tenemos hoy en día de los sexos?
3 Una definición simple de *metateatro* es la hacer teatro dentro del teatro. Este concepto parte de la idea de que la vida es representación teatral y que las personas somos actores dentro del gran teatro que es el mundo. Piense por qué Caro Mallén recurre a esta técnica y elabore sobre los personajes que la ponen en práctica.

Notas

1 El Asistente Conde de Salvatierra, la esposa del banquero Carlos Strata, Agustina Espinola, y el Conde Duque de Olivares son algunos de los poderosos a los que Caro Mallén dedica su trabajo (Luna 13).
2 Escabias localiza una veintena de documentos, entre ellos, la partida de bautismo de la escritora y de sus hermanos, el expediente matrimonial de sus padres, el acta de defunción de su madre, el documento de la genealogía de su hermano menor, documentos de pago por su trabajo literario y la inscripción de su fallecimiento en la Real Parroquia de Santa María Magdalena en Sevilla.
3 En el Archivo General de Simancas se considera "adulta" a una niña de nueve años y medio (Escabias, "Ana María Caro" 187). Para más información sobre la adopción en España en el siglo XVII ver el artículo de Escabias: "Ana María Caro Mallén de Torres: Una esclava en los corrales de comedias del siglo XVII."
4 En *Apuntes para una biblioteca de escritoras españolas*, pp. 212–215.
5 Esta Relación fue el texto que escribió a encargo del Conde Duque de Olivares. Las fiestas se organizaron en honor a la coronación de Fernando III como rey de Hungría y a la llegada de María de Borbón a la villa madrileña (Luna 12).
6 Sánchez Arjona informa sobre la existencia de estos autos sacramentales y posteriormente Sentaurens encontró los documentos de pago de los mismos (en Escabias 2012, 178).
7 Para Williamsen, *Valor, agravio y mujer* invita a los espectadores a reflexionar sobre la injusticia de las normas que rigen el código del honor (26).
8 "In seventeenth-century Spain and in earlier societies, comedy and comedic elements are at least loosely based on conditions and conflicts occurring commonly in those societies. The elements most often encountered are: the clash between the vested interests of maturity and the rebellious or destabilizing inclinations of youth, the subversive energy of young lovers [. . .] to determine their own love matches, and the frequent triumph of youthful love in marriage or its promise, thus producing the proverbial and theatrical conventional 'happy ending'" (Connor 25–26).
9 Megan Gibbons observa que el teatro presentaba aspectos de la realidad social del siglo XVII: "The scene reflects very cleverly the multiple factors involved in choosing one's mate: personal honor, social pressure, economic considerations, individual taste, etc." (90).
10 "The wedding ending in particular was open in that it looked ahead to the next legal and temporal arrangement for the stage characters, while it simultaneously framed their movement in time and space as a return to a practiced circular process of life" (Connor 33).
11 "The very notions of an essential sex and a true or abiding masculinity or femininity are also constituted as part of the strategy that conceals gender's performativity character and the performative

possibilities for proliferating gender configurations outside the restricting frames of masculinist domination and compulsory heterosexuality" (Butler 141).
12 Se consideraba "viril" a la mujer que rompía con las expectativas que se tenían de ella como ser inferior física, intelectual y moralmente.
13 Para un análisis del personaje de Ribete y de su amistad con la dama, ver el artículo de Soufas, "Ana Caro's Re-evaluation of the *Mujer Varonil* and Her Theatrics in *Valor, agravio y mujer*" y el capítulo 3 de la tesis doctoral de Gibbons.
14 Ver el artículo de Elizabeth Rhodes, "Redressing Ana Caro's *Valor, agravio y mujer*," en el que se trata el tema de las justicias poética y moral en oposición a la justicia civil.
15 Se moderniza la edición de Serrano Sanz.
16 Arrayán (D.A.).
17 Inf. deponer: separar (D.A.).
18 Animal que se cría en los montes. Especie de venado, de quien sólo se diferencia en ser menor y más ligero (D.A.).
19 Hijo del Sol (Pierre Grimal).
20 En la filosofía natural antigua, cada uno de los cuatro componentes (tierra, agua, aire y fuego) que se consideraban como fundamentales y constitutivos de toda la naturaleza (D.A.).
21 Hijo de Posidón, es identificado con frecuencia con el Señor de los Vientos, al que se refiere la Odisea, aunque a veces se distingue de él (Pierre Grimal).
22 Dios del Viento Sur, cálido y cargado de humedad. Es el hijo de Eos (la Aurora) y de Cetreo (Pierre Grimal).
23 Dios del Viento del Norte. Habita en Tracia, que, para Grecia, es el país frío por excelencia. Es representado como un genio alado, de gran fuerza física, barbudo y, generalmente, vestido con una túnica de pliegues (Pierre Grimal).
24 "Azules pabellones": metáfora, se refiere al cielo.
25 Obscuro y pavoroso que parece está tupido el aire, impidiendo la vista (D.A.).
26 Estos.
27 "Negarse": Término ascético. No ceder a sus deseos y apetitos, sujetándose enteramente a la ley (D.A.). En este contexto, las damas se niegan el deseo cazar y obedecen a las leyes de la naturaleza, la cual las obliga a buscar refugio.
28 Color rosado que se ve en las nubes heridas por los rayos del Sol naciente o poniente (Moliner).
29 En Moliner, "Mavorcio" de Marte o de la Guerra.
30 Felicidad, satisfacción, suerte (Moliner).
31 Valientes.
32 Caserío, sitio de recreo en el campo, donde se retiran sus dueños durante un tiempo del año (D.A.).
33 Sumamente feo y horroroso (D.A.).
34 En la edición de Serrano Sanz: "le".
35 De estos.
36 Polifemo es el cíclope que desempeña un papel en la Odisea. Hijo de Posidón y la ninfa Toosa. La narración homérica lo representa como un horrible gigante, el más salvaje de todos los cíclopes. Es pastor, vive producto de su rebaño de ovejas y mora en una caverna (Pierre Grimal).
37 Tonto, necio.
38 Animal que la Gentilidad fingió ser Dios de los campos y selvas, engendrado de la tierra y vivió muy largo tiempo (D.A.).
39 Camino.
40 Inf. "arrojarse": abalanzarse.
41 Metáfora. Damas.
42 Metáfora. Ataque, un momento oscuro.
43 Un guisado (D.A.).
44 Guiso de carne picada (Moliner).
45 Gabán: capote con capilla y mangas, hecho de paño grueso (D.A.).
46 Jugo que se saca de la carne del ave, machacándola o prensándola, que se da a los enfermos. También es un guiso hecho de revuelto de diversas hortalizas (Moliner). Tomillo realiza aquí un juego de palabras.
47 Expresión para explicar el ánimo en el que se está (D.A.). "Por Dios" (RAE).
48 "Expresión. Repartir una cosa sin medida ni orden" (Moliner).
49 Golpes con el cinturón.

50 Que te pliegue.
51 La confusión (D.A.).
52 Belleza (D.A.).
53 Tomillo presume de la facilidad con la que ha vencido a los bandoleros. En el D.A. se registra la expresión: "Maté a uno y herí al otro. Y yo mondaba nísperos."
54 Que os guarde.
55 Néstor es el más joven de los hijos de Neleo y de Cloris. Único superviviente de la matanza que hizo Heracles. Néstor llegó a una edad muy avanzada (tres generaciones) por gracia de Apolo. En la *Ilíada* y la *Odisea* es el prototipo del anciano prudente y, sobre todo, es excelente consejero (Pierre Grimal).
56 Frasis: habla, lenguaje.
57 Río de Sevilla.
58 Metáfora. El agua.
59 Están con nosotros.
60 Pendiente (D.A.).
61 Adelantaos.
62 A distancia.
63 Exagerar y ponderar con exceso las cosas (D.A.).
64 La vi.
65 La amé.
66 Rectitud, equidad, integridad de ánimo (D.A.).
67 Falta de cuidado (D.A.).
68 Proporcionar.
69 Intermediaria. Recuérdese el personaje de Celestina de Fernando de Rojas.
70 Felicidad.
71 Ciego de pasión.
72 Agradable, amoroso, blando y cortés (D.A.).
73 Sesuda, juiciosa y prudente (D.A.).
74 En la edición de Serrano Sanz: "chancelan." Se adopta la transcripción de la edición de Mújica.
75 Cambiante.
76 Inclinación (D.A.).
77 Suspensión de hostilidades por un determinado tiempo (D.A.).
78 Inf. "amparar": proteger.
79 Misma.
80 Cariño.
81 Servíos.
82 Locura, disparate, despropósito, error (D.A.).
83 "Se aplica a los monjes que guardan recolección. También a los conventos o casas en que se practica" (Moliner).
84 En el texto: "sólo *o* ocultarme aspiro." Se adopta la transcripción de la edición de Scott Soufas.
85 Parientes.
86 El que jura en falso (D.A.).
87 Infiel, desleal, pérfido, alevoso y traidor (D.A.).
88 Diosa egipcia. Esposa de Osiris y madre del dios sol Horo. Set, dios de las Sombras, mata a su esposo. Isis busca a su esposo durante la noche y con sus lamentaciones consigue venganza. Isis es madre de los dioses y vencedora de las potencias nocturnas (Pierre Grimal).
89 Inf. "amohinarse": disgustarse, enfadarse (Moliner).
90 Expresión. No hay impedimentos, tropiezo ni complicación alguna (D.A.).
91 El favor (D.A.).
92 Herramienta de hierro para limpiar el pelo de los caballos la caspa (D.A.).
93 De estos.
94 Cautela.
95 Sufrimiento.
96 Que te maldiga.
97 Letras.
98 La hermana menor es monja.
99 *Os guarde*.

100 Primer.
101 Adj. aplicado al cielo. El mar o los lagos. Azul (Moliner).
102 Cortesanía, comedimiento, atención y buen comportamiento (D.A.).
103 Primera.
104 Adv. de lugar. Se compone de los adverbios "allá" y "ende" (D.A.).
105 De víbora.
106 De arrobamiento. Pasmo (D.A.).
107 Daños hechos en la guerra, matanza de gente, destrucción de la campaña, del país o del ejército (D.A.).
108 Que te lo demande.
109 Adv. repentinamente. Aquí usado como sustantivo (D.A.).
110 Golpe que se da con la mano en el nuca (D.A.).
111 Dios del fuego (Moliner).
112 La hornaza en la que el herrero tiene su lumbre (D.A.).
113 "Pieza de hierro sobre la que se martillean los metales en la herrería" (Moliner).
114 Divinidad y abstracción. Personifica la venganza divina —a veces la divinidad que castiga el crimen, pero, con más frecuencia, es el poder encargado de suprimir toda "desmesura," como, por ejemplo, el exceso de felicidad en los mortales— (Pierre Grimal).
115 Acción o dicho con que uno da a entender el amor que tiene por otro (D.A.).
116 Quitar lucimiento y esplendor a alguna cosa (D.A.).
117 Inf. "malograr": estropear.
118 Cautela, reserve (D.A.).
119 Desazón, disgusto.
120 Pasión ardiente del alma, que incita al deseo de venganza o apetito de ella (D.A.).
121 Errores.
122 Alentoso, valiente, resuelto, esforzado (D.A.).
123 Adj. Animoso, bizarro, de gran espíritu, airoso (D.A.).
124 Gallardía, gentileza y desenvoltura en ejecutar alguna cosa (D.A.).
125 Mirra, hija de Tías, escapa de su padre, quien la desea sexualmente. Mirra invocó la protección de los dioses, los cuales la transformaron en un árbol. Doce meses después, la corteza se rompió y nació un niño, que recibió el nombre de Adonis. Afrodita lo entregó a Perséfone para que lo criara. El mito de Adonis representa el símbolo del misterio de la vegetación en este niño nacido de un árbol (Pierre Grimal).
126 Joven héroe perteneciente a la estirpe de Troya y descendiente de Dárdano. Era un joven adolescente que guardaba el rebaño de su padre en las montañas cuando fue raptado por Zeus y llevado al Olimpo. En el Olimpio él escanciaba el néctar de la copa de Zeus. Era el más hermoso de los mortales y había inflamado de amor al más poderoso de todos los dioses (Pierre Grimal).
127 Hermoso joven que despreciaba el amor. La versión más conocida es la de Ovidio en las *Metamorfosis*. Al nacer Tiresias le dijo a sus padres que "el niño viviría hasta viejo si no se contemplaba a sí mismo." De adolescente, las doncellas que fueron despreciadas por Narciso piden venganza al cielo. Némesis hace que el joven se acerque a una fuente a beber y éste al ver reflejado en el agua su hermoso rostro, se enamora de sí mismo y muere inclinado sobre su imagen (Pierre Grimal).
128 Felicidad.
129 No admitir, no aceptar, desestimar amor de alguna persona (D.A.).
130 Inf. "resolverse": decidirse a decir o hacer alguna cosa (D.A.).
131 Metáfora. Los ojos de la dama.
132 La voluntad.
133 Inquietud (D.A.).
134 Gustosa, que deleita.
135 Orgullo del ánimo, que se acerca mucho a la soberbia (D.A.).
136 Gracia, garbo y bizarría (D.A.).
137 Estos.
138 Atril grande donde se ponen los libros para el canto en el coro de la iglesia (D.A.).
139 Predicción.
140 Una piedra tan dura que, cuando se golpea el acero sobre ella, éste echa chispas. Metafóricamente y en sentido moral, se toma por la suma dureza en cualquier especie (D.A.).

141 Enfadada.
142 Metafóricamente, convidar y rogar a alguien que acepte una cosa, queriendo lo contrario, y sin pasársele por el pensamiento la oferta (D.A.).
143 Obligación.
144 Joya.
145 Intención.
146 Estos.
147 Sitio o paraje desde donde cortejaban en palacio a las damas (D.A.).
148 Esta.
149 Perfecta y cumplida (D.A.).
150 En la edición de Serrano Sanz: "pregonalde."
151 Parte o porción de comida que se le da a los criados para su alimento diario (D.A.).
152 Expresión. El suceso contrario a lo que se imaginaba o esperaba, por el efecto que causa (D.A.).
153 Ira, rabia, cólera, desesperación (D.A.).
154 Sufrimiento, padecimiento.
155 De ella.
156 La mariposa se siente atraída por el calor de la luz.
157 Cuerpo.
158 Imitación (D.A.).
159 Deseo, apetito y codicia (D.A.).
160 Monte que está en la isla de Sicilia y que echa fuego.
161 Desaparecer, disipar.
162 Precaución.
163 Superlativo de alegría.
164 Constancia, persistencia, o tenacidad en intentar alguna cosa, conseguirla o mantenerla (D.A.).
165 Participio activo del verbo "errar." Sin acierto, inconstante, vagante (D.A.).
166 Sufrimientos.
167 Metafóricamente. Inquietud, aflicción y congoja del ánimo, que no deja estar tranquilo (D.A.).
168 Determinada.
169 Pensar o imaginar (D.A.). Te piensas, te imaginas.
170 Valor, esfuerzo, denuedo y bizarría (D.A.).
171 Estas.
172 Esa otra.
173 Sin razón, tontería.
174 De esta.
175 Ir a donde le place.
176 Metafóricamente. Excusa o salida (D.A.).
177 Animoso, valiente, resuelto, esforzado, denodado (D.A.).
178 Ocasión, tiempo y coyuntura para hacer o decir alguna cosa (D.A.).
179 Sitio (D.A.).
180 Hecho o dicho fuera de propósito y razón (D.A.).
181 Desgracia.
182 Desprecio.
183 Metafóricamente. Hombres de vuestra clase.
184 Temeridad, osadía.
185 Gustar, sentirse atraido.
186 El que jura en falso (D.A.).
187 Injuria o desprecio de obra o de palabra (D.A.).
188 Vario, mudable y sin firmeza (D.A.).
189 "Empeñar la palabra": Es dar palabra de hacer alguna cosa, o prometer.
190 Mirar con desafecto, disgusto y desazón alguna cosa, no gustar de ella, no apreciarla, ni apetecerla (D.A.).
191 Mantenerle.
192 Demasiadamente determinado, audaz, arrojado y libre (D.A.).
193 Animoso, bizarro, de gran espíritu, airoso (D.A.).
194 Intención disimulada (D.A.).
195 En vano, inútilmente (D.A.).
196 Impedimentos, dificultades, obstáculos (D.A.).

197 Expresión. Modo de hablar vulgar con que se da a entender la indiferencia con que se ha tomado alguna cosa, sin mostrar afección ni entrar a parte en ella, ni en pro, ni en contra (D.A.).
198 Don Juan emplea aquí una expresión militar. Centinela es el militar que se queda de guardia por las noches. La centinela perdida es la que se ubica más adelantada y, por tanto, la que se expone a mayores riesgos (D.A.)
199 Espejo.
200 Inf. "procurar": solicitar.
201 Alabanzas engañosas.
202 Se toma también por la mano o por el mismo sujeto que pinta (D.A.).
203 Pretexto, motivo y razón aparente para emprender, y ejecutar alguna cosa, encubierta y disimuladamente (D.A.).
204 Tranquilidad, serenidad y sosiego en el mar, contraria a la borrasca y tormenta, a que comúnmente suele seguirse (D.A.).
205 "Viento cálido de poniente que sopla en el Mediterráneo" (Moliner).
206 Adj. del sofisma o de los sofistas. Razonado argumento.
207 Disparates, delirios, fantasías (D.A.).
208 Desprecios.
209 Apóquese: que se apoque.
210 Inf. "malquistar": influir o influir para que una persona quiera mal a otra, o deje de quererla. la (D.A.).
211 Inf. "desengañar": hacer conocer el engaño, advertir del error o de la ignorancia (D.A.).
212 Part. pasado del verbo "descomponer": inmodesto, atrevido y osado (D.A.).
213 Inf. "pretender": solicitar, procurar (D.A.).
214 Invencible (D.A.).
215 Metafóricamente significa vencer reparos, dificultades o inconvenientes para alcanzar alguna cosa que se desea (D.A.).
216 Sospecha (Moliner).
217 Volver a sella la moneda u otras cosas.
218 Cejas encorvadas.
219 Expresión para manifestar el gusto y placer que se tiene que se haya logrado algún objetivo (D.A.).
220 La dama a quien uno sirve y galantea (D.A.).
221 Asusta.
222 "Argumento que consta de tres proposiciones, la última de las cuales se deduce del conjunto de las otras dos" (Moliner).
223 Inf. "percibir": advertir.
224 Inf. "ajustar": acomodar, adaptar.
225 De un atractivo cautivador y seductor.
226 Inf. "suspender": arrebatar (D.A.).
227 Por metáfora se toma por la persona que está sobre aviso, muy vigilante y vista (D.A.).
228 Favor.
229 Ese.
230 Gentiliza, buen aire en el andar (D.A.).
231 Adorno, aseo (D.A.).
232 Gracia.
233 Trato apacible en las palabras y las acciones (D.A.).
234 Expresión. Basilisco: serpiente que, según Plinio y otros autores, se cría en el desierto de África. Tiene la fama de que con la vista y el resuello mata, por ser eficacísimo su veneno (D.A.).
235 Resoluciones.
236 Dios que preside el cortejo nupcial (Pierre Grimal).
237 Profundidad enorme, inmensa.
238 Hija de Minos y Pacifae. Enamorada de Teseo, se escapó con él, pero éste la abandonó en la isla de Naxos. Pronto llegó Dionisio, quien fascinado con la belleza de Ariadna, se casó con ella y la llevó al Olimpo (Pierre Grimal).
239 Inf. "remitir": dejar una solución o respuesta para que la haga otra persona o dejarla a su juicio (Moliner).
240 Cupido.

241 Afirmación que se hace de una cosa que es de ley, segura y buena (D.A.).
242 En la esgrima es cuando el brazo y la espada componiendo una línea mira al hombro del contrario, porque entonces el brazo forma ángulo recto con el costado (D.A.).
243 Sin color, pálido.
244 Inf. "desistir": parar o cesar de alguna cosa, apartarse de algún intento o negocio (D.A.).
245 Intención disimulada o encubierta (D.A.).
246 Ha hecho efecto.
247 A propósito.
248 Romperme.
249 Botín arrebatado a los vencidos (Moliner).
250 Bolsa en la que llevaban cosas y que iba cosida en la ropa.
251 Utensilio con el que se sujeta el bigote para darle la forma deseada (Moliner).
252 Pañuelo (D.A.).
253 Hueso de la parte superior del tarso. Se empleaba para jugar a la taba (Moliner).
254 Cobarde, pusilánime (D.A.).
255 Le doy.
256 Averiguación y examen exigente de alguna cosa (D.A.). Flora está siendo sarcástica.
257 Líos.
258 Moneda en la que está grabada el escudo de las armas del rey o del príncipe soberano, y es de oro (D.A.).
259 En las Metamorfosis de Ovidio. Midas le pide a Dionisio que todo lo que toque se convierta en oro. El dios accedió a su demanda. Cuando Midas se quiso llevar a la boca un pedazo de pan, el pan se convirtió en oro. Hambriento, le suplicó a Dionisio que le retirase ese don. Dionisio le dijo que se lavara la cara y las manos en la fuente de Pactolo. Así Midas quedó libre de ese don; pero las aguas se llenaron de láminas de oro (Pierre Grimal).
260 Croesus. Rey de Lydia. Conocido por su riqueza.
261 "Paroxismo. Ataque peligroso o casi mortal en que el paciente pierde el sentido y la acción por largo tiempo" (Moliner).
262 Nerviosa.
263 Objetos sin valor.
264 Inf. "afligir": angustiarse, atormentase.
265 Adv. amigablemente (D.A.).
266 Inf. "reposar": descansar.
267 Dicho o palabra dulce, amorosa o atractiva con que se expresa la ternura del amor (D.A.). Ribete la emplea de manera sarcástica.
268 Esa.
269 Instante.
270 Primoroso, excelente, digno de alabanza (D.A.).
271 Deshonor (Moliner).
272 Ofendido.
273 Ofensa.
274 Avergonzada, humillada (Moliner).
275 Desconcertado, indeciso, sin saber qué decir (Moliner).

Obras citadas y lecturas recomendadas

Alcalde, Pilar. "Autoría y autoridad en Ana Caro: la mujer dramaturga y su personaje en Valor, agravio y mujer." *Confluencia*, vol. 19, núm. 2, Spring 2004, pp. 177–87.

Bates, Stephanie y A. Robert Lauer. " 'Performativity' del género de Leonor/Leonardo y la creación de 'gender trouble' en *Valor, agravio y mujer* de Ana Caro." *Anagórisis*, núm. 1, junio de 2012, pp. 32–55.

Butler, Judith. *Gender Trouble. Feminism and the Subversion of Identity*. Routledge, 1990.

Caro Mallén, Ana. *Amor, agravio y mujer. Apuntes para una biblioteca de escritoras españolas. Tomo I*. Manuel Serrano y Sanz, Madrid: Biblioteca de Autores Españoles, 1903, pp. 179-212.

Connor (Swietlicki), Catherine. "Marriage and Subversion in Comedia Endings: Problems in Art and Society." *Gender, Identity, and Representation in Spain's Golden Age*, editado por Anita K. Stoll y Dawn L. Smith, Lewisburg Bucknell UP, 2000, pp. 23–46.

Cortez, Beatriz. "El travestismo de Rosaura en *La vida es sueño* y de Leonor en *Valor, agravio y mujer*: El surgimiento de la agencialidad femenina y la desnaturalización del binarismo de género." *Bulletín of the Comediantes*, vol. 50, núm. 2, 1998, pp. 371–85.

Escabias, Juana. "Ana María Caro Mallén de Torres: Una esclava en los Corrales de Comedias del siglo XVII." *EPOS*, vol. XXVIII, 2012, pp. 177–93.

———. "Introducción." *El conde Partinuplés*, de Ana Caro Mallén, Esperpento Ediciones Teatrales, 2015, pp. 9–25.

Ferrer Valls, Teresa. "Mujer y escritura dramática en el Siglo de Oro: del acatamiento a la réplica de la convención teatral." *La presencia de la mujer en el teatro barroco español*, editado por Mercedes de los Reyes Peña, Junta de Andalucía, 1998, pp. 11–32.

Friedman, H. Edward. "Clothes Unmake the Woman: The Idiosyncrasies of Cross-Dressing in Ana Caro's *Valor, agravio y mujer*." *Confluencias*, vol. 24, núm.1, Fall 2008, pp. 162–71.

García-Martín, Elena. "Gendered Representation of the Militant Church: Ana Caro's and Luisa Roldán's Rhetoric of War and Religion." *Early Modern Women: An Interdisciplinary Journal*, vol. 7, Fall 2012, pp. 69–100.

Gorfkle, Laura. "Re-staging Femininity in Ana Caro's *Valor, agravio y mujer*." *Bulletin of the Comediantes*, vol. 48, núm. 1, Summer 1996, pp. 25–36.

Gibbons, Megan. "Speaking Out from Within: Ana Caro and Her Role as a Woman Writer in the Seventeen-Century Spain." Boston University, tesis doctoral, 2012.

Larson, Catherine. "You Can't Always Get What You Want: Gender, Voice, and Identity in Women-Authored Comedias." *Gender, Identity, and Representation in Spain's Golden Age*, editado por Anita K. Stoll y Dawn L. Smith, Lewisburg Bucknell UP, 2000, pp. 127–41.

Leoni, Monica. "Silence Is/As Golden . . . Age Device Ana Caro's Eloquent Reticence in *Valor, agravio y mujer*." *Women in the Discourse of Early Modern Spain*, editado por Joan F. Cammarata, UP of Florida, 2003, pp. 199–212.

Luna, Lola. "Ana Caro, una escritora 'de oficio' del Siglo de Oro." *Bulletin of Hispanic Studies*, vol. 72, núm. 1, 1995, pp. 11–26.

Lundelius, Ruth. "Spanish Poet and Dramatist. Ana Caro." *Women Writers of the Seventeenth Century*, editado por Katharina M. Wilson y Frank J. Warnke, U of Virginia P, 1989, pp. 228–50.

Maroto Camino, Mercedes. "'Ficción, afición y seducción': Ana Caro's *Valor, agravio y mujer*." *Bulletin of the Comediantes*, vol. 48, núm. 1, Summer 1999, pp. 38–50.

———. "María de Zayas and Ana Caro: The Space of Woman's Solidarity in the Spanish Golden Age." *Hispanic Review*, vol. 67, núm. 1, Winter 1999, pp. 1–16.

Mújica, Bárbara. "Women Directing Women: Ana Caro's *Valor, agravio y mujer* as Performance Text." *Engendering the Early Modern Stage. Women Playwrights in the Spanish Empire*, editado por Valerie Hegstrom y Amy R. Williamsen, UP of the South Inc., 1999, pp. 19–50.

Ordóñez, J. Elizabeth. "Woman and Her Text in The Works of María de Zayas and Ana Caro." *Revistas de Estudios Hispánicos*, vol. 19, núm. 1, 1985, pp. 3–15.

Ortiz, A. Mario. "Yo, (¿)soy quien soy(?): La mujer en hábito de comedia en *Valor, agravio y mujer*." *Vanderbilt e-Journal of Luso Hispanic Studies*, vol. 2, 2005, páginas sin numerar.

Rhodes, Elizabeth. "Redressing Ana Caro's *Valor, agravio y mujer*." *Hispanic Review*, vol. 73, núm. 3, Summer 2005, pp. 309–24.

Riesco-Suarez, Nerea. "Ana Caro de Mallén, la musa sevillana: una periodista feminista en el Siglo de Oro." *Revista Científica de Información y Comunicación*, vol. 2, 2005, pp. 105–20.

Rodríguez-Jiménez, Rubén. "Writing beyond the Ending: La autoridad político-cultural y la cuestión del honor a través del sistema sexo/género en *Valor, agravio y mujer* y *Fuenteovejuna*." *Letras Hispánicas*, vol. 3, núm. 2, Fall 2006, pp. 132–41.

Scott Soufas, Teresa. "Ana Caro's Re-evaluation of the *Mujer Varonil* and her Theatrics in *Valor, agravio y mujer*." *The Perception of Women in Spanish Theater of the Golden Age*, editado por Anita K. Stoll y Dawn L. Smith, Bucknell UP, 1991, pp. 85–106.

———. "A Feminist Approach to a Golden Age Dramaturga's Play." *El arte nuevo de estudiar comedias. Literary Theory and Spanish Golden Age Drama*, editado por Barbara Simerka, Bucknell UP, 1996, pp. 127–42.

———. *Dramas of Distinction. Plays by the Golden Age Women*. The UP of Kentucky, 1997.

Serrano y Sanz, Manuel. *Apuntes para una biblioteca de escritoras españolas desde el año 1401 al 1833*. Sucesores de Rivadeneyra. Impresores de la Real Casa, Madrid, 1903–1905.

Stroud, D. Matthew. "La Literatura y la Mujer en el Barroco: *Valor, Agravio y Mujer* de Ana Caro." *Actas del VIII Congreso Internacional de Hispanistas, Providence, 22–27 de agosto, 1983, vol. II*, editado por David Kossoff, José Amor y Vázquez, Kossoff Ruth y Georffrey W. Ribbans, Ediciones Itsmo, 1986, pp. 605–12.

Vollendorf, Lisa. "Desire Unbound. Women's Theater of Spain's Golden Age." *Women in the Discourse of Early Modern Spain*, editado por Joan F. Cammarata, UP of Florida, 2003, pp. 199–212.

Voros, D. Sharon. "Fashioning Feminine Wit in María de Zayas, Ana Caro, and Leonor de la Cueva." *Gender, Identity, and Representation in Spain's Golden Age*, editado por Anita K. Stoll y Dawn L. Smith, Lewisburg Bucknell UP, 2000, pp. 156–77.

———. "Relaciones de fiestas: Ana Caro's Accounts of Public Spectacles." *Women in the Discourse of Early Modern Spain*, editado por Joan F. Cammarata, UP of Florida, 2003, pp. 108–33.

Walthaus, Rina. "La comedia de Doña Ana Caro Mallén de Soto." *Estudios sobre escritoras hispánicas en honor de Georgina Sabat-Rivers*, editado por Lou Charnon-Deutsch, Editorial Castalia, 1992, pp. 326–41.

———. "Emerging from the Wings: Women Writing Drama in Seventeenth-Century Spain." *Heroines of the Golden Stage. Women and Drama in Spain and England, 1500–1700*, editado por Rina Walthaus y Marguérite Corporaal, Edition Reichenberger, 2008. pp. 145–66.

Wardropper, W. Bruce. "The Implicit Craft of the Spanish 'comedia'." *Studies in Spanish Literature of the Golden Age Literature*, editado por R.O. Jones, Tamesis Book Limited, 1973, pp. 339–56.

Williamsen, Ana. "Re-writing in the Margins: Caro's *Valor, agravio y mujer* as Challange to Dominant Discourse." *Bulletin of the Comediantes*, vol. 44, núm. 1, Summer 1992, pp. 21–30.

Índice temático

Academia de Santo Tomás de Aquino de Barcelona 129
Adán 67
Admiración de las obras de Dios 61, 63, 64, 70–7
admiratio 130
Aglaya 105, 106, 107, 109–10, 112–18
Aguilar 17–18, 22, 25, 31n119
Agustín, San 44, 65, 72, 100, 170
al-Ándalus 88
Alberto Magno, San 1
alcaide de Donceles [*Memorias*] 25
Alcalde, Pilar 214
Alcántara, Orden de 22, 29n13, 186
alcázar de Segovia 24
Alemania 12n13, 87
alfabetización [de mujeres] 6, 62
alférez 172, 174, 176, 177, 178, 179–96
Alfonso, rey don 22, 25
Alfonso VIII 87
Alfonso X [el sabio] 5, 12n5, 87, 171
Alfonso XI 15, 34, 52n2
Alonso [*Memorias*] 25, 26
Álvarez y Baen, Joseph Antonio 128
Álvaro, San 22
amada-amante 93
Ambrosio, San 65
América 99, 119n4, 172, 174, 175
América del Sur 174, 201n174
amor cortés 87, 90–1, 92, 105, 106, 107
amor platónico 90–1, 136–7
Amusano, Marcelino V. 19, 29n9
Anastasia de Antioquia 170
Andalucía 22
Anfión 106, 112, 113, 115, 116, 117
Angas 106, 120n51
Angela de Foligno 79n12
anti-converso, propaganda 79n5
Antigüedad clásica 39
Antiguo Testamento 81n102
anti-judíos, acciones 8, 19, 30n88
Antillas, las 201n174

Antonio de Erauso 174, 180
Antonio del Castillo de Larzabal 129
Apolo 101, 102, 123n157, 222, 254n55
Arabia 104, 109, 111, 112, 123n152
Aragón, reino de 87
Arauz Mercado, Diana 19
Archivo Capitular de Sevilla 171
Aristóteles 1, 39, 78n1
aristotélicos, conceptos 1, 78n1
Armada española 172, 176, 181, 184
Arquero Cordero, Ana María 21, 29n10, 29n12, 29n19, 29n50, 30n71, 30n77, 30n90, 30n93, 31n106, 31n109, 31n114, 31n126
arzobispo de Lima 180
Asencio, Eugenio 104, 119n8, 119n9
Asturias, príncipe de 15
Atarazanas de Sevilla 17, 18, 23, 86
Atlántico 175
auctoritates 39
Audiencia del Rey 63
Austrias, familia real de los 103
auto-análisis 44
autobiográfico, género 15–16
auto-conocimiento 44, 62
auto-crítica 44
auto-desenmascaramiento 137
auto-fabricación 175
auto-promoción 175
autora-narradora-protagonista 16, 20, 179
auto-realización 181
autoritas 3–4, 12n5
autor-narrador 15, 41
Autos Sacramentales y Relaciones 206, 207
Aves María [*Memorias*] 24, 25
Ávila, Teresa de 170
Ayala, Teresa de 52n2
Ayerbe-Chaux, Reinaldo 16, 19, 30n86
"¡Ay! que ay quien más no vive" 86
"Ayudado" [Adán] 67, 73
"Ayudadora" [Eva] 67, 73

Índice temático

Babilonia, rey de 55n53, 122n128
Baco Poltrón 105, 106, 107, 112, 113, 116
Baena, Juan Alonso de 86, 87, 89
Baja Edad Media 4, 16
Balbridge, Mary Elizabeth 34, 36, 37, 38, 40–1, 42, 44, 52n2, 53n11, 53n15, 54n20, 54n26, 54n28, 54n30, 54n39, 55n42
"barraganía" 12n4
Barroco, el 10, 102–3, 127–8, 130
barroco, naturalismo 130
barroco, teatro 102
Bates, Stephanie 210, 212, 214, 215
Bautista Muñoz, Juan 171, 198n9
beatas, las 7, 10
beguinas, las 7, 8
Belidiana de Arabia, princesa 104
Bellido Bello, Juan Félix 19, 20–1, 28n1, 28n2, 28n4, 28n5, 29n9
beninas, las 7
Berceo, Gonzalo de 61
Bernardino de Guzmán 171
Bernardo, don 134, 135, 136, 140, 144, 147, 150, 152, 153, 161n111, 161n133, 163n249
Berruezo, José 171
binomio Encarnación-Redención 42
Blanca, reina doña 22
Blanche de Bourbon 52n1, 52n2
boccaccianas, novelas 129
Boccaccio 129
Bolaños Donoso, Piedad 98, 99, 100, 119n1–4
Botello, Miguel 129
Bouza, Fernando 103
Bravo Villasante, Carme 169, 198n5
Brethren de la vida común/Orden Hermanos de la vida en común 61
Broad, Peter 92
Brownlee, Marina 131
Bruselas 208, 220, 221, 222, 244, 245, 249, 250
Burgos 60, 63, 64, 148, 151, 152
burlador-mujeriego 210
Butler, Judith 134, 168, 211

caballero-amante 92
caballero del Hábito de Santiago 128
Cabre i Pairet, Monserrat 2, 62
Cádiz 106, 174, 181, 194
Calatayud 24
Calatrava, Orden de 22, 29n13
Calderón, Piedad 15, 20
Calderón de la Barca, Pedro 9, 170, 207
Callistus III 53n11
cámara del rey 29n24
camarera mayor 19, 206
camarero mayor [*Memorias*] 22, 23
Cameros 22
canciller mayor 22
cancioneros 86–7, 88, 89, 90, 91, 96n7

Cánones 99
Cantera Burgos, Francisco 79n3
cántigas de amigo 88
capellanía 25, 30n91, 99–100, 202n230
capio 29n28
Capitán Domingo de Urbizo 177
captatio benevolentiae 38, 40
Capuao, Siena de Raymond 79n12
caridad 7, 30n64, 53n17, 61, 76, 77
Carillo, Sancha Alonso 28n8
caritas 3
Carlos I 9, 12n13
Carlos II 9
Carlota [hermana de Feliciana Enríquez de Guzmán] 98
Carmona 17, 22, 23, 29n32
Caro, Rodrigo 207
Caro de Mallén, Gabriel 206
Carrillo, Diego 24
Carrillo, don Juan Fernández 24, 27n11
Carrillo, familia 28n8
Carrillo, Gómez 28n8
Carrós, Estefanía 7
Cartagena, Pedro de 62
Cartagena, Teresa de 7, 9, 38, 40, 44, 45, 60–85, 88
Cartagena de Indias 174
Casa de Aguilar 18, 22
castellano [lengua] 8, 16, 37–40, 61, 79n12, 87, 88, 90, 96n3
Castilla 9, 10, 13n15, 13n17, 15, 17–18, 19, 20, 21, 23, 34, 38, 86, 87, 104
Castilla, Alfonso de 37
Castilla, Constanza de 34–59, 88
Castilla, princesa de 35, 38
Castilla, reino de 34, 87
Castilla, Urraca de 12n5
Castillo, Hernando del 87
Castillo de Larzabal, Antonio del 128, 129
castillo de Montiel 22, 23
Castillo Solorzano, Antonio de 207
Catalina, infanta 89
Catalina de Erauso 168–205
Catalina de Lancaster 15, 16, 19, 28n4, 34, 36
Catalina de Sena, Santa 46
Cataluña 127
Cervantes, Antonio de 190
Cervantes, Miguel de 9, 102, 129
Céspedes Xeria, Luis de 176
Chavarría, Pedro de 178
Christine de Pizan 61
ciego de Jericó, el 65, 67, 81n122
Cielo, Reina del 50, 51
Cielo [rel.] 22, 26
Ciguino, Esteban 174, 184
Cisneros, el cardenal 8, 60, 79n12
Ciudad de la Plata 178, 202n195

civil-religiosa, legislación 107
Clara de Burgos, Santa 63
Clarinda de Cípres, princesa 104
Clarisel [Criselo] de Esparta, el príncipe 104
Clequin, Mosen Beltrán de 23
código del honor 133, 136, 210, 252n7
Coímbra 104
Colonia 175, 178, 179, 180, 198n15, 198n19
comedia: Ana Caro Mallén de Torres 207; Catalina de Erauso 170, 172, 180, 197n4, 198n13; Feliciana Enriquez de Guzmán 101, 103–5; María de Zayas y Sotomayor 128–9, 130, 132, 134; *véase también* corral de comedias; *Valor, agravio y mujer*
compassio 43
Concepción [Chile] 174, 178, 187, 188, 189
Concilio de Letrán [IV] 8
conciudadanos 128
conclusio 40, 54n39
condestable de Castilla 23
Connor, Catherine 210, 252n8, 252n10
Consejo de Indias 172, 176, 194
Constanza de Castilla 34–59, 88
Constanza de Villalobos, doña 22
contracorriente, estar a 101
contrarreformistismo 10, 12n13
Contreras, Juana 13n15
convento de Guadalajara 19, 24, 28n8
convento de la Trinidad 178, 180, 194
convento de Santa Clara 180, 193, 194
convento de Santa Inés de Sevilla 98
convento de Santo Domingo el Real de Madrid 34, 36, 37, 38, 40, 45, 52n2, 52n6, 53n12, 88, 178
coplas de mudanza 91
cordillera de los Andes 190
Córdoba 19, 22, 23, 25, 26, 30n88, 184; *véase también* López de Córdoba, Leonor
Córdoba, Juan de 208, 217, 218, 220, 222, 224, 226, 245
Corona, la 21, 34, 35, 37, 86, 127, 172, 176, 206
corral de comedias 9, 11, 206
Corte [*Memorias*] 17, 20, 21
Cortés de Monrroy, Juan 176
cortes reales, las: corte de Bruselas 208; Corte de Catalina de Lancaster 17, 20, 21, 28n4; corte de Isabel la Católica 61, 86, 88; corte de los Reyes Católico 8, 89; corte de Pedro I 17; corte de Portugal 89; en el periodo visigodo 3
Cortés Timoner, María del Mar 18, 36, 38, 40, 41, 42, 43, 44, 52n1, 52n6, 54n28, 54n35, 55n42, 55n43, 60, 61, 62, 63, 64, 65, 66, 67, 79n9, 92
Cortez, Beatriz 210, 211
costa atlántica 199n52
Cotrón, marquesa de 89
Creador 39, 44, 62, 67, 214

cristianos, principios 1, 15, 30n53, 39, 41, 44, 46, 68, 79n12
Cristo 22, 25, 39–52, 61
cristocentrismo 100
Crompton, Louis 170, 171, 198n6
Crónicas de España 22
Cubillo de Aragón 171
Cueva y Silva, Leonor de la 9
Curry, Kathleen Amanda 15, 16, 17, 18, 19, 20, 28n2, 28n5, 28n6, 28n7, 28n8, 29n48, 30n53, 30n64, 30n88, 31n119

Daniel 3 55n53
"De estas aves su nación" 86, 92, 94
Dekker, Rudolf 169, 170, 171, 197n2
de la Torre Castro, José 39
de Loyola [apellido] 174
Derecho Civil y Canónico 63
derecho de escribir 64–70
desherradamiento 23
Deuteronomio 22:5 197n2
"devisas," las 89
Devotio Moderna 8, 39, 61, 66, 68
Deyermond, Alan 64, 69, 92, 93
Díaz Carrillo, Gonzalo 24, 27n11
Diego, don 98, 99, 131
Diego de Solarte 174, 176, 177, 186, 187
Diego de Yepes, fray 198n16
Dios: *Admiración de las obras de Dios* [Teresa de Cartagena] 61, 63, 64–77; Catalina de Erauso 181, 189, 192, 193, 195; diálogo con 43–5; Él [rel] 44, 65, 66, 67, 68, 72–3, 76; Espíritu Santo 22, 40, 43, 49, 51; Hacedor 65, 67, 72, 75, 214; y las lesbianas 170; *Libro de Devociones y Oficios* [Constanza de Castilla] 45–52; María como intercesora 39–40, 41, 42–3; *Memorias* 22, 23, 25–6; y el movimiento religioso femenino 7–8; *Noche sexta* [María de Zayas y Sotomayor] 141, 144, 146, 147, 151, 152, 153, 155, 156; oración sin la intermediación masculina 39, 41; *Tragicomedia de los jardines y campos sabeos* [Feliciana Enríquez de Guzmán] 112, 114; la Trinidad 22; *Valor, agravio y mujer* [Ana Caro Mallén de Torres] 218, 220, 223, 225, 232, 235, 236
dioses egipcios 254n88
dioses griegos 217, 222, 258n259; *véase también* Apolo
Dios Espíritu Santo 22, 40, 43, 49, 51
"doble martirio," el de María 42
dolce stil nuovo 90
Doménech, Fernando 100, 102, 104, 105, 106, 107, 119n6, 120n24, 120n40, 121n66, 122n107, 122n122, 124n183, 124n199
Domingo de Urbizo, Capitán 177
dominicanas, monjas 54n33, 182, 191

Índice temático

dominicos, Orden de los 52n5
donaciones *pro anima* 53n12
Douglass, William A. 198n20
duque de Lancaster 34
Dutton, Brian 86, 87, 88, 90, 96n1, 96n5

Écija 25
Edward III 52n2
Egipto 46
Él [rel] 44, 65, 66, 67, 68, 72–3, 76
Elena, santa 49
élites sociales 3, 8, 10, 12n4, 38, 99, 210
emparedadas, las 7
Encarnación 37, 40, 41, 42, 43, 45, 54n18
Enrique, rey don 22, 23, 24, 37
Enrique II, rey don 22
Enrique II de Trastámara 15, 17, 18, 22, 28n7, 28n8, 31n119, 34, 86
Enrique III 19, 34, 35, 54n22, 63
Enrique IV 35, 36, 37, 43
Enríquez de Guzmán, Carlota 98
Enríquez de Guzmán, Feliciana 98–126
Enríquez de Guzmán, María 98
entremés, el 103–4
Erauso, Catalina de 168–205
Erodes 46
erotismo femenino 91–4
Escrituras 40, 69; *véase también* libros individuales
espiritualidad femenina 39–45
Espíritu Santo 22, 40, 43, 49, 51
Estado político 8–11, 123n172, 128, 171, 174–5, 179, 197n2, 207
Esteban 134–7, 140–2, 147–50, 154
Esteban, Ángel 172
Estefanía 134–7, 142–50, 152–3, 155
Estela 208–10, 211, 213–15, 217–51
Estow, Clara 20
Estrada, María 169
Estúñiga, Lope de 86
Eufrosina 105, 111, 112–18
Eugenia de Alejandría 170
Eugenio IV 53
Eva 1–2, 66, 67
Evangelios 65
exordium 40, 54n39
eyaculación *in situ* 136, 171

Falces, Elvira de 34
familia real de los Austrias 103
Faraón 46
Felipa de Lancaster 89
Felipe de Borgoña 9
Felipe II 9, 207
Felipe III 9
Felipe IV 9, 172, 174, 176, 179
Felipe V de Borbón 9

Fernández, Alfonso 25, 26
Fernández Carrillo, Juan 24
Fernández Carrillo, Theresa 24
Fernández de Córdoba, Gonzalo 17, 18, 31n119
Fernández de Hinestrosa, Juan 22, 26, 31n108
Fernando, don 208, 209, 210, 214; *véase también* Zayas y Sotomayor, Fernando de [don Fernando]
Fernando, infante 20
Fernando [de Isabel y Fernando] 9
Ferrer, Joaquín María de 171, 203n273
Ferrer, padre Juan 197n5
Firpo, Arturo 15, 16, 28n5
Flandes 127, 208, 211, 221, 222, 223, 224, 225, 240, 249, 250
Flecniakoska, Jean-Louis 103
Flora 210, 214, 215, 231, 246, 248, 250, 251, 258n256
Flores, Ángel 92
Flores, Kate 92
Francia 37, 87, 170–1, 222
franciscanos 7, 55n42, 61, 191
Francisco, don 99, 100
Francisco, San 50
Francisco de la Cueva 129
Francisco de Medrano 129
Francisco de Mendoza 129
Francisco de Osuna 198n16
Francisco de Otálora 189
Francisco Petrarca 87
frauenlieder 88
frayes 9, 35, 170, 189, 191, 198n14, 198n16, 246
Friedman, H. Edward 208, 213, 214
fuente [rel] 69, 71, 75, 77
Fulks, Barbara 92

galaico-portuguesa, cultura 90
Galindo, Beatriz 13
gallego-portugués [lengua] 87
Gante, Juan de [duque de Lancaster] 34
Garavito, don Francisco León 99, 100
Garavito, don Lorenzo León 100
Garber, Marjorie 134, 169, 170
García de Aza, Ruy 22
García, Luis Miguel Vicente 66
García Carrillo, María 17, 18, 24, 31n119
García de Aza, Ruy 22
García de Santa María, familia 61, 63
Génesis 1, 65, 66, 73, 161n123
Getino, Alonso 34, 52n7, 52n8, 53n11, 54n20
Gimeno Casalduero, Joaquín 96n6
Gloria [rel., *Memorias*] 22
Gloriosa, la 46, 50–1
Gómez de Quevedo Villegas, Francisco de 9
Góngora y Argote, Luis de 9, 102, 220
González de Amezua, Agustín 128
González Fernández, don 25

González Santamera, Felicidad 106, 107, 120n24, 120n40, 121n66, 122n107, 122n122, 124n183, 124n199
Gonzalo de Berceo 61
Gorfkle, Laura 135, 137, 138, 211
Gossy, Mary 135, 136, 137
Goytisolo, Juan 129, 130, 134, 159n2
Gracias de Venus 105, 113
Gracias Mohosas 98–126
Granada, Real Audiencia y Cancillería en 206
grecolatina, literatura 101
Gregorio Magno, San 65
Groote, Geert 61
Guadalajara, convento de 19, 24, 28n8
Guadalajara, Orden de 24
Guamanga 174, 180, 181, 191, 193, 194
guerra civil 15, 16, 34
Gutiérrez de Hinestrosa, Ruy 17, 22
Guzmán, Teresa de 100

Hacedor 65, 67, 72, 75, 214
Heise, Ursula 198n7
Hernando del Castillo 87
Hernando de Talavera, fray 198n16
Hijo [Cristo] 22, 23, 26, 76, 77, 124n185
Hinojosa, Fernández de 18
Hipólito, San 24, 25
Hispalo 106
Hispano 106
Holofernes 81n102
homoerotismo 135, 171, 172, 178
homosexualidad 169, 170; *véase también* lesbianismo
honor, código del 133, 136, 210, 252n7
Huarte de San Juan, Juan 168
Huélamo San José, Ana María 36, 37, 41
Huelgas de Burgos, Las 60, 64
Humanismo 9, 39, 61–2, 68, 88, 89
Hurtado de Mendoza, Diego 79n9
Hutton, Lewis H. 79n7, 79n13, 79n18, 79n22, 79n38, 80n47, 80n51–53, 80n72, 80n79, 80n81, 80n92, 81n93, 81n96, 81n98, 81n106, 81n115, 81n121

identidad genérica 135, 174, 175–81, 212
ideología feminista 131–4
Iglesia, la: Ana Caro Mallén de Torres 206; Catalina de Erauso 170, 171, 174–5, 180–1; Constanza de Castilla 38–9, 40, 52n8; María de Zayas y Sotomayor 127, 153, 164n264; Padres de la Iglesia 1–2, 40, 61, 65; Teresa de Cartagena 60–1, 63, 65, 79n4; y las mujeres 1–2, 3, 6–11
Iglesia de San Julián 99
Iglesia de San Vicente de Sevilla 98
Ignacio, Santo 46
Ignacio de Antioquia, San 37, 40

II Partida [de Alfonso X] 12n5
Imperio español 9, 102
íncipit 40
inde 29n12, 30n76
Indias, Las 174, 175, 176, 177, 180, 181, 184, 194, 198n14
'indignos siervos' 38
infanta Catalina 89
infante Fernando 20
Inglaterra 23, 34, 37, 222
Inquisición 13n17, 128, 186
in situ, eyaculación 136, 171
Inspirador [rel] 75
invenciones 89
invenciones léxicas 105
Isabel de Castilla, Reina 8, 13n15, 60, 61, 86, 89
Isabel de Portugal 37, 89
Isabel la Católica, Reina 8, 86
Israel 46, 81n102
Italia 87, 116, 129, 130

jarchas 88
Jerónimo, San 65
Jerusalén 42, 48
Jesucristo 22, 25, 39–52, 61
Joan de la Tour 52n2
Johnson, Penelope 37, 52n8, 53n9–10, 53n13–14, 53n17, 60, 63, 79n4
Jorge de Montemayor 171
Josep, san 46, 50
Juan, don 131
Juan, príncipe 34, 52n2
Juan, San 40, 47, 49–50, 51
Juana, reina doña 36, 89
Juana de Arco 170
Juana de Castro 34
Juana de la Cruz 7, 88
Juana de Mendoza 64, 70, 79n24
Juana I de Castilla 9
Juan Bautista, San 47
Juan de Avellaneda, don 99
Juan de Córdoba, don 208, 217, 218, 222, 224, 226
Juan de Gante [duque de Lancaster] 34
Juan de la Cruz, San 9
Juan de la Cueva 101
Juan Fernández Carrillo, don 24, 27n11
Juan I 34
Juan II 35, 36, 37, 63, 79n5
Juan Lovera, Carmen 16, 18, 19, 30n59, 31n94
Juan Manuel, don 22
Juárez Almendros, Encarnación 175
Judas 47
judeoconversos 63
Judería [*Memorias*] 24
judería de Córdoba 30n88

266 *Índice temático*

Judit 65, 67, 74, 81n102
Juliana de los Cobos 169

Kahiluoto Rudat, Eva 130
Kaminsky, Amy Katz 135, 136
Kelly, Joan 90
Kim, Yonsoo 60, 61, 62, 63, 64, 66, 78n2, 79n5, 79n8
King, Willard 129

Lancaster, Catalina de 15, 19, 28n4, 34, 36
Lancaster, duque de 34
Lancaster, Felipa de 89
La Plata, Ciudad de 178, 202n195
Larson, Catherine 102
latín [lengua]: Ana Caro Mallén de Torres 215; Catalina de Erauso 181, 182, 203n272–273; Constanza de Castilla 37, 38, 40, 41, 45, 54n27, 55n48, 55n50, 55n55, 56n138, 58n196; Feliciana Enriquez de Guzmán 121n62, 121n66, 122n107, 123n166; Florencia Pinar 87, 88, 96n16; Leonor López de Córdoba 21, 29n12, 29n19, 29n28, 29n50, 30n76, 30n90, 30n93, 31n114–115; Teresa de Cartagena 61, 69, 70, 80n63; y la Iglesia 54n29, 54n30
Lauer, Robert 210, 212, 214, 215
Laurela 134–56
Lauzardo, Aurora 17, 18–19, 20
Lejeune, Philippe 17
Lemos, Conde de 128
lengua romance 88
lenguas vernáculas y la poesía 87–8
León, reino de 87
León, Urraca de 12n5
Leonardo, don 208, 209, 211, 214
Leonor [cáracter de Ana Caro Mallén de Torres] 208–15, 217, 222–51
Leonor de la Cueva y Silva 9
lesbianismo 170, 171, 175–81
Lima 176, 177–8, 180, 186–7, 189, 194, 202n195
Lima, arzobispo de 180
lírica tradicional 88
Lisarda 131, 208, 214, 217–19, 221, 228, 230, 240, 241, 250, 251
Lisardo [Beloribo], rey de Macedonia 104
Lisboa 104, 222
Lisis 131, 133, 137, 154, 156, 164n300, 165n307
Longinos, Cayo Casio 50, 57n185
Lope de Estúñiga 86
Lope de Rueda 103
Lope de Vega [Lope Félix de Vega Carpio] 9, 11, 101, 129, 170, 207, 208
Lope Fernández de Padilla 24
Lope Rodríguez de Aza 22
López, Gregorio 171

López de Córdoba, Leonor 15–33, 34, 52n4, 54n19, 86, 88
López de Córdoba, Martín 22, 31n94, 31n119
López de Córdoba Carrillo, don Lope 22
Loyola, Alfonsa de 206
Ludovico, príncipe de Pinoy 208, 209, 214, 215, 221, 224, 228, 234, 246, 248–50
Luis de León, fray 9, 170
Luis de Valladolid, fray 35
Luis XIV de Francia 9
luminarias, las 7, 112
Luna, Álvaro de 61
Luna, Lola 62, 206, 210, 252n1, 252n5
Lundelius, Ruth 207, 211
Luz [rel.] 58n196, 67, 68, 77

Macpherson, Ian 91
Madalena 49
Madre, la [María] 42; *véase también* María, Santa
madre-hijo, relaciones 42, 43
Madrid 34, 36, 128, 129, 134, 139, 152, 159n33, 194–5, 198n14, 207, 220, 222
Madroñal, Abraham 103
Maestro [rel.] 67, 76
Magdalena 98
Mal-Lara, Juan 100, 101
Mallén, Juan 206
Mallén de Torres, Ana Caro 206–60
Mallén de Torres, Juan Caro 206
malmarida 88
Manrique, Gómez 64, 70, 71
Manrrique, Catalina 89
Maravall, José Antonio 127, 128
María, Santa 22, 24, 25, 26, 46; *véase también* Virgen María
María, señora doña 51
María [hija de Teresa de Ayala y Pedro I] 52n2
María de Barasa 128
María de Dávalos 178
María de Haro, doña 22
María de la Amortecida, Santa 25
María de Padilla 52n2
María de Santo Domingo 7, 88
María de Saravia 62
María Jesús de Agreda, Sor 9
Marina Manuel, doña 89
Mariño de Lobera 169
Maroto Camino, Mercedes 132, 133, 134, 211
marquesa de Cotrón 89
marquesa de Villanueva de Valdueza 206
Marta 50
Martínez Arrizabalaga, María Victoria 129, 130
Martínez del Portal, María 128
Martín Fernández, alcaide de los Donceles 25
Martín López de Córdoba, Maestre 16, 17, 21, 22–5

Martín V 53n11
Mason, Mary G. 20
Matilde 137, 138, 154, 159n28
"matronazgo" 36
mayora de edad 52n8
mayordomo mayor 22
McKendrick, Malveena 11, 169
McVay, Ted 101, 102
Mediabarba, Fernando Alonso 25
medio-hermanos 34, 105
Medusa 106, 111, 112, 113, 121n73, 244
Mencía Carrillo, señora tía doña 25
Mendieta, Eva 171, 175, 180, 198n15, 198n18, 198n19, 198n20
mendigos 102, 105–6, 107, 109, 121n95, 123n139
Mendoza, Francisco de 129
Mendoza, Juana de 64, 70, 79n24
Merrim, Stephanie 169, 170, 171, 172, 180
Mesías 46; *véase también* Jesucristo
meta-femenino 38
metateatral, una función 214
Miguel de Erauso 172, 174
Miguel de Santaella 25
mini-oraciones 41
Mirrer, Louise 17, 20, 92
moaxaja 88
monasterio de Santa Clara 63
monjas: alfabetización 6–7, 10, 62; Catalina de Erauso 168–205; Constanza de Castilla 34–59; Teresa de Cartagena 60–85
Montemayor, Jorge de 171
Montemolín, el gobernador de 99
Montiel, castillo de 22, 23
Montoto, Santiago 98
Moreto y Cabaña, Agustín 129
"motes" 89
movimiento religioso femenino 7
mujer varonil 109, 170, 171, 179, 180, 197n4, 208–16
mujer-virgen 174, 175
Muñoz Fernández, Ángela 41, 42, 43, 44, 45, 53n12, 53n15, 53n16, 54n18, 54n21, 54n32, 54n34, 55n41

Nápoles 127, 128, 179, 196
narradora-protagonista 16, 20, 179
narratario 88
narratio 40, 54n39
Navas Ocaña, Isabel 39, 54n35
Nebrija, Antonio de 8
Nebrija, Francisca de 13n15
Neuman, Shirley 21
Nicodemus 50
Nicolás V, Papa 63
Nisa 106, 109–10, 112, 113, 115, 116, 118
Nombre-del-Padre 180

noroeste de la península ibérica 87
Nuestra Señora de la Merced y la Redención de los Cautivos, Orden Real y Militar de 202n197
Nuestro Señor 45, 50, 193

obispo de Burgos 63
obispo de Guamanga 180, 181
obispo Don Julián de Cortázar 194
Occitania 90
occitano 79n29, 87
Olivares, conde duque de 194, 207, 252n1, 252n5
omne 45, 70
oracioncitas 40
Orden de Alcántara 22, 29n13, 186
Orden de Calatrava 22, 29n13
Orden de Guadalajara 24
Orden de los dominicos 52n5
Orden de Predicadores 45, 202n198
Orden de San Pablo de Córdoba 25
Orden de Santiago 29n13
Orden de Santo Domingo de los Predicadores 45
órdenes mendicantes 39
Orden Hermanos de la vida en común 61
Orden Real y Militar de Nuestra Señora de la Merced y la Redención de los Cautivos 202n197
Orfeo 106, 112, 113, 115, 116, 117
Ortega López, Margarita 8, 10, 11, 13n14, 13n16, 13n17

Pablo, San 2, 46, 170
Padilla, Lope Fernández de 24
Padre [rel.] 22, 42, 49, 50, 73, 74, 76
Padres de la Iglesia 1–2, 40, 61, 65
Paicaví 174, 176, 178
Palencia 63, 127
Panamá 184, 199n52
Pancaya 106, 109–12, 115, 117, 120n43, 121n78
Pan de la Vida 77
Papa Nicolás V 63
Papa Urbano VIII 174
Paraíso 22
París, Universidad de 63
Pedro, rey don 22, 23, 24, 27n11, 51, 54n20
Pedro, San 46, 48, 196
Pedro [Constanza de Castilla] 34, 46
Pedro de Cartagena 62
Pedro de Chavarría 178
Pedro de la Torre 98
Pedro del Valle 169, 177, 180
Pedro I, el Cruel 15, 16, 17, 18, 28n7–8, 29n46, 31n119, 34, 36, 44, 52n1–2, 54n18, 86
Pérez de Aguirre, Juan 180
Pérez de Galarraga, María 172, 181
Pérez de Montalbán, Juan 9, 128, 129, 170, 198n13, 198n14

268   *Índice temático*

Pérez de Navarrete, Francisco 176
Pérez Navarro, Bartolomé 177
Pérez Priego, Miguel Ángel 88, 89, 94, 96n7
Pérez-Villanueva, Sonia 175
"Periculoso" 53n15
Perry, Mary Elizabeth 180, 198n21
petitio 40, 52n39
Petrarca, Francisco 87
Petrista 30n88
Piamontes 172
Pilato 47, 48
Pinar, Florencia 86–97
Pinoy, príncipe de *véase* Ludovico, príncipe de Pinoy
Pizan, Christine de 61
Platón 39
platónico, amor 90–1, 136–7
plaza de San Francisco de Sevilla 23
plogo 45
plugo 45
poesía cancioneril 88
poesía popular 88
poeta-amante 90
poetisas, las 88–90
Ponce Escudero, Viviana 86, 92, 93
Portugal, Isabel de 37, 89
Portugal, reina de 89
Portugal, reino de 37, 52n3, 89, 127
Portugal, Teresa de 12n5
postguerra 18
potesta 4, 12n5
Power, Eileen 53n13
pragmáticas 171
Predicadores, Orden de 45, 202n198
preindustrial, la sociedad 11
pretendientes-mendigos 105
Price Zimmermann, T.C. 15, 28n3
princesa de Castilla 35, 38
príncipe de Asturias 15
príncipe de Pinoy *véase* Ludovico, príncipe de Pinoy
príncipe Juan 34, 52n2
prioras 34–5, 36–8, 41, 42, 43, 44, 52n2, 52n8, 52n10, 54n33, 182
Profeta 68, 76
protomédicos examinadores 13n17
provenzal, lengua 87
provenzal, poesía 87, 90
psico-sociales, fenómenos 90
"puellae doctae" 61

querella 94, 131
querella de las mujeres 10, 13n15, 61, 62, 89
quintillas 91, 93

Raspuru, General Tomás de la 179, 181
Real Audiencia de Sevilla 99
Real Audiencia y Cancillería en Granada 206

Recio, Roxana 92, 93, 94
Recio de León, Maestro de Campo Juan 176, 180
Reconquista 1, 8, 12
Redención 41, 42, 43, 44, 45, 47, 48
Redentor 43, 48, 50, 55n40, 67, 72, 76
redondillas 91, 93
regina 45
Reina del Cielo 50
reina de Portugal 89
reina doña Blanca 22
reina doña Juana 36, 89
reina Isabel de Castilla 8, 13n15, 60, 61, 86, 89
Reina Ruiz, M. 101, 103, 107
Reina Toda Aznar 12n5
reino de Aragón 87
reino de Castilla 34, 87
reino de León 87
reino de Portugal 37, 52n3, 89, 127
Renacimiento 8, 9, 11, 54n37, 61, 102, 170
Rennert, Canionero de 86
Rey [*Memorias*] 22–4, 29n8
rey de Babilonia 55n53, 122n128
rey don Alfonso 22, 25
rey don Enrique 22, 23, 24, 37
rey don Enrique II 22
rey don Pedro 22, 23, 24, 27n11, 51, 54n20
Reyes [familia] 177
reyes castellanos 36; *véase también* reyes individuales
Reyes Católicos 8, 9, 12n13, 79n12, 88–9, 171
rey Salomón 47
Ribete 213–14, 217–51
Rich Greer, Margaret 129, 132, 137
rima *abba* 91
Río Parra, Elena del 102–3
Rivera Garretas, Milagros 8, 18, 19, 20, 39, 61, 62, 65, 68, 69
Roca Franquesa, José María 133
Rodrigo [hermano de Feliciana Enríquez de Guzmán] 98
Rodríguez de Aza, Álvaro 22
Rodríguez de Aza e Villalobos, Fernán 22
Rodríguez de Aza, Lope 22
Rojas, Fernando de 171
Roma 46, 174, 195–6
romance, lengua 88; *véase también* castellano [lengua]; latín
Rosa Cubo, Cristina de la 106
Rosales, Inés 169
Ruan 202n191
Rubio Merino, Rubio 171
Rueda, Lope de 103
Ruiz Bolante, Gonzalo 23
Ruiz Guerrero, Cristina 7, 88, 89, 90

Sabá 106, 109, 110, 112, 113, 120n43
Saba [ciudad imaginaria] 104

Sabiduría 58n202, 67, 120n15
Sagradas Escrituras 40, 69
Salamanca, Universidad de 63, 99
Salomón, rey 47
salutatio 40
Salvador [rel.] 44, 47, 76, 77
Sana 177, 184–6
San Agustín 44, 65, 72, 100, 170
San Alberto Magno 1
San Álvaro 22
San Ambrosio 65
Sancha Carrillo, doña 22
Sancha de Roxas, doña 24
Sánchez Arjona, José 206, 207, 252n6
San Francisco 50
San Francisco de Sevilla, plaza de 23
San Hipólito 24, 25
San Ignacio de Antioquia 37, 40
San Jerónimo 65
San Juan 40, 47, 49–50, 51
San Juan Bautista 47
San Juan de la Cruz 9
San Pablo 2, 46, 170
San Pablo de Córdoba, Orden de 25
San Pedro 46, 48, 196
San Sebastián 172, 174, 178, 180, 181–2, 183–4, 187
Santa Clara, convento de 180, 193, 194
Santa Clara, monasterio de 63
Santaella 25
Santa Inés de Sevilla, convento de 98
Santa María 22, 24, 25, 26, 46, 61
santeras 7
Santiago, Orden de 29n13
Santísima Trinidad 100
Santo Domingo, María de 7, 88
Santo Domingo de los Predicadores, orden de 45
Santo Domingo el Real de Madrid, convento de 34, 36, 37, 38, 40, 45, 52n2, 52n6, 53n12, 88, 178
Santos clavos, festividad de los 36
Santo Tomás de Aquino 1
Sarmiento, María 89
Satanás 51, 231
Scott Soufas, Teresa 101, 119n7, 211, 254n84
Segura Graíño, Cristina 2, 3, 4, 5, 6, 7, 9, 10, 11, 12n2, 12n4, 12n6, 12n9, 12n10, 12n11, 12n12, 13n15, 61, 89
Seidenspinner-Núñez, Dayle 60, 61, 62, 63, 64, 66, 78n2, 79n5, 79n8
Selomo-HaLeví, rabí 63
Semana Santa 128
Señor de las ciencias 67, 75, 76
Sentaurens, Jean 206, 252n6
seroras 7
Serrano y Saenz, Manuel 98

Sevilla 17, 23, 29n48, 86, 98, 99, 100, 101, 102, 104, 106, 107, 108, 174, 183–4, 194, 206, 207, 208, 209, 221, 223, 252n2
Sevilla, las Atarazanas de 17, 18, 23, 86
Sevilla, Real Audiencia de 99
sexo biológico género 136, 168, 211, 212
Sheldon, Alice Bradley 78
Shepherd, Simon 169
Sicroff, Albert A. 61, 63
Sigea, Luisa 89
Simeón 46
Sitges, J. B. 52n5
Snow, Joseph 92, 93
Sol [rel.] 77
Solarte, Diego de 174, 176, 177, 186, 187
Solís Farfán, Cristóbal Ponce de 99, 100
Sor Constanza de Castilla 34–59, 88
Soria 26, 34, 54
Stabat mater speciosa [himno] 42
Stepo, Michelle 178
superposición de autor-narrador-sujeto 15
Surtz, Ronald E. 2, 6, 34, 36, 37, 38, 40, 41, 42, 52n6, 54n27, 54n30–31, 54n33, 54n37, 62, 64, 66, 67, 68, 69, 78n1, 79n12
Sylvania, Lena 128

Talía 105, 111–13, 116–18
teatro 11, 101–2, 103–4, 171, 177, 210
Tellechea Idígoras, Ignacio 171
teocentrismo 55n42
Teodora de Apolonia, Santa 170
Teología 63, 207
Teresa de Ávila 170
Teresa de Ayala 52n2
Teresa de Cartagena 7, 9, 38, 40, 44, 45, 60–85, 88
Teresa de Guzmán 100
Teresa de Jesús, Santa 9
Teresa de Portugal 12n5
Teruel, José 132
Tirso de Molina 170, 198n8, 207, 208
Toda Aznar, reina 12n5
Todi, Jacapone da 42
Toledo 52n1, 52n6, 60, 63, 79n5, 127
Tomás de Aquino, Santo 1, 54n30, 129, 170
Tomás de Kempi 40, 61
Tomás de Trujillo, fray 198n16
Tomillo 215, 217–51
Torre, Diego de la 98
Torre, Pedro de la 98
Torres, Ana María de 206
Tour, Joan de la 52n2
tragicomedia 101
Tragicomedia de los jardines y campos sabeos 98, 100, 101, 102, 103, 104–18, 119n7, 121n65
Trastámara 15, 18, 28n7, 30n88, 34, 86

Trastámara, dinastía 30n88, 86
Tratado de Bayona 15
Tratado de la Paz de Augsburgo 12n13
travestismo 134–5, 170–1, 175–81, 197n2, 197n5, 211
"tremendista" 41
Tres Canciones 94–5
Tribunal de Rota 106
Trigueros, Cándido María 171
Tucumán 178, 189, 190

Universidad de París 63
Universidad de Salamanca 63, 99
Urbano VIII, Papa 174
Urquisa, Juan de 174, 184, 186
Urraca de Castilla 12n5
Urraca de León 12n5

Valbona, Rima de 169, 171, 174, 176, 177, 180, 198n11, 198n17, 198n20, 199n23, 200n103, 200n108, 200n124, 203n273
Valdivia 174, 187–8, 189
Valor, agravio y mujer 217–51
Van de Pol, Lotte 169, 170, 171, 197n2
Vayona 89
vedes 29n19
Velasco, Sherry 136, 169, 170, 171, 178, 179, 198n14
Velázquez, Diego 102
Vélez de Guevara, Luis 129, 170, 207
Vélez-Sainz, Julio 100, 101, 102, 104
Veracruz 174
verdadera Ciencia 67, 68
Vergara, Isabel de 13n15

Vidal, Raimon 129
Vida y sucesos de la Monja Alférez 168–96
viejo de Jericó 68
Villa madrileña 252n5
Villanueva de Valdueza, marquesa de 206
Virgen María 2, 17, 18, 19, 20, 22, 24, 25, 31n105, 39, 40, 41, 42, 43, 46, 49–51, 54n35, 190
virreyes 128, 186
Vollendorf, Lisa 132, 133, 134, 137

Wallach Scott, Joan 168
Weiss, Julian 90, 91, 92, 96n2
Weissberger, Barbara 90, 91, 92
Welles, Marcia 102, 130
Wheelwright, Julie 169, 177
Whetnall, Jane 89, 90, 96n4
Whinnom, Keith 91, 96n11
Wilkins, Constance 36, 37, 38, 40, 42, 43, 44, 54n23, 55n44, 55n56, 55n74, 56n85, 56n92, 56n103, 56n121, 56n132, 56n136, 57n176, 92

Ximénez de Sandoval, Felipe 128

Yllera, Alicia 128, 129, 160n84, 161n146, 162n155, 162n164, 163n231, 164n291, 165n312
yo, el 15–16, 62, 89, 93–4, 175

Zaragoza 128, 194
Zayas y Sotomayor, Fernando de [don Fernando] 128
Zayas y Sotomayor, María 9, 127–67, 171
Zelima 130